Über dieses Buch

Mit »Sling« zeichnete der Berliner Journalist und Gerichtsreporter Paul Schlesinger (1879–1929) seine viel gelesenen Artikelserien, Leitartikel und Berichte aus den Gerichtssälen, vor allem aus Moabit, wo die großen Strafprozesse stattfanden. Nach seinem Tode hat sein Berliner Kollege Robert M. W. Kempner für Ullstein die wichtigsten seiner Texte zu diesem Band zusammengestellt, der bis 1933 mehrere Auflagen erlebte und im Grunde bis heute nichts von seiner Aktualität verloren hat. Die vorliegende kommentierte Neuausgabe ist nicht zuletzt im Zusammenhang mit den jüngsten Diskussionen um die Strafrechtsreform von höchstem Interesse. – Sling war weit mehr als ein Gerichtsreporter, er war Justizkritiker, dem es um die Grundlagen des Rechts, um die Gerechtigkeit und die Humanität ging. Gefürchtet und bewundert zugleich wegen seiner profunden Sachkenntnis, seiner unbequemen Fragen und seiner moralischen Unbedingtheit, war er zu einer kritischen Institution der deutschen Justiz der zwanziger Jahre geworden. Sein Urteil wog viel bei allen Beteiligten. Vor allem aber war er eine hilfreiche Stütze für die Bemühungen fortschrittlicher Juristen der Weimarer Republik, die Strafjustiz und den Strafvollzug, allen Widerständen von rechts und links zum Trotz, zu reformieren, das heißt, liberaler und humaner zu gestalten. »Moabit in den zwanziger Jahren ... hier wird es noch einmal lebendig, und es ist wahrlich keine trockene Paragraphenwelt, die uns der Künstler Sling präsentiert, sondern pralles Leben. Es geht um Mörder, wirkliche und vermeintliche, Diebe und Dirnen – und um Juristen in ihren verschiedenen Rollen, amtlichen und privaten, erhabenen und erbärmlichen. Selten hat ein Reporter mit soviel Scharfblick und Formulierungskunst, soviel Gespür für feinste Nuancen und einem so sicheren Urteil die Strafjustiz auf ihrem dornigen Wege begleitet. Sling hat Jura im Gerichtssaal studiert und wurde zu einem Experten, dessen Stimme mehr Gewicht hatte als die manches ›Volljuristen‹.« (Die Zeit)

Sling:
Richter und Gerichtete

Neu eingeleitet und kommentiert
von Robert M. W. Kempner

Deutscher
Taschenbuch
Verlag

dtv

Ungekürzte Ausgabe
Dezember 1977
Deutscher Taschenbuch Verlag GmbH & Co. KG,
München

ISBN 3-8077-0044-7
Umschlaggestaltung: Celestino Piatti
unter Verwendung einer Aufnahme des Kriminalgerichts in Moabit (Bilderdienst Süddeutscher Verlag)
Gesamtherstellung: C. H. Beck'sche Buchdruckerei, Nördlingen
Printed in Germany · ISBN 3-423-01320-6

Inhalt

Einleitung zur Neuausgabe

»Der Mensch Sling wirkt zunächst auf uns, der, ein bescheidener Journalist und Berichterstatter, ohne Amt und Rang, ja ohne Fachkenntnis sich aufschwingt zu einer Autorität der angewandten Strafjustiz, dessen Urteil Gewicht hat, neben dem Urteil des erkennenden Gerichts, dessen Rat von den Leitern der Justizverwaltung erbeten und beachtet wird, dessen Lob und Tadel Einfluß übt auf die Personalpolitik des Justizdienstes. Wichtige Probleme, wie die Einschränkung des Eides, die Geheimhaltung der Beratung, die Wiederherstellung des echten Schwurgerichts, werden von ihm aufgenommen, ihre Erörterung ins Rollen gebracht. Sein Anstoß wirkt noch fort und wird gewiß irgendwelche Ziele erreichen helfen.«

So schrieb über Sling, den großen Gerichtskritiker, und sein Buch ›Richter und Gerichtete‹ sein Nachfolger »Inquit«, der Schriftsteller und Journalist Moritz Goldstein in der ›Vossischen Zeitung‹ vom 7. März 1929.

Sling war im Jahre vorher, am 22. Mai, kurz nach Vollendung des fünfzigsten Lebensjahrs, in seinem Landhaus in Berlin-Schlachtensee nach einem plötzlichen Herzanfall gestorben. Wenige Wochen später besprach Dr. Franz Ullstein mit mir – ich war damals im »Nebenberuf« juristischer Mitarbeiter seiner Blätter – den Plan, die wichtigsten Gerichtskritiken Slings auszuwählen, zu kommentieren und als Buch herauszugeben; das Werk dieses Mannes, der – nicht gespielt bescheiden – wünschte, mit seinem Namen ohne einen juristischen Titel angesprochen zu werden. »Aber das Wunder der Persönlichkeit hatte es zu Wege gebracht, daß die Juristen, Richter und Anwälte, Theoretiker und Praktiker sich von diesem ungeprüften Staatsbürger prüfen ließen.« Dies schrieb Dr. Monty Jacob, der Chef des Feuilletons der ›Vossischen Zeitung‹ anläßlich des Todes von Sling. Und in der ›Kölnischen Volkszeitung‹ erklärte damals H. H. Bormann: »So wuchs Sling nicht nur zum überragenden Gerichtsberichterstatter heran, sondern er wurde auch eine Art von stets wachem Gewissen von Moabit. Trat er während einer Verhandlung in einen Saal und setzte sich still an seinen Presseplatz, so ging immer eine Bewegung, ein Zusammenreißen durch die auf der Estrade thronenden Gerichtspersonen. Sling war langsam eine Macht geworden, mit der zu rechnen war!«

Während der Jahre, da Sling wie eine Art Justiz-Beauftragter, als ein Richter der letzten Instanz wirkte, hatte ich fast täglich mit ihm Erörterungen über Gerichtsfälle. Als Referendar verteidigte ich in dieser Zeit viele Angeklagte in Untervollmacht der großen Verteidiger, vor allem für Erich Frey. Später war ich oft mit Sling zusammen, wenn ich bei der Staatsanwaltschaft und bei Disziplinarbehörden Anklagen erhob. Manchen menschlichen und psychologischen Rat konnte ich mir als Referendar oder Assessor im Gespräch mit Sling beschaffen. Wir waren auch kollegial verbunden, weil ich damals nebenberuflich unter dem Pseudonym »Ein Richter«, »Procurator« oder »Barett« fast täglich über Justizfragen in der Presse berichtete.

Auch viele ältere Mitglieder des damaligen Justiz-Establishments diskutierten Gerichtsfälle mit dem weisen Sling, und man konnte ihn auf den Gerichtskorridoren mit dem Verteidiger Max Alsberg ebenso wie mit dem Staatsanwalt Reimer, meinem eigenen Lehrer, wandeln sehen. »Eine kurze, gedrungene Gestalt, etwas behäbig, mit sehr breiten, massiven Schultern, so ging er mit kleinen Schritten durch den Alltag. Was an ihm auffiel, war der Kopf, nein, man muß schon sagen: sein Haupt! Zeitweilig war dieses Haupt gekrönt von einem machtvollen, leicht ergrauten Haarkranz: Diese etwas unbändige Mähne fesselte dann zuerst die Blicke, und wer ihn nicht kannte, hielt ihn für einen Musiker (das war er auch sein ganzes Leben lang gewesen). Aber jeder Blick, der sich ihm zuwandte, sah dann sofort: Nicht der Haarwuchs des Künstlers gab diesem auffälligen Haupt das Anziehende, sondern das Gesicht. Überragt von einer mächtigen, zerfurchten Stirne wurde es beherrscht, beseelt, durchgeistigt von einem Paar ungemein leuchtender Augen von seltsamer Tiefe des Ausdrucks. Die buschigen Augen darüber sahen fast drohend aus. Aber der Mund mit den breiten, weich geschwungenen Lippen sprach von Sinnenfreude. Und sein Lächeln verriet verständnisvolle Güte. Wer diesem Gesicht begegnete, der fühlte eine Persönlichkeit!« – So hatte ihn in der ›Kölnischen Volkszeitung‹ H. H. Bormann beschrieben.

Mir war also die ehrenhafte, aber nicht leichte Aufgabe zugefallen, ein Sling-Buch ›Richter und Gerichtete‹ herauszugeben. Nach welchen Prinzipien sollte die Auswahl erfolgen? Wie sollte es angeordnet werden? Mit Dr. Franz Ullstein, Paul Wiegler und Dr. Herz, hervorragenden Köpfen des deutschen Verlagswesens, habe ich über diese Fragen diskutiert, nachdem ich den Nachlaß gesichtet hatte. Ist es gelungen? Darf ich erwähnen, daß die Kritiker damals das Ergebnis meiner Arbeit lobten?

Slings Witwe Josy – seit Jahren an einer Neuausgabe interessiert, ebenso wie ihr Sohn und ihre Tochter – schrieb mir vor einigen Jahren aus Buenos Aires: »Ich denke noch manchmal an Ihren Besuch in unserem schönen Haus in Schlachtensee. Ich war damals in sehr schlechter Verfassung, es war noch zu nah an dem so plötzlichen Geschehen, und ich konnte Ihnen kaum assistieren. So mußten Sie die ganze Arbeit allein machen.«

Rudolf Olden, Anwalt und auch Biograph von Hindenburg und Hitler, äußerte im ›Berliner Tageblatt‹ vom 18. März 1929:

»In ein paar Nachtstunden habe ich alles, die großen Prozesse, die kleinen Fälle, das Schwurgericht und das Kammergericht, alles noch einmal gelesen. Es ist frisch wie heute morgen gepflückt, vom Feld des Lebens. Meister Sling, ich habe Sie oft so genannt, Sie waren es wahrhaftig: ein Meister! Er fehlt uns sehr, dieser ›Laie‹. Allerdings, er war ein Weiser! Ein späteres Geschlecht wird, wenn einmal Geschichte nicht mehr so dumm gelehrt wird, wie wir sie noch lernten, unschätzbaren Vorteil aus Slings Beobachtungsgabe ziehen.«

Das ist auch der Grund, weshalb wir dieses Buch nach vierzig Jahren noch einmal der Öffentlichkeit präsentieren. Die Justizgeschichte ist die wahre Geschichte eines Volkes, denn in den großen und kleinen Prozessen spiegeln sich Politik und Kultur, Gesellschaft und Wirtschaft. Wenn wir die Prozesse der Weltgeschichte studieren, den des Sokrates, den des Gekreuzigten von Jerusalem, die der »Hexen« im Mittelalter, der Weimarer Republik und des Hitlerschen Volksgerichtshofes oder die von Nürnberg und die über Auschwitz – dann lernen wir mehr Weltgeschichte als durch die Schilderung von Schlachten und militärischen Siegen oder Niederlagen. Historiker und Juristen haben – mit wenigen Ausnahmen – in ihren Fakultäten und Büchern dieses Feld der Justizgeschichte sträflich vernachlässigt, obwohl gerade Strafprozesse in vielen Ländern zu neuen gesellschaftlichen Entwicklungen geführt haben. In welchen Seminaren und Schulen sind schon jemals die Pitavals oder die »Köpfe« von Maximilian Harden oder der Hochverrats-Prozeß gegen Liebknecht und Bebel vor dem Schwurgericht zu Leipzig gelesen worden? Erst während der letzten beiden Jahre haben sich Buch- und Zeitungsverlage für das gesellschaftliche und historische Phänomen der Strafprozesse zu interessieren begonnen, angeregt durch eine neue Generation von Richtern, Journalisten und einen neuen Typ von Angeklagten.

Kein Wunder, wenn mangels jeglicher Bildung auf diesem Gebiet die Dritte Gewalt im Staat noch immer nicht als Pfeiler der Gesellschaft gilt und weite Kreise ihr die gebührende Achtung versagen. Kein Wunder auch, wenn die längst fälligen Reformbestrebungen und »Richter-Aufstände« eine Überraschung bedeuten.

Aber das Sling-Buch ist keineswegs nur ein Justiz-Buch. Es ist auch eine Fibel der Menschlichkeit. »Es strotzt von dramatischem Geschehen, das spannt und bannt, wie es kaum die ausschweifendste Phantastik eines Dichters vermag. Es entblößt das Leben bis auf den Kern. Schuld – Unschuld – Schicksal? Sling urteilt nicht, er stellt fest. In seinem Buch sind unsere Menschen, ist die Gegenwart festgehalten, von dem Blick eines Menschen, der vor nichts die Augen verschlossen hat.« – So charakterisierte Manfred Georg, ein anderer Meister der Gesellschafts-Analyse, das Buch bei seinem Erscheinen.

Der Herausgeber hat am Werk Slings nicht ein einziges Wort geändert. Das Meisterhafte steht, wie es war, als Zeugnis einer Epoche und als Lehre für Gegenwart und Zukunft, nur zum besseren Verständnis von zeitgeschichtlichen Zusammenhängen sollen meine Einleitungen zu einzelnen Kapiteln dienen. Auch das Vorwort des früheren Reichsjustizministers und Heidelberger Professors Gustav Radbruch ist wörtlich aus der früheren Ausgabe übernommen. Der große Rechtsphilosoph hatte damals die Reform des Strafrechts angebahnt. Die heutige Zeit ist dafür reifer als die zwanziger Jahre. Es ist erfreulich, daß durch die Reform von 1969 endlich ein Anfang gemacht wurde. Ihre Durchsetzung ist eine Pflicht aller Gesellschaftskreise, ebenso wie das Sling-Buch mit seiner Schilderung des Menschlichen unsere ganze Gesellschaft angeht.

Geschrieben einundvierzig Jahre nach dem Tode von Sling (Paul Schlesinger), im Frühjahr 1969

Dr. jur. Robert M. W. Kempner

Vorwort

Dieses Buch will Arbeiten, die für den Tag bestimmt waren, über den Tag hinaus die Wirkung sichern. Sie haben einen Anspruch auf solche Dauerwirkung, weil sie einen neuen Typus journalistischer Arbeit vorbildlich darstellen.

Die Zeit liegt noch nicht weit zurück, da unter der Rubrik ›Aus dem Gerichtssaal‹ unter neckischen Überschriften – ›Ein sauberes Früchtchen‹, ›Wer andern eine Grube gräbt‹ usw. – Reportage minderwertigster Art getrieben wurde und der Gehalt an tragischer oder kurioser Menschlichkeit, der Reichtum ethischer Kasuistik, die Fülle der Einsichten in Mängel des Rechts und seiner Handhabung, die sich im Gerichtssaal entfalten, an stumpfen Ohren ungehört vorüberzog. Wohl rief ein Sensationsprozeß gelegentlich auch bessere Kräfte auf den Plan, der juristische Alltag aber arbeitete ohne die wohltätige Kontrolle journalistischer Kritik. Entscheidend über Menschenschicksale, hatte die Justiz sich doch nicht auf das Niveau des allgemeinen Interesses erheben können, das andere Kulturwerte, Theater, Musik, Kunst, Wissenschaft, seit langem besaßen.

Sling hat in zähem Kampfe der Justiz die gebührende Beachtung in der Presse verschafft. Zunächst zog ihn wohl das Menschliche an, das im Gerichtssaal seine Hüllen fallen läßt und in seiner Blöße beschämt oder frech vor aller Augen dasteht. Er hat uns in der ›Vossischen Zeitung‹ unzählige verständnisvoll nachgefühlte und menschlich durcherlebte Bilder aus dem Gerichtssaal geschenkt, von Lichtern gütig lächelnden Spottes überspielt, getragen von dem stillen Wissen um die Fehlsamkeit alles Menschlichen. »Jeder Mensch ist irgendwo nur ein armer Teufel.«

Er hat nicht nur den armen Teufel auf der Anklagebank, er hat auch den auf hohem Stuhle thronenden Mann mit Barett und Talar in seiner Menschlichkeit gesehen, er hat immer dem gerichteten Menschen gegenüber auch den richtenden Menschen gesehen und mit unaufdringlicher Andeutung seiner Eindrücke an manches richterliche Gewissen gerührt.

Aber mehr und mehr gewann neben dem Menschlichen auch das Juristische sein Interesse. Selbst ohne juristische Vorbildung, hatte er ein durch Berufsroutine unverbrauchtes, erstaunlich ursprüngliches und sicheres Urteil über die Handhabung des

Rechts. Der Kampf insbesondere, den er gegen die Seuche der Meineidsprozesse aufgenommen hat, wird unvergessen und nicht ohne Wirkung bleiben.

Sling hat glücklicherweise keine eigene »Strafrechtstheorie«. Er schiebt mit ungläubigem Lächeln alle diese eifernden Theorien beiseite und bewahrt dem Strafrecht gegenüber die Haltung, die einer so fragwürdigen Erscheinung gegenüber allein möglich ist: abgründige Skepsis.

Das Gesetz umreißt mit scharfer Kontur strafbare Tatbestände, der Prozeß richtet den eng umgrenzten Lichtkegel seines Scheinwerfers auf einzelne strafbare Handlungen – aber man darf, ohne sehr paradox zu werden, sagen: Es gibt keine einzelnen Handlungen, es gibt nur die beharrende Ganzheit eines Menschen oder vielmehr: es gibt nur die fließende Ganzheit seines Lebens. Das Leben und der Mensch ist nicht aus einzelnen Handlungen zusammengesetzt, ebensowenig wie das Meer aus einzelnen Wellen besteht, die einzelnen Handlungen sind nur ineinander verfließende Bewegungen eines unteilbaren Ganzen. Solange wir »Täter« strafen, nicht Menschen behandeln – solange es ein »Straf«recht gibt, gibt es kein gerechtes Strafrecht.

Sling spricht nicht mit dem ethischen Pathos eines Tolstoj ein Anathema über das Strafrecht. Er sieht die Männer der Justiz nicht wie Daumier mit der sarkastischen Scharfsichtigkeit des bösen Blicks. Er steht in seiner Betrachtung rechtlicher Dinge am nächsten der lächelnden Skepsis eines Anatole France. Aber vor allem ist er in Form und Geist unvergleichbar er selbst: Sling.

Heidelberg, Dezember 1928 — Prof. Dr. Gustav Radbruch

Wie ich Gerichts-Berichterstatter wurde

Den Grund meiner juristischen Kenntnisse legte ich als Lehrling einer sehr alten, sehr ehrenwerten Firma der Textilbranche. Wir fabrizierten Damenkleiderstoffe, Schals und Tücher. Da keiner der Söhne und Schwiegersöhne des Chefs Rechtsanwalt geworden war, führte die Firma prinzipiell keine Prozesse. Infolgedessen ließ er die unbefriedigte Streitlust in den Geschäftsräumen des Hauses aus, besonders an mir. Er war gewöhnlich anderer Ansicht wie ich. Dennoch hat er mich höchstens dreimal einen Esel genannt.

In dieser trüben Lehrzeit gab es einen Lichtblick. Alle zwei, drei Monate passierte es, daß der jeweilige Lehrling mit dem Hausdiener Justav auf dem Packhof zu tun hatte. Nun war es eine geheiligte Tradition der Firma, daß jede Erledigung auf dem Packhof fünf Stunden dauerte. In Wirklichkeit brauchte man zwei Stunden zu dem Geschäft. Justav und der Lehrling gingen zunächst in eine Destille frühstücken, sodann zogen sie in gehobener Stimmung in das nahegelegene Kriminalgericht, um ein paar Verbrecher aburteilen zu sehen. So kam ich nach Moabit. In Moabit rollten Justavs und meine Filme.

Ich habe das Wollwarenhandwerk nie gelernt. Aber von Moabit blieb was in mir hängen. Ich habe inzwischen alles mögliche getrieben (außer Jurisprudenz). Musik, Literatur, ja Schauspielerei. Ich habe Stücke geschrieben, wurde Journalist, zog in Deutschland hin und her. Ging ins Ausland. Nach fünfundzwanzig Wanderjahren kam ich heim. Nun bin ich wieder in Moabit. Ich kann jetzt alle Tage nach Moabit gehen. Nur Justav ist nicht mehr dabei. Er ist längst tot. Er fehlt mir sehr.

Die Frage, ob ich auf all diesen Umwegen wenigstens das Handwerk eines Gerichtsberichterstatters erlernt habe, ist nicht von mir zu beantworten. Aber ich verdanke dieser Tätigkeit ein Erleben, das zu hübsch ist, um verschwiegen zu werden. Es war vor etwa einem Jahre in einer Strafkammersitzung in Moabit. Das Gericht hatte gerade eine kleine Pause eintreten lassen, als der Herr Staatsanwalt seinen Platz verließ, auf mich zukam und mich fragte, ob ich der Herr Sling sei.

»Nun denn, wenn Sie Herr Sling sind, habe ich den Auftrag, Ihnen zu sagen, daß der Gerichtshof Ihnen seinen Dank aussprechen läßt für manche vergnügte Viertelstunde, die den Herren Ihre netten, boshaften Artikel bereitet haben. Nur hat der Gerichtshof eine Bitte: Falls Sie über die heutige Verhandlung schreiben, gehen Sie einigermaßen glimpflich mit uns um.« Ich lächelte unbeschreiblich geschmeichelt, dankte dem Gerichtshof für sein freundliches Interesse, versprach, mein möglichstes zu tun, und bat nur, falls ich mal auf der Anklagebank sitzen sollte, mögen die Herren auch mit mir glimpflich umgehen.

Dennoch weiß ich, daß nicht alle Juristen derselben freundlichen Ansicht sind. Es sind (sogar wohlmeinende) Stimmen laut geworden, die mir Mangel an Objektivität vorwerfen. Ja, nichtjuristische Freunde haben mir gelegentlich Komplimente gemacht: Es gehöre doch eine große Phantasie dazu, die nüchternen Vorgänge so auszuschmücken.

Ich habe darauf zu erwidern, daß ich mich selbst für einen durchaus phantasielosen Menschen halte. (Es ist mir trotz vielfachen Versuchs niemals gelungen, eine brauchbare Filmidee zu erfinden!) Ich habe kein ernsteres Bestreben, als die Dinge so zu zeichnen, wie ich sie sehe.

Freilich – das sage ich auch. Auf mein seelisches Erleben kommt es an. Eine Objektivität gibt es nicht. Weder in der Wissenschaft noch am Richtertisch. Selbst das photographische Objektiv ist nicht objektiv. Helmholtz hat gesagt, daß er das menschliche Auge dem Optiker zurückschicken würde, wenn er es bei ihm bestellt hätte – so fehlerhaft sei es konstruiert. Wir leben alle von Konventionen: optischen, akustischen, gefühlsmäßigen. Selbst die stenographische Berichterstattung, die ja schon aus praktischen, zeitungstechnischen Gründen unmöglich sei, wäre weder garantiert fehlerlos, noch gäbe sie ein vollkommenes Bild. Denn die Tonfarbe, die Geste würde fehlen. Man hat sich vielfach mit einer quasi-stenographischen Wiedergabe in ganz großen Prozessen geholfen. Gerade die Richter wissen, welche ungeheuren Fehlersummen sich in diesen Berichten zu häufen pflegen.

Ich suche im Gerichtssaal die seelischen Beweggründe der auftretenden Personen, der Angeklagten, der Zeugen. Ich kann es auch nicht unversucht lassen, in die Herzen des Staatsanwalts und des Richters zu blicken. Das aufgenommene Bild erzeugt in mir Trauer, Empörung, Furcht, Mitleid, Verachtung, Heiterkeit, Spottlust, Liebe und Haß. Dann versuche ich, mein Gefühl nachzuschaffen, es dem Leser kenntlich zu machen.

Ich bin gewiß imstande, ich habe es gelernt, den Bericht zu

schreiben, den man im Grunde deshalb objektiv nennt, weil er die Ansicht des Richters ausspricht oder ihr wenigstens nahezukommen versucht. Aber »richtig« ist dieser richteroffiziöse Bericht schon deshalb nicht, weil im Gericht ebensowenig was richtig ist wie sonst im Leben. Wie oft möchte man sich einmischen, nur weil der Angeklagte nicht die Sprache des Richters, der nicht die Sprache des Angeklagten versteht. Das soll durchaus kein Vorwurf sein. Die verantwortlich handelnde Person ist immer befangener, durch Formalien, Gesetzesfassungen, dann aber auch durch menschliche Hemmungen, als die unbeteiligt zuschauende Person.

Indem ich mich zum verantwortungsbewußten subjektiven Schaffen bekenne, sage ich auch, daß die suggestive Mitteilung eines eigenen seelischen Erlebnisses in der gedrängten Form eines Zeitungsberichtes nur durch die Anwendung künstlerischer Mittel möglich sei. Das schließt weder den intellektuellen Irrtum noch die ungeschickte Handhabung, noch die Unzulänglichkeit dieser Mittel aus.

Selbstverständlich: Der Kritiker untersteht der Kritik.

Sling

I
Große Prozesse

Die »Großen Prozesse« von Sling sind die Mordprozesse. Sie waren früher noch mehr spannungsgeladen als heute, weil auf Mord die Todesstrafe stand. Es ging also grundsätzlich um den Kopf des Angeklagten. Die Verhandlungen waren von der Nervosität beherrscht, es könne ein unheilbarer Justizirrtum begangen werden – obwohl während der Weimarer Republik die Mehrzahl der Todesurteile in lebenslängliche Zuchthausstrafen umgewandelt wurde. Oft entzündete sich die schärfste öffentliche Diskussion erst nach der Urteilsfällung bei einer Parlamentsdebatte über das dem Rechtsausschuß vorliegende Gnadengesuch.

Die von Sling behandelten Mordprozesse spielten in einer »höheren« gesellschaftlichen Atmosphäre als die meisten Mordprozesse von heute. Hohe Beamte, Ärzte, wohlhabende Kaufleute, Angehörige von Adelsfamilien saßen auf der Anklagebank, sogar ein Richter und ein Polizeibeamter. Die gesellschaftlichen Verstrickungen und psychologischen Hintergründe dieser Fälle reizten das Interesse der Öffentlichkeit naturgemäß mehr als unsere Raubmorde bei Banküberfällen oder im Prostituierten-Milieu.

An der Spitze dieses Abschnitts steht der Steglitzer Schülermord-Prozeß, Slings psychologisches Meisterwerk. Der damals angeklagte und freigesprochene Primaner Paul Krantz ist heute ein angesehener Professor und Literaturwissenschaftler. Jahrelang habe ich in meinem Archiv einen Zettel mit dem von ihm in der Untersuchungshaft geschriebenen Vers aufbewahrt:

»Wenn der Klang der Saxophone
nur zum Zweck das Mittel ist,
daß der Dandy die Schablone
vom Gesicht der Dirne küßt.«

Wir kennen heute ähnliche Gedichte. Aber Schüler- und Studententragödien enden heute häufiger in love-ins als in Schwurgerichtssälen.

Mordprozeß Krantz

Im Juni 1927 erschoß der Primaner Günther Scheller in der Wohnung seiner Eltern in Steglitz den Kochlehrling Hans Stephan und tötete sich selbst durch Schuß in die Schläfe. Hans Stephan war während der Nacht in der Wohnung mit Günthers Schwester, der sechzehnjährigen Hildegard Scheller, zusammen gewesen. Der Primaner Paul Krantz, Augenzeuge der Tat, wurde unter dem Verdacht der Mittäterschaft verhaftet. Vor dem Schwurgericht II Berlin war er angeklagt, an Stephan gemeinschaftlich mit Günther Scheller, dem er den Revolver gegeben habe, Mord verübt zu haben.

Primaner Krantz

Dieser 18jährige Jüngling, angeklagt, der intellektuelle Urheber des Mordes zu sein, ist tatsächlich in irgendeinem Sinne eine intellektuelle Persönlichkeit. Damit soll nicht ein Grad seiner Fähigkeiten angedeutet sein, denn die lebhafte Phantasie, die dem zweifellos Begabten eigen ist, spielt auf dem Grunde primitiver Anschauungen kleiner Verhältnisse – auf dem Grunde eines halbgeistigen Lebens. Krantz ist Genosse einer bestimmten und sehr breiten Schicht von Jugend, die uns Älteren vielfach Sorge macht. Das Milieu von Wedekinds ›Frühlings Erwachen‹ wird in mehr als einer Beziehung bestätigt. Die Probleme sind also nicht neu. Die Schüsse, die zwei junge Menschenleben beendeten, erhellen den Tatbestand, den wir seit zwei Generationen als bekannt voraussetzen dürfen.

Neu und manchem erschreckend wird die Selbstüberlassenheit dieser Jugend erscheinen. Noch läßt sich nicht ersehen, wie weit etwa hier von einer Pflichtvergessenheit der Eltern, von einer mangelnden Fürsorge oder nur von einem Blindsein für das gefährliche Treiben gesprochen werden kann. Der junge Krantz ist jedenfalls von seinen Eltern früh freigelassen worden, und als er zu der Familie Scheller ins Wochenendhaus zog, hatte er keine Einengung seiner Freiheit zu befürchten: die Mutter verreist, der Vater in Geschäften vielfach abwesend.

Vielleicht wäre es auch schwer gewesen, den jungen Krantz zu Hause zu behalten. In der Schule hatte er sich zunächst als ein ausgezeichneter Schüler erwiesen, der wegen seiner Begabung als Freischüler in der höheren Lehranstalt gewesen war. Als ein begabter Schüler steht er vor seinem Richter. Blond, wohlfrisiert, was man so sagt, ein hübscher Junge. Auffällig das gut emporgewölbte Hinterhaupt, die angewachsenen Ohrläppchen. Er spricht frei und fließend, und er zeigt Geistesgegenwart. Nie ist er um einen Ausdruck verlegen. Man könnte ihm keine Spur von Schnoddrigkeit nachsagen. Artig und respektvoll verhält er sich in dem Zwiegespräch mit dem Vorsitzenden.

Das sexuelle Leben ist zweifellos sehr früh erwacht und wird sehr früh Zentrum aller Gedanken. Zwei erste Liebschaften bleiben halb und halb platonisch. Die dritte mit der blutjungen Hilde Scheller führt zum natürlichen Ziel. Noch bevor dies erreicht war, ist der junge Sinn umdüstert von einer ungehemmten Leidenschaft der Eifersucht. Er hat ein Tagebuch geführt, das zunächst fließend, dann auch ziemlich trivial über den ersten heimlichen Ausflug nach Passau und München berichtet. Der junge Mensch sperrt die Augen auf, beobachtet die Reisegefährten recht kritisch, notiert auch seine Ansichten über die süddeutschen Volksgenossen, die er zum ersten Male kennenlernt. Es geht irgendwie ins Geistige. Er fixiert seine Anschauungen über die katholische Kirche, der er sich feindlich gegenüberstellen zu müssen glaubt. Zugleich regen sich Neigungen zum Dichten. Zunächst recht banaler Art, aber wohl gutgemeint. Es treibt ihn, seinen Jugendüberschwang zu dokumentieren, das Recht der Jugend festzustellen. Aber überhaupt: Der ganze Freundeskreis ergeht sich in dichterischen Versuchen. Man stellt sich Aufgaben. Während man beim Glase Bier sitzt, werden die Gedichte rasch niedergeworfen. Ja, man versucht, den modernen Richtungen nachzueifern. Es fallen Schlagworte: »neue Sachlichkeit«. Immer wird angestrebt, den geistigen Niederschlag des eben Gefühlten festzulegen. Das Gefühlte aber ist die Liebe, die Eifersucht, und Gegenstand der Liebe ist Hilde Scheller. Sie selbst wird als der aggressivere Teil geschildert, und Zeugnis davon legt ein Gedicht ab, das sie dem jungen Krantz ins Album geschrieben hat:

»Ich fürcht', du bist darin noch ziemlich unerfahren;
Beeile dich, du hast schon viel versäumt.
Was nützt die Liebe in Gedanken,
Ein Mädel wird sich schön bedanken,

Wenn deine Liebesglut nur aus Gedichten spricht.
Doch ist dies ja kein Grund, sich zu erschießen;
Es würde wohl dann manche andre Träne fließen.
Das lohnt sich sicherlich in Deutschland nicht.«

Die wichtigste Seite seiner »kritischen Stilübungen«, nur als solche will er sie aufgefaßt wissen, ist sein Gedicht ›Mord‹, das ein halbes Jahr vor der Tat entstanden ist.

»Auf dem Boden liegt die Leiche meines Freundes Robert Krause.
Aus der Wunde sickert langsam rotes Blut zur grauen Erde.
Neben ihm sitzt starren Blicks der, der ihn gemordet hat.
Es verglimmt die Zigarette, zitternd in der Mörderhand.
Blutbeschmiert liegt neben ihm der Dolch, der den getroffen,
Der ihm seine Liebste stahl, den die Rache jetzt erreichte.
Und mit mattem Flügelschlage schwingt sich krächzend
Fort die Krähe, einz'ge Zeugin dieser Tat.
Rot fließt Blut zur grauen Erde. Es verglimmt die Zigarette.«

Wiederum wird der Schatten Wedekinds heraufbeschworen. Unwillkürlich denkt man an sein Gedicht ›Der Tantenmörder‹, der auch ihm in den Augen eines Staatsanwalts hätte gefährlich werden können, wenn er jemals anders als auf der Bühne hätte den Revolver losgehen lassen. Aber die Welt Wedekinds war Dichtung, und die Welt des jungen Krantz war ein unerhörtes Drängen nach Tat, das nur nebenhin von Versen aller Art begleitet war.

Seinem Charakter nach ist er ein Junge, der bei jeder Schwierigkeit, die ihm begegnet, ins Leichtere flieht. Er schwankt ständig zwischen einer liebenswürdigen Heiterkeit, die ihm ja auch eine gewisse Stellung bei den Mädchen verschaffte, und zwischen einer großen Traurigkeit. Für sein Verhalten fehlen alle Motive. Was er tat, das beging er nicht aus Wut, sondern aus Traurigkeit. Er ist kein aktiv reagierender Mensch. Ich traue mir nicht zu, ein wissenschaftliches Gutachten darüber abzugeben, ob er im Sinne des § 51 zur Zeit der Tat zurechnungsfähig gewesen ist. Ich möchte aber bemerken, daß, wie hier schon ganz richtig gesagt wurde, es sich um einen Selbstmord zu vieren handelt. Dieser Selbstmord ist durchgeführt worden von Günther Scheller, der fraglos schwere pathologische Zeichen aufgewiesen haben muß.

Er ist nicht durchgeführt worden von Krantz, und das ist nach seiner Charakterveranlagung ganz selbstverständlich. Krantz hat meiner Meinung nach auch niemals einen ernsthaften bewußten Vorsatz zu der Tat gefaßt, er wollte fliehen ins Leichtere, in diesem Falle ins Nichts, das ja auch eine magische Gewalt ausüben kann. Und so ist es bezeichnend, daß er beim grauenden Morgen äußerte: »Es ist ja alles großer Quatsch.« Er hatte halb gelebt und halb geträumt.

Wie sag' ich's meinem Präsidenten?

Vier Stunden Vorlesung über weibliche Psychologie. Gehalten von Hilde Scheller, sechzehn Jahre alt. Wir Männer wollen uns zugestehen: Wir haben alle ein bißchen gelernt. Immer wieder hat man aus den verschiedensten Gründen heraus Hilde zu fragen gesucht, warum sie einmal den einen, warum sie dann den anderen bevorzugte, warum sie keine Rücksicht auf Paul nahm, den sie doch noch gestern geküßt hatte, als sie mit Stephan ins Schlafzimmer sich zurückzog. Sie hat darauf nur die eine Antwort, die man fettgedruckt in alle Lehrbücher der weiblichen Psyche aufnehmen sollte: Ich hatte Hans plötzlich so gern, daß mir alles egal war.

Ach, und das ist ja just die Antwort, mit der alle Leute, die ein geordnetes Staats- und Sittenleben sich wünschen, so verflucht wenig anfangen können. Ja, von den Lippen Hilde Schellers klingt sie noch eigentümlicher als in Carmens Lied: »Liebst du mich nicht, bin ich entflammt.« Denn dieses Liebeswesen Hilde Scheller, das mit 16 Jahren doch schon so einiges durchgemacht hat, entspricht gar so wenig den Vorstellungen derer, die zum mindesten das von einem solchen jungen Mädchen verlangen, daß es den Eindruck einer Verlorenen oder Verworfenen macht. Recht jungfräulich, zart und frisch steht sie da mit allen farbigen Kontrasten, die ihr die Natur mitgegeben: ein dunkelbrauner, glatthaariger Bubikopf, unter schwarzen Brauen und Wimpern zwei dunkelblaue Augen, die zarten Wangen in dem feinen und klug geschnittenen Gesicht frisch gerötet, die Stimme sanft, silbern hell. Aber eindrucksvoller noch als die anmutige Erscheinung die Klarheit ihres Denkens, die Sicherheit und Ruhe, mit der sie ihre gefährdete Situation verteidigt.

Alle Versuche, Einzelheiten ihrer Darstellung in Zweifel zu

ziehen, scheitern an der selbstverständlichen Klarheit ihres Gedankens. Wenn es sich darum handelt, wieviel Schüsse sie gehört habe, so sagt sie nicht, es waren zwei, sondern: »Damals erinnerte ich mich, zwei gehört zu haben. Nach dem zweiten ging ich ins Schlafzimmer.« Und als man ihr vorhält: »Es waren aber doch drei«, da antwortet sie: »Ich habe eben nur zwei wahrgenommen.« Und wieder hält man ihr vor, daß es doch drei waren, und sie erwidert: »Dann muß eben der eine gefallen sein, ohne daß ich ihn hörte. Wäre der dritte Schuß später gefallen, so hätte ich doch sehen müssen, wie geschossen wurde.«

Die Nachmittagsverhandlung war zum großen Teil erfüllt von einem Kampf des Verteidigers mit dem Vorsitzenden um die Seele der Zeugin Hildegard Scheller. Rechtsanwalt Dr. Frey brachte alle erdenklichen Mittel zur Geltung, um die Vorvereidigung dieser Zeugin zu verhindern. Er hatte dabei pflichtgemäß in erster Linie die Interessen seines Mandanten im Auge. Es ist immer ein gutes Stück legitimer Verteidigertaktik, die Aussagen einer Hauptbelastungszeugin dadurch abzuschwächen, daß man ihren Eid verhindert oder aber auf mögliche Fehlerquellen der Aussage wirkungsvoll hinweist. Daneben aber war er sichtlich auch von allgemein menschlichen Erwägungen getragen, wenn er alles versuchte, um dieses junge Menschenkind auch nur vor der Möglichkeit eines Falscheides zu bewahren.

Die Eidesfragen sind in den letzten Monaten zumal im Rechtsausschuß des Reichstages so häufig Gegenstand ernsthaftester Erörterungen gewesen, daß man glauben möchte, ein Richter würde jede Gelegenheit willkommen heißen, die sich ihm bietet, eine allzu beteiligte Zeugin unbeeidigt zu lassen oder – was formal durchaus möglich gewesen wäre – erst nach Abschluß ihrer Vernehmung zu vereidigen. Merkwürdig, daß Herr Landgerichtsdirektor Dust nicht schon selbst nach einer solchen Gelegenheit Ausschau gehalten hat, noch merkwürdiger, daß er seinen Sinn allen beredten Ausführungen des Verteidigers verschloß. Dr. Frey stützte sich in erster Linie auf den § 139 des StGB, indem er ausführte, daß die Möglichkeit einer strafrechtlichen Mitverantwortung Hildes an der Ermordung Stephans bestünde. Merkwürdig auch die Entgegnung des Ersten Staatsanwalts: Der § 139 käme ja nur bei Mord in Anwendung, und man wisse doch nicht, ob nicht vielleicht Totschlag vorliege! Und das sagt der Vertreter der Behörde, die doch ihre Anklage auf den Tatbestand des Mordes gestützt hat!

In zweiter Linie zog der Verteidiger die Verstandesreife der

Zeugin in Frage, er bezweifelte, daß die seit einem halben Jahr sechzehnjährige Hilde von der Bedeutung und Verantwortlichkeit des Eides einen vollkommenen Begriff habe, und er stellte sogar den Antrag, Sachverständige den Grad der Verstandesreife untersuchen zu lassen. Bis hierhin hatte Hilde Scheller noch nicht den Mund aufgetan, sie hatte nur ihre zierlich dunkle Anmut dem Gerichte präsentiert. Es genügte, um den Ersten Staatsanwalt erklären zu lassen, das Auftreten Hilde Schellers habe durchaus den Eindruck der Verstandesreife erweckt.

Kurz und gut: Hilde Scheller wurde vorvereidigt. Man muß ihr nachsagen, daß sie den Eid mit heller, zarter Stimme und mit hübscher Betonung sprach.

Aber wenige Minuten später sah man ein, wie recht der Verteidiger hatte, sich der Vereidigung dieser Zeugin zu widersetzen. Man stelle sich vor, daß diese Zeugin unter Umständen das Recht auf Verweigerung der Aussage gehabt hätte, wenn Krantz ein verheirateter Mann gewesen wäre. Und nun sollte diese Sechzehnjährige über die Intimitäten ihres jungen Lebens aussagen! Und das – wie Herr Dust verlangte – auch noch in Worten, die zwar dezent sind, aber doch keinen Zweifel an dem lassen, was gemeint ist!

Man verlange über solche Punkte die lautere Wahrheit von einem reifen Menschen im Zwiegespräch von Mann zu Mann, und man wird sehr selten die reine Wahrheit zu hören bekommen. Hier aber wurde von einer Sechzehnjährigen verlangt, sich vor einem Auditorium von vierhundert Personen in freier Rede zu äußern! Wir sind heute alle nicht mehr prüde, wir sind gewiß keine Freunde mehr vom Ausschluß der Öffentlichkeit. Aber hier gab es in Wahrheit kein anderes Mittel, ein junges Mädchen nicht nur schonend zu behandeln, sondern auch das von ihr herauszubekommen, was man nun mal wissen wollte. Und alles das, trotzdem es für den Ausgang des Prozesses von sehr geringer Bedeutung ist, bis zu welchem Grade die Beziehungen der beiden Menschen etwa den Grad erreicht hätten, der bei Ehescheidungsprozessen von Juristen als der entscheidende angesehen wird. Aber von ungeheurer Bedeutung ist die Beantwortung einer solchen Frage für ein sechzehnjähriges junges Mädchen, von dem man doch gerne annehmen soll, daß es nicht zu den Verlorenen zu rechnen ist, sondern daß es sich nach dem Abklingen dieses gräßlichen Geschehnisses zu einem nützlichen Mitglied der Gesellschaft entwickeln soll!

Und da stand nun dieses arme Ding und druckste stockend und zagend über die Frage: »Wie sag' ich's meinem Präsidenten?«

Sie sagte es nicht. Sie gab nur unbedeutende Intimitäten zu, wo Paul Krantz die vollkommene Vereinigung behauptet hatte, und es war wohl der Gipfel der Unmöglichkeit, als man von ihr verlangte, in voller Öffentlichkeit und unter ihrem Eide zu sagen, ob sie oder ob Krantz der aggressivere Teil gewesen.

Man ist im Gerichtssaal gewiß schon heikleren und auch scheußlicheren Dingen gefolgt, ohne mit der Wimper zu zucken, aber man muß sagen: in diesem Falle empfand mancher reife Mensch eine Übelkeit, von der er nicht wußte, ob sie aus dem Magen oder aus dem Herzen kommt. Gerade weil man Herrn Dust als einen wohlmeinenden Menschen kennt, mußte auch dieses ihm gesagt werden.

Um Hilde Schellers Seele

Rein kriminalistisch und prozessual kommt es auf folgendes an: Hilde behauptet, von Krantz in dem Augenblick, wo Günther in das Schlafzimmer gehen wollte, mit beiden Händen festgehalten worden zu sein, wobei Krantz sagte: »Bleib einen Augenblick hier.« Hilde riß sich los, suchte in das Schlafzimmer nachzudringen, wurde aber durch das Zudrücken der Tür daran verhindert. Sie glaubt, daß die Tür von innen verschlossen wurde. Wer von den beiden die Tür zugemacht hat, weiß sie nicht. Sie hat durch die geriffelte Glasscheibe der Tür einen Augenblick Schatten zweier Gestalten gesehen; welche Gestalt der Tür etwa näher gestanden hat, weiß sie nicht.

Das ist das positive Material, aus dem geschlossen werden soll, wieweit Paul Krantz an der Erschießung Stephans mit Willen, Absicht und Überlegung beteiligt gewesen sein soll. Im übrigen hat man noch einige Beweisstücke wie die hinterlassenen Briefe, man hat vor allen Dingen die Aussage des Krantz selbst, der eine moralische Mitverantwortung nicht in Abrede stellt und sogar heute die Möglichkeit zugibt, daß er zu Hilde gesagt hat: »Bleib einen Augenblick hier.«

Ob dieses Beweismaterial dazu ausreicht, eine Mitschuld Krantz' nach der tätlichen Seite wie nach der intellektuellen zu konstruieren, wird zunächst Sache des Gerichts sein. Aber daß dies Gericht die Bekundungen Hilde Schellers, die ja an sich äußerst dürftig sind, mit Vorsicht aufnehmen müsse, auch wenn es annähme, daß Hilde subjektiv bemüht ist, die reine Wahrheit zu sagen, sollte doch von vornherein klar sein. Ein sechzehnjähriges Mädchen, von dessen Elternhaus man zumindest sagen kann, daß die Kindererziehung nicht die Hauptsorge bildete, ein Mädchen, von dem fest steht, daß es in der ersten Blüte der Sexualität nach verschiedenen Richtungen hin pendelte, ein Kind, das sich an die Einzelheiten der aufregendsten, an Geschehnissen reichsten Nacht seines Lebens erinnern soll – ist keine klassische Zeugin. Sie wäre es nicht, auch wenn man ihr niemals eine Lüge nachgewiesen hätte.

Wenn Gericht und Staatsanwaltschaft von vornherein solchen Gedanken Raum gegeben hätten, wenn man dieser Hilde Scheller mit einer noch so dezenten und gutmütigen Skepsis begegnet wäre, es wäre zu diesen Kämpfen, zu diesen minuziösen und schließlich doch zu nichts führenden Ausführungen um das Seelenleben dieses Kindes kaum gekommen.

Und was mußte man hören! Aber – frage ich mich – ist es interessant genug, auch an dieser Stelle auf Einzelheiten einzugehen? War es nicht, als ob der ganze Lehrkörper einer Universität mit den gezückten Waffen des Verstandes auszog, um das Herz einer Sechzehnjährigen zu ergründen – um am Ende zu entdekken, daß sie gar kein Herz hat? Was sicher auch falsch ist. Und man möchte – leise gähnend – die Gegenfrage aufwerfen: Warum soll sie denn auch noch ein Herz haben? Ist denn das Herz das Normale am Menschen, ist jeder leichtfertige junge Mensch, der durch irgendeine unselige Verstrickung von Umständen in den Mittelpunkt einer Tragödie gerät, verpflichtet, sich diesen Umständen gemäß tragisch zu benehmen, und mehr: tragisch zu fühlen und zu handeln? Ach, es ist der Traum von uns Menschen, die wir uns einbilden, gut zu sein, daß in einem anmutigen Körper, hinter einem schönen Antlitz, auch eine schöne Seele sich verbergen müsse. Und anmutig ist Hilde, anmutig genug, um die Sinne von Männern zu verwirren, die es weiter gebracht haben als bis zur Prima. Und klug ist sie auch, versteht ihre Worte zu wählen, versteht sogar zu kämpfen, ihre Position zu bessern, wenn sie mal an Boden verloren hat. Sie hat zugleich die traumhafte Sicherheit des Instinktwesens, das, ohne lange zu überlegen, die kleinen und großen Entschlüsse ihres Lebens rasch faßt: »Ich hatte Hans plötzlich so gern, und da war mir alles andere egal.«

Es war ihr egal, ob Paul Krantz darunter litt, dem sie in der vorigen Nacht Zärtlichkeiten geschenkt hatte, und es war ihr erst recht egal, ob es dem Bruder Günther paßte, von dem sie wußte, daß er Hansens Todfeind war. Es war die Gleichgültigkeit eines jungen Menschenkindes, das überhaupt kein anderes Zentrum als das erotische hat. Der Einfluß eines zärtlichen, seelisch und kulturell bildenden Elternhauses war aus irgendeinem Grunde ausgeschaltet. Irgendwelche besondere geistige Interessen bestanden nicht. Und so bildete sie, mag Krantz geistig etwas entwickelter gewesen sein, mag der Kochlehrling Stephan von einem Beruf als Geiger geträumt haben, mit Krantz, Stephan, Günther und der Ellinor Ratti ein in sich geschlossenes Milieu. Gewiß merkwürdig, aber nicht neu, daß neben der Lebenstollheit auch die Todestollheit jäh aufblühte. Aber was besagen da noch Einzelheiten?

Und doch war es ein Kampf um Illusionen, der vielleicht geführt werden mußte, weil man sich eben so weit vom Prozeßthema entfernt hatte. Man kann es verstehen, daß der Verteidiger es schließlich für notwendig hielt, den Polizeivizepräsidenten Dr. Weiß als Zeugen zu laden über den Eindruck, den er bei der Vernehmung der Hilde gewonnen hatte. Und nun hörte man es: lächelnd, fast kokettierend, war sie in das Verhandlungszimmer getreten – einen Tag nach der Mordtat –, so daß Dr. Weiß zu ihr sagen mußte: »Schämen Sie sich nicht, sich so zu benehmen, einen Tag, nachdem Bruder und Freund ums Leben gekommen sind?« Und da hat sie ein bißchen geweint.

Und dann hat sie gelogen, hat verheimlicht, daß sie in der Nacht vorher bei Paul Krantz war, und ist dem Paul Krantz, als man ihn ihr schließlich gegenüberstellte, wie eine kleine Bestie fast an den Hals gesprungen.

Gut, man hat erfahren, Hildegard Scheller kann lügen. Es war wohl notwendig, daß das Gericht es erfuhr. Man hörte sogar, daß sie ausgezeichnet lügt, aber wieder muß man die Erfahrung zu Rate ziehen und fragen: Gibt es viele Menschen, die in sexuellen Dingen nicht lügen, nicht ausgezeichnet lügen? Wissen wir nicht, daß Menschen in diesem Punkte die ungeheuerlichste Unverfrorenheit an den Tag legen, Menschen, die sonst sich durchaus als brave, nützliche, glaubwürdige Staatsbürger präsentieren? Die Sexualität erklärt viel, vielleicht alles. Aber nur dem, der alles weiß, und wir wissen gemeinhin das Allerwenigste. Es gibt eben auch Menschen, bei denen die Sexualität irgendwie auf einer Nebenschiene läuft, und man fragt sich vergebens: Was hat es mit der Glaubwürdigkeit Hilde Schellers zu tun, ob sie eine Virgo intacta ist oder nicht, oder ob sie zu der Anschauung neigte: »tout, excepté ça.«

Die Aussagen eines solchen Menschenkindes sind mit Vorsicht aufzufassen. Das ist alles, was man sich auch ohne die Erörterungen des heutigen Tages von vornherein sagen konnte. Um aber in solchen Fällen Überflüssigkeiten auszuschalten, schädliche, peinliche, schwüle Spannungen, die vom Gerichtssaal in die Welt hinausdringen, gar nicht aufkommen zu lassen, dazu brauchen wir in erster Linie Verhandlungsleiter von Takt, Sicherheit, Menschenkenntnis, Gewandtheit im sprachlichen Ausdruck, kurzum: Weltmänner. Der Prozeß ist in mancher Hinsicht traurig, beklagenswert, aber so, wie er sich abspielt, hätten wir ihn nicht zu erleben brauchen. Es muß aber über ihn berichtet werden, damit verantwortliche Persönlichkeiten sich endlich klar darüber werden, wie man so was macht und wie man es nicht machen darf.

Der dritte Tag

Nach stürmischem Beginn und krisenhaften Unterbrechungen ging der dritte Tag einigermaßen friedlich zu Ende. Schließlich war sogar der Humor zur Geltung gekommen, als die Schulrätin Frau Wegscheider die Prinzipien entwickelte, nach denen heute die reifere Schuljugend zu einer edleren Geselligkeit erzogen werden soll. Sie tat das im Rahmen verschiedener Fragen an den Leiter der Oberrealschule, die der Angeklagte besucht hatte. Der Herr Studiendirektor konnte die erfreulichsten Mitteilungen über die geselligen Veranstaltungen der Schule machen, bei denen die Schüler der höheren Klassen auch Gelegenheit haben, dem weiblichen Geschlecht in einer angenehmen und gesitteten Weise zu begegnen.

Im übrigen beruhte die Bedeutung des dritten Tages in der Hauptsache auf der Aussage der Ellinor Ratti, eines derb-schönen, italienischen Halbbluts. Neben ihr wirkt Hilde Scheller als überfeinertes Kulturwesen. Von zwei etwa gleichaltrigen Freundinnen ist man geneigt, einen gleichen Stand von Intelligenz anzunehmen. Die geistigen Horizonte dürften sich so ziemlich decken, sehr verschieden aber ist die Struktur der Intellekte und der Temperamente. Bei Hilde haben die Geschehnisse in der

Erinnerung eine feste, unabänderliche Form angenommen. Ob der Inhalt ihrer Bekundungen tatsächlich selbst wahrgenommen ist oder ob Einzelheiten hinzugelesen oder hinzugetragen wurden, kann man nicht auseinanderhalten, und mit Zähigkeit weiß sie ihren Standpunkt zu verteidigen. Das macht ihre Aussagen bestimmter, eindeutiger, scheinbar unentreißbarer. Ellinor aber sagt selbst: »Ich bezweifle alles, was ich sage.« Sie nimmt zurück, was sie eben bekundet, sie will sich, kann sich nicht festlegen, weil sie nicht mehr auseinanderhalten kann, was sie sah und was sie später hörte.

Immerhin bleibt ein deutlicher und wichtiger Unterschied in der Darstellung der beiden Mädchen festzuhalten: Ellinor hat nicht gesehen, daß Krantz Hilde zurückhielt, und sie hat die Worte »Bleib einen Augenblick hier« nicht gehört. Auch daß Hilde versuchte, in das Schlafzimmer einzudringen, hat Ellinor nicht wahrgenommen. Eher ist es ihr in Erinnerung, daß Hilde Krantz ins Schlafzimmer geschickt habe – was nur den Sinn gehabt haben könnte, er solle mal nachsehen, was Günther da macht –, in der Sorge, Stephan könne von Günther entdeckt werden und es könnte zu einer Prügelei kommen.

Diese Gegensätze besagen zum mindesten so viel, daß man mit den beiden Aussagen nicht viel anfangen kann. Das Gericht wird vermutlich auf die Wertung der Krantzschen Aussagen selbst sich beschränken müssen. Daß die Staatsanwaltschaft die Anklage auf Mord aufrechterhalten wird, ist wenig glaubhaft. Beihilfe zum Totschlag und Verabredung zum Mord sind wohl die Punkte, in deren Richtung die Anklage sich noch bewegt. Wird man zu diesem Ziel gelangen?

Die Plattform

Einen Augenblick sah es aus, als sollten Einsicht und guter Wille dazu führen, diesen über Gebühr langen Prozeß auf ein normales Maß zurückzuführen. Man schöpfte Hoffnung, als die Eröffnung der Verhandlung sich heute morgen von Viertelstunde zu Viertelstunde verzögerte. Man glaubte schon, daß die Prozeßbeteiligten durch gegenseitige Erklärungen wenigstens der Zeugenvernehmung ein Ende bereiten würden. Die Tatsache, daß der Verteidiger eine Reihe von ihm beantragter Zeugen nun selbst geladen hatte, wirkte zunächst als ein gewisses Druckmittel. Nun erhob er sich und stellte den Haftentlassungsantrag, dem von seiten der Staatsanwaltschaft widersprochen wurde. Allerdings fügte der Erste Staatsanwalt hinzu, daß er jetzt die Anklage auf gemeinschaftlichen Mord fallenlasse und nur noch den gemeinschaftlichen Totschlag zur Diskussion stelle. Das Gericht zog sich zur Beratung zurück und verkündete nach wenigen Minuten die Aufhebung des Haftbefehls. Damit glaubte Landgerichtsdirektor Dust die Plattform geschaffen zu haben, auf der man sich zu einer Abkürzung des Verfahrens hätte die Hände reichen können. Aber der Verteidiger bestand auf seinem Schein. Er verlangt eben einfach von der Staatsanwaltschaft das Fallenlassen der gesamten Anklage. Und so geschah es denn, daß auf der nun geschaffenen Plattform sich die Beweisaufnahme mit mehr Zeugen tummelt, als bisher überhaupt geladen waren.

Den ersten beiden dieser Zeugen brachte man noch ein gewisses Interesse entgegen: der Mutter Krantz und dem Vater Scheller. Bei Mutter Krantz ist dieses Interesse etwas mehr sympathisch, bei Vater Scheller ist es etwas weniger. Man hat bei beiden Persönlichkeiten den Eindruck, als ob sie sozusagen mit ihrer eigenen Erziehung noch nicht so ganz fertig sind. Bei ihnen beiden erhebt sich das Problem der Menschen, die jung Eltern geworden sind und die nun eines Tages eine halberwachsene Jugend zu Hause haben, ohne selbst ihre Stellung zur Welt fixiert zu haben. Sie sollen Führer ihrer Familie sein und sind selbst ganz offenbar noch nicht zu jenem Ruhepunkt gekommen, von dem aus man andere leiten kann. Mutter Krantz ist eine Frau, der das Leben kaum hold gewesen ist. Man darf nicht an ihrer Liebe zu den Kindern zweifeln, aber in dem Milieu eines wirtschaftlich schwer kämpfenden Musikerhaushalts ist es nicht leicht, Erziehungsfrüchte zur Reife zu bringen. Anders Vater Scheller, der alle diese Probleme so zu lösen versucht, daß er sich nicht um sie kümmert, daß er sein eigenes Leben führt und die Jugend ihre eigenen Wege gehen läßt.

Eine gewisse Ironie machte sich spürbar, als man die Mutter Krantz fragte, ob man nicht Paul, der zuerst bei seinen Großeltern erzogen war, immer etwas als Wunderkind angesehen hätte. Und die arme Mutter gibt zu: »Ja, man hat immer gesagt: Paulchen wird noch mal ein großer Mann.«

Erwachsene bebrüteten eine Schülertragödie. Erwachsene standen mit verwundertem Entsetzen vor einer blutigen Tatsache und einem Knäuel seelischer Wirrnisse. Erwachsene fragten sich, ob hier ein beklagenswerter Einzelfall vorliege oder ob die zufälligen Leuchtmale eines Verbrechens ein typisches Schicksal unserer Jugend deutlich werden ließen. Erwachsene versuchten, ihrer Pflicht gemäß als Repräsentanten des sittlichen Willens eines Volkes, die Sache auch nach der strafrechtlichen Seite zu bereinigen. Paul Krantz ist ein irgendwie begabter Mensch. Vielleicht zu rasch an Auffassungsgabe, zu zart an Körper und unter zu ungünstigen Umständen geboren und aufgewachsen, als daß ihm der Preis des Lebens leicht in den Schoß fallen dürfte. Vielleicht hat er aus den Worten des Professors Spranger, aus den Worten von Staatsmajestät, Majestät der Moral und Majestät der Verantwortung Ahnung und Dämmerung von Dingen empfangen, die er schon immer irgendwie gesucht hat, zu denen der Weg aber nur denen offensteht, die reinen Herzens sind.

Vielleicht – hoffentlich – hat das Herz des jungen Krantz den Gruß einer anderen Welt empfangen. Sollte er im übrigen von den Erwachsenen, die ihn bebrüteten, etwas enttäuscht sein, wird man ihm es nicht übelnehmen dürfen.

Die Justiz ist eine formidable Maschine. Das wissen wir alle, ob wir schuldig oder unschuldig sind. Sie kann jeden von uns zermalmen, wenn wir ihr zu nahe kommen. Aber das mindeste, was wir von einer so teuren und mit so entsetzlichen Umständen (als da sind: Gesetzbücher, Studium, Examina, ungelehrte und gelehrte Richter aller Grade) verkuppelten Maschine verlangen können, ist, daß sie blank geputzt, sauber und ordentlich funktioniert. Das tut sie nicht. Sie klappert und quietscht an allen Ecken. Kommt man in ihr Getriebe, so wird man gar nicht richtig zermalmt, man bleibt nur irgendwo an der kleinen Zehe hängen. Der übrige Mensch ist ganz gesund, aber an der kleinen Zehe stirbt er.

Diese Verhandlung, dieser ganze Prozeß: eine erschreckende Ungeistigkeit, eine Anklageschrift, auf die man kein Verfahren eröffnet, sondern über die ein kluger Strafkammervorsitzender eine Beschwerde an den Justizminister verfaßt. Daß man es wagte, ein so haltloses Machwerk einem denkenden Richter vorzusetzen! Was zur Entkräftung der winzigen Verdachtsmerkmale geschehen konnte, mußte sich jeder vernünftige

Mensch selber sagen. Dazu brauchte es keines Aufmarsches von Sachverständigen. Aber nein, die Routine macht es: gemeinschaftlicher Mord, Verabredung zum Mord. Und die Staatsanwaltschaft im Gerichtssaal – ein vergessenes Requisit der wilhelminischen Ära, von verzweifelter Überflüssigkeit. Zwei Staatsanwälte braucht man, um so tief zu ruhen. Nie eine Frage, nie ein Eingehen auf den Verhandlungsgegenstand. Stumpf, müde, nur dasitzend und gelegentlich – ach, mit welch kläglichen Mitteln – Staatsautorität markierend.

Ein Präsidium – sprachlich gehemmt.

Eine Verteidigung, der es nicht an Begabung und Temperament, wohl aber an jener Vornehmheit der Form gebricht, ohne die jede noch so scharf gedachte Attacke zu peinlicher Anrempelei wird.

Schließlich bepöbelte man sich. Aber eins muß doch zugunsten der Verteidigung gebucht werden. Unter Umständen hatte Dr. Frey das schwere Opfer auf sich genommen, durch ein an sich beklagenswertes Verhalten seinen Mandanten allen Gefährnissen zu entreißen.

Die Sache für Krantz steht günstig. So, daß an einem Freispruch kaum mehr zu zweifeln ist. »Kaum« – das will sagen: noch besteht natürlich eine gewisse Gefahr. Gelang es Frey, den Prozeß jedoch zum Scheitern zu bringen – erweist sich Krantz am Sonnabend verhandlungsunfähig –, muß der Prozeß abgebrochen werden, so erscheint dieser Prozeß nie wieder auf der Bildfläche. Das läßt schon der gute Geschmack nicht noch einmal zu. Dann ist Krantz definitiv vor der strafrechtlichen Verfolgung gerettet.

Also opferte der Verteidiger den Ruf eines charmanten Menschen, um seinen Klienten unter allen Umständen zu retten.

Man darf sagen, er machte Klamauk, wo man mit den Fingerspitzen nicht nur vornehmer, sondern auch sicherer arbeiten konnte. Man fegt die Schachfiguren nicht vom Brett. Eine Niederlage muß jeder Kämpfer in den Bereich der Möglichkeit ziehen. Ohne diese Bereitschaft verliert auch der geistige Sport seine Fairneß. Und Ernstliches konnte dem Angeklagten wirklich nicht mehr geschehen. Die paar Monate, die man ihm vielleicht gegeben hätte, wären durch die Untersuchungshaft verbüßt, und ein impulsives und redliches Streben nach aufwärts hätte auch diese Strafe schließlich aus dem Register verschwinden lassen. So allmächtig ist die Justiz nicht, daß sie von sich aus dieses Wesen hätte vernichten können. Fragen darf man nur, ob – mit oder ohne Freispruch – die Veranlagung von Paul Krantz glücklich genug ist, um ihn einer geordneten und nützlichen Zukunft entgegenzuführen.

Friede

Es gab eine artige Zeremonie der Versöhnung. Paul Krantz saß bleich, aber freundlich und dankbar für jedes gute Wort dabei, von Arzt und Krankenschwester betreut.

Man versucht zu verhandeln, und als erster Sachverständiger wird Oberstudiendirektor Professor Goldbeck aufgerufen. Der alte Herr mit dem feinen, geistreichen Gesicht unter dem hochgewölbten Schädel gibt ein Gutachten, wie es vielleicht noch nie in Moabit produziert worden ist. Er spricht nicht nur von Krantz, er spricht auch von Goethe und von sich selbst. Krantz sei in einem musikalischen Hause aufgewachsen, und in solchen Häusern führe man ein gesteigertes Seelenleben. Auch Goldbeck selbst stammt aus einer Musikerfamilie, er weiß, wie es ist. Und er gesteht: »Es ist kein Zug in dem Jungen drin, den ich nicht selbst erlebt habe.«

Die Verzärtelung der Großeltern habe ebenfalls ungünstig gewirkt. Es war eine Züchtigung auf Gemüt und Gefühl, was Jungens schlecht bekomme. Jungens müssen sich tummeln. Wenn ein Mensch in seiner Jugend keinen Unsinn gemacht hat, kommt's hinterher. Es staut sich alles. Krantz war ein Musterschüler, war es noch bis zum Augenblick der Tat. Man glaube gar nicht, was mit den Musterschülern später alles passiere.

Goldbeck zieht die Verbindungslinien zu Faust und Goethe, der auch ein Gestauter war, wie Krantz auch ein Dichter ist – wobei es nicht darauf ankommt, von welchen Graden. Dichter ist eben der Mensch ohne Wirklichkeitssinn, der Mensch, der ganz woanders lebt, der immer den Zwang in sich fühlt, zu flüchten. Erlebnishunger treibt ihn aus der Welt der Tatsachen fort.

Dann aber hebt Professor Goldbeck eine Einzelheit hervor, die bisher gar nicht gewürdigt worden war: Nach dem Erlebnis mit Hilde hat Paul Krantz 15 Stunden mit einer Unterbrechung von wenigen Minuten geschlafen. Nach einem solchen Schlaf erwacht ein junger Mensch nicht erquickt, sondern gerädert, und Rechtsanwalt Frey kann in dem Zusammenhang feststellen, daß in den 35 Stunden vor der Tat Krantz nichts zu sich genommen hat als ein Brötchen. Sonst nur Alkohol, Kaffee, Zigaretten. Und Goldbeck folgert: Alkohol, Zigaretten, Qualm, Erotik, Verstiegenheit. Dazu das Grauen, das in dieser ganzen Nacht durch die Wohnung schlich. Ein solcher Mensch macht sich keine bestimmten Vorstellungen mehr, er faßt keine Entschlüsse unter der Kontrolle seines Verstandes. Dazu die einlullende Dämonie des Morgengrauens. Er ist nicht im Besitz seiner vollen geistigen Kräfte. Er bricht aus: den Brief ans Weltall, das Testament. Man hat sich über das Verhalten Krantz' nach der Tat gewundert, über seine herzlos scheinenden Aussprüche von Ferienreise und Examen. Goldbeck findet gerade diese Äußerungen nur natürlich. Was in dem Jungen drin war, mußte heraus. Was war denn in ihm drin? Natürlich die Ferien und natürlich das Examen. Dazu die bestialische Angst vor dem, was nun kommen würde. Die Folge: Rausredereien, die jeder Junge macht, wenn er irgend etwas angestellt hat. Und Herr Goldbeck schließt: Der Schutz des § 51 sei dem Angeklagten unbedingt zuzubilligen.

Dann spricht noch Frau Schulrätin Wegscheider sehr warm, sehr herzlich für den Jungen. Es ist mehr, als sein schwaches Herz vertragen kann. Die Verhandlung muß abgebrochen werden.

Alles ist erschöpft bis auf die Liste der Sachverständigen. Wann wird endlich der Augenblick kommen, wo der Staatsanwalt die Klage fallenläßt? Muß der Kelch wirklich geleert werden? Man denkt schon nicht mehr an das Urteil, man fragt sich schon, was wird aus Krantz, wer nimmt sein Schicksal in treue Hand?

Der Freispruch

Die Frage, ob sich der Primaner Paul Krantz im strafrechtlichen Sinne schuldig gemacht hat, erwies sich als eine sehr schwierige. Das Schwurgericht hat sie verneint.

Man kann beim besten Willen nicht behaupten, daß die plädierenden Juristen sehr spielend dieser Frage Herr geworden sind. Der Erste Staatsanwalt Steinbeck konnte es sich etwas bequemer machen. Es ist ihm nicht zu verübeln, wenn er, seiner Aufgabe, die sittliche Staatsordnung durch Anwendung des Gesetzes zu schützen, gemäß, sich für die Anwendbarkeit der einschlägigen Paragraphen entschied. Er tat das in der Form eines sehr sorgfältig aufgebauten Plädoyers, das er wirkungsvoll vortrug. Er zögerte auch nicht, dem Angeklagten weitgehende Milderungsgründe zuzubilligen, und so könnte man ihm – auch wo man im einzelnen anderer Ansicht ist – Beifall zollen, hätte er nicht gewissen, von Anfang an störenden Nebenbemerkungen am Ende durch den lapidaren Satz Ausdruck verliehen: »Der Angeklagte ist keine Persönlichkeit, er ist ein Erziehungsobjekt.«

Durch diesen Satz dokumentiert der Staatsanwalt die unüberbrückbare Kluft zwischen ihm und allen, die irgendwie als Sachverständige, Jugendbildner oder auch nur als Väter und Mütter diesem Prozesse mit besorgtem Herzen gefolgt sind. Das Kind *ist* eine Persönlichkeit; wenn es keine Persönlichkeit wäre, brauchten wir nicht in jedem einzelnen Falle den Versuch zu unternehmen, es zu bilden, an seinem Charakter zu feilen, die guten Eigenschaften zu entwickeln, die schlechten Triebe einzudämmen. Sonst wäre die Erziehung das Ausschlaggebende und nicht das Objekt. Aber leider sind ja diese erzieherischen Versuche meist nur sparsame Retuschen; das Entscheidende ist eben doch das, was den Menschen selbst an Persönlichkeitswerten in die Wiege gelegt wird. Persönlichkeit also ist Paul Krantz unter allen Umständen; niemand aber wird den Wert dieser Persönlichkeit wegen seiner guten Schulbegabung, wegen seines artigen und liebenswürdigen Wesens überschätzen; man wird nur bedauern, daß ein solcher Mensch durch seine Schwäche, seine früh erwachten Triebe, seine Unselbständigkeit, seinen Mangel an innerer Widerstandskraft in eine so tragische Lage gebracht worden ist. Er selbst sprach es in dem Schlußsatze aus, den er an seine Richter adressierte und den niemand besser hätte formulieren können: »Machen Sie es mir nicht unmöglich, als Mann wieder gutzumachen, was ich als Kind gefehlt habe.«

Wären wir soweit, uns auf das rein Menschliche zu verlassen, vom Menschlichen alles zu erwarten und zu hoffen – es bedürfte keiner juristischen Spitzfindigkeiten; man hätte ihn freisprechen können, auch ohne die Grenzen zwischen moralischer und strafrechtlicher Verantwortung mit so minuziöser Sorgfalt abzutasten. Wir sind nicht so weit. Richter sind an das Gesetz gebunden, und so war es ihre Pflicht, die vorliegenden Probleme auf ihre Lösbarkeit zu untersuchen.

Es stellte sich indessen heraus, daß in den zur Diskussion stehenden Fragen kaum ein Schritt getan werden konnte, ohne daß man gezwungen war, ihn alsbald wieder zurückzunehmen. Lag Verabredung zum Morde vor? Die Staatsanwaltschaft sagte zuerst ja und erhob auch darauf die Anklage. Sie ließ jetzt diesen Punkt fallen (obgleich sie sich schon vor Abfassung der Anklageschrift von der ausschlaggebenden Reichsgerichtsjudikatur hätte überzeugen können). Sie betrachtet diese Verabredung jetzt nicht mehr als »ernsthaft«. Immerhin, wird man entgegenhalten müssen: die Ernsthaftigkeit war groß genug, um einen Teil der Verabredung zur Tat werden zu lassen. Günther hat seine Verabredung erfüllt, Krantz soll bei dieser Erfüllung Mittäter gewesen sein. Wir wissen, daß im juristischen Sinne jemand einen Mord mit Vorsatz und Überlegung planen kann – daß er aber an seinem Opfer unter gewissen Umständen einen Totschlag und keinen Mord begeht, wenn es sich nämlich herausstellt, daß im Augenblick der Tötung zwar noch der Vorsatz, nicht aber die Überlegung vorhanden war. So nimmt man auch von Günther Scheller an, daß er einen Totschlag begangen hat. Krantz soll Mittäter dieses Totschlags gewesen sein. Das Festhalten Hildes (eine halbe Stunde vor der Tat), das Mithineingehen in das Schlafzimmer, die Beteiligung an dem Schließen der Tür sind die gravierenden Momente. Am gravierendsten vielleicht überhaupt die Tatsache, daß Krantz, der ja seinerseits von dem ganzen Mord- und Selbstmordplan abgekommen war, nicht die mindesten Anstalten traf, die Tat zu verhindern, daß er nicht Hilde und Ellinor zu Bundesgenossen anrief, daß er nicht den Versuch machte, Günther die Waffe zu entreißen. Demgegenüber muß man in erster Linie erwägen, daß die inneren und äußeren Vorgänge jenes Morgens überhaupt nicht mit absoluter Sicherheit festgelegt werden konnten. War Krantz der Ansicht, daß Stephan vielleicht durch das offenstehende Fenster bereits das Schlafzimmer verlassen hatte, so ist er von seinem Standpunkt aus jedenfalls exkulpiert: Ob er wirklich überzeugt war, daß Stephan bereits entwischt war, das weiß er vielleicht selbst nicht mehr genau. Denn alle Vorgänge des tragischen Morgens sind in ein seelisches Dämmerlicht gehüllt, aus dessen Gewoge nachträglich Genaues überhaupt nicht festzustellen ist.

Die Frage, ob der § 51 in diesem Falle anzuwenden sei, ist von den Sachverständigen verschieden beantwortet worden. In Wirklichkeit sieht man wieder, wie unvollkommen wir Menschen in der Abfassung von Paragraphen sind und wie wenig einmalige Formulierungen den tausendfach vielfältigen Gebilden des Lebens entsprechen. Hätte Krantz seinerseits Hilde erschossen, aber für den Selbstmord nicht den Mut gefunden, so würde ihm kaum jemand den § 51 zugebilligt haben. Soweit war seine freiwillige Willensbestimmung sicher nicht ausgeschlossen, als daß er nicht große innere Hemmungen hätte überwinden müssen, um zu einem Tötungsentschluß zu kommen und ihn auszuführen. Aber wieviel geringer sind die Hemmungen, die Krantz zu überwinden hatte, um hinter dem Günther Scheller her das Schlafzimmer zu betreten! Denn das ist ja seine Tat, die man ihm zum Vorwurf macht! Der typische Mitläufer, der immer hinterhergeht, brauchte für dieses Tun überhaupt kaum Hemmungen auszuschalten. Hier konnte sogar eine verhältnismäßig geringe Störung der normalen Verstandesfunktion ausreichen, um ihn seiner freien Willensbestimmung zu berauben.

So viel Fragen, so viel Zweifel. Und alle Zweifel sprechen für den Angeklagten. All diesen Erwägungen trug das Schwurgericht Rechnung, als es schließlich das freisprechende Urteil fällte. Andererseits aber sind es so minuziöse Differenzen, die hier Schuld von Nichtschuld scheiden, die Dinge wohnen so nah beieinander, daß keine Meinungsgruppe die andere der Ungerechtigkeit zeihen kann.

Keine Vorstrafe wird die Zukunft des jungen Mannes behindern. Hoffentlich findet er von sich aus die Kraft und von seinen Angehörigen und Freunden die Pflege, die seinem Streben nach aufwärts günstig ist.

Die Erörterungen über den Fall Krantz werden mit diesen Bemerkungen nicht abgeschlossen sein. Er hat peinliche Beobachtungen nach den verschiedensten Seiten gezeitigt. Mancherlei Beleuchtung wird er noch erfahren müssen.

Richter in Moabit

Selbst wer dem Getriebe der Justiz, wie wir es nun mal haben, im großen und im kleinen ablehnend gegenübersteht, wer an unserem Gerichtsgebaren mit mehr oder mit weniger Grund dauernd zu mäkeln hat, wird, soweit er ein einigermaßen vernünftiger Mensch ist, nicht ernsthaft bestreiten, daß es unter der großen Anzahl der preußischen und der Berliner Richter eine Reihe vorzüglicher Menschen gibt: Juristen von Rang, von Format und Talent, durchdrungen von ihrer hohen Aufgabe, vielseitig gebildet und vor allen Dingen befähigt, sich in noch so fremde Menschen irgendwie hineinzufühlen, sie zu begreifen – darüber hinaus auch noch befähigt, sich selbst verständlich zu machen.

Solche Männer gibt es, in nicht zu geringer Anzahl. Man sollte meinen, daß die repräsentativsten Stellen, die eine Justizverwaltung zu vergeben hat, an so geartete Persönlichkeiten vergeben werden. Diese repräsentativsten Stellen aber sind die Präsidien der drei Berliner Schwurgerichte. Mag der Senatspräsident des Kammergerichts im Range höher stehen als der Landgerichtsdirektor, der mit der Leitung des Schwurgerichts betraut wird – der Schwurgerichtsvorsitzende steht im Brennpunkt des öffentlichen Lebens, zumal in Berlin. Und er steht sehr weit sichtbar da, nicht nur für Berlin und Preußen, sondern für ganz Deutschland. Berlin bekommt naturgemäß die größte Anzahl wichtiger Kriminalfälle zur Aburteilung, und da die Berichterstattung von Berlin überallhin ausgezeichnet funktioniert, so folgt man gerade den Berliner Schwurgerichtsvorgängen mit besonderem, man kann sagen: mit leidenschaftlichem Interesse. Dazu kommt, daß das Volk gemeinhin in der Abwicklung der Schwurgerichtsgeschäfte eine Norm für das Funktionieren des ganzen gerichtlichen Apparats erblickt. Nicht der Scharfsinn des Senatspräsidenten ist es, der sich in die Breite wirksam macht. Der sittliche Maßstab eines Volkes ist in die Hand des Schwurgerichtsvorsitzenden gegeben, vor dessen Sessel sich die Tragödie um Herz und Kopf abspielt.

Die Besetzung der Schwurgerichtspräsidien geschah früher nach einem durchaus vernünftigen System. Es wurde für jede Schwurgerichtsperiode vom Oberlandesgerichtspräsidenten der Vorsitzende besonders ernannt, und so kam es, daß fast alle Landgerichtsdirektoren eines Gerichts gelegentlich herankamen. Sie hatten hier Gelegenheit, ihre Kräfte aneinander zu messen, die Betrauung mit diesem Amt galt als Sprungbrett. Wer sich in besonderem Maße bewährte, konnte darauf rechnen, mit den ganz großen Sachen betraut zu werden, die eine besondere Eignung voraussetzten.

Die Emmingersche Justizreform hat auch damit ein Ende gemacht. Da die Schöffen für das ganze Jahr ausgewählt werden, ist man dazu übergegangen, auch die Schwurgerichtsvorsitzenden für das Jahr zu ernennen. Ein Zwang hierzu besteht übrigens nicht, denn es werden Ausnahmen gemacht. Der große Aufgabenkreis der Berliner Landgerichte schafft nun aber noch besondere Notwendigkeiten. Der Landgerichtspräsident hat für das Gebiet der Strafrechtspflege einen Stellvertreter, der in Moabit die Geschäfte leitet. An sich durchaus begreiflich, daß man zum stellvertretenden Landgerichtspräsidenten einen Richter nimmt, dem Verwaltungsgeschäfte besonders gut liegen. Offenbar sind aber diese Verwaltungsgeschäfte nicht so atemberaubend, daß der Stellvertreter von ihnen vollkommen ausgefüllt wäre. Also reserviert er für sich die Leitung des Schwurgerichts. Und während man früher die mannigfaltigste Anregung aus dem Wechsel der Präsidenten zog, während die vorgesetzten Justizbehörden ihre Landgerichtsräte und -direktoren vor größeren Aufgaben wirklich kennenlernen konnten, erfolgt jetzt die Ernennung des Vorsitzenden auf ein Jahr – und wenn der Herr stellvertretende Landgerichtspräsident mehrere Jahre auf seinem Posten bleibt, so bleibt er auch mehrere Jahre Schwurgerichtsvorsitzender. So erleben wir seit drei Jahren den Vorsitz Bombes im Landgericht III, und so erleben wir seit drei Jahren im Landgericht II die Tragödie Dust.

Herr Dust ist ein sehr verbindlicher, ein sehr gutherziger Mann, der zu seinem Posten sicher den besten Willen mitbringt und ganz zweifellos ein ausgesprochenes Verantwortungsgefühl. Alle ethischen und juristischen Voraussetzungen darf man als erfüllt erachten. Er hat es durch sein Urteil bewiesen, das nicht nur im materiellen Sinne als vernünftig gepriesen werden muß.

In der Begründung, die ja zugleich eine Charakterisierung des Prozesses und seiner Nebenerscheinungen war, zeigte er auch da, wo man ihm vielleicht nicht zustimmen kann, weites Verständnis für unsere Zeit und ihre Nöte.

Außerdem soll Herr Dust ein ganz besonders befähigter Justizverwaltungsbeamter sein. So darf man ohne weiteres glauben, daß er für den Posten des stellvertretenden Landgerichtspräsidenten hervorragend geeignet ist. Man gönnt ihm von Herzen, daß er recht bald irgendwo ein eigenes Präsidium bekommt. Aber zum Schwurgerichtsvorsitzenden eignet er sich nun mal nicht. Das ist keine Schande, aber es ist eine Tatsache, auf die wir sogar an dieser Stelle gleich hingewiesen haben, nachdem er sein Amt übernommen hatte. Er hat inzwischen in zahllosen kleineren Fällen seines Amtes gewaltet zur Qual aller Prozeßbeteiligten. Es bedurfte des großen Falles, um seine mangelnde Eignung weiteren Kreisen bekanntzumachen.

Es geschieht nicht leichten Herzens, einem an sich vortrefflichen Manne so etwas in aller Öffentlichkeit sagen zu müssen, aber die Situation ist zwingend. Freilich darf man hinzufügen, daß er an dem Unglück die geringere Schuld trägt, als die ihm vorgesetzte Behörde. Warum mußte es bis zum Prozeß Krantz kommen, warum hat sich wirklich in den drei Jahren niemand eine Verhandlung von ihm angehört?

Der Prozeß ist vorbei, jetzt sind aber die Lehren aus ihm zu ziehen. Vor allen Dingen stelle man den häufigeren Wechsel der Schwurgerichtspräsidien wieder her. Auch Herr Bombe möge anderen Kräften Platz machen. Man kann bei ihm nicht mit voller Sicherheit sagen, wieweit er, der Leiter zahlreicher Feme-Mordprozesse, persönlich rechts eingestellt ist, wieweit er seinem eifernden Beisitzer, Landgerichtsrat Vorbaum, nachgibt. Aber es geht nicht an, daß man immer wieder dasselbe Stoffgebiet Richtern überläßt, von denen man weiß, daß sie der neuen Ordnung der Dinge gleichgültig oder gar antipathisch gegenüberstehen.

An begabten Kräften ist in Moabit kein Mangel. Soll man Namen nennen? Da man sie höheren Orts nicht kennt, seien einige genannt: Siegert, Fielitz, Gayl, Sachs, Tolk, Steinhaus, Peltasohn. Mit welcher Delikatesse hätte Herr Marschner diesen Prozeß geleitet! Ich nenne gerade ihn, weil er politisch sicher nicht unser Mann ist und weil er sich doch gerade in Behandlung delikater Dinge immer als ein Meister erwiesen hat. Und niemals hätte Dr. Frey gegen Amtsgerichtsrat Keßner aufbegehrt, dessen Ironie tödlicher wirkt als das schwachmütige Aufbrausen eines Dust.

Also Richter sind da – man setze sie an die richtige Stelle.

Die Krantz-Debatte im Landtag

Der Fall Krantz hat eine Personalkritik in einer Angelegenheit gezeitigt, die mit Politik gar nichts zu tun hat, deren Wesen und Bedeutung rein auf strafprozessualem Gebiet liegt oder lag. Wie wenig die Politik damit zu tun hat, beweist die Rede des deutschnationalen Abgeordneten Kammergerichtsrat Dr. Deerberg, der im Landtag die Prozeßleitung ebenfalls bemängelte – Herr Deerberg hatte der Verhandlung zu wiederholten Malen beigewohnt.

Der Schreiber dieser Zeilen hatte sich nicht leichten Herzens entschlossen, den Schritt von negativer Kritik zu positiver Forderung zu tun. Er hat damit nach Ansicht des preußischen Herrn Justizministers die Kompetenzen der Presse überschritten. Ein Journalist, der es zu seiner Aufgabe macht, verantwortungsbewußte Kritik zu üben, wäre ein Narr, und sogar ein unvornehmer Narr, wollte er nicht mit allem Respekt und aller Aufmerksamkeit dem lauschen, was die Gegenpartei ihm zu sagen hat.

Aber es wird ihm schwer, eine Kompetenzüberschreitung im Prinzip anzuerkennen. Denn im Prinzip gibt es nichts, was nicht der Kompetenz der Presse unterworfen sei. Die Presse kann dabei nicht einmal die Gepflogenheiten der Parlamente nachahmen, die in dem Minister den zunächst Verantwortlichen für alles sehen, was in seinem Ressort passiert. Der Minister ist der Presse nicht verantwortlich, der Journalist wird deshalb sich viel lieber unmittelbar an denjenigen wenden, den er kritisieren zu müssen glaubt, und er wird erst in zweiter Linie, sogar im Sinne der Entlastung des Angegriffenen, den größeren Zusammenhängen nachspüren, deren halb und halb unschuldiges Opfer vielleicht dieser Angegriffene ist. In diesem Sinne war in unserem Blatte von dem neuen Modus gesprochen worden, der die Bestallung der Berliner Schwurgerichtsvorsitzenden regelt, und es wurde der Wunsch ausgedrückt, daß diese weithin sichtbaren Posten mit Persönlichkeiten besetzt würden, die unser Richtertum im besten Sinne repräsentieren.

Gerade in diesem Punkte schlich sich ein Mißverständnis ein. Wenn ich die Rede des Herrn Justizministers richtig gelesen habe, so weist er die Forderung einer rein äußerlichen Repräsentation zurück. »Die Richter dürfen nicht daran denken, daß das Theater sein könnte.«

Auch der Berichterstatter, der in seinem Privatleben das Theater liebt, wird sich bei einigem Verantwortungsbewußtsein im Gerichtssaal gegen gewisse ästhetische Nebenwirkungen wehren, obwohl diese zuweilen nicht ganz leicht auszuschalten sind. Andererseits ließ sich übrigens doch zuweilen die Frage aufwerfen, ob bei uns die Würde des Gerichts – durch äußere Wirkung nach innen – nicht besser gepflegt werden könnte. Aber davon war diesmal wirklich nicht die Rede. Erhoben war die Forderung nach Richterpersönlichkeiten, die – die ethische und juristische Qualifikation schlechthin vorausgesetzt – über eine besondere Fähigkeit in der Leitung großer Strafprozesse verfügen. Diese Fähigkeiten sind sehr bestimmte und durchaus nicht alltägliche. Die Leitung eines großen Strafprozesses erfordert sehr viel: eine spielende Beherrschung der Strafprozeßordnung, ein eminentes Gedächtnis, das die Kenntnis des gesamten Akteninhalts parat hält, die Begabung, sich mit den einfachsten und doch oft so komplizierten Persönlichkeiten vom Richterstuhl herab zu verständigen, Einfühlung, Schlagfertigkeit und eine gewisse weltmännische Überlegenheit – will sagen: natürliche Autorität.

Man kann ein ausgezeichneter Jurist, sogar ein vortrefflicher

Richter sein und doch den aufgestellten Forderungen nur zum Teil, vielleicht sogar zum geringen Teil, genügen. Es ist sehr gut denkbar, daß ein Senatspräsident im Kammergericht, dessen juristische Kompetenz weithin anerkannt wird, nicht die Nerven aufbringen würde, einen Vormittag als Alleinrichter in Moabit zu fungieren. Wir wissen alle, daß es Rechtsanwälte gibt, Künstler im Entwerfen der kompliziertesten Gesellschaftsverträge, die aber, zufällig vor die Aufgabe eines Plädoyers im Strafprozeß gestellt, glatt versagen. Und so gibt es schließlich in jedem Beruf Persönlichkeiten, deren Talente im stillen inneren Dienste blühen, die sich aber nicht nach außen stellen dürfen, wo sie versagen oder gar das Unternehmen schädigen.

Der Vergleich des Gerichts mit dem Theater wurde abgelehnt; vielleicht ergeht es dem Vergleich der Justizverwaltung mit einem großen privatwirtschaftlichen Unternehmen nicht viel besser. Und dennoch: der Vergleich drängt sich auf, zumal ja die Justizverwaltung seit einiger Zeit eine Pressestelle in das Kriminalgericht gesetzt hat – in der im Grunde dasselbe geschieht wie in jeder anderen privatwirtschaftlichen Propaganda-Abteilung. Es werden alle auf die Strafjustiz bezüglichen Artikel gelesen, es werden von der einen oder anderen Seite Rückäußerungen angefordert, und wenn auch nichts angepriesen wird, so wird doch wenigstens beschwichtigt, aufgeklärt, es werden Beziehungen unterhalten. In einer Zeit der Krise hat auch eine staatliche Verwaltung das Bedürfnis, für sich Propaganda zu machen; das Bedürfnis ist durchaus legitim, und es ist an dieser Stelle nie etwas anderes gewünscht worden, als daß durch Herausstellung der besten Männer die Krisensymptome zum Verschwinden gebracht werden. Man hat dem Schreiber dieser Zeilen insbesondere die Tatsache zum Vorwurf gemacht, daß er nicht nur den Verhandlungsleiter des Krantz-Prozesses kritisierte, sondern daß er auch die Namen einiger Persönlichkeiten nannte, die zur Führung großer Strafprozesse besondere Eignung erwiesen haben. Es muß mir verstattet sein, mit aller Treuherzigkeit zu erklären: Etwas Böses habe ich mir dabei bestimmt nicht gedacht. Gerade weil ich einen Richter angegriffen hatte, ohne deshalb dem Richterstand als solchem auch nur im entferntesten eine Kränkung zufügen zu wollen, war es mir Bedürfnis, einige Persönlichkeiten zu nennen, die in hervorragendem Maße den schwierigen Anforderungen einer Leitung des Schwurgerichts gewachsen sind. Ich wollte gewiß nicht sagen, daß sich vor diesen Herren das Gerichtsgeschehen wie ein Theaterstück abspielt, und ich wollte noch weniger sagen, daß sie die einzigen sind, die so hoch qualifiziert erscheinen.

Im übrigen fürchte ich, daß wir am wenigsten weit kommen, wenn wir gegenseitig Kompetenzen abzirkeln. Wir haben Redefreiheit allzumal, und nur aus dem Meinungsaustausch erwächst Verständigung und Versöhnung.

Justiz und Berichterstattung

Im Berliner Anwaltsblatt (Februar 1928) äußert Dr. Hans Fritz Abraham, Rechtsanwalt am Kammergericht, seine Sorgen über die Berichterstattung im Strafprozeß. Die Haltung der Presse im Krantz-Prozeß hat seine Bedenken wachgerufen – Bedenken, die mindestens gleichzeitig in Journalistenkreisen selbst geäußert wurden. Bekanntlich hat bereits vor der Beendigung des Krantz-Prozesses im Reichsverband der Deutschen Presse eine Erörterung über dieses Thema stattgefunden. Die Arbeit des Gerichtsberichterstatters untersteht selbstverständlich der öffentlichen Kritik. Aber mit großem Erstaunen liest man, was Herr Dr. Abraham bereits im zweiten Absatz seines Artikels schreibt:

»Der Nachprüfung bedarf es zunächst, inwieweit überhaupt an dem Grundsatz der Öffentlichkeit in der Hauptverhandlung in Zukunft festgehalten werden soll. Es muß die Möglichkeit geschaffen werden, daß auf Antrag des Angeklagten oder auch des Zeugen die Öffentlichkeit für die ganze Dauer der Verhandlung oder für Teile derselben ausgeschlossen werden kann, sofern nicht überwiegende öffentliche Interessen diesem Ausschluß entgegenstehen. Die Anprangerung des Angeklagten oder anderer Prozeßbeteiligten, wie sie jetzt möglich ist, führt häufig zu einer durch den Strafzweck in keiner Weise gerechtfertigten Schädigung. Nur dann, wenn begründete Interessen der Allgemeinheit die Beibehaltung der Öffentlichkeit des Verfahrens fordern, ist an der Publizität der Hauptverhandlung festzuhalten.«

Man kann diesen Forderungen eines Anwalts, von dem man bisher annehmen durfte, daß er demokratischen Ideen nahesteht, nicht energisch genug widersprechen. Man muß sich darüber klar sein, daß er da in aller Ruhe und von den besten menschlichen Absichten beseelt nichts Geringeres versucht als ein Attentat auf die grundsätzlich wichtigste Errungenschaft, die das Rechtsleben im vorigen Jahrhundert verwirklichte. In Wirklichkeit ist die Öffentlichkeit des Verfahrens die Luft, in der das Rechtsleben allein gedeiht, ohne die es dazu verurteilt ist, hinzuwelken und zu sterben. Man wird dem Verfasser dieser Zeilen nicht den Sinn dafür absprechen, daß die Anprangerung eines Angeklagten für diesen schmerzlichere Folgen haben kann als die Verurteilung zu ein paar Monaten Gefängnis. Auch die Lage des Zeugen, der plötzlich gezwungen ist, peinliche Dinge über sich selbst auszusagen, ist zweifellos beklagenswert. Im übrigen tun wir Gerichtsberichterstatter in aller Stille viel Gutes: Viele von uns nennen möglichst überhaupt keine Namen oder verändern diese Namen, so daß doch die Möglichkeit besteht, über einen an sich interessanten, aber nach der personellen Seite nicht wichtigen Prozeß zu berichten, ohne dem Wiederaufbau einer Existenz das schwerste Hindernis in den Weg zu legen. Andererseits aber muß man sagen: Es ist in erster Linie Sache jedes einzelnen Menschen, ob er es riskieren will, durch einen Rechtsbruch die Maschine der Strafjustiz in Bewegung zu setzen. Tut er es gar in einer Weise, die das Leben der Gesellschaft beunruhigt und stört, so daß durch die Tat selbst das allgemeine Aufsehen erregt ist, so muß er das Opfer der Anprangerung auf sich nehmen. Die Öffentlichkeit unseres Rechtsgeschehens muß uns im großen und ganzen als wichtiger und unverletzlicher erscheinen denn irgendein Privatinteresse. Handelt es sich um Vergehen auf sexuellem Gebiete, so hat auch heute schon der Verteidiger die Möglichkeit, den Ausschluß der Öffentlichkeit zu beantragen. Wollte man darüber hinaus aber jedem Angeklagten oder jedem Zeugen es ermöglichen, die Öffentlichkeit auszuschließen, nur weil es ihm peinlich wäre, wenn die Sache in die Presse käme, so wäre die Öffentlichkeit unseres Rechtslebens einfach erledigt. Den Angeklagten möchte ich sehen, der nicht die Gelegenheit benutzte, Zuhörer und Presse von seiner Verhandlung fernzuhalten. Wenigstens zunächst. Sehr bald würden freilich gerade die Angeklagten, die sich gar nicht oder wenigstens nicht im Sinne der Anklage für schuldig halten, nach der Öffentlichkeit des Verfahrens schreien, da sie nur auf diese Weise eine öffentliche Kontrolle ihres Falles, eine Korrektur des über sie gefällten Spruches erwarten dürfen.

Herr Dr. A. hält es ferner für bedauerlich, daß die Berichterstattung »das Tribunal zur Szene macht, daß jede Frage des

Verteidigers, jede Antwort des Zeugen, jeder Zusammenstoß zwischen dem Gericht und irgendeinem Prozeßbeteiligten in dramatisch zugespitzter, oft übertriebener Form wiedergegeben wird und daß durch stimmungsmäßigen Aufputz mit allen Mitteln der Suggestion auf die Prozeßbeteiligten eingewirkt wird«.

Auch hier ist zu sagen: Es ist Sache der Prozeßbeteiligten, die Verhandlung würdig und vernünftig zu gestalten. Die Manier, einen Prozeß in der Form von Frage und Antwort wiederzugeben, ist doch wirklich nicht neu, ist Übung seit Jahrzehnten – man kann eher sagen, daß sie heute weniger als früher und nur noch in ganz besonders aufsehenerregenden Fällen angewendet wird. Wann wir diese Manier anwenden, wann nicht – die Entscheidung hierüber möge man getrost uns Journalisten überlassen. Ereignen sich aber Zwischenfälle, so sind wir gar nicht in der Lage, sie unseren Lesern zu verschweigen. Denn die Vorgänge im Gerichtssaal zu hören, soll ja nicht das Privileg derer sein, die sich zufällig als Zuschauer einfinden, sondern hier setzt das öffentliche Interesse ganz besonders ein. Dabei ist etwas Technisches zu bemerken: Wenn es heute zu einem Zwischenfall kommt, so kann im Augenblick des Geschehens niemand im Gerichtssaal ermessen, zu welchen Konsequenzen ein solcher Konflikt führt. Er kann sehr oft rasch gütlich beigelegt werden, er kann aber auch den weiteren Gang der Verhandlung auf das entscheidendste beeinflussen. Der Journalist formt aber seinen Bericht nicht am Ende einer mehrtägigen Verhandlung, er hat für Abend- und Morgenblatt zu berichten, und er hat sich infolgedessen an das zu halten, was just eben passiert.

Nun befürchtet Dr. A. gerade eine Beeinflussung der Schöffen und Geschworenen und erinnert an Amerika, wo die Geschworenen während der Dauer der Verhandlung jeder Beeinflussung durch Zeitungslektüre »schlechthin« entzogen sind. Das Wörtlein »schlechthin« ist geeignet, Heiterkeit zu erregen. Gibt es wirklich in Amerika einen Geschworenen, der während der mehrtägigen Dauer einer Verhandlung keine Zeitung in die Hand nimmt, nur weil es ihm verboten ist? Der Alkohol ist freilich auch in Amerika verboten. Seitdem trinkt allerdings niemand mehr in Amerika Alkohol.

Im übrigen sind ja gerade die Geschworenen Zeugen jener Zusammenstöße, und wer je eine Gerichtsverhandlung mit eigenen Augen gesehen hat, weiß, daß das übertriebenste Stimmungsbild doch immer nur einen schwachen Abglanz von dem bietet, was im Gerichtssaal selbst vor sich geht. Beachtenswerter erscheint es, wenn Dr. A. es tadelt, daß heutzutage der Journalist sich schon im Laufe der Verhandlung über den Prozeß im ganzen oder im einzelnen kritisch äußert. In der Tat war es früher Gepflogenheit, mit der Kritik bis zur Beendigung des Verfahrens zu warten. Nun, die Zeiten haben sich eben geändert. Es ist eben denkbar – und der Krantz-Prozeß hat es gezeigt, daß es nicht nur denkbar ist –, daß irgendein Prozeßbeteiligter durch sein Verhalten die Äußerung der öffentlichen Meinung herausfordert. Ich erinnere nur an die Vorvereidigung der Zeugin Scheller. Nicht nur Begeisterung – auch das Gegenteil davon ist keine Heringsware. Das, was ein großer Teil der Anwesenden bei irgendeinem prozessualen Geschehnis denkt und fühlt, was jeder Mensch bei der Lektüre der Zeitung empfindet und seiner Umgebung gegenüber ungehindert mündlich zum Ausdruck bringt, das muß auch in der Zeitung ausgedrückt werden können. Wenn es dem Staatsanwalt gestattet sein soll, mitten in der Verhandlung zu sagen, daß er die Anklage auf Mord fallenlasse und nur noch die auf Totschlag aufrechterhalte, dann muß es auch der Presse gestattet sein, ihre Leser darüber zu informieren, wie weit sich im Laufe der Verhandlung die Lage des Angeklagten verbessert oder verschlechtert hat. Diese freie Aussprache wird vielleicht nicht ohne Einfluß auf die Geschworenen sein, aber dieser Einfluß kann oft genug sehr günstig sein. Was in den Beratungszimmern vor sich geht, ist schließlich keine Laboratoriumsarbeit. Gerade wenn es sich darum handelt, zu untersuchen, wieweit eine moralische Schuld auch eine strafrechtliche ist, so werden nicht nur die Paragraphen der Gesetzbücher, sondern auch die Herzen der Richter befragt werden müssen. Die öffentliche Meinung drückt immer – aber schwerer noch drückt die private, das Milieu des Laienrichters, seine engste Umgebung. An manchem Spruch ist schon die Frau des Geschworenen tiefer beteiligt gewesen als der Geschworene selbst. Und gegenüber diesen privaten Einflüssen gibt es kein besseres Gegengift als das der öffentlichen Meinung, das den Sinn des Geschworenen erst aus seiner häuslichen Enge befreit und ihn für allgemeinere Erwägungen, für eine größere und deshalb auch gerechtere Anschauung empfänglich macht.

Zweifellos: Wie überall, so gibt es auch in der Gerichtsberichterstattung Mißbräuche und Auswüchse. Man darf aber hoffen, daß die ihrer Verantwortung bewußte Presse immer die maß- und richtunggebende sein wird. Erst gestern klagte im Gerichtssaal der frühere Herausgeber eines Skandalblattes: »Meine Zeitung ist eingegangen, weil das Publikum so was nicht mehr will.« Ein Bravo dem Publikum!

Kritik braucht auch die Presse. Zwangs- und Gewaltmaßnahmen lehnt sie ab. Ihre Erziehung hat sie in eigene Regie übernommen.

Im Zeitalter der Massenkommunikation und ihrer Medien muten die Sätze des Rechtsanwalts Hans Fritz Abraham aus dem Berliner Anwaltsblatt vom Februar 1928 altertümlich an. Sling hat schon damals erkannt, daß eine Rechtsprechung ohne Kritik der Öffentlichkeit jede Rechtsentwicklung hemmt und das Vertrauen zur Justiz erschüttert. Die technische Entwicklung seit dem Kriegsende hat uns klargemacht, daß Öffentlichkeit einer Gerichtsverhandlung mehr bedeutet als die Zulassung von ein paar Dutzend Zuschauern und die Bereitstellung von Sitzplätzen für Journalisten. Die Richterschaft sollte jetzt dafür Sorge tragen, daß die gesamte Öffentlichkeit außerhalb des Gerichtssaales an einer Gerichtssitzung – ebenso wie an einer Sitzung des Parlaments – im Fernsehen teilnehmen kann. Die Entwicklung in dieser Richtung sollte nicht länger durch generelle Einschränkungen für das Fernsehen und den Rundfunk künstlich verzögert werden. Über notwendige Beschränkungen sollte von Fall zu Fall allein das Prozeßgericht mit einer Machtbefugnis entscheiden, die auch den Mißbrauch als »contempt of court« unter Strafe stellt. Jedoch sollten Beschränkungen aus politischen Gründen wie Nichtzulassung »unerwünschter« Zuhörergruppen ausgeschlossen sein.

Bilder vom Flessa-Prozeß

Im Oktober 1925 lauerte die Krankenschwester Wilhelmine Flessa aus Frankfurt am Main dem praktischen Arzt Dr. Seitz im Hausflur seiner Wohnung auf; nach einem kurzen Wortwechsel gab sie auf ihn drei Schüsse ab, von denen der erste den Arzt tödlich traf. Zweimal stand sie wegen dieser Tat vor dem Frankfurter Schwurgericht unter Mordanklage. Strafaufschub Februar 1930.

Wie die Flessa aussieht? Drei Stunden studierte ich vergebens ihr Profil; aber als sie in der Pause voll zum Pressetisch hinübersah, schlug es ein wie ein Blitz (die göttliche Fritzi möge es mir verzeihen): Wilhelmine sieht aus wie eine Fritzi Massary, der es einfiele, eine exaltierte alte Jungfer zu spielen – und die eben doch unverkennbar Fritzi Massary geblieben wäre. Wie sonderbar, in diesem armseligen Prozeßgegenstand Farbe, Züge und vor allem Augenausdruck eines Genies zu entdecken!

Über den Menschen Wilhelmine Flessa werden noch sehr berufene Psychiater reden. Schon heute gab eine einstige Kollegin von ihr aus dem Frauenseminar eine mit fachlichen Begriffen arbeitende Charakterstudie: überaus entwickelter Geltungstrieb auf Grund eines starken Minderwertigkeitsbewußtseins.

Man muß sich an das Auftreten dieser Frau vor Gericht halten. Sie begann mit einem langen Schweigen. Dann gelang es ihrem Verteidiger, sie zu langsamem, wenn auch fast unhörbar leisem Sprechen zu bringen. Redet sie mal, so läßt sie sich wiederum sehr ungern unterbrechen, gebärdet sich undiszipliniert, macht scharfe Ausfälle, wenn ihr was nicht paßt. Dennoch muß man sie gewähren lassen, wenn man den Brunnen nicht verschütten will. Und so erreicht man es glücklich, daß sie wesentlich mehr sagt als bei der ersten Verhandlung. Damals, wie schon vor der Polizei und beim Untersuchungsrichter, hat sie es strikte abgeleugnet, mit dem Getöteten in wirklich engen Beziehungen gestanden zu haben. Heute erfährt man: Die Freundschaft zog sich über Jahre hin. Zu wirklichen Intimitäten soll es nur zwei- oder dreimal gekommen sein. Die übrigen Zusammenkünfte waren mit Gesprächen ausgefüllt über die Frage, ob die Intimität den Mann binde.

Auf die Frage, warum sie früher nicht schon vor dem Untersuchungsrichter die Wahrheit gesagt habe, erwiderte sie: »Dieser hat gesagt: ›Und wenn Sie sieben Kinder haben, ist der Mann nicht gebunden.‹« Daraufhin habe sie nichts weiter sagen wollen.

Aus den Aussagen anderer Krankenschwestern erfährt man, daß Dr. Seitz ein robuster Mann war, der zu glauben schien, ihm könne keine Frau widerstehen. Er war etwas dreist, andere sagen zynisch, und sie gebrauchen damit denselben Ausdruck wie die Flessa selbst. Eine Krankenschwester, die inzwischen einen Arzt geheiratet hat, erzählt, daß Dr. Seitz einmal versucht habe, mit ihrem damaligen Verlobten über sie zu sprechen. Der junge Arzt verwies ihm das, worauf Dr. Seitz lächelnd sagte: »Also – Ernst?« Seitz mag also im allgemeinen abschätzig über Frauen gesprochen haben, und man sagt, daß er es mit der Flessa keineswegs »ernst« meinte. Trotzdem hatte er doch jahrelang diese Beziehungen unterhalten, wobei, wie die Flessa selbst sagt, es mehr auf die Ethik eines menschlichen Verhältnisses ankam als auf die Ehe.

Die Flessa ist wahrscheinlich eine durchaus leidenschaftliche Natur, und doch hat es den Anschein, als habe Seitz diesen Kern ihres Wesens nicht gesucht und nicht gefunden. Auch eine eigentliche Herzlichkeit wird zwischen den beiden nicht fühlbar. Und je mehr der Mann sinnlich begehrt, um so hartnäckiger drängt die verführte, aber ungelöste Frau auf Erfüllung ihrer ethischen Grundsätze. Weiß sie, daß der Mann im Begriffe ist, eine andere zu heiraten? Der Instinkt treibt sie vorwärts. Die Nerven gehen durch.

Es wird für die Sachverständigen sehr schwer werden, den Grad von Überlegung und Absicht festzustellen. Sie überlegt: Sie will nicht töten, sondern nur verletzen. Sie sagt sich sogar: Wenn ich auf die Beine schieße, verletze ich. Vielleicht die Schenkelschlagader. Aber ich – Krankenschwester – weiß, was ich dann zu tun habe. Dann will sie wieder nicht schießen. Sie steht ihm ganz nahe. Hat er den Revolver überhaupt gesehen? Er wehrt ihre Hand ab. »Ich hatte das Gefühl, als er mir die Hand wegdrehte, der Revolver würde mir entfallen. Da griff ich fester zu. Die Schüsse gingen los.«

Die Mehrzahl der Kolleginnen rühmt den Fleiß und die Sorgfalt der Flessa im Dienst, und auch einige ihrer ehemaligen Patientinnen geben das beste Zeugnis für ihre Opferwilligkeit. In einigen anderen Fällen scheint sie versagt zu haben, und ein solcher Fall wird merkwürdig ausführlich besprochen. Aber der Staatsanwalt sagt schließlich, er nehme selbst an, daß die Angeklagte eine vorzügliche und aufopferungsvolle Pflegerin gewesen sei.

Und sie hatte über ihr Dasein als Krankenschwester hinaus noch einen Ehrgeiz: Sie wollte »Fürsorgerin« werden und steuerte im Frankfurter Frauenseminar auf die Sozialpraktikantin zu. Es fehlte ihr an der ausreichenden Schulbildung, und obgleich sie trotz ihres ungezählte Nachtwachen erfordernden Hauptberufes fleißig studierte, mangelte es ihr an der notwendigen Intelligenz, um das Ziel zu erreichen. So sagen die Damen vom Frauenseminar.

Treffen sie wirklich das Richtige? In ihrem Verhör gibt Wilhelmine Flessa mehr Züge sprunghaften präzisen Erfassens zu erkennen als die über sie urteilenden Zeuginnen. Aber das seelische Gleichgewicht fehlt ihr und ließ es zu keiner anderen Frucht kommen als zu der furchtbaren Tat.

Dr. Seitz

Man hat im Mordprozeß Flessa etwa ein Dutzend Freunde des Dr. Seitz vernommen, die sich über den Charakter des Getöteten ausgesprochen haben. Die Freunde sind sämtlich, wie Dr. Seitz, alte Burschenschafter, und es scheint, als genüge unter Umständen Bundesbrüderschaft, um auch körperliche Ähnlichkeiten hervorzubringen. Diese Herren Rechtsanwälte und Ärzte sind jedenfalls außerordentlich schwer zu unterscheiden. Lebensfrohe Männer, im besten Saft. Nicht groß, nicht klein, runde Köpfe, füllige Gestalten, tüchtige Bürger und keineswegs problematische Naturen. Sie ähneln sich in ihren Redewendungen, und ihre Aussagen gleichen sich so, daß man zur Annahme berechtigt ist: So ähnlich muß auch Dr. Seitz gewesen sein. Körperlich vielleicht etwas größer, als der Durchschnitt ist, aber eben auch nur ein stämmiger Mann, gutmütig, zuweilen etwas derb, ja zynisch, aber auch das wird nicht so schlimm gewesen sein. Man rühmt ihm künstlerisches Interesse nach, er habe seine Klassiker gekannt.

Über die Flessa hat er zu allen seinen Bekannten gesprochen, und zwar im wesentlichen: Eine Krankenschwester, »dankbare Patientin«, die er mal am Finger operiert hatte, verfolge ihn mit dem seltsamen Antrag, mit ihm ein Kind zu zeugen, das sie – um eine Lebensaufgabe zu haben – aufziehen würde. Sie wolle sich notariell schon vorher verpflichten, keinerlei Ansprüche für das Kind zu erheben. Dr. Seitz hat Juristen davon erzählt und sie befragt, ob ein solcher notarieller Verzicht überhaupt möglich sei. Er hat aber zu dieser Angelegenheit auch gelegentlich Fragen mit anderer Betonung gestellt – ob er nun so was tun solle.

Später hat er erzählt, diese Frau stelle ihm nach, bedrohe ihn, er sei vor ihr nicht mehr sicher. Einige Freunde haben ihn dann gefragt, ob er denn mit der Frau etwas gehabt habe; und das hat er immer abgestritten unter dem Hinweis auf die äußere Unansehnlichkeit der Frau.

Einen ihm persönlich etwas ferner stehenden Staatsanwalt hat er privatim gefragt, wie er sich gegen diese Drohungen schützen könne, und der Staatsanwalt hat gesagt, polizeilich sei kaum etwas zu machen, wenn er nicht etwa die Person wegen gemeingefährlicher Geisteskrankheit in ein Irrenhaus bringen wolle, aber dazu – hat Dr. Seitz gesagt – sei kein Anlaß, die Frau brauche eben einen Mann. Der Staatsanwalt gab ihm dann den Rat, sie irgendwie abzufinden, sich mit ihr zu einigen: »Schmeißen Sie ihr was in den Rachen!« Dr. Seitz sei ein großes, harmloses Kind gewesen, gar nicht so weltklug, wie man denkt.

Man gerät in die große Gefahr, diese Aussagen psychologisch zu werten: Beweisen sie, daß Dr. Seitz mit der Flessa etwas hatte oder das Gegenteil? Leider ist mit der Psychologie alles zu beweisen. Ein Freund sagt: »Sie war nicht sein Typ, er liebte elegante Frauen.« Aber man möchte diesen und andere Zeugen fragen, ob sie sich in ihren Liebschaften stets streng an ihren Typ gehalten haben. Man könnte sagen: Seitz hat die Geschichte von der Krankenschwester zwanzigmal erzählt und in keinem einzigen Falle die Intimität zugegeben, ist das nicht ein Beweis dafür, daß ein Verhältnis nicht bestand? Aber – man kann dagegen fragen: Wenn wirklich nichts dahinter war, warum hat er dauernd von der Sache gesprochen? Oder: Wenn er es zwanzigmal erzählt hat, vielleicht erzählte er es ein einundzwanzigstes Mal – und ausführlicher – einem Freunde, den man nicht kennt und der keine Veranlassung hat, sich zum Gericht zu drängen.

Über diese Frage zerbricht man sich den Kopf, obgleich sie für den Ausgang des Prozesses keinen entscheidenden Wert hat. Nicht eine schweifende Psychologie wird über das Schicksal der Wilhelmine Flessa entscheiden, sondern das Urteil der medizinischen Sachverständigen, die da wissen, daß es hysterische alte

Jungfern mit und ohne Erlebnis gibt und daß beide Sorten meist harmlos sind, gelegentlich aber gefährlich werden können.

In Einzelheiten zeigt die Flessa oft ein glänzendes Gedächtnis und eine erstaunliche Schlagfertigkeit. Sie weiß Einzelheiten über das Leben des Dr. Seitz, die über das hinausgehen, was die Freunde sagen. Und sie sagt offen, wenn sie etwas nicht weiß, so, daß er im Winter vor seinem Tode ein Zimmer als Absteigequartier hatte. Merkwürdig ist, daß er, der über die Flessa so oft und ausführlich sprach, sich nur selten und sehr diskret über seine bevorstehende Verlobung ausließ. Er sprach über Haus- und Möbelkauf, leugnete die Verlobung nicht ab – aber keiner seiner Freunde erfuhr den Namen seiner Auserwählten. Die Flessa kannte das Mädchen, dessen Mutter sie gepflegt hatte, aber sie leugnet, von der Verlobung gewußt zu haben.

Dem Dr. Seitz aber war unheimlich zumute, wenn er an die Flessa dachte. »Vielleicht wird sie mal mein Schicksal«, hat er einmal gesagt. Und er betrachtete sie vielleicht gegen Ende seiner Lebenswoche doch nicht nur so wie einer seiner Kollegen, der auf die Frage: »Ist Dr. Seitz den Frauen und insbesondere den Krankenschwestern unziemlich entgegengekommen?« aus der Tiefe seines Gemütes antwortete: »Das liegt doch immer nur an den weiblichen Wesen, wie sie sich das gefallen lassen.«

Die Flessa singt

Eine der Angeklagten ungünstig gesinnte Zeugin, des Dr. Seitz letzte Zimmerwirtin, spricht wiederholt von der »unsympathischen« Stimme der Flessa, die sie am Telefon immer wieder erkannt habe. Über Sympathie läßt sich streiten. Andere werden das Organ der Flessa als besonders wohllautend empfinden und es dennoch verstehen, daß es manchem auf die Nerven geht.

Die Flessa spricht nicht, sie singt. Es tönt aus ihr, aber – so will es scheinen – nicht aus ihrem Herzen. Es ist nicht ein Mensch, es ist ein Instrument, das erklingt. Irgendein Zeuge sagt aus, und in seine Worte mischt sich ein Ton, langgezogen, klagend. Es dauert Sekunden, bis man Worte unterscheidet. Dieser Ton ist verschieden von den Stimmen anderer Menschen dadurch, daß er gar keine Modulation, sondern nur dynamische Unterschiede kennt. Es gibt Augenblicke, in denen die Stimme der Flessa laut, fast schreiend einfällt. Dann gehen die glühenden schwarzen

Augen in die Irre, die schmale Brust ringt nach Atem, die Frau leidet, aber ihre Stimme trägt keinen Schmerz.

Man hat den Vergleich zur Hand, als die Verlobte des Getöteten aussagt, ein junges Mädchen, einfach, herzlich, einnehmend. Zwischen dem zarten Fräulein Schenker und dem robusten, gutmütigen Dr. Seitz ist offenbar nicht viel vorgegangen. Sie sahen sich in Gesellschaft, er wurde als Chirurg an das Krankenbett ihrer Mutter gerufen, er kam als Gast ins Haus. Die Verlobung war heimlich. Die Eltern wußten nichts, die Mutter ahnte es erst. In wenigen Tagen sollte gesprochen werden, da machte die Kugel der Flessa allen Hoffnungen ein Ende. Das junge Mädchen weint, die Flessa singt dazwischen in ihrem lautesten Ton. Sie wird abgeführt. Das geschieht während der Sitzung einige Male. Aber für gewöhnlich läßt der Vorsitzende sie ruhig austönen, bis sie plötzlich ganz von selbst, oft mitten im Satz, verstummt. Dutzende von Zeugen treten auf, man hört den schlichten Mann, den die Flessa im Kriegslazarett so gütig pflegte, daß er sein Herz an sie verlor. Er ist der einzige Mann, der sie gern hatte, sie ließ ihn sich nahekommen. Schon entlassen, tritt er noch einmal vor den Richtertisch, um zu sagen, daß Wilhelmine Flessa damals, vor acht Jahren, sehr hübsch gewesen sei.

Man hört die Oberin eines Schwesternheims, bei der sich die Flessa wenige Tage vor der Tat um neue Arbeit beworben hat. Wenn man will – ein sehr bündiger Beweis dafür, daß sie in diesem Augenblick nicht an das Ende ihrer Laufbahn dachte.

Die Zeugen erscheinen, die zuerst an den Tatort eilten. Sie erzählten von der Aufgeregtheit der Flessa, die vor sich hinjammerte: »Ich war's – ich habe ihn erschossen. Ich habe es nicht gewollt!« Die aber dann sehr energisch verlangte, daß man den Arzt hole und sich nicht lange mit der Polizei aufhalte: »Ich laufe schon nicht davon.« Der Arzt war in wenigen Minuten zur Stelle. Dr. Seitz war schon tot. Dieser Arzt, ein junger Mann, war selbst zu aufgeregt, um seine Eindrücke völlig klar wiedergeben zu können. Er nahm an ihr einen schweren hysterischen Erregungszustand wahr. Dann glaubte er wiederum einen gekünstelten Eindruck erhalten zu haben.

Einige Leute der Polizei fallen durch ihren klugen, sanften Ton auf: Der Polizist, der sie abführte, kannte Dr. Seitz und sagte: »Warum taten Sie das? Er war doch ein so guter Mensch gewesen!« Sie antwortete: »Ja, das war er auch. Ich bereue meine Tat sehr!« Ein anderer Kriminalkommissar: »Sie sprach, als sei sie nach der Tat in einem Zustand völliger Entspannung. Ich durfte sie nicht fragen, sie sprach vor sich hin.«

Sie sang –

Aber es gibt eben Menschen, die den Gesang nicht vertragen können. Auch der Kriminalkommissar, der die erste Vernehmung leitete, gerät heute in Harnisch, wenn der fremde Ton plötzlich einsetzt, und erklärt fast gereizt, daß er aus der damaligen Vernehmung den Eindruck gewonnen habe, die Flessa habe die Absicht gehabt, auf Dr. Seitz zu schießen.

Morgen werden die Sachverständigen darüber sprechen, in welcher Schicht dieser armen Seele Absichten entsprangen und wie diese Absichten zur Tat emporgetrieben wurden.

Vergeltungsjustiz

Der Fall der Flessa hatte alle möglichen Reize der Sensation; er bot unendlich viel Stoff zu psychologischem Fabulieren. Ein junger Gelehrter, Professor Löwenstein (Bonn), fand Gelegenheit, die Ergebnisse seiner psychometrischen Experimente außerhalb seines engeren Wirkungskreises mitsprechen zu lassen, man hörte ein meisterlich gebautes, von glücklichen Einfällen belebtes, mit prachtvollem Schwunge vorgetragenes Plädoyer Hugo Sinzheimers. Und man vernahm schließlich aus dem Munde des Landgerichtsdirektors Ungewitter nach einer bewundernswert geleiteten Verhandlung ein menschlicheres, wenn auch sehr hartes Urteil: sieben Jahre Zuchthaus wegen Totschlags.

Aber so wichtig jede Einzelheit des Ergebnisses war – der Fall Flessa hat seine spezifische Bedeutung.

Unser Gesetz gibt gegen das Urteil eines Schwurgerichts keine Berufung. Es mag das immer beklagt worden sein, aber es hatte noch einen Sinn, solange das Schwurgericht – ein Schwurgericht war. Seit der Emmingerschen Justizreform ist es das nicht mehr. Auch das alte Schwurgericht hat Justizmorde begangen; man hat sich damit getröstet, daß es immer Fehlurteile gegeben hat und geben wird. In dem Augenblick aber, wo das Schwurgericht seine Gestalt veränderte, büßte es das Recht ein auf Ausschluß der Berufung, und den Beweis dafür bieten die beiden Urteile der Prozesse gegen Wilhelmine Flessa. Man kann nur mit Grauen daran denken, daß es eines Formfehlers bedurfte, um vom Reichsgericht die Zurückverweisung zu erreichen, daß ein Formfehler nicht nur dem Gericht Gelegenheit gab, ein neues

Urteil zu fällen. Auch der Staatsanwalt Floret, derselbe, der im ersten Prozeß fungierte, sah sich genötigt, nicht mehr auf Mord, sondern auf Totschlag zu plädieren. Das Reichsgericht hätte allerdings noch andere Gründe finden können – es begnügte sich mit der Feststellung des Formfehlers, der darin bestand, daß ein nicht angestellter Richter am Tische saß. Und gerade dieser Assessor – man weiß es – war die Haupttriebfeder des ersten Urteils, des Todesurteils! Wie lange kann es dauern, dann ist Assessor Schmidt kein Formfehler mehr, sondern kann als festangestellter Richter seine Meinung zur inappellablen Geltung bringen! Der Fall Flessa ist die dringende Mahnung an jeden vernünftigen Menschen, alles dazu zu tun, daß entweder das Emmingersche Schwurgericht verschwindet oder daß ihm das Privileg auf Ausschluß der Berufung – aber schleunigst – genommen wird. Denn daß der Einfluß der Berufsrichter auf das Urteil des neuen Schwurgerichts ein ungeheurer ist – auch wenn er nicht immer so verhängnisvoll ist wie im ersten Flessa-Urteil –, das wissen wir seit langem, und wir müssen die Rückkehr zur alten Form oder aber die Berufungsmöglichkeit deshalb so brennend herbeiwünschen, weil wir wissen, daß aus der politischen Kampfstellung vieler deutscher Richter auch der Rechtsprechung in ganz unpolitischen Fällen eine Gefahr droht.

Merkwürdig genug: Auch der Fall Flessa hatte seine politische Seite, die sich allerdings nicht im engeren Sinne parteipolitisch ausnahm, die aber nicht übersehen werden darf, weil sie sich mehr weltanschauungsmäßig auswirkte.

Niemand wird den Bundes- und Logenbrüdern des Getöteten das Recht auf die Trauer um den Freund absprechen, der – vielleicht – der wertvollste von ihnen war. Aber aus all diesen Menschen sprach der eine Wunsch: Vergeltung! Und dieser Wunsch verband sich nur zu vortrefflich mit der Sucht, der Frau, namentlich aber der nicht standesgemäßen, eine verächtliche Stellung einzuräumen. Man kann nicht oft genug das Wort des Arztes wiederholen, der auf die Frage, ob Dr. Seitz den Frauen unziemlich begegnet sei, die schöne Antwort hatte: »Das kommt auf die Frauen an.« Daß der mit dem besonderen Nimbus umgebene Arzt einem armen Wesen von Krankenschwester sehr leicht ein Verführer sein kann – das erkennt ein »Herr« nicht an. Er nimmt, was er braucht, wirft es weg, wenn er es nicht mehr braucht. Keine Bindung, kein Recht, keine Pflicht leitete er von der geschlechtlichen Berührung ab; und das revoltierende Frauenherz, der Arm, der sich hebt, ist für ihn der Arm eines Wegelagerers, der tötet, um seiner Brieftasche willen. »Vergeltung!« schreit die Männerseele – und wenn der Mund der Zeugen stumm bleiben müßte, für sie sprach der verbündete, mit Schmissen bedeckte Staatsanwalt und der alte Frankfurter Gerichtsarzt Roth.

Er befindet sich eigentlich schon im Ruhestand, aber er ruht immer noch nicht – dieser Arzt in Gestalt eines alten preußischen Obersten, von dessen Wesen als Leiter eines Kriegslazaretts man sanfte Leute nur mit Erregung sprechen hört. Mit schneidender Schärfe wies Professor Sinzheimer darauf hin, daß das erste Urteil nur durch ein »Mißverständnis« zustande gekommen sein kann. Roth hatte nämlich bereits in seinem ersten schriftlichen Gutachten die Frage nach dem Affekt bejaht – dies Ja aber in der ersten Hauptverhandlung zurückgezogen, um es in der zweiten unter dem Drucke der anderen medizinischen Gutachten endlich doch zu bestätigen. Möge Herr Roth bald den Ruhestand in dem vollkommenen Umfange finden, dessen die Frankfurter Rechtsprechung so dringend bedarf.

Diese Vergeltungstheoretiker aber sind dieselben, die die herrschende Moral des Kaiserreiches auch in die Republik übertragen haben; für die es innerpolitisch auf den Herrenstandpunkt, außerpolitisch auf Revanche ankommt.

Der getötete Dr. Seitz mag weicher gewesen sein. Er hat denn auch nur in der Praxis, nicht aber in Worten jede Verpflichtung abgeleugnet. Einer seiner Freunde übermittelte das melancholische Abschiedswort des Mannes, der, durch die Drohungen tief geängstigt, sagte: »Üb' immer Treu und Redlichkeit ...«

Seine Schuld war gewiß nicht so schwer, als daß er dieses Schicksal verdient hätte. Aber in diesem Wort erkannte er die Schuld, so wie sie war, an. Und das versöhnt mit dem Manne, der für Wilhelmine Flessa das Schicksal wurde wie sie für ihn.

Die lange Dauer der Beratung läßt darauf schließen, daß es im Richterkollegium zu hartnäckigen Auseinandersetzungen gekommen ist. Die Urteilsbegründung läßt ihrerseits erkennen, daß eine mildere Richtung schließlich die Oberhand gewonnen hat. Vielleicht hätte man sich noch entschlossen, der Flessa auch mildernde Umstände zu gewähren, wenn nicht der in den letzten Tagen hier geschehene Doppelmord eine neue Erregung hervorgerufen hätte, und man glaubte, durch dieses Urteil weiter abschreckend wirken zu müssen. Trotz der milderen Fassung ist die Strafe von sieben Jahren Zuchthaus unerhört hart, wenn man bedenkt, daß ein Sachverständiger von der Flessa gesagt hat, daß sie aus dem Holze sei, aus dem Geisteskranke geschnitzt werden.

Der Fall Strasser

Im Jahre 1925 fand die Frau des Harburger Schuhfabrikanten David Strasser ein gewaltsames Ende. Eine Revolverkugel war ihr durchs Herz gegangen und hatte sie augenblicklich getötet. Da der Mann während des Schusses allein mit seiner Frau im Zimmer war, leitete man gegen ihn eine Untersuchung ein. Er konnte aber mit einiger Glaubwürdigkeit nachweisen, daß der Schuß sich durch eine Unvorsichtigkeit seiner Frau allein gelöst hatte. Das Verfahren wurde eingestellt, und Strasser erhielt von der Versicherungsgesellschaft, bei der er für seine Frau eine Lebensversicherung abgeschlossen hatte, 21 000 Mark ausbezahlt. – Die Sache ruhte, bis anderthalb Jahre später der älteste Sohn Strassers von einem gleichartigen Unfall betroffen wurde. Ein Revolver soll heruntergefallen, ein Schuß losgegangen sein und den Knaben getötet haben. Der Sohn war ebenfalls versichert. Gegen David Strasser wurde Anklage wegen zweifachen Mordes, Versicherungsbetruges und Brandstiftungsversuches erhoben.

Harburg 29. Juni 1927.

Wenn David Strasser ein Mörder ist – ein Doppelmörder, der Mörder seiner Frau und seines erstgeborenen Sohnes, so sind die Taten und sein Verhalten vor Gericht vollkommen wesenseins, nur Erkärungen aus einem vollendeten Zusammenwirken des unerhört gesteigerten Eigennutzes, einer durch nichts zu erschütternden Kaltblütigkeit und eines eisernen Nervenbestandes.

Ruhiger, nüchterner, harmloser hat kein Mörder über blutige Ereignisse gesprochen, die ihm zur Last gelegt worden sind. Niemals ist dem gleichmäßigen Fluß seiner Rede auch nur die geringste Erregung anzuhören. Noch etwa versucht dieser Mann sich interessant zu machen. Er verlangt zur Beurteilung seiner Seele weder den Irrenarzt noch den Tiefen-Psychologen. Er redet sich weder auf Erregung noch auf Haß, noch auf Liebe hinaus; er will auch in keinen faulen geschäftlichen Situationen den Kopf verloren haben, sagt einfach, er sei unschuldig. Und er läßt sich in seiner Seelenruhe nicht einmal durch das Bewußtsein stören, daß – wenn er unschuldig ist – er der einzige ist, der in diesem Saale an seine Unschuld glaubt.

Aber ist er schuldig?

In dem Anfangsstadium eines solchen Prozesses, bei dem alles auf den genau geführten Beweis ankommt, darf man über die Schuldfrage eigentlich nicht sprechen. Aber man versucht schon, in die Seele des Angeklagten einzudringen, und alle Leute stellen aneinander dieselben dilettantischen Fragen: Ist er sympathisch oder nicht – ist ihm die Tat zuzutrauen?

Nun, negativ kann man antworten: Niemals ist ein Mensch, der sich etwa in Strassers Schuhladen Stiefel gekauft hat, auf die Idee gekommen, es hier mit einem der abgefeimtesten Familienmörder zu tun gehabt zu haben. Dieser schlanke, stattliche Mann mit dem gutgewölbten Schädel ist vielleicht ein bißchen finster. Sein Lächeln – er zeigt es oft auch während der Vernehmung – ist nicht eben gewinnend. Seine kleinen Augen, sehr hell, sehr feurig, kann man auch als stechend charakterisieren. Aber macht das den Mörder glaubhaft?

Merkwürdiger erscheint David Strasser, wenn man sich seine kaufmännische Laufbahn vor Augen hält. Sie begann in einem deutschsprachigen Winkel Ungarns, wo der Vater Landwirt und Gasthausbesitzer war. Und sie endete in dem Winkel eines norddeutschen Winkels, in der eben nicht mit Reizen gesegneten Industriestadt Harburg. In einer wenig begangenen, von ein paar Rechtsanwälten bewohnten Nebenstraße. Wer ging hier schon vorüber? Und wenn schon wer vorüberging – kaufte er sich Stiefel? Es war die unmöglichste Lage für ein Geschäft – dreifach unmöglich, wenn man bedenkt, daß dieser Strasser die Welt gesehen hat, und er gleicht viel eher einem Weltmann, denn einem kleinen Winkelkaufmann. Keinesfalls ist er der Erscheinung oder der Geste nach dem Ostjudentum zuzurechnen, das seine Verbrechertypen hat. Dieser Mann ist weder ein Schieber noch ein Langfinger. Er spricht ein vollkommen reines Deutsch mit leichtem österreichischen oder süddeutschen Anklang. Er ist ein Bürger. Aber zwischen dem bescheidenen Anfang und dem nicht weniger bescheidenen Ende liegt ein bewegtes Leben, so bewegt, daß er selbst seinen Lebenslauf nicht lückenlos vor Gericht erzählt hat.

Strasser hatte eine Reihe nur kurzer Stellen in verschiedenen deutschen Städten. Nur aus einer Nebenbemerkung erfährt man, daß er auch in Amerika war, daß er den Orient kennt – oder kennen will –, hat er vorläufig mit Stillschweigen übergangen.

Er interessierte sich für viele Branchen, für landwirtschaftliche Maschinen, für Baumwolle, für Konfektion, für Schuhindustrie. Am meisten für die Warenhausbetriebe. Und darin wurde er ja seßhaft, war sechs Jahre lang in Kassel und Harburg Filialleiter eines angesehenen Konzerns. Muß also irgend etwas geleistet haben. Und jedenfalls: Niemand kann ihm nachsagen, daß er irgendwo mit dem Strafgesetz auch nur in Konflikt geraten ist.

Vielleicht – man sagt ihm nach – daß er von seinen Reisen gern etwas phantastisch erzählte; seiner Schwiegermutter war er von Anfang an unsympathisch. Die Geldgeschäfte mit dem einen Schwager waren zweifellos Wechselreitereien gewöhnlichster Art. Er befand sich zur Zeit der ihm vorgeworfenen Taten in gewisser Verlegenheit. Aber mordet man seine Frau, weil eine Klage über 10000 Mark droht? Mordet man einen Sohn, weil eine Anwaltsrechnung über 1500 Mark zu zahlen ist?

»Man« nicht – aber vielleicht David Strasser?

Es muß noch erwiesen werden.

Im Mordhause

Die Vierzimmerwohnung des Angeklagten David Strasser ist fast unberührt, so wie er sie verlassen hat, als er ins Gefängnis abgeführt worden ist. Einige Gerichtsvollzieherstempel sind inzwischen an die Möbel geklebt. Die Betten sind gerichtet. Eß- und Wohnzimmer sind behagliche Räume eines in bescheidenem Wohlstand lebenden Kaufmanns. Viel Polster, viel Bequemlichkeit, ein Sinn für bunte, ein bißchen barbarische Farbenwirkung spricht aus dem Bezug der Möbel, der Kissen, aus den Bildern. Im Kinderzimmer hängt ein reproduzierter Pferdekopf. Strasser konnte nicht ahnen, daß der Maler des Pferdekopfes Tiermaler Sperling war, der Vater des jugendlichen Staatsanwaltes, der heute vom Schwurgericht seinen Kopf fordert. Das bunteste der Zimmer mag der orientalische Salon gewesen sein, dessen Hauptstücke Strasser schon vor dem Tode seines Sohnes versetzt hat. Noch einige Dekorationsfetzen hängen und liegen umher.

An der Wand des Wohnzimmers zwei Familienfotografien: Strasser selbst, jünger, als er jetzt ist, lebemännisch den Schnurrbart hochgezogen, ähnelt einem Zigeunerprimas. Frau Strasser: dunkel, etwas nüchtern, kein freudiges, eher ein etwas hartes Gesicht.

Die eingehendsten Erörterungen des Lokaltermins galten der Kammer, in der der junge Sohn sein Leben ließ. Sie ist mit Schränken an beiden Wänden so dicht bestellt, daß in der Mitte kaum ein Gang von einem Meter Breite bleibt. Die Kammer bildet einen Raum zwischen dem damaligen Schlafzimmer und dem orientalischen Zimmer. Die Tür zum orientalischen Zimmer war geschlossen. Der Knabe stand, als er den Schuß erhielt, ungefähr in der Mitte der Kammer, etwas näher zur geschlossenen Tür. Dicht an der Tür im Pfosten eines weißen Schränkchens befindet sich eine Kugelspur. Die Spur verläuft etwa eineinhalb Zentimeter lang von links oben schräg etwas nach rechts unten, um dann das Abgleiten der Kugel zu markieren. Die Sachverständigen sind der Überzeugung, daß der Schuß wenige Zentimeter vom Leib des Knaben entfernt abgegeben ist. Strasser muß, wenn er der Täter ist, den Schuß in der Kammer selbst abgegeben haben. Der Revolver fand sich in der offenen Außentasche einer Handledertasche der Verstorbenen. Die Tasche selbst war mit roten Bändchen zugebunden.

Kann der Schuß sich in der Tasche gelöst haben? Oder wer hat den Revolver in die Tasche zurückgesteckt? Strasser ist im Antworten ruhiger als die Gerichtspersonen, wenn sie ihn fragen. Am Ende tut man einen Blick in den Bücherschrank. Es herrscht ziemliche Unordnung. Die Knaben haben wohl ihre Schreibereien und Malereien hineingepackt. Dazwischen liegen bunt einige ungelesene Klassikerbände: Goethe, Schiller, Storm, Heine, Keller.

In der Nachmittagssitzung wurde der Bruder der Verstorbenen, der Kaufmann Alfred Lazar, vernommen. In eindringlicher Rede schildert der Zeuge das Verhältnis zu seinem Schwager. Der Zeuge hat dauernd die Familie mit Geldmitteln unterstützen müssen, teilweise durch Barbeträge, zum andern Teil durch Akzepte, die er, der Zeuge, später eingelöst hat. Der Zeuge hat seine Schwester sehr geliebt und jedes Opfer für ihren Wohlstand bringen wollen. Das Verhältnis des Angeklagten zu seiner Schwester sei durchaus gut gewesen. Niemals habe die Schwester über ihren Ehemann geklagt.

Andererseits habe er sehr ungünstige Eindrücke empfangen, als die Schwester so plötzlich verstorben war. Der Zeuge sei sofort nach Harburg gereist und habe sich von dem Angeklagten genau schildern lassen, wie denn das Unglück vor sich gegangen sein kann. Die Darstellung des Angeklagten erschien ihm von vornherein höchst zweifelhaft. Der Zeuge habe den Arzt Dr. Asbeck aufgesucht und ihn von seinen Zweifeln unterrichtet. Der Arzt habe dann auch auf des Zeugen Veranlassung an der Obduktion teilgenommen, hat aber nichts Verdächtiges melden können. Der Zeuge, der dauernd mit dem Angeklagten in Geschäftsverbindung war, hat nichts davon gewußt, daß Strasser seine Frau versichert hatte. Auch von der Auszahlung der 21 000 Mark hat der Zeuge erst viel später erfahren. Hätte er es gewußt, so hätte er dem Angeklagten nicht immer wieder Tausende von Mark zur Verfügung gestellt. Das eine Harburger Haus hätte er selbst eventuell erworben, um es seiner Schwester zu schenken. Aber an der Hamburger Angelegenheit der Jordanhäuser habe er sich nicht beteiligen wollen. Als der Angeklagte nach Worms kam, um mit den dortigen Geldleuten über den Ankauf dieser Häuser zu verhandeln, habe er einen unangenehmen Eindruck gehabt, und als die Verhandlungen in Worms sich zerschlugen, war Strasser in einer tiefen Niedergeschlagenheit.

Der Sohn belastet den Vater

Die Zeugenvernehmung führte heute nachmittag zu einem dramatischen Kulminationspunkt, der vom Publikum mit höchster Spannung erwartet wurde: Der zweite Sohn Strassers, Egon, wurde vernommen. Bevor der Kleine hereingerufen wird, erklärt der Vorsitzende, das Gericht wolle sich zur Beratung darüber zurückziehen, ob nicht, um jegliche Beeinflussung zu vermeiden, der Angeklagte während der Vernehmung seines Sohnes aus dem Saal geführt werden solle.

Als der Verteidiger einige Bedenken äußert, bemerkt der Vorsitzende, es sei ein Kassiber gefunden worden, der diese Maßregel rechtfertige.

Der Angeklagte erhebt sich sofort und sagt, er könne den Fall aufklären. Es sei allerdings in seinem Rock ein Zettel gefunden worden, der den Anfang eines Briefes an seinen Sohn bildete. Dieser Brief sei aber seinerzeit vom Untersuchungsrichter beanstandet worden, und so habe er den Zettel zufällig in der Tasche behalten. Trotzdem meint der Vorsitzende, der 14jährige Egon würde unbefangener aussagen, wenn sein Vater nicht dabei wäre. Das Gericht zieht sich dann zur Beratung zurück und beschließt, den Angeklagten während der Vernehmung des Sohnes abtreten zu lassen.

Zugleich aber bittet der Vorsitzende auch die Verwandten der Mutter, bei denen der kleine Egon in den letzten Monaten dauernd war, sich aus dem Saal zu entfernen. Nachdem der Angeklagte und die Verwandten den Saal verlassen haben, wird Egon hereingerufen. Es ist ein sehr aufgeweckter, hübscher Junge von 14 Jahren, der mit einem bescheidenen Lächeln vor die Richter tritt. Auf die Belehrung des Vorsitzenden hin erklärt der Knabe, aussagen zu wollen. Nachdem er nochmals vom Vorsitzenden dringend ermahnt ist, die Wahrheit zu sagen, legt er sein Zeugnis ab.

Von den Vorgängen zur Zeit des Todes der Mutter weiß er wenig zu berichten. Der Vater habe ihm nur damals gesagt, die Mutter sei plötzlich gestorben. Über den Tod des Bruders Kurt macht er folgende Angaben: Kurt sei sehr früh aufgestanden, er, Egon, habe noch im Bett gelegen, als er im Halbschlaf hörte, daß der Bruder aufstand. Von dem, was zwischen seinem Bruder und dem Vater gesprochen worden sei, habe er nichts gehört. Er sei erst plötzlich erwacht, als ein Schuß ertönte. Er habe sich sofort aufgerichtet und sei aus dem Bett gesprungen. Da habe er den Vater an der zu einem Viertel geöffneten Kammertür stehen sehen. Es schien ihm, als sei der Vater im Begriff, die Tür zur Kammer weiter aufzumachen, mit dem Gesicht nach der Kammer zu. Egon sagt, er sei so rasch auf den Vater zugelaufen, daß er sich mit der Stirn an dessen Ellbogen gestoßen habe. Da habe er dann unter den Armen des Vaters in die Kammer hineingesehen und dort den Bruder liegen sehen. Kurt habe gerufen: »Egon, den Doktor!« Er hat sich darauf sofort umgedreht und sich schleunigst angezogen. Noch bevor er angezogen war und wegging, habe der Vater ihm gesagt: »Du brauchst aber nichts davon zu sagen, daß ich schon in der Kammer war!«

Auf Vorhalten des Vorsitzenden gibt Egon zu, daß er sich dieser Worte seines Vaters erst später erinnert habe. Damals sei er schon bei seinen mütterlichen Verwandten gewesen. Als eine seiner jungen Cousinen, die in einen verbotenen Raum hineingegangen war, zu ihm gesagt habe: »Du brauchst aber nicht zu sagen, daß ich hier war«, da habe er sich plötzlich an die Worte des Vaters erinnert und habe dem Kriminalkommissar nach Harburg geschrieben, daß er sich dieser Worte seines Vaters erinnere.

Vorsitzender: »Haben deine Verwandten, deine Onkel oder Tanten, dich veranlaßt, diesen Brief zu schreiben?«

Egon: »Nein. Ich habe es aus freien Stücken getan.«

Vorsitzender: »Du hieltest dich dazu für verpflichtet?«

Egon: »Ja.«

Auf weiteres Befragen sagt Egon, daß er eine sehr merkwürdige Empfindung bei dem ganzen Vorgang gehabt habe. Er habe nämlich kurz vorher geträumt, was, wisse er nicht mehr, aber das wisse er noch ganz genau: »Als ich zur Kammer hinlief und als ich mich anzog, um zum Doktor zu laufen, da war es mir, als hätte ich alles schon mal erlebt, als hätte ich das eben erst geträumt. Jedenfalls, es war mir ganz selbstverständlich, daß ich das alles tat.«

Ob der Angeklagte seinen Sohn Kurt, was er später zweifellos getan hat, nun sofort aufgenommen hat, daran erinnert sich Egon nicht mehr. Er weiß nur, daß der Vater ihm, während er sich noch anzog, sagte: »Kurt ist in den Bauch geschossen.« Als er dann nachmittags zusammen mit seinem Vater ins Krankenhaus ging, sagte ihm der Vater: »Die Beamten werden mir Vorwürfe machen, daß ich die Waffe so schutzlos habe herumliegen lassen.«

Egon hat dann versucht, den Vater zu trösten, obgleich er innerlich dem Vorwurf recht gab. Im Krankenhaus hat er mit seinem Bruder über den Vorfall gar nicht gesprochen. Aufgefallen sei ihm, daß der Vater, als er in der Tür stand, ein verzerrtes Gesicht hatte und daß er auch am Nachmittag auf so ganz merkwürdige Art geweint habe. Er habe nicht gewußt, ob es Lachen oder Weinen war. Auf die Frage, ob er je gesehen hat, daß der Revolver in der braunen Tasche war, sagt Egon, er habe den Revolver nur an jenem Abend gesehen, als ihn der Vater gekauft hätte. An diesem Abend hätte auch Kurt den Revolver in der Hand gehabt und damit das Dienstmädchen geschreckt.

Hiermit ist die Aussage des Sohnes beendet, der nun entlassen wird.

Der Vater wird wieder in den Saal geführt. Der Vorsitzende verliest den Kassiber, den man in der Tasche des Angeklagten gefunden hat. Es ist ein Brief an seinen Sohn, in dem er ausspricht, daß die ganze Welt ihn für einen Verräter halten würde, wenn er gegen seinen Vater Belastendes aussage. Der Angeklagte erklärt abermals, daß das nur ein Teil des Briefes war, den er habe schreiben wollen, den aber der Untersuchungsrichter nicht habe passieren lassen und der nun zufällig in seiner Tasche verblieben sei.

Schicksalstag

Es ist eigentlich der Augenblick gekommen, sich dem Familientag derer um Strasser englisch zu empfehlen.

Die beteiligten Persönlichkeiten werden noch einige Tage zu tun haben. Aber man weiß die Sache in guten Händen. Ein Vorsitzender, Landgerichtsrat Bötger, ein Mann der vornehmsten Prozeßführung, der – man darf es getrost annehmen – von der Schuld des Angeklagten überzeugt ist und der dennoch dem Angeklagten und der Verteidigung freimütig jeden Weg offen läßt, um diese Überzeugung zu erschüttern. Ein Staatsanwalt, Dr. Sperling, der sicher den Kopf fordern wird und der es sich dennoch versagt, mit der sonst üblichen Forschheit nach dem Erfolg zu geizen. Und ein Verteidiger, Dr. Alfred Klee, der sich aus Gründen der Menschlichkeit dem Schuldgedanken an so furchtbare Taten widersetzt, der jede Zweifelsmöglichkeit klug benutzt und der dennoch weit davon entfernt ist, sich mit dem Urheber solcher Taten zu identifizieren.

Die Sachverständigen werden reden, und sie werden mit Schußrichtungen, Messungen von Zeit und Raum nachzuweisen haben, daß nicht der blinde Zufall, daß verbrecherische Absicht hier gewirkt hat.

Vielleicht – wahrscheinlich werden sie recht haben und recht behalten. Und dennoch hat das Verfahren gestern eine Wendung genommen, die es über die Ebene des prozessualen Geschehens weit hinaushebt.

Ein Hauptargument der Anklage für einen soliden Indizienbeweis ist das Motiv, das den Angeklagten zur Tat getrieben haben muß. Die Tat mag noch so schrecklich sein – wir alle, um den anderen zu erkennen, forschen nach bewährtem Rezept in der eigenen Brust. Unsere Maßstäbe sind es, nach denen wir den Mörder messen. Und wir sagen: Diese Morde kann der Angeklagte nur begangen haben, um sich durch die Versicherungssumme an den Grundstücksspekulationen beteiligen zu können. Offenbar, weil wir nur morden würden, um durch Versicherungssummen Grundstücksspekulationen treiben zu können.

Gut. Soll Strasser seine Taten im Sinne dieses käuflichen Intellekts begangen haben.

Tatsache aber ist, daß diese Morde das Dümmste waren, was Strasser tun konnte. Aus zwei Gründen. Die Familie der Frau hatte ihm seit Jahr und Tag geholfen. Tausende waren von Worms nach Harburg gegangen. War Strasser, zumal in den letzten Jahren, der etwas träge Schmarotzer, als den man ihn in der Familie ansah, so wußte er auch, daß die Unterstützung ihm nur gewährt würde, solange die Frau lebte. Die Verteidigung wird fragen: Schlachtet man die berühmte Henne mit den goldenen Eiern? Diese rhetorische Frage kann niemals als ein Beweis für die Unschuld eines Angeklagten gelten, zweifellos aber für die Dummheit des Mörders. Wir – zum Beispiel – würden besagte Henne niemals schlachten.

Und dieses Maß von Dummheit stellen wir an einem Mann fest, den wir – nach seinem Auftreten vor Gericht – für intelligent zu halten geneigt sind. Nur weil er gut und fließend spricht, weil er normal auf Fragen reagiert, weil wir, wenn wir Angeklagte wären, weniger kaltblütig die Stirn bieten würden.

Wir sind eben keine Mörder. Der Magdeburger Mörder Schröder beklagte sich bitter bei seinem Geistlichen: »Wieso empfinde ich keine Reue?« Wenigstens die Gnade eines großen schmerzlichen Gefühls wollte er empfangen: Zerknirschung. Er dachte sich in seiner primitiven Psychologie: Jeder andere wäre zerknirscht, warum ich nicht?

Jeder andere? Wann sind wir zerknirscht? Wann empfinden wir Reue? Haben wir diesen Maßstab gar nicht in uns? Wir haben ihn. Seit Freitag wissen wir, warum wir so ein schlechtes Gedächtnis für unsere (natürlich kleinen) Missetaten haben. Aber selbst für unsere guten Taten ist unser Gedächtnis nicht viel stärker. Haydn brach in Tränen aus, als er seine ›Schöpfung‹ hörte: »Das habe ich nicht geschrieben –«, und er wies nach oben.

Es hatte in ihm gesungen. Den persönlichen Anteil an seiner Tat hatte er vergessen.

Er war begnadet, fühlte sich in seiner Demut ohne Verdienst.

Ein anderer ist verflucht. Es singt nicht, es schießt in ihm. Und vergeblich sucht er den persönlichen Anteil an seiner Schuld.

Wenn Gott will, schießt ein Besen – sagt das Sprichwort, das nicht mal einseitig gegen Sachverständige polemisiert, die sehr wenig von Zwischenfällen und Wundern halten.

Wenn Gott will, ist Strasser ein Besen und schießt. Warum Gott das will, ist seine Sache. Er drückt sich selten deutlich aus.

Als gestern der kleine Egon Strasser vor den Richtern seines Vaters stand, als man die halbforschenden Blicke der gereiften Männer auf die blühenden Lippen des Knaben gerichtet sah, war man versucht, an ein anderes Judenknäblein zu denken, das mit leuchtender Stirn vor weisen Männern stand. In seines Vaters Haus.

Auch dieser junge Mensch war in seines Vaters Haus! Aber keine Erleuchtung und keine Gnade war diesem Kinde gegeben. Er wollte vielleicht nicht Ankläger und nicht Richter sein. Vielleicht war es ein vermaledeites Anstandsgefühl, das den Knaben trieb, den Zeugen zu spielen. Und so sagte er aus, wo ihm Erleuchtung und Gnade zugeschrien hätten, daß er schweige! Die 200 Menschen im Saal atmeten nicht, das Schicksal rauschte mit schweren Flügelschlägen.

Todesurteil

Der Angeklagte David Strasser wurde wegen Mordes an seiner Frau und seinem Sohn zum Tode verurteilt, doch hat das Gericht einstimmig beschlossen, beim Staatsministerium die Begnadigung des Verurteilten zu beantragen.

In der Urteilsbegründung heißt es: Bei einer Verurteilung auf Grund von Indizienbeweisen müsse die Wahrscheinlichkeit so hoch sein, daß sie der Gewißheit gleichgestellt werden kann. Bei der Brandstiftung ist die Täterschaft des Angeklagten wahrscheinlich, aber nicht erwiesen; es liegt die Möglichkeit vor, daß der Brand auf andere Weise entstanden ist, deshalb erfolgt keine Verurteilung. Anders liegen die Verhältnisse bei dem Tode der Frau und des Sohnes. Hier häufte sich eine Fülle von Material. In der Beweisaufnahme, insbesondere aus den Gutachten der Sachverständigen, hat sich ergeben, daß bei Frau Strasser Selbstmord und Unglücksfall völlig ausgeschlossen sind. Die Frau kann unmöglich auf die von dem Angeklagten geschilderte Weise Hand an sich gelegt bzw. durch einen Unfall den Revolver abgedrückt haben.

Es ist auch unmöglich, daß Kurt auf die von dem Angeklagten vorgebrachte Art plötzlich zu dem Revolver gegriffen und dieser sich dann entladen hat. Die Sachverständigengutachten gehen einstimmig dahin, daß ein solcher Zufall und Unfall vollständig ausgeschlossen sind.

Das Motiv der Tat ist darin zu suchen, daß sich der Angeklagte seit langer Zeit in schwieriger Vermögenslage befand. Er hat eine Zeitlang versucht, von allen Seiten Geld zu bekommen. Als die Geldquellen vollständig versiegten, passierten die von dem Angeklagten geschilderten »Unglücksfälle«. Frau Strasser sowie der Sohn verstarben in einem Augenblick, als niemand anders im Zimmer war als Strasser. So bleibt keine andere Möglichkeit, als daß er selbst seine eigenen Angehörigen erschossen hat. Beide waren hoch versichert. Strasser hatte gehofft, durch den Tod der beiden Angehörigen die Versicherungssummen zu erlangen, um so aus den finanziellen Schwierigkeiten herauszukommen. Die Sachverständigen haben bekundet, daß der Schuß von dritter Hand abgegeben sein müsse, es war die Hand des Angeklagten.

Zweimal zum Tode – und einstimmige Befürwortung des Gnadengesuchs – ein Vers, der sich zu den Taten Strassers, wenn er sie begangen hat, sehr schlecht reimt.

Wollte das Gericht ausdrücken, daß es aus lauter prinzipiellen Gegnern der Todesstrafe besteht, so darf man sagen: Danach ist das Gericht nicht gefragt.

Es ist gefragt, ob Strasser schuldig ist, Frau und Sohn ermordet zu haben; es hat beide Male mit »Ja« geantwortet. Es hat die Absicht und Überlegung bejaht. Wollte es mit seinem Gnadengesuch die mildernden Umstände in das Urteil hineinpraktizieren, die das geltende Gesetz beim Mord nicht kennt? Es gibt Fälle, in denen es angebracht ist. Und wenn das Ministerium in diesem Falle aus allgemeinen und besonderen Gründen Gnade üben will, ihm sei gewiß nicht hindernd in den Arm gefallen. Andererseits muß man sagen: Hat ein Mann mit kaltem Herzen aus Gewinnsucht Frau und Sohn getötet und war dieser Mann geistig gesund und ohne allzu fühlbare innere und äußere Not, so ist der Anlaß zur Begnadigung kaum gegeben. Oder aber – will das Gericht zum Ausdruck bringen, daß der Indizienbeweis nicht bis auf das letzte Glied geschlossen ist, daß dennoch eine Lücke, eine entfernte Möglichkeit für die Unschuld des Angeklagten bleibt? Will es sagen: Wir halten ihn zwar für schuldig, aber man kann doch nicht genau wissen! Dann hätte es eben die Schuldfrage verneinen müssen.

Gewiß stand das Gericht vor einer sehr schweren Aufgabe. Ich gestehe es zu, daß ich – soweit ich der Verhandlung gefolgt bin – den Angeklagten für schuldig halte. Die Sachverständigen mögen ein übriges getan haben. Andererseits ist aber die Aussage des getöteten Knaben nicht aus der Welt zu schaffen, der zweimal gesagt hat, daß ihm die Waffe heruntergefallen sei, und der niemals die Möglichkeit angedeutet hat, sein Vater habe ihn erschossen. Unter solchen Umständen ist auch bei persönlichem Glauben an die Schuld eines Angeklagten schwer ein Urteil zu fällen.

Aber man salviert nicht sein Gewissen, indem man durch einen Nachsatz zum Todesurteil den Versuch macht, die irreparable Ausführung des Spruches zu verhindern.

Der Fall Heydebrand

Nachts gegen ein Uhr krachte in der Wohnung des Regierungsrats von Heydebrand und der Lasa in Kiegnitz bei Breslau ein Schuß. Man fand Frau von Heydebrand mit durchschossener Schläfe tot im Bett liegen. Zunächst wurde Selbstmord angenommen und die Leiche der Frau von Heydebrand auf ihrem Rittergut Gleinig beigesetzt. Allmählich tauchte der Verdacht auf, daß Heydebrand seine Frau ermordet habe.

Breslau, 2. November 1927.

Merkwürdig, als das letztemal ein Sensationsprozeß nach Breslau rief, stand ein Amtsgerichtsrat unter der Anklage, seine Geliebte ermordet zu haben. Diesmal ist es ein Regierungsrat und dazu ein Angehöriger des schlesischen Adels, Ernst von Heydebrand und der Lasa. Breslauer Kapitalverbrechen haben nicht die Gewohnheit, sich aufklären zu lassen, und so wird man auch in diesem Falle mit der Möglichkeit eines Freispruches rechnen müssen. Man ist auf diese Möglichkeit vorbereitet durch die Tatsache, daß der Angeklagte in den zwölf Monaten, die seit dem Tode seiner Frau vergangen sind, keine Stunde in Untersuchungshaft hat zubringen müssen. Die Anklagebehörde war sich nie recht sicher, und dennoch ist es kein Zweifel, daß der Angeklagte mit in erster Linie von dem Umstand begünstigt war, daß ihm, dem adligen Regierungsrat, die Tat niemand zutraute. Ein Geringerer als er hätte bei weniger dringendem Verdacht sicher die Gefängnismauern schon deshalb von innen gesehen, weil man unter allen Umständen bei einem so schweren Vorwurf befürchten mußte, daß Verständigungen zwischen dem Angeklagten und einzelnen Zeugen in der Zeit der Untersuchung hätten stattfinden können. Tatsächlich brachte schon der erste Tag das Beispiel einer Zeugin, die sich früherer Aussagen nicht mehr erinnerte, obgleich ihre auch privat gemachten Bemerkungen von anderen Zeugen glaubhaft bestätigt werden.

Herr von Heydebrand und der Lasa ist ein schlank gewachsener, dunkelblonder, noch jugendlich aussehender Mann von vierzig Jahren, der sich von anderen Herren seines Standes in erster Linie dadurch auszeichnet, daß er recht schlecht angezogen ist. Seine Verhältnisse sind ja auch keineswegs rosige. Er bezieht aus seinem Amt, von dem er momentan suspendiert ist, ein Gehalt von 600 Mark, von denen er fast die Hälfte seiner ersten, von ihm geschiedenen Frau abgeben muß. Aber immerhin: Dieser blaue Sakko-Anzug ist kaum noch korrekt zu nennen, und, wenn man das zugunsten des Angeklagten deuten will, so wird man von ihm sagen, er sei nicht kokett. Das schmale, bleiche Gesicht mit der fleischigen, vorspringenden Nase, dem kleinen, blonden Schnurrbärtchen strömt keine Sympathie aus. Man wüßte von diesem Gesicht überhaupt sehr wenig zu sagen, wäre nicht der Mund da, ein sonderbar bitterer und energischer Mund.

Die Sprache dieses Mannes aber ist leise. Er bleibt minutenlang im Saal unverständlich, und es finden sich in seiner Rede Anzeichen dafür, daß wir es mit keinem sehr strammen, sehr zielbewußten Herrn von der Regierung zu tun haben, sondern mit dem etwas schwächlichen Sprößling einer alten Adelsfamilie, der auch Neigung zu Literatur und Musik hat, sich in der Hauptsache aber nach dem Landleben, nach gesicherten Verhältnissen sehnte. Warum er sich von der ersten Frau hat scheiden lassen, wird nicht recht deutlich. Die Zwistigkeiten mit der zweiten Frau bilden den Gegenstand dieses Prozesses.

Bluttaten in den höheren sozialen Schichten pflegen psychologisches Interesse auszulösen. Dieser Fall liegt vielleicht anders. Er ist in erster Linie kriminalistisch interessant, und man verfolgt mit Spannung, wie und ob es dem Staatsanwalt gelingen kann, die Schuldbeweise gegen den Angeklagten zu verdichten. Bei den psychologischen Details wird man auf Vermutungen angewiesen sein, auf die Aussagen von Zeugen, die allgemein Eindrücke wiedergeben.

Ein Urteil ist selbstverständlich nur aus dem Befund und gewissen Tatnebenumständen zu schöpfen. Der Schießsachverständige und die Ärzte werden sagen müssen, wie weit die Waffe bei der Abgabe des Schusses von der Schläfe entfernt war, in welcher Richtung diese Waffe gehalten wurde, und sie werden hauptsächlich sagen müssen, ob es möglich ist, daß die Waffe in der Hand der Erschossenen verblieb, bis zu welchem Grad es wahrscheinlicher ist, daß bei einem Selbstmord die Waffe der Hand entglitten sein mußte. Die Leiche wurde nackt aufgefunden. Es wird zu untersuchen sein, ob Herr von Heydebrand wirklich die Gewohnheit hatte, nackt zu schlafen, und ob seine Frau diese Gewohnheit angenommen hatte.

Auch sonst gibt es einige minuziöse Merkmale des Befundes, die von Wichtigkeit sein oder werden können. Aber es ist nicht viel. Der einzige Mensch, der in der Nähe war, schränkt heute frühere Aussagen ein: Die Wirtschafterin, Frau Anders, ist eine sehr trübselige Person in Witwenkleidung. Sie hat nach der Tat den Angeklagten brieflich um Unterstützung und Wiederanstellung gebeten. Einen richtigen Schuß will sie nicht gehört haben. Früher hat sie sich gewundert, daß der Angeklagte nach dem ersten Geräusch so rasch angezogen war. Heute erinnerte sie sich nicht – ja, sie weiß nicht mehr, daß sie zu einem anderen Zeugen gesagt hätte: »Ich werde Herrn von Heydebrand schreiben, er soll sein Gewissen entlasten.«

Welche Umstände lagen aber überhaupt vor, um einen Mord oder einen Selbstmord zu motivieren? Für den Selbstmord ergeben sich bis jetzt außerordentlich wenig Anhaltspunkte. Frau von Heydebrand war nach der Schilderung des Angeklagten selbst eine überaus lebhafte, intelligente, tüchtige, ja bedeutende Persönlichkeit, freilich von äußerst sprunghaftem Gemütsleben. Gewitter und Sonnenschein sollen fortwährend gewechselt haben, und diese hysterische Veranlagung werden wohl noch andere Zeugen beleuchten. Aber der Tag, der mit dem Schuß endete, war eigentlich nach langen Zerwürfnissen der erste freundlichere gewesen. Die Frau hatte sich zu einer Versöhnung bequemt. Sie hatte eingewilligt, es noch einmal mit dem Mann zu versuchen (unter der Voraussetzung, daß zunächst nicht von Geldsachen gesprochen werden sollte), und sie hatte mit ihrem Gatten das Schlafgemach geteilt. Welchen Grund konnte die Frau haben, mitten in der Nacht über den schlafenden Mann nach dem Nachttisch zu greifen, den Revolver zu nehmen, sich selber zu erschießen? Darauf gibt es keine Antwort.

Anders liegt es mit dem Angeklagten. Hier lassen sich unschwer Gründe finden, die eine Tat motivieren: Das eheliche Verhältnis war ganz schlecht, so schlecht, daß die Frau einerseits den Versuch gemacht hatte, die dem Mann durch Ehevertrag versprochene Rente von 12000 Mark zu streichen, andererseits hatte sie bereits ein Testament gemacht, in dem sie einen Neffen ihres verstorbenen ersten Mannes zum Erben einsetzte und ihrem Mann sogar den Pflichtteil entzog.

Eine Hauptfrage ist, ob der Mann das Testament kannte oder überhaupt von seiner Existenz etwas wußte. In beiden Fällen ergeben sich Schuldmotive. Wußte er nichts von dem Testament, so konnte es seine Absicht sein, die Frau zu töten, bevor sie ein ungünstiges Testament aufsetzte; kannte er aber das Testament, so war seine Lage nur noch verzweifelter: Er hatte zu befürchten, daß der Frau es doch gelänge, die Streichung der Rente durchzusetzen. Er behauptet, das Testament nicht gekannt zu haben, und er verficht in zwei Privatklagen seine Ansprüche auf Pflichtteil und Rente an den Nachlaß. Jedenfalls muß man ihm das Zeugnis ausstellen, daß er, auch wenn er unschuldig ist, den materiellen Rechten, die ihm vielleicht zustehen, eine gewisse nervenstarke Anhänglichkeit bewahrt hat.

Der Pfarrer als Staatsanwalt

In diesem Prozeß laufen zwei Handlungen nebeneinander. Die eine ist ein adliger Familienroman, wenn auch ohne die helle Liebenswürdigkeit, die sonst mit dem Namen Zobeltitz in unserer Vorstellung lebt, aber wenigstens die Zeugenliste klingt gut: Die Herren v. Lekow und v. Nathmer, die Damen Felicitas v. Lekow, Eva und Asta v. Funk und Frau v. Plessen werden aufgerufen. Und es fehlt auch nicht an dem Seelsorger ländlicher Adelskreise, dem Herrn Oberpfarrer Schäfer.

Die andere Handlung stellt einen Kampf der Juristen untereinander dar. Die Tatsache, daß die Staatsanwaltschaft ursprünglich die Erhebung der Anklage abgelehnt hatte und erst, dem Wunsche der Beschlußkammer folgend, die Eröffnung beantragte, wirkt sich merkwürdig aus. Man kann heute noch nicht beurteilen, ob es wirklich Gründe der Objektivität oder ob es andere Gründe waren, die die Staatsanwaltschaft veranlaßten, das Verfahren einzustellen. Eines sieht man klar, daß die Staatsanwaltschaft, trotzdem sie inzwischen notgedrungen eine Anklageschrift verfaßt hat, durch die Person des Ersten Staatsanwalts Müller alle Momente zur Erscheinung bringen will, die *für* den Angeklagten sprechen. Und während sonst auch in Prozessen, die nicht zweifelhafter liegen als dieser, der Staatsanwalt die Tendenz verficht, den Angeklagten möglichst hart zu bedrängen, um dann den Verteidigern es zu überlassen, auf ein Unschuldig oder ein non liquet hinzusteuern, ist es hier der Staatsanwalt, der ganz ohne Scheu dem Verteidiger das Wort aus dem Mund nimmt, so daß er fast nie Gelegenheit hat, einzugreifen. Bei diesem Prozeß erlebt man das Wunder (wenigstens am ersten Tage), daß Herr Müller nicht müde wird, entlastende Momente hervorzuheben, so daß man auf den Journalistenbänken schon das Scherzwort geprägt hat, der Staatsanwalt habe die Offizialverteidigung übernommen.

Das letzte Wort über diesen Kampf der Juristen gegeneinander kann heute noch nicht gesagt werden. Aber es ist sonderbar, wie nun der adlige Familienroman und die Juristenintrige sich kreuzen in der eigentümlichen und in ihrer Art prachtvollen Gestalt des alten Oberpfarrers Schäfer.

Ein kleiner, dicklicher Mann von 66 Jahren, den man nach seinem kugelrunden, bartlosen Gesicht, nach seinem schwarzen Chorrock eher für einen katholischen Geistlichen halten würde. Aber er ist nicht nur Seelsorger, er ist auch Dr. jur. und hat sogar sein juristisches Examen mit besonderer Auszeichnung bestanden. Eigentümlich, wie nun in diesem Mann Geistlicher und Jurist sich gegenseitig unterstützen oder vielleicht zuweilen auch bekämpfen. In seinem Wesen scheinbar ganz Landpfarrer, ganz auf Behaglichkeit und Menschenverständnis eingestellt, ein Mann, der sogar für die in religiösen Dingen verzweifelnde Jugend ein Wort des Verstehens hat, ein Mann, der die Gabe hat, gefährliche Situationen durch ein liebenswürdiges Wort zu entspannen, und von dem man eigentlich annehmen dürfte, daß er das Seinige dazu getan hätte, die Ehe der Heydebrands wieder einzurenken. Aber gerade das hat er nicht getan. Er war von den Eheplänen der damaligen Frau v. Zobeltitz keineswegs erbaut, und er steigerte seine Antipathie gegen Herrn v. Heydebrand nach jedem Male des Zusammenseins. Wieviel hierbei an der Person des heutigen Angeklagten, an seiner Erscheinung, an seiner Ausdrucksweise gelegen haben mag, ist nicht recht deutlich. Wohl aber erkennt man religiöse Motive in dieser Abneigung. Herr v. Heydebrand trieb Umgang mit Philosophen wie Nietzsche und Schopenhauer und war für Herrn Schäfer kein Homo religiosus. Da er aber einmal die Antipathie hatte, nährte er sie mit dem reichen Schatze seiner anderen Seelenhälfte, der juristischen. Er half der Verstorbenen bei der juristischen Auseinandersetzung mit ihrem Manne, und er entwarf schließlich das Testament.

Dabei passierte es ihm – wie so manchem Rechtsanwalt –, daß er alle sympathischen Züge an seiner Klientin bemerkte und würdigte, während er alle Schatten auf die Person des Angeklagten fallen ließ. Es kommt freilich noch ein Moment hinzu, das jeden unbefangenen Zuschauer zwingt, der Aussage des Ortspfarrers mit einer gewissen Vorsicht zu begegnen. Der nicht mehr sehr rüstige Herr ist 66 Jahre alt. Er wird gelegentlich greisenhaft geschwätzig, und er, der Jurist, verliert zuweilen das Verständnis für die juristischen Formen, in denen sich ein solcher Prozeß abwickelt. Allgemeine menschliche Erfahrung vermengt er mit moralischen Werturteilen und läßt darüber den für diesen Fall notwendigen Tatsachenbericht zu kurz kommen.

Freilich, in einem Augenblick zeigte er sich ganz auf der Höhe des geistigen Kampfes. Es war schon ein etwas starkes Stück, als dieser Erste Staatsanwalt, um zu fragen, ob Schäfer nicht die starre Pupille des linken Auges der Frau v. Heydebrand bemerkt hätte, mit den Worten begann: »Ist der Herr Pfarrer, der ja nicht nur Theologe, sondern auch Jurist und überdies ein Mann von reicher Erfahrung ist, nicht vielleicht auch Mediziner genug ...« Es war schön, als dieser kleine Landpfarrer sich hierauf an den Vorsitzenden mit der Frage wandte: »Mit wem habe ich die Ehre zu sprechen?« Und es war formvollendet, wie er sich hierauf es verbat, von dem Staatsanwalt mit schmückenden Beiworten ironisiert zu werden. Hier hatten sich wirklich Familien- und Juristenintrige miteinander gekreuzt: Der Erste Staatsanwalt war zum Verteidiger geworden, der Pfarrer zum Staatsanwalt. Immerhin brachte der alte Mann auch in einzelnen Wahrnehmungen genug zutage, was den Angeklagten zum mindesten in seinen Augen schwer belastet, und es war doch mehr als ein persönliches Bekenntnis, es war der Ausdruck einer Summe von Erfahrungen, und es war zugleich eine Handlung von moralischem Mut, als er ausrief: »Ja, ich traue dem Angeklagten den Mord zu!«

Der Zuschauer dieses Prozesses wird mit seinem Urteil heute noch nicht so weit gehen können, aber eines ist ganz klar, daß die Handlungsweise des Angeklagten – auch wenn man von dem gewaltsamen Tode der Frau ganz absieht – eine höchst unsympathische und von rein materiellen Interessen beherrschte war. Wirklich, es bleibt wenig übrig von der Noblesse und den zarten Schwingungen anmutiger Seelen, die man aus Rittergutsromanen kennt. Dieser Herr v. Heydebrand hatte nur ein Ziel: Geld, und er ließ sich von diesem Ziel nicht abbringen durch irgendwelche seelischen Erregungen. Ein Notar in Glogau, vor dem der Ehevertrag geschlossen wurde, als die Ehe knapp ein halbes Jahr bestand, rief bei dieser Gelegenheit entsetzt aus: »Aber, meine Herrschaften, Sie wollen einen Ehevertrag schließen? Da sind wir ja schon im Beginn der Ehescheidung!«

Frau v. Heydebrand mag auch ihre Temperamentsfehler gehabt haben. Aber wie dieser Mann seine Rechte auf die Rente verteidigte, als die Ehe längst zerrüttet war, wie er schließlich auch gegen die Ehescheidung nichts einwenden mochte – vorausgesetzt, daß man ihm 400000 Mark in den Schoß warf –, das ist mindestens so bezeichnend für ihn, wie für die Frau eine Äußerung, die sie über materielle Dinge gemacht hat. Sie hat gesagt: »Ich habe hier nichts mitgebracht, und ich nehme hier nichts weg. Das Gut gehört nach meinem Tode den Zobeltitz'.« Nicht die mindeste Neigung, ihre eigenen Familienangehörigen zu bevorzugen, während er, der nichts mit dem Gute, kaum noch mit seiner Gattin etwas zu tun hatte, auf seinem Schein mit einer Hartnäckigkeit bestand, die er einem Shylock als Muster hätte liefern können.

Wer von den beiden der anständigere Mensch war, darüber besteht kein Zweifel.

Die Adelsparade

Sie ist nicht erhebend durch die Fülle glanzvoller Erscheinungen. Georg von Heydebrand, der Bruder des Angeklagten, mag schon recht haben, wenn er sagt: »Die Ideale des Landlebens kommen nur bei der Courths-Mahler vor.« Stämmige Männer, zartere, sehr bescheidene, dauerhaft angezogene Frauen. Sicher: Nicht unbewegte Menschen – aber Besitz ist Heiligtum und die Beschäftigung trostloser Abende (wie der Landrat sagt) Klatsch. Einige Männer aber ragen hervor.

Wrangel: Der Enkel des Alten, Landgerichtsrat, wie aus einem Bilderbogen der Freiheitskriege geschnitten, mit Koteletten und dem durchgekämmten, schwarzen Haar, dunkel blitzende Augen in dem bleichen Gesicht. Er hebt zum Schwur nicht den Arm gewinkelt hoch – er streckt ihn kerzengerade empor, ein Ausrufungszeichen. Er und Heydebrand hassen sich, heute noch. Man spürt es. Und Heydebrand sagt: »Ja, ich wollte ihn töten!« – Tolles Spiel, dieses Zugeständnis. Einziger Augenblick der Größe für Ernst von Heydebrand.

Rinteln: Maske, Maske, bitterschöne Maske. Schwarze, schmale Binde über dem linken, ausgeschossenen Auge, das volle

Haar früh grau. Harte, bittere Maske. »Wir haben beide kein Geld gehabt, wir haben beide nicht nach oben gezielt, wir haben beide keine Karriere gemacht, wir haben uns gefunden.« Einziger Freund Heydebrands. – Eigentlich liegt auch das lange zurück, aber es ist keine Freude in dieser Freundschaft. Diese Maske hat das Lächeln längst verlernt.

Die Uhr: Der lange, stattliche, dunkle Herr von Zobeltitz strebt Maske an, ist noch nicht soweit. Um die Augen zuckt es noch nervös. Er hat die spärliche Aussage beendet, verweilt noch einen Augenblick, zieht einen Gegenstand aus der Tasche: »Ich will die Uhr zurückgeben, die auf dem Nachttisch lag.« Welche Uhr, Frau von Heydebrands Armbanduhr? – Nein, eine schwarze, stählerne Herrenuhr. Die Damenuhr, die der Angeklagte beansprucht, ist vom Gericht beschlagnahmt. Warum beansprucht sie Heydebrand? Er sagt: Ich wollte doch ein Andenken an meine Frau haben, das einzige! Den Hörer graust es. Die Uhr war aus Gold. Heydebrand, Hadesbrand.

Zuweilen dichtet sein Leben schaurige Balladen.

Er will die schwarze Uhr nicht. Der Vorsitzende weiß auch nicht, was er mit der Uhr soll. Dieser Vorsitzende: ein guter, kluger Mann, ein Vorsitzender von Haltung, einer, der Achtung wirbt im stummen Dasitzen. Er läßt Zeugen reden, reden, verschließt sich keinem Beweis. Unendlich geduldig. Aber die Uhr will er unter keinen Umständen behalten. Da reißt fast die Geduld. Endlich steckt sie Zobeltitz wieder ein.

Briefe: Der Staatsanwalt hat lange nichts für den Angeklagten getan. Nun will er zur Abwechslung die Liebesheirat beweisen, beantragt Vorlesung eines Briefes der Toten und wirft einen triumphierenden Blick auf die Presse. Gut, sagt der Vorsitzende. Also: Nein, die Frau war nicht pervers, sie war invers. So viel Inversion habe ich in einem Liebesbrief noch nie gelesen. Ein trüber Brief: »Du hast die Liebe in mir erweckt, ich hoffte noch auf ein Glück – aber Du liebst ja nur mein Geld.« Der Staatsanwalt denkt nicht an den Nachsatz, nur an die erweckte Liebe. Aber der Vorsitzende sagt: Dann muß man auch die Antwort lesen – und da steht mit sachlichen, knappen, dürren Worten: »Ich verbitte mir die Vorwürfe wegen der Geldheirat. Du wirst es Dir selber zuschreiben müssen, wenn von unseren Beziehungen nur noch die geschäftlichen übrigbleiben.« Für das Übrigbleiben der Geschäftsbeziehungen garantiert er, dieser Geldmensch. »Gruß Ernst« schreibt er darunter. Warum nicht »Hochachtend«?

Pupille und Salvarsan: Vor etlichen Jahren soll Frau von Heydebrand eine Salvarsankur durchgemacht haben. Die linke Pupille war starr, die einstige Freundin, Frau Schubert, sagt es. Der Staatsanwalt ist hingerissen. Er propagiert den Selbstmord auf plötzlich ausgebrochenen Wahnsinn infolge von Lues. Die obduzierenden Ärzte haben keine Lues festgestellt. Frau Schubert weiß es besser. Sie war Hebamme. Gut. Die Frau Schubert, die Hebamme Schubert, eine schlichte Frau, beschwert sich heute noch über den Hochmut der Verstorbenen. »Sie fand, daß ich mich wegwarf, wenn ich Hebamme werde!«

Aber die Hochmütige hat die herzlichsten, nettesten, einfachsten Beziehungen zu dem alten Bücherrevisor. Ihm vertraute sie sich an. Er warnte sie vor der Heirat. »Sie kommen auch so durch, gnädige Frau.«

So ist sie eben nicht durchgekommen.

Worauf es ankommt: Sonnabend Schießsachverständige. Da muß man sehr aufpassen. Man sollte zwei Betten in den Gerichtssaal stellen und zwei Nachtkästchen. Links der Mann, rechts die Frau. Auf dem linken Kästchen in einem Damenstrumpf liegt der Revolver. Kann man vom rechten Bett her, ohne den Mann zu berühren, ohne ihn zu wecken (bei ausgebrochenem Wahnsinn), nach dem linken Nachtkästchen greifen mit einer Hand (die andere muß den Körper stützen), den Revolver aus dem Strumpf ziehen, so daß der Strumpf auf die Erde fällt? Der Staatsanwalt sagt: Man kann. Er habe es probiert.

Nachbemerkung: Halt ein, glühendes Herz. Hast du es nötig, den Staatsanwalt zu spielen? Wo bleibt die sonst geübte Milde. Das feine Verständnis für die Psyche des Mörders. Hat Heydebrand nicht auch ein Recht darauf, nachgefühlt zu werden?

Nein, es geht nicht. Ein Angeklagter ohne Ankläger, das ist unmöglich. Der Angeklagte schadet sich selbst. Er wird vielleicht freigesprochen, aber eine schlechte Presse ist ihm sicher. Nein: Man schicke Staatsanwälte nach Breslau.

Und dann wird man sehen, wie man dem Angeklagten ein bißchen psychologisch unter die Arme greifen kann.

Das Gericht hat Herrn v. Heydebrand freigesprochen. Ich kann dieses Urteil nicht schelten, denn ich kann den Standpunkt, den ich so oft vertreten habe, nicht verraten. Konnten die Richter es nicht mit ihrem Gewissen vereinbaren, Herrn v. Heydebrand wegen Mordes aufgrund des vorliegenden Beweismaterials zu verurteilen, so haben wir diese Entscheidung unter allen Umständen zu respektieren.

Nicht aber haben wir zu respektieren den Standpunkt des Staatsanwalts, und insbesondere dürfen wir uns fragen, ob das Beweismaterial, das im Gerichtssaal vorgetragen wurde, wirklich alle Möglichkeiten erschöpfte, die in diesem Falle gegeben waren. Das Verhalten des Staatsanwalts und der Gang der Beweisaufnahme stehen in einem engen Verhältnis zueinander. Ich habe schon einmal gesagt: Es gibt Fälle, in denen die Verdachtsmomente nicht so schwere waren und in denen Staatsanwälte mit großer Leidenschaft auf die Verurteilung gedrungen haben. Anklage vertreten heißt ja wohl nicht nur plädieren. Noch in jedem großen Prozeß hat der Vertreter der Anklage sich bemüßigt gefühlt, durch Fragen an Zeugen und Sachverständige ein bißchen mehr herauszuholen, als diese aus eigenem Antriebe vortrugen. Der Zeuge ist sich naturgemäß im Augenblick seines Auftretens nicht aller Momente bewußt. Er weiß auch nicht gerade das zu treffen, worauf es ankommt, und es ist natürlich, daß von seiten des Richters, des Staatsanwalts oder des Verteidigers noch Fragen gestellt werden. In diesem Falle aber ist festzustellen, daß der Staatsanwalt während der dreitägigen Dauer des Prozesses überhaupt keine Frage gestellt hat, die irgendwie dazu hätte dienen können, das Beweismaterial für die Schuld zu vertiefen. Wohl aber hat er eine Reihe von Fragen gestellt, von deren Beantwortung er annehmen konnte, daß sie den Angeklagten entlasten. Nicht die Tatsache ist dem Staatsanwalt zu verübeln, daß er am Schlusse seines Plädoyers die Freisprechung des Angeklagten selbst forderte, wohl aber kann man ihm vorwerfen, daß er innerhalb seines Plädoyers nicht die ihm obliegende Rolle des Anklägers gespielt hat. Er hat einige sehr belastende Momente nicht verschwiegen, er hat sogar das Charakterbild des Angeklagten nicht gerade in hellen Farben gemalt, aber er hat diese belastenden Momente in der Weise behandelt, in der sonst Staatsanwälte die mildernden oder entlastenden Umstände einer Straftat – mehr oder minder nebenbei zu erwähnen pflegen. Ton und Farbe seines Vortrages waren die eines Verteidigers, und die Verteidigung hätte dem eigentlich wenig hinzuzufügen brauchen. Eine wirklich durchgearbeitete Zusammenstellung der belastenden Momente hätte vielleicht nicht zu einer Verurteilung geführt, aber sie hätte zum mindesten erwiesen, wie eng die Lücke ist, durch die der Angeklagte zu seinem Glück schlüpfen konnte.

Die Beweisaufnahme selbst litt unter zwei Fehlern. Zunächst wäre es notwendig gewesen, daß ein Nervenarzt oder Psychiater den gesamten Verhandlungen beigewohnt hätte, um aus den Aussagen der Zeugen heraus sich ein Bild über den Geisteszustand der verstorbenen Frau machen zu können. Der Berliner Professor Schleyer hat leider nur die Gutachten seiner Kollegen gehört. Er selbst hat die Verstorbene nur einmal vor sieben Jahren gesehen und mußte darauf verzichten, sich ein Urteil darüber zu bilden, ob die zweifellos vorhandene Krankheit der Verstorbenen in diesem letzten Jahre Fortschritte gemacht hat oder nicht.

Nun ist ja das Charakterbild der Frau sehr verschieden gezeichnet worden. Der Angeklagte sagt: Sonnenschein und Gewitter standen ganz unvermittelt nebeneinander. Ich glaube auch nicht, daß man dem Oberpfarrer Schäfer folgen kann, der diese Frau als eine nüchterne, logisch denkende und handelnde Persönlichkeit hinstellen wollte. Viel mehr Gewicht ist auf das Urteil eines alten, erfahrenen Mannes zu legen, der jahrelang der Landrat des Kreises war und der sagte: »Sie war ein burschikoses und ungestümes Temperament, aber ich habe sie immer in Schutz genommen, weil ich wußte, daß sie im Grunde ihres Charakters ein ausgezeichneter Mensch war.« Dabei ist aber die Bewertung des Charakters nicht das Wesentliche; wichtiger ist die Tatsache, daß die überwiegende Mehrzahl der Zeugen, daß der Angeklagte selbst und sein Bruder sie bezeichnen als eine in ihrer Art bedeutende Frau, als eine ausgezeichnete Landwirtin und einen künstlerisch begabten Menschen, der insbesondere bei der Erweiterung und Verschönerung des Gutes und namentlich auch des Herrenhauses außerordentlich viel Tatkraft und Geschmack bewiesen hat. Und in allen diesen Äußerungen, auch in denen des Angeklagten selbst, findet sich nicht der mindeste Hinweis darauf, daß man es etwa mit einer geistig anormalen Person zu tun haben könne. Von den Privatpersonen war es lediglich die Hebamme, Frau Schubert, die von den krankhaften Zuständen der Frau zu erzählen wußte. Sie ist die einzige, die

z. B. angab, daß Frau v. Heydebrand gelegentlich unsinnige Einkäufe gemacht habe.

Aber die Beobachtungen der Frau Schubert gehen in der Hauptsache auf das Jahr 1920 zurück, und die Professoren Schleyer und Förster haben sie auch nur zu jener Zeit gesehen. Auch ihre Schroffheit und ihr zerfahrenes Wesen wurden eigentlich nur zu jener Zeit als eine krankhafte Erscheinung empfunden. Demgegenüber steht die Tatsache, daß sie einen Teil ihres Personals lange Jahre bei sich hatte, daß sie mit vielen einfachen Leuten in den freundlichsten und menschlichsten Beziehungen stand. Man kennt die Schwankungen des Seelenlebens im Klimakterium der Frau. Von dieser Frau aber, die dem Klimakterium sich nähert, die vielleicht beim Abschluß dieser Ehe sich von trügerischen Illusionen leiten ließ, die aber zur Zeit der Tat eigentlich bereits resigniert hatte, muß man feststellen (wie auch der Staatsanwalt selbst bekennen mußte), sie war eine lebensfrohe Natur, die den Gedanken eines Selbstmordes als eine Feigheit bezeichnete. Die Unterlagen eines solchen Charakters, die ich hier in aller Kürze zu verzeichnen versuchte, haben keinem der Gutachter zur Verfügung gestanden.

Die zweite Lücke der Beweisaufnahme betrifft die Todesnacht selbst. Das folgende Experiment kann jeder im Familienverein mitmachen: Zwei Personen legen sich in zwei nebeneinander stehende Betten so, daß die Frau an der linken Seite des Mannes zu liegen kommt, und nun versuche die Frau, einen Gegenstand vom Nachttisch ihres Mannes zu nehmen, ohne den Schlafenden zu berühren und ohne die eigene Ruhelage im wesentlichen zu verändern. Dabei nimmt man noch im Falle Heydebrand an, daß die Fortnahme der Waffe vom Nachttisch mit der rechten Hand erfolgt sei. Der Vorgang ist eine absolute Unmöglichkeit. Wieweit es überdies noch möglich ist, den Revolver so aus dem als Hülle dienenden Strumpf herauszuziehen, daß die Hülle neben dem Nachttischchen auf die Erde fällt, ist eine weitere Frage.

Aber ich gestehe: Ob diese ganze Manipulation möglich oder unmöglich war, das war eine Sache, bei der man sich nicht auf die Sachverständigen allein und die subjektive Meinung des Staatsanwalts hätte verlassen dürfen. Dieses Experiment hätte entweder am Tatort nachgeprüft werden müssen, oder man hätte schließlich auch zwei Betten in den Gerichtssaal stellen können.

Die Sachverständigen haben die Schußverletzung nach verschiedenen Seiten nachgeprüft (der Schädel der Verstorbenen war ja leider nicht an Gerichtsstelle!). Sie sind schließlich zu der Überzeugung gekommen, daß die Schußverletzung immerhin ungewöhnlich war, aber sie haben den Selbstmord als möglich bezeichnet, und ich zweifle auch nicht an dem guten Glauben des Sachverständigen, der ausgesagt hat, er neige mehr zum Selbstmord als zum Mord. Aber in diesem ganzen Gebäude bedurfte es eines Punktes, wo die Unmöglichkeit ausgesprochen war, um es zusammenstürzen zu lassen. Dieser eine Punkt betrifft das Fortnehmen der Waffe vom Nachttisch – und diese Nachprüfung ist nicht erfolgt.

Sie wäre um so wichtiger gewesen, als der Möglichkeit des Selbstmordes, auch wenn man sie zugibt, die innere Wahrscheinlichkeit vollkommen widerspricht. Und von dieser inneren Wahrscheinlichkeit nur noch zwei Worte:

Die Verstorbene, die am Tage vor ihrem Tode noch eine Reihe von Anweisungen für den folgenden Tag wie auch für die nächsten auf dem Gute vorzunehmenden Arbeiten gemacht hat, die sich nach dem Zeugnis aller, die sie in diesen letzten Stunden gesehen haben, in guter Stimmung befand, hat auf Bitten des Herrn v. Prittwitz, des Onkels des Angeklagten, in eine Versöhnung gewilligt. Sie hat dabei zunächst die Bedingung gestellt, daß man sich auf Streichung der 12000-Mark-Rente einige – eine Bedingung, die von seiten Prittwitz-Heydebrand nicht erfüllt wurde.

Die Verstorbene hat dann in ein Zusammensein gewilligt – wie man allgemein annimmt, um mit ihrem Gatten wieder in eine gewisse Atmosphäre des Wohlwollens zu gelangen und um dann auf gütlichem Wege die finanzielle Sache zu regeln. Sie hat deshalb auf Bitten des Onkels Anstalten getroffen, um etwa 2000 Mark Schulden, die der Mann inzwischen gemacht hatte, zu zahlen. Sie hat aber weiterhin in dem letzten Brief an den Onkel ausdrücklich erklärt, daß sie an der Streichung der Rente unbedingt festhalte, daß sie aber zugleich in die Zusammenkunft nur unter der Bedingung willige, daß Herr v. Heydebrand bei dieser Gelegenheit nicht über Geld spreche. Es sollte also zunächst die Atmosphäre des Wohlwollens hergestellt werden.

Ist es da wahrscheinlich, daß, wie der Angeklagte sagt, gerade in jener Nacht nach vollzogenem ehelichen Verkehr die Frau angefangen habe, von Geld zu sprechen, und nun er es war, der die Erörterung hierüber ablehnt und sich zur Seite kehrt, schweigt und tut, als ob er eingeschlafen sei? Zweifellos, wenn man annimmt, daß die Verstorbene ein sprunghaftes Wesen war, ist es schon möglich, daß sie gegen ihren eigenen Wunsch von dieser Sache zu sprechen angefangen hatte. Aber ist es denkbar, sich eine Sprunghaftigkeit vorzustellen, die so weit geht, daß nun die Verstorbene, wie sich der Staatsanwalt vorstellt, in einer plötzlichen Verzweiflung sich das Leben nahm? Man kann es sich nicht vorstellen, wenn man bedenkt, daß in dem Vokabularium der Frau in diesen letzten Tagen das Wort Verzweiflung überhaupt nicht vorkam.

Es kommt aber vor in einem Brief des Angeklagten an den Onkel, gerade in dem Brief, in dem er den Onkel bittet, die Versöhnung zu vermitteln. In diesem Brief spricht er von seinen Schulden. Er bezeichnet die Summe von 2200 Mark als eine Lappalie und sagt: »Oft bringt einen eine kleine kranke juckende Stelle mehr zur Verzweiflung als eine ernste Krankheit. Verfluchter Geldmangel, zumal er einen hindert, sich den öffentlichen Interessen zu widmen, wie es notwendig wäre.« Die 2200 Mark waren allerdings nur eine kleine juckende Stelle, aber die ernsthafte Krankheit war auch vorhanden: Die große Verpflichtung gegenüber der ersten Frau. Vor etwa fünfviertel Jahren hat ein Breslauer Staatsanwalt gegen den angeklagten Landgerichtsrat Dr. Josephsen 1 Jahr 3 Monate Zuchthaus beantragt, und auch in diesem Falle hat das Gericht Freisprechung ausgesprochen. An dem Freispruch also soll auch im Falle Heydebrand nicht gedeutelt werden, wohl aber das muß noch einmal mit aller Deutlichkeit ausgesprochen werden: Das Verfahren und das Verhalten des Staatsanwalts bedarf der gründlichen Nachprüfung.

Der fehlende Lokaltermin

In meinem Artikel ›Die Mängel des Verfahrens‹ hatte ich die Absicht geäußert, das freisprechende Urteil unter allen Umständen zu respektieren und es nicht zu schelten. Allerdings war mir im Augenblick, als ich jenen Artikel schrieb, die Begründung des Urteils noch nicht bekannt, und es war nicht ganz leicht, anläßlich einer Motivierung, die schließlich bis zur Schuldloserklärung des Angeklagten vordrang, bei meinem frommen Vorsatz zu verharren. Nun sind es aber die Verteidiger des Angeklagten, die um einige Feststellungen ersuchen. Der Bitte sei gern stattgegeben, nur ist es unerläßlich, an die Wiedergabe einige Bemerkungen zu knüpfen, die nunmehr auch zu der Urteilsbegründung Stellung nehmen.

Die Verteidiger rügen zunächst eine Namensverwechslung und einige Auslassungen, die in der Hitze der Berichterstattung vorgekommen sind. So wurde von Zeugen bekundet, die verstorbene Frau v. Heydebrand sei einmal durch eine Kritik, die an ihren wirtschaftlichen Maßnahmen geübt wurde, in solche Erregung geraten, daß sie drohte, aus dem fahrenden Zuge zu springen. Bei einem ähnlichen Anlaß verließ sie das Zimmer, kam drei Stunden nicht zum Vorschein, so daß man befürchtete, sie habe sich etwas angetan. Als der Arzt Dr. Sporleder sie besuchte, war er der achte Arzt, den sie an jenem Tage konsultiert hatte.

Andere Feststellungen, die im wesentlichen laienhafte Äußerungen betreffen, ob der Verstorbenen ein Selbstmord zuzutrauen sei, können übergangen werden, ebenso wie eine Auseinandersetzung darüber, ob die Schulden des Angeklagten – 2200 Mark – an sich gering waren oder welchen Rechtsgrund Herr v. Heydebrand hatte, die Bezahlung dieser Schulden zu fordern. Schließlich sind da noch einige Punkte der Versöhnungsaktion, die sich vielleicht in einer etwas anderen Reihenfolge, als berichtet, zugetragen haben.

Wesentlich erscheint die Berichtigung der Verteidiger in einem Punkte, der die Situation in der Todesnacht betrifft. Dieser Absatz sei im Wortlaut wiedergegeben:

»Über die Situation in der Todesnacht ist Herr Sling in vollem Irrtum. Die Frau lag nicht auf der linken, sondern auf der rechten Seite des Mannes. Dieser lag zur linken Seite der Frau. Frau v. H. brauchte sich nur auf den linken Arm zu stützen und mit dem rechten über das Bett ihres Mannes (1 Meter 20) hinüberzugreifen. Dieses Experiment ist auch am Tatort nachgeprüft worden, und die hierüber schon am ersten Verhandlungstage vernommenen Gerichtsärzte sowie Herr Kriminalkommissar Pfitze haben hierüber eingehend berichtet. Es hat sich hierbei herausgestellt, daß sich der Vorgang, so wie ihn der Angeklagte geschildert hat, mit Leichtigkeit abspielen ließ, eingeschlossen die Fortnahme der Waffe aus dem losen Strumpf, der dabei neben dem Bett des Angeklagten auf die Erde fallen mußte oder konnte. Wahrscheinlich war Ihr Herr Berichterstatter am ersten Verhandlungstag nicht zugegen. Am letzten Verhandlungstage ist diese Tatsache nochmals ganz ausdrücklich von dem Schießsachverständigen Major Bachelin zur Sprache gebracht worden. In Nr. 525 Ihrer Zeitung vom 5. November 1927 ist dessen Aussage in Sperrdruck wiedergegeben. Er hat wörtlich erklärt: ›Es war durchaus möglich, zu dem Nachttisch neben dem Bette des Mannes hinüberzugreifen und die Pistole ohne jede Schwierigkeit herüberzuholen, abzuschießen und den Schußkanal zu erzielen, wie er bei der Leiche festgestellt worden ist.‹ Diese Probe ist fünfmal gemacht worden.«

Die Herren Verteidiger irren, wenn sie glauben, ich sei am ersten Verhandlungstage nicht zugegen gewesen. Ich habe den Gerichtssaal überhaupt stets nur verlassen, wenn die Technik der Berichterstattung es erforderte. Ich habe also den stundenlangen Erörterungen über die Todesnacht beigewohnt. Wenn ich trotzdem mich in Einzelheiten geirrt haben sollte, so ist das nicht ein Beweis gegen, sondern ein Beweis für die Notwendigkeit dessen, was ich forderte: für den Lokaltermin. Die Verteidiger werden mir eine gewisse Erfahrung in Kriminalsachen nicht abstreiten wollen. Wenn ich aber, der ich mich täglich in Gerichtssälen aufhalte, von den Vorgängen ein so ungenaues Bild erhielt, so wird dies wohl den Geschworenen, die sich seltener mit derartigen Angelegenheiten befassen, auch nicht klar geworden sein. Vor den Ausführungen des Sachverständigen Major Bachelin habe ich den allergrößten Respekt. Aber es ist ja auch sonst nicht Sache der Gerichte, die Sachverständigengutachten als Gegebenheiten zu betrachten, denen man ohne weitere Nachprüfung im Urteil zu folgen habe. Im allgemeinen betonen die Gerichte stets, daß sie aus eigenem freien Ermessen und aus eigener Anschauung zu urteilen haben. Ich polemisiere nicht gegen den Freispruch, aber dieser Freispruch wäre überzeugender ausgefallen, wenn man den Geschworenen die Möglichkeit gegeben hätte, sich ein eigenes Bild zu machen, zu dem ja dann die Gutachten der Sachverständigen eine willkommene Ergänzung gewesen wären. Dieser Lokaltermin wäre noch in anderer Beziehung wichtig gewesen. Man hätte die akustischen Verhältnisse nachprüfen müssen, man hätte vielleicht auch nachsehen können, ob sich wirklich eine sogenannte Glimmerlampe in dem Schlafzimmer befunden hat, die dieses nur mäßig erhellte.

Man muß vor allem bedenken: Es gibt von der Lage, in der die Verstorbene aufgefunden wurde, keine Fotografie. Die Leiche ist bestattet worden, der Schädel war nicht an Gerichtsstelle. Natürlich hat damals niemand an die Möglichkeit eines Verbrechens gedacht. Der Revolver ist nicht auf Fingerabdrücke untersucht worden.

Daneben gibt es eine kleine Reihe nicht gelöster Probleme; so die Frage des ehelichen Verkehrs, über den der Angeklagte widersprechende Äußerungen gemacht haben soll, die Frage des Nacktschlafens, das mit Bezug auf die Verstorbene von einigen Zeugen bestritten wird, die Frage der Armbanduhr, von der Herr von Heydebrand sagt, er habe sie als Andenken bei sich behalten. Weil aber die Beweisaufnahme so starke Lücken enthalten mußte, war es erst recht die Pflicht, durch einen Lokaltermin die ganze Situation den Geschworenen etwas näherzubringen.

Ich erwähne diese Sachen keineswegs, um nachträglich den Staatsanwalt zu spielen, der, wenn er in diesem Prozeß normal funktioniert hätte, vermutlich einigermaßen belastende Schlüsse gezogen hätte. Ich folge nur dem Ersten Staatsanwalt Müller, wenn ich sage: Die Vorgänge der Todesnacht sind dunkel geblieben. Und daran knüpfe ich die Behauptung: Es ist nicht das Erdenkliche geschehen, um entweder die Schuld des Angeklagten zu beweisen oder aber die Verdachtsmomente gegen ihn nach Möglichkeit auszuräumen.

Weil das aber so ist, muß die Begründung, die das Schwurgericht seinem Urteil beigegeben hat, als unmöglich bezeichnet werden.

Der Staatsanwalt, so sehr er sich für den Angeklagten ins Zeug gelegt hat, hat doch über einen Punkt keinen Zweifel gelassen: Er hat dem Angeklagten die Ritterlichkeit abgesprochen. Selbstverständlich schädigt ein des Mordes Angeklagter seine Situation, wenn ihm nachgewiesen wird, daß er die Früchte seines Ehevertrages mit Zahlungsbefehlen eintreibt, nachdem die Ehe längst zerrüttet ist – daß er zu nervenschwach war, der Bestattung seiner Ehefrau beizuwohnen, aber nervenstark genug, um an der Testamentseröffnung des nächsten Tages teilzunehmen. Alle diese Punkte sind illustrativ wichtig, aber sie sind fast ohne jedes Gewicht, wenn es sich um die Beantwortung der Hauptfrage handelt: Ist der Angeklagte schuldig oder nicht? Kein vernünftiger Mensch hätte sich nach dieser Beweisaufnahme dazu bereit gefunden, den Angeklagten für schuldig zu erachten, und wenn sein Charakterbild in noch dunkleren Farben erschienen wäre! Das Schwurgericht aber macht offenbar diesen verbotenen Schritt nach einer anderen Richtung. Weil Herrn von Heydebrand tatsächlich in dieser Beweisaufnahme keine Schuld nachgewiesen werden konnte, attestiert es ihm einen anständigen, ehrlichen Charakter, verneint vor allen Dingen die Frage nach der Geldheirat, bejaht die Neigungsheirat und spricht schließlich – die Unschuld des Angeklagten aus.

Wenn man sich gegen eine solche Urteilsbegründung ernsthaft wendet, so geschieht das nicht nur, weil man eher glaubt, dem Staatsanwalt in seiner Charakteristik folgen zu müssen. Möge Herr von Heydebrand sich durch das Urteil befriedigt fühlen – das ist seine Sache. Für die Allgemeinheit wichtig ist die Gefahr, die in einer solchen Urteilsbegründung liegt, die Unkontrollierbarkeit des Zustandekommens einer solchen Begründung – will sagen, die Unmöglichkeit des Emmingerschen Schwurgerichts.

Während des Strafprozesses pausieren die Zivilprozesse um das hinterlassene Gut. Das sind Prozesse, die Herr von Heydebrand gegen die jetzigen Besitzer angestrengt hat. Die Zivilgerichte können ihre Entscheidungen treffen ohne Rücksicht auf den Ausgang des Strafprozesses. Aber es hieße wohl der menschlichen Natur Übermenschliches zutrauen, wollte man Beeinflussungen nach der einen oder der anderen Richtung vollkommen für ausgeschlossen halten. Das alte Schwurgericht hätte in diesem Fall vermutlich auch die Schuldfrage verneint – aber es hätte keine Urteilsbegründung gegeben. Dieses Ja, ja – Nein, nein – war die ethische Potenz, die das alte Schwurgerichtsurteil inappellabel machte. Eine Begründung, wie sie das Breslauer Urteil lieferte, könnte an sich noch so richtig sein, sie trägt aber in sich die ethische Labbrigkeit psychologischer Werturteile, über die sich noch einmal oder dreimal reden ließe.

Amtsgerichtsrat Josephsen

Im Mai 1924 erschien in der Wohnung der Bardame Martha Hesse in Breslau das dreißigjährige Fräulein Olga Rodestock und feuerte auf die Hesse mehrere Schüsse ab. Die Hesse wurde ungefährlich verletzt. Olga Rodestock gab als Grund der Tat an, sie habe ihren Freund, den Breslauer Amtsgerichtsrat Josephsen, von der Hesse befreien wollen. Sie sei von unstillbarer Liebe für Josephsen und ebenso großer Eifersucht gegen Fräulein Hesse erfüllt. Der Amtsgerichtsrat habe ihr 50 Mark für den Ankauf eines Revolvers gegeben und sie zur Ermordung der Hesse angestiftet. – Amtsgerichtsrat Josephsen wurde verhaftet und wegen Anstiftung zum Morde angeklagt.

Josephsen ist als Sohn eines Kaufmanns und Gutsbesitzers in Neutomischel 1876 geboren, studierte anfangs Nationalökonomie und Philosophie, machte später die Nachprüfung in Latein und Griechisch, um Jura zu studieren. Er bestand seine Examina gut und wurde nach vielfacher Verwendung 1910 Amts- und Landrichter in Brieg. Den Krieg machte er als Freiwilliger mit und brachte es bald zum Offizier. Er schildert sich als nervös. Seine Eltern sind Cousin und Cousine.

Er hatte beschlossen, nicht zu heiraten, hatte aber das starke Bedürfnis nach einer Frau, die ihn versorgte. Als er 1910 nach Brieg versetzt wurde, fiel ihm Fräulein Rodestock, Angestellte eines Anwalts auf, weil sie ihm offenbar nachstellte.

Die Rodestock schickte ihm einen anonymen Brief, der auch zur Verlesung kommt. Darin fordert sie ihn zu einem Stelldichein auf. Der Brief ist vom 21. Juli 1914, nachdem die Rodestock vier Jahre hinter ihm hergelaufen war. Josephsen war zu Kriegsbeginn in England, wurde aber nach einigen Wochen nach Deutschland entlassen. Er antwortete auf den Brief erst im September 1914. Sie trafen sich zu einem Spaziergang, bei dem Fräulein Rodestock plötzlich sehr verliebte Anwandlungen bekam, denen schließlich auch der Angeklagte nachgab. Zu einer

Wiederholung kam es nicht, da Josephsen einberufen wurde, er verließ Brieg ohne Abschied von ihr. Aus einem weiteren Brief von ihr geht die schwärmerische Liebe des Mädchens zu Josephsen hervor. Sie fühlt sich von ihm »verstanden«. Er aber fand an ihr eigentlich nichts Besonderes zu »verstehen«, außer ihrer besonders starken Sinnlichkeit.

Nach vierjähriger Pause war Josephsen im Jahre 1918 als Rekonvaleszent im Lazarett in Berlin und erhielt hier zum ersten Male wieder den Besuch der Rodestock. Er wollte sie abends um 9 Uhr mit Gewalt zum Zimmer hinausführen, sie blieb jedoch bei ihm. In der Folgezeit versuchte Josephsen mehrfach, sich von ihr zu befreien. Aber das gelang nicht. Als sie sich schwanger fühlte, verlangte sie von ihm – es war in der Inflationszeit – Geld, um im Auslande das Kind zur Welt bringen zu können. Später wollte sie dann eine Fehlgeburt herbeiführen. Hiergegen will Josephsen lebhaften Widerspruch geäußert und ihr gesagt haben, das sei nur möglich, wenn ein Arzt wegen ihres Nervenleidens die Unterbrechung der Schwangerschaft für statthaft erkläre.

Jeder Mensch ist irgendwo ...

Jeder Mensch ist irgendwo ein armer Teufel. Und diesen armen Teufel muß man auch Herrn Josephsen konzedieren. Ach, wieviel lieber wandelte er am Arm einer sehr sanften, sehr blonden Gattin in der Sonne der Gunst von Vorgesetzten, Kollegen und Mitmenschen. Intelligenz und vielfache Kenntnisse hätten ihn zu einer Laufbahn berechtigt, die über dem Durchschnittsniveau liegt. Ein unglückliches Liebesabenteuer machte ihn als Studenten für sein Leben krank, und ein Zuckerleiden trat hinzu, um sein Gemütsleben recht eigentlich zu umdüstern. Das Schicksal traf den Unschuldigen so schwer, bis er aufhörte, unschuldig zu sein. Er gibt an, wegen seiner Krankheit nicht geheiratet zu haben, ja lange Zeit im Punkte Liebe sich abstinent verhalten zu haben. Ob er hierüber immer die Wahrheit sagt, weiß man nicht. Später war sein Liebesleben ebenso heftig wie vielseitig und wahllos.

Richter und Geschworene werden entscheiden, ob er sich im Sinne der Anklage zur Anstiftung zum Mordversuch schuldig gemacht hat. Nach dem bisherigen Stande der Beweisaufnahme ist seine Verurteilung nicht wahrscheinlich. Daneben läuft das Disziplinarverfahren. Verurteilt ihn das Schwurgericht, ist der

Richter Josephsen bestimmt erledigt, aber, wenn die Geschworenen seine Schuld verneinen – Josephsen ist übel dran. Freilich – die Disziplinarrichter der zweiten Instanz werden, wenn sie ihn verurteilen, ebenso wie die in der ersten Instanz, sich an gewisse äußere Dinge halten müssen, um zu einem vernichtenden Spruche zu kommen. Man hat im Laufe des Verfahrens herausbekommen, daß ein Auftritt mit Martha Hesse zu einer Straßenprügelei führte. Es kann dem Bravsten passieren, von einer hysterischen Dame verprügelt zu werden. Ihr Gewicht bekommen diese Dinge erst durch die Begleitumstände. Den Verkehr mit Olga Rodestock wird man ihm um so weniger zum Vorwurf machen können, als Olga zweifellos der aggressive Teil war. Daß er an ihrer Abtreibungsgeschichte ratend beteiligt war, wird man – Olga Rodestocks Zeugnis kann kaum je bestimmend verwertet werden – nicht als erwiesen ansehen.

Schlimmer steht der Fall Hesse. Soweit Martha Hesse angibt, von Josephsen in Geldsachen geschädigt zu sein, wird man ihr nicht glauben. Selbst wenn er ihr mal einen Betrag schuldig geblieben sein sollte – es handelt sich um zwei geringe Summen, so daß sie entscheidend kaum in Betracht kommen. Viel peinlicher ist es, einen Richter in einem dauernden, nicht nur sexuellen, sondern menschlichen Freundschaftsverhältnis mit einer Martha Hesse zu sehen. Daß sie in ihrer Jugend einige Jahre unter Kontrolle stand, mag er nicht gewußt haben. Daß er diese Frau, die unter dem Titel »Servierfräulein« ihr Gewerbe fortsetzte, immer für eine Dame hielt – wie er behauptet –, ist ganz unwahrscheinlich. Sie ist nicht dumm, nicht ohne Witz. Man kann sich schon denken, daß sie als Kleinstadt-Hetäre in Kneipen und Bars jüngeren und älteren Juristen die Zeit verkürzte. Man kann sich auch vorstellen, daß der im Grunde unglückliche Josephsen geschlechtlich von ihr immer abhängiger wurde. Daß er aber diesen Verkehr jahrelang unterhielt, ohne sich je erkenntlich zu zeigen, daß er in der Liebe der Nehmende, materiell nie der Gebende war, auch das macht das Verhältnis anrüchig. Er hat bei einem Halbweltmädchen genassauert.

Und auch im Falle Rodestock: Niemals hielt er sich zur Sorge verpflichtet. Das ist der Punkt, der die Erscheinung dieses Mannes so peinlich macht – aber man wird zugeben müssen, daß dieser Punkt allein ihn niemals um sein Richteramt gebracht hätte. Schofle Gesinnung ist nicht strafbar. Auch ein Richter kann ein schofler Kerl sein; wir werden das nie ändern können, bevor wir eine Methode gefunden haben, in das Herz der Menschen zu leuchten. Das Licht, das uns über Josephsen Klarheit gibt, ging erst auf, als sich die Dinge dramatisch zuspitzten, als Olga Rodestock – völlig von Sinnen – den Revolver auf Martha Hesse richtete. Ein trübes Bild, wie es sich nach den ersten fünf Verhandlungstagen ergibt. Sonderbar bewegend in Details, generell wenig besagend oder gar nichts – mag das Urteil so oder so ausfallen.

Die Bacchantin

Olga Rodestock, seit Jahr und Tag Insassin einer Irrenanstalt, ist verurteilt, in diesem Prozeß als nicht zu vereidigende Zeugin aufzutreten. Ein seltener Fall, der vielleicht juristisch, kaum aber menschlich zu rechtfertigen ist. Jahrelang hatte ihre Umgebung Anlaß, an ihrer Vollsinnigkeit zu zweifeln. Die Anwälte, bei denen sie angestellt war, lobten sie weg, und sie selbst sagt: »War das nicht Betrug, daß sie mir gute Zeugnisse ausstellten, nachdem sie mich wegen Unfähigkeit entlassen hatten?« Sie weiß Bescheid mit sich, sie spricht von Gedächtnishemmungen, die ihr lange Zeit zu schaffen machten, und bei ihrer Vernehmung bedient sie sich sehr umfangreicher Aufzeichnungen, die sie immer wieder vorzulesen versucht.

Der Vorsitzende läßt es nicht zu. Spricht sie frei, so verwirren sich ihre Gedanken sehr rasch. Man hat das Gefühl, daß das meiste, was sie spricht, irgendwie wahr ist. Aber die logische und juristische Abfolge vermag sie nicht innezuhalten. Man fühlt aber auch: ein begabtes Menschenkind, mit starken seelischen Trieben. In dem stattlichen jungen Richter sieht sie als Siebzehnjährige ihr Ideal. Jahrelang trägt sie in der Kleinstadt Brieg die Neigung mit sich herum, bis sie ihn stellt, von ihm Besitz nimmt. »Wenn ein Mensch einen andern geistig liebt, dann wird es auch körperlich – da ist doch nichts dabei –, das kann auch ein Landgerichtsdirektor oder ein Staatsanwalt tun, ohne sich strafbar zu machen«, so sagt sie. Furchtbares erlebt sie. Ob es wahr ist, daß sie sich das Kind, das sie von Josephsen erwartet, auf dessen Wunsch abtreiben läßt? Jedenfalls tut sie es auf eigene Kosten mit dem Gelde, das ihr ein verliebter alter Rechtsanwalt als Buße zahlen mußte. Jahre überspringt sie – oder wirft sie in tollem Wirbel durcheinander. Selbstmordversuch. Jammervolle Tage in Berlin, wo sie auf Treppen, in Bahnhofswartesälen übernachtet.

Ein Testament, das sie in seiner Gegenwart macht: die Kindergeige, ihr einziges Erbstück. Sie will dem Geliebten nicht wehe tun, sie schluchzt auf. Er war der, dem sie »die einzigen schönen Lebensstunden« verdankt. Aber sie ist auch ruhig, wie sie sagt »abgestumpft«. Und sie ist es jetzt, weil sie ihr Kind hat. Sie empfing es in der letzten Zeit, die sie in Freiheit zubrachte. »Als ich mich ganz verlor« – den Vater bezeichnet sie als einen Grafen. Das Kind lebt.

Der Vorsitzende versucht, Ordnung in die Erzählung zu bringen – meist vergebens. Aber, so wirr die Bruchstücke daliegen, es ist kein einziges darunter, das uns erzählt von der Güte, der Fürsorge des Geliebten, der dunkel und feindselig auf der Anklagebank sitzt, immer bereit, jeden anderen Menschen preiszugeben, wenn er sich nur selbst schützen kann. Diese Frau nennt er »Bacchantin« – als reiche die entfesselte Sinnlichkeit nicht an das Menschentum.

In der sechsten Stunde ihrer Vernehmung kommt Olga Rodestock zu dem Tage vor ihrer Tat. Sie ist sehr ermüdet, aber mit augenscheinlicher Energie schildert sie die seelischen Zustände: Sie selbst verzweifelt über ihre trostlose Lage – Josephsen unter dem Druck der Erpressungen von seiten der Hesse häufig weinend. Einmal sagt er: »Wenn ich keine Stellung zu verlieren hätte wie du, so würde ich sie kaltblütig töten.« Sie bittet um das Geld für den Revolver. Er hat keins. Sie sucht – vergebens – es sich anderweit zu verschaffen. Am nächsten Tage trifft sie ihn wieder. Jetzt hat er 50 Mark in der Tasche, die ihm der Bruder geschickt hat. Sie fordert 40 Mark. Er sagt, der Revolver koste doch nur 30. Dann gibt er das Geld. Sie fragt, wie sie die Hesse am besten träfe. Er sagt: Wenn sie am Schreibtisch sitze. Olga bekommt es mit der Angst. Er tröstet: »Du drückst ihr den Revolver in die Hand und verschwindest.« Er kauft Maiglöckchen, die sie der Hesse mitbringen soll, um sie freundlich zu stimmen. Dann aber meint er: »Ich komme vom Regen in die Traufe –«

Und dieser Satz wird den Prozeß entscheiden. Nach Josephsens Äußerung will er gesagt haben: »Das hat ja keinen Zweck, ich käme ja vom Regen in die Traufe!« Olga Rodestock selbst sagt: »Ich war meiner Sinne kaum mächtig.« War sie noch imstande, das Gespräch richtig aufzufassen, ist sie heute imstande, es richtig wiederzugeben?

Dann erzählt sie von der Tat: »Ich empfinde keine Reue. Mir ist, als ob die Tat ein anderer getan hätte.« Olga Rodestock verliert sich in psychologischen Spekulationen. Ihr war, als hätte die Hesse etwas geahnt. »Merkwürdig, wie sich die Gedanken von einem Menschen zum anderen übertragen.« Dann kommt sie zur Tat zurück, die sie eine ungeheure Überwindung kostet.

Immer wieder stört sie, daß die Hesse es offenbar geahnt hat. Aber sie denkt sich: Was würde Josephsen sagen, wenn ich es nicht tue? – Er würde sagen, ich sei zu nichts nutze! Da drückt sie los. Sie bricht in Tränen aus. »Ich habe kein Anrecht auf das Leben der Hesse. Ich habe sie hier im Saale gegrüßt – und sie hat mir gedankt. Ich war eben ein Werkzeug in der Hand Josephsens, der meine Krankheit ausnutzte.« – »Haben Sie die Absicht gehabt, sich dann das Leben zu nehmen?« – »Nein, das brauchte ich nicht – als ich geschossen hatte, war ich erleichtert. Durch diesen Schuß hatte meine Krankheit die Krise überwunden. Ich war erleichtert, ich erkannte die Schlechtigkeit Josephsens, der mich mißbraucht hatte, und ich war erlöst – aber Josephsens Tat muß man auch milde ansehen. Er stand unter dem Druck der Hesse, er war sehr gereizt, er ist schwer krank. Er wird in seinem Gewissen die Sühne finden.« Als der Vorsitzende ihr vorhält, daß der Angeklagte es anders darstellt, sagt sie: »Es ist peinlich für ihn, aber ich kann nicht anders.«

So sprach die Bacchantin.

Das Urteil

Das Urteil des Breslauer Schwurgerichts trägt mit der Freisprechung des Angeklagten im großen und ganzen den Eindrücken Rechnung, die man als Zuhörer des Prozesses gewann. Mit der Bemerkung, daß dem Angeklagten diese Tat zuzutrauen gewesen sei, geht es allerdings zum Schaden des Angeklagten weiter, als notwendig gewesen wäre. Selbst wenn der Angeklagte in einem Augenblick völliger Nervenzerrüttung, der zweifellos vorlag, zur Rodestock geäußert haben sollte: man müßte die Hesse totschießen, so wäre mit einer verzweifelten Redensart immer noch nicht die Anstiftung zum Mordversuch erwiesen. Vor allem aber weiß niemand, was die Rodestock in ihrem völlig desolaten Zustand mit den Worten Josephsens gemacht hat. Auch heute, nach einem monatelangen Aufenthalt in der Irrenanstalt, ist diese schwer hysterische Frau geistig noch völlig ungeordnet. Für ihre Glaubwürdigkeit nimmt die Tatsache ein, daß sie mit außerordentlich gespanntem Interesse der Verhandlung folgte, daß in den Bruchstücken ihrer Aussage vielerlei plausibel klang. Aber wir haben von zu viel Zeugen gehört, daß diese Frau unter dem zerstörenden Einfluß ihres Leidens unerhört viel gelogen hat. Die Zeugen, die mit der Tat nichts zu tun hatten, die lediglich beruflich mit Fräulein Rodestock zu tun hatten, erklärten, man habe ihr kein Wort glauben können – und das zu einer Zeit, die jahrelang vor dem Attentat lag.

Die Feststellung, daß man dem Angeklagten die Tat zutrauen könne, war um so überflüssiger, als auch sonst genügend Anhaltspunkte vorlagen, ihn moralisch zu disqualifizieren. Die Tatsache, daß ein deutscher Richter ein solches Privatleben führen konnte – oder vielmehr innerhalb seines Privatlebens sich so weit gegen die Grundbegriffe des Anstandes vergehen konnte, bleibt peinlich. Am peinlichsten ist wohl die Erinnerung an die skandalösen Auftritte, die die Rodestock ihm in seinem Amtszimmer machte, als er eben im Begriff war, sich in einen Gerichtssaal zu begeben, um als vorsitzender Strafrichter zu fungieren.

Das Beste und das einzig Versöhnliche, was Josephsen heute noch tun könnte, wäre seine Bitte um Abschied unter Verzicht auf Pension. Ob dieser Schritt im Augenblick noch möglich ist – das Disziplinargericht erster Instanz hat ja schon die Entlassung ausgesprochen –, wissen wir nicht. Er sollte jedenfalls das möglichste tun, um dem Spruch der zweiten Instanz zuvorzukommen. Im Breslauer Prozeß durfte er um sein Recht kämpfen, den weiteren Kampf um sein Richteramt möge er unterlassen.

Sanitätsrat Böhme

Im September 1916 wurde die dritte Frau des Sanitätsrats Dr. Robert Justus Böhme aus Großröhrsdorf auf einer Hühnerjagd durch einen Schrotschuß aus dem Gewehr des eigenen Gatten tödlich getroffen. Durch den Tod ging nach dem Testament das Villengrundstück der Frau in den Besitz des Mannes über. Auf dem Wege zur Jagd, so erzählten die Jagdteilnehmer, krachte plötzlich ein Schuß, der Förster wendete sich um und sah Dr. Böhme und seine Frau am Boden liegen. Beim Hinzueilen stellte er fest, daß Frau Böhme tödlich getroffen war. Dr. Böhme erklärte dem erschrockenen Förster, er sei versehentlich auf seine geöffneten Schnürsenkel getreten und gestolpert, dabei sei das Gewehr losgegangen. – Zehn Jahre nach der Tat stand Dr. Böhme vor dem Schwurgericht Dresden unter der Anklage des Mordes.

Dresden, 8. Oktober 1926.

Vorläufig, da sein Mördertum noch nicht erwiesen ist, muß er es sich gefallen lassen, daß man ihn für komisch hält. Der kräftige Sechziger ist eine mehr bäuerliche als akademische Erscheinung. Er hat vermutlich in seinem Leben nie was Rechtes getan und war im wesentlichen damit beschäftigt, wohlhabende Frauen zu heiraten. Die Tatsache, daß ihm das ursprünglich in so geringem Maße gelang, macht ihn komisch. Der eigentliche durchziehende Handlungsstoff seines Lebens ist die großväterliche Erbschaft seiner Tochter aus erster Ehe, die vielleicht vom Vormundschaftsgericht in größerer Höhe festgesetzt wurde, als zulässig war. Wie er mit den 20000 Mark manipulierte, wie sie bald in einer Hypothek verschwinden, bald zur Rückzahlung einer anderen Hypothek verwendet werden – wie er sie sich von seiner zweiten Frau schenken läßt, um seine Verpflichtung der Tochter gegenüber zu erfüllen – wie aber schließlich die Tochter das Geld doch nicht kriegt – das ist alles sein Hauptgeschäftsgeheimnis, in das man nicht dringen wird, weil es ja nicht Gegenstand dieses Prozesses ist.

Um so deutlicher wird sein Hang zur Heuchelei, der fortwährende Trieb, mit Gemütswerten zu operieren – es wäre nur abstoßend, wenn es nicht durch seine vollendet sächsische Aussprache wunderbar gemildert würde. Dieser Mann, der die Gewohnheit hat, sich am ersten Tag der Bekanntschaft zu verloben – »Ich verließ mich auf meinen Scharfblick« –, ist irgendwo naiv. Er hat sich seinen Kinderglauben an das Wunderbare bewahrt. Ihm ist natürlich genau bekannt, was der Vorsitzende ihm vorhalten wird – und er hofft immer wieder, der Richter werde irgend etwas Wesentliches vergessen. Aber ach, der Richter vergißt nichts.

Ein Beispiel: Nach der Scheidung von der zweiten Frau sah er sich nach der dritten sehr energisch um und befreundete sich mit einer Hamburger Dame, die ihn durch ihr »seelenvolles Gemüt« entzückt hatte. Der Vorsitzende verliest einen sehr freundschaftlichen Brief an die Dame und fragt: »Waren Sie, als Sie diesen Brief schrieben, schon in dritter Ehe verheiratet?«

Böhme (mit Entrüstung): »Aber nein!«

Vorsitzender: »Und doch haben Sie nach der Eheschließung mit der dritten Frau an die Hamburger Dame noch andere Briefe geschrieben, in denen Sie auf eine Verehelichung mit ihr hofften.«

Angeklagter: »Das war aber doch eine Notlüge – ich wollte ihr doch nicht sagen, daß ich inzwischen geheiratet hatte.«

Die Höhe des Vermögens der dritten Frau, die er ermordet haben soll, will er vor ihrem Tode nicht gekannt haben. Aus den Akten des Zivilprozesses geht das Gegenteil hervor.

Aber – wie bekam er seine dritte Frau? Sie hatte ihm anfangs ihre Hand verweigert. Da war er mit einem Riesenkranz am Grabe ihres ersten Gatten erschienen und hatte sie so gerührt, daß sie ihr Ja-Wort gab. Auch das will er bestreiten – gibt aber dann den Sachverhalt zu, weil er alles das selbst in einem höchst sentimentalen Briefe an die Frau geschrieben hat. Der Brief ist vom 24. März 1915. Am 25. hat er sie geheiratet.

Nun schildert Böhme die Katastrophe: »Meine Frau hatte Lust, sich an der Jagd zu beteiligen. Sie wollte sogar schießen lernen. Sie war sieben- bis achtmal mit mir auf der Hühnerjagd.«

Vorsitzender: »Früher sagten Sie, es war das zweitemal.«

Angeklagter: »Das muß ein Irrtum sein.«

Vorsitzender: »Kennen Sie den Rahmenstein?«

Angeklagter: »Nein.«

Vorsitzender: »Das ist aber ein ganz bekannter Punkt.«

Angeklagter: »Weiß ich nicht.«

Vorsitzender: »Ihre Frau soll dort mal runtergefallen sein?«

Angeklagter: »Aber nein.«

Vorsitzender: »Aber Ihre Frau hat davon erzählt. Sie sollen Ihre Frau gebeten haben, Ihnen den Schuhsenkel zu binden. Als Ihre Frau sich bückte, sollen Sie ihr einen Stoß gegeben haben, so daß sie beinahe hinuntergestürzt ist.«

Angeklagter: »Davon ist gar keine Rede. Wir sind einmal auf dem glatten Moose, als wir eine Schlange sahen, ausgerutscht. Da hat meine Frau so gelacht und gesagt: Denk mal, wenn wir den Hang hinuntergefallen wären. Nachher hat sie es auch anderen gesagt, und ich habe ihr gesagt: Laß doch die dummen Redereien.«

Vorsitzender: »Merkwürdig. Bisher haben Sie ja auch schon von der Schlange gesprochen. Aber alles andere ist heute neu, obwohl Sie wiederholt danach gefragt wurden.«

Angeklagter: »Das ist mir erst wieder eingefallen.«

Er schildert dann den Hergang am Tage der Katastrophe: »Wir saßen zuerst im Gasthause. Meine Frau war sehr zärtlich zu mir. Wir suchten dann die Kartoffelfelder nach Hühnern ab. Förster Winter ging rechts, ich etwa 25 Meter hinter ihm, meine Frau war an meiner linken Seite, mal näher, mal weiter. Ich kam an eine Stelle, wo Hühner eingefallen waren. Plötzlich fühlte ich eine Hemmung, ich stolperte, ich falle nach rechts über, stürze, der Schuß geht los. Der Senkel vom rechten Schuh war auf, darüber war ich gestolpert.«

Vorsitzender: »Sie gingen doch langsam, und wenn man langsam geht, stolpert man doch nicht so, daß man stürzt.«

Böhme macht zur Illustration einige verzweifelte Sprünge im Gerichtssaal.

Vorsitzender: »Wann sahen Sie nun, daß Ihrer Frau etwas passiert war?«

Angeklagter: »Ich sah meine Frau sinken, aber ich nahm zuerst gar keinen Zusammenhang wahr. Alles andere weiß ich nicht mehr. Ich war so erschüttert, ich hatte mich mit den Händen in den Boden eingekrallt, so verzweifelt war ich.«

Epilog

Der Staatsanwalt stellte die Entscheidung in das Belieben des Gerichts, das Gericht sprach den Angeklagten quasi frei – die Entscheidung war zu erwarten.

Herr Sanitätsrat Dr. Böhme wird in das liebliche Großröhrsdorf zurückkehren, wobei er auf keine Ovationen rechnen dürfte. Als er beim Lokaltermin aus dem Auto stieg, streckte sich ihm nur eine Hand entgegen: die seiner Nichte. Die übrige Bevölkerung empfing ihn mit eisigem Schweigen. Schweigen wird um diesen Mann sein. Denn er wird namentlich auch in Zukunft, wo sich eine Stimme gegen ihn erheben wollte, die Beleidigungsklage stellen – wie er das auch vor der Dresdener Verhandlung mit gutem Erfolge getan hat. Also – geben wir ihm keine Gelegenheit.

Aber es darf nach Abschluß eines großen und kostspieligen Prozesses trotz des negativen Ausgangs gesagt werden: Dieser Prozeß mußte geführt werden. Ob die Staatsanwaltschaft bei geschickterem Vorgehen hätte zum Ziele kommen können, bleibe dahingestellt. Die Situation für sie war zwingend. Und rein kriminalistisch war der Fall wichtig genug.

Der tödliche Schuß kam aus der Jagdflinte Dr. Böhmes. Und dieser Schuß paßte verzweifelt gut in die Situation, in der sich Dr. Böhme befand.

Es gibt Ärzte, die keine große Praxis haben, und es gibt Väter, die ihre Töchter mißhandeln, ihnen ihr großväterliches Erbe vorenthalten. Es gibt Brüder, die sich verkrachen, und es gibt Geizhälse, die ihre Frauen zu einem günstigen Testament zwingen. Es gibt Jäger, die auf der Jagd versehentlich einen Angehörigen erschießen, und es gibt andere Jäger, die über Schnürsenkel stolpern. Es kann sogar Jäger geben, die beim Stolpern nach hinten – fallen. Es kann eine Frau zufällig von einem Manne erschossen werden, vor dem sie sich fürchtet. Und es kann zufällig ein Mann eine Frau töten, von der er fürchtet, daß sie sich von ihm scheiden läßt. Es kann ein Mann, der seine Frau zufällig erschossen hat, der Leiche die Aufbewahrung im eigenen Hause verwehren und sie im Holzschuppen liegen lassen. Und es kann ein Mann kurz nach der unfreiwilligen Tötung seiner Frau deren Zimmer nach Safeschlüsseln durchsuchen und bei dieser Gelegenheit seine tragische Stimmung dadurch erleichtern, daß er auf dem Klavier spielt: ›Weißt du, Mutter, was ich 'träumt hab'?‹

Alles das kann im einzelnen sein; Herr Dr. Böhme verlangt von der Welt zu glauben, daß alle diese Umstände sich in seinem Falle vereinigen.

Es gab eine Möglichkeit, die Welt von der Unschuld zu überzeugen: Komplette Nichtmörder, die das Unglück haben, auf der Jagd ihre wohlhabende Frau zu erschießen, pflegen in solchen Fällen zu erklären, daß sie gar nicht daran denken, aus dem schrecklichen Unfall persönlichen Nutzen zu ziehen. Namentlich, wenn sich herausstellt, daß die Frau nur ungern das Testament gemacht hat, daß sie nicht glücklich war, daß sie sich scheiden lassen wollte, daß sie ihre Hinterlassenschaft ihren nächsten notleidenden Blutsverwandten zugedacht hatte. Schade, daß Herrn Dr. Böhme diese Geste nicht rechtzeitig eingefallen ist; er hätte sich und der Welt diesen Prozeß erspart, den er dank der minuziösen Gewissenhaftigkeit seiner Richter gewonnen hat.

Unter den vielen Zeugen, die lediglich Illustrationsmaterial beibringen, ist die bemerkenswerteste Zeugin Frau Roehnisch, eine Schwägerin der Getöteten. Frau Roehnisch schildert in einer durchaus glaubwürdigen Weise die Zwischenfälle, aus denen die sich steigernde Angst der Getöteten vor ihrem Mann hervorgeht. Besonders wichtig ist ihre Aussage über den Verlauf des Unglückstages. Frau Dr. Böhme hatte ihr gegenüber geäußert, daß sie am nächsten Tage in die Stadt fahren wolle, um die Scheidungsklage einzureichen, da sie fürchtete, ihr ganzes Geld an Dr. Böhme ausliefern zu müssen.

Während sie mit dem Einkochen von Obst beschäftigt waren, kam der Revierförster Winter vorbei, der Dr. Böhme aufforderte, mit zur Jagd zu gehen. Dr. Böhme bat seine Frau auch mehrmals, mitzukommen. Sie weigerte sich anfangs, hatte aber eine gewisse Lust mitzugehen, da sie an einer Jagd noch nicht teilgenommen hatte. Schließlich sagte Frau Dr. Böhme, der Revierförster sei ja dabei, es könne nichts passieren, und so ging sie mit. Nach einer Weile kamen die beiden Männer wieder zurück – Dr. Böhme anscheinend in einem Zustand großer Erregung, so daß Frau Roehnisch glaubte, ihm sei etwas zugestoßen, und dies um so mehr, als der Förster sagte, er wolle telefonieren gehen, um den Arzt zu rufen. Sie solle inzwischen bei Dr. Böhme bleiben, damit nichts passiere.

In der ersten Aufregung bemerkte Frau Roehnisch die Abwesenheit ihrer Schwägerin gar nicht. Keiner der Männer sagte ihr, was eigentlich vorgefallen sei. Als sie dann später nach dem Verbleib ihrer Schwägerin fragte, bekam sie keine Antwort. Sie schickte dann ihren Enkelsohn zu Bekannten, um zu fragen, ob vielleicht die Schwägerin dort sei. Das Kind kam aber auch nicht zurück, so daß Frau Roehnisch von dem Tod ihrer Schwägerin erst erfuhr, als sie der Frau des Gemeindevorstehers begegnete. Auch Frau Roehnisch bekundet, daß ihre Schwägerin ihr acht

Tage vorher den Vorfall schilderte, bei dem Dr. Böhme versucht habe, sie vom Felsen herabzustürzen.

Eines ist merkwürdig: Herr Dr. Böhme ist ein sozusagen ungesunder Sanitätsrat. Für ihn stirbt alles, was ihn vom Gelde trennt: die erste Frau, die dritte Frau. Der erste und der zweite Schwiegervater, sogar der eigene Bruder – und auch der (wie alle anderen) in einem für Böhme günstigen Augenblick. Aber es ist nicht der Schatten eines Beweises dafür vorhanden, daß er nur einer dieser Personen nach dem Leben getrachtet hat. Man stirbt »nur so« an diesem Sanitätsrat, wenn man das Pech hat, mit ihm verwandt oder verschwägert zu sein.

Lehren des Falles Gerth

Ein schweres Verbrechen, dem zwei Frauen zum Opfer gefallen waren, wurde im Februar 1924 im Süden Berlins entdeckt. Man fand die 64 Jahre alte Witwe Trautmann und ihre 40 Jahre alte Tochter, die Witwe Else Hoffmann, erschlagen auf. Die Wunden an der Leiche der Frau Hoffmann ließen keinen Zweifel darüber, daß ein Lustmord vorlag. – Als Mörder der beiden Frauen wurde der Schutzpolizei-Wachtmeister Bruno Gerth verhaftet.

Unter den Staatsanwälten, die dazu verurteilt scheinen, die antiquiertesten geistigen Moden aufzutragen, zeichnet sich Dr. Reimer durch eine gewisse beherzte Eleganz aus, mit der er sich in der, ach, so veränderten Welt bewegt. Es gehört persönlicher Mut, ja, eine gewisse Grazie dazu, den Waffen der Neuzeit mit dem Galanteriedegen der Altvordern entgegenzutänzeln.

Leider wird Dr. Reimer durch seine hübschen Begabungen (oder durch den Komment seiner Behörde?) daran gehindert, auf die Stimme seines Herzens zu hören, von dem ich überzeugt bin, daß es existiert. Man sollte doch denken: Jemand ist sehr erfüllt von der Aufgabe, für Zucht, Sitte, Ordnung – also für die Würde der Menschheit zu kämpfen. Müßte er, vor den schrecklichen Fall Gerth gestellt, nicht dankbar aufatmen, wenn ihm die Ärzte sagen: »Der Angeklagte ist ja bei der Begehung der Tat kein gesunder Mensch gewesen. Die Tatsache, daß er krank war oder sei, reinigt die Menschheit von dem Vorwurf der Bestialität!«?

Soweit ist Dr. Reimer noch nicht. Und so kämpft er – nicht so sehr gegen den Angeklagten – wie gegen die Sachverständigen, die ihm sein Opfer entreißen wollen. Er zieht los gegen die Kriminalpsychologen, von Lombroso angefangen, bekrittelt ihre »Sucht, alles psychologisch zu erklären«, beklagt ihre »ethische Begriffsverwirrung«, wirft ihnen schließlich vor, daß sie erst die Beweise suchen, wenn das Urteil für sie feststeht. Und das spricht er aus gegenüber zwei Gutachten, das die ersten medizinischen Autoritäten des Landes, der »Landesgesundheitsrat«, über den Fall erstattet haben!

Treibt man die Psychologie so weit, auch einen Staatsanwalt

verstehen zu wollen, so wird man ihm eines zugute halten müssen: Einer der Herren Sachverständigen hat im Laufe des Verfahrens seine Meinung nicht weniger als dreimal geändert. Hat vor dem ersten Gericht gegen den § 51, als Mitglied des Gesundheitsrates für den § 51 und in dieser Verhandlung für Einstellung des Verfahrens aufgrund einer völlig anderen Diagnose gesprochen. Aber gibt das dem Staatsanwalt das Recht, sich gerade für das erste Gutachten dieses Sachverständigen zu entscheiden?

Nicht nur dieser Sachverständige trug dazu bei, in diesem Staatsanwalt das Vertrauen in die Rechtssicherheit zu erschüttern. Mit gutem Grunde erinnert der Verteidiger an die Vorgeschichte des Prozesses: Der Vorsitzende des ersten Gerichts machte den Angeklagten darauf aufmerksam, daß in beiden Fällen auf Mord erkannt werden könne, der Staatsanwalt war bereit, ein zweimaliges Todesurteil zu beantragen, die Ärzte verneinten den § 51, sprachen sich sogar gegen die Beobachtung in einer Irrenanstalt aus – bis Dr. Frey das äußerste Gewaltmittel in Anwendung brachte: Er legte die Verteidigung nieder. Dann erst kam das Gutachten Magnus Hirschfelds (dem die beiden Obergutachten später durchaus beitraten), dann erst stellte Störmer den Antrag auf Beobachtung. Und in dem heutigen Prozeß verneint der Staatsanwalt selbst die Überlegung in beiden Fällen und bittet um 12 Jahre Zuchthaus! Er war – wie der Verteidiger sagte – merklich billiger geworden, um nur überhaupt eine Verurteilung zu erzielen.

Das Gericht folgte den Medizinern und hat den Angeklagten freigesprochen. Aber man fragt sich, ob mit diesem Freispruche die Lehren erschöpft sind, die dieser Prozeß bietet. Die Staatsanwaltschaft wird freilich so bald nicht umlernen. Aber auch dem Laien drängt sich die Überzeugung auf, daß auf dem Gebiete der Psychiatrie gewisse Ergebnisse seit Jahren gezeitigt sind, die sich den täglich in den Gerichtssälen beschäftigten Ärzten noch nicht mitgeteilt haben. Es sind sicher sehr pflichttreue ältere Herren, denen niemand reiche Erfahrung und große Kenntnisse absprechen wird. Aber ihr Arbeitsfeld ist sehr groß: Obduktionen, Gutachten auf internistischem Gebiete und schließlich auch noch auf dem der Psychiatrie – das scheint denn doch zu viel und zu vielerlei. In den Fällen wie dem Gerths hat eben nur der Psychiater zu sprechen. Und sein Urteil ist doch im Grunde so entscheidend, daß man vor der Möglichkeit zittert, ein Gericht könnte von seinem Recht Gebrauch machen, über solche Gutachten hinwegzugehen.

Bleibt Gerth selbst, ein unglücklicher Mensch. Die Polizei wird ihn zunächst wieder einer Irrenanstalt zuführen. Wie lange er dort bleibt – ist eine andere Sache. Die allzu frühen Entlassungen kommen ja meistens daher, daß nicht die eigentliche Irrenanstalt – oder wenigstens nicht jede – das Richtige für solche Kranken ist. Wann hört die Gemeingefährlichkeit auch auf? Hier das Beste und Zweckdienlichste zu schaffen wäre längst eine notwendige gemeinsame Arbeit für Mediziner und Juristen gewesen. An diesem Schlaf der Welt, wie er in unseren Ministerien geschlafen wird, rührt man immer wieder vergebens! Immer wieder hört man das Wort »Geld«. Es muß beschafft werden, und es kann um so mehr beschafft werden, als gerade diese armen Menschen von der Art Gerths, wenn man sie richtig behütet und behandelt, durchaus imstande sind, produktive Arbeit zu leisten.

Angerstein

»Das Städtchen Haiger im Regierungsbezirk Wiesbaden«, so schrieb im Dezember 1924 die ›Vossische Zeitung‹, »ist der Schauplatz eines furchtbaren Verbrechens geworden. Als der Direktor Angerstein von der Kalksteingrube Haiger in seine Villa zurückkehrte, hörte er einen wüsten Tumult und Hilferufe. Er lief, wie er angab, rasch nach dem Haustor, wurde aber dort von zwei Männern gestellt, die ihm mit einem Dolch einen tiefen Stich in die Brust beibrachten. Er wurde später bewußtlos in seinem Garten aufgefunden. Was sich in der Villa selbst abgespielt hat, läßt sich nur aus Indizien rekonstruieren; denn alle in der Villa anwesenden Personen sind ermordet worden: Frau Angerstein, deren Mutter und Schwester, ein Hausmädchen, zwei Angestellte, ein Gärtner und ein fünfjähriges Kind.«

Bereits am folgenden Tage fand das furchtbare Drama eine völlig unerwartete Aufklärung. Der Mörder der acht in der Villa getöteten Personen war der schwerverletzt im Krankenhaus von Haiger liegende Direktor Angerstein selbst. – Er gestand die Tat ein.

Als Mordwaffe hatte Angerstein eine Baumaxt benutzt. Dementsprechend sahen die fürchterlichen Schädelverletzungen aus. Unter den Gerichtsmedizinern erregte dieser Mordfall besonderes Interesse und wurde auch in der Fachpresse beschrieben.

Am 13. Juli 1925 um 7 Uhr verkündete der Vorsitzende des Schwurgerichts in Limburg das Urteil über Angerstein. Es lautete: »Angerstein wird wegen Mordes in acht Fällen achtmal zum Tode verurteilt. Die bürgerlichen Ehrenrechte werden ihm auf Lebenszeit aberkannt.«

Nachdem das Urteil verkündet war, erhob sich Angerstein und sagte: »Ich nehme das Urteil an.«

Vorsitzender Roth: »Ich weise Sie darauf hin, daß es hier kein Zurück mehr gibt, daß Sie damit auf die Rechtsmittel verzichten. Ich mache Sie ferner darauf aufmerksam, daß, nachdem Sie achtmal zum Tode verurteilt wurden, Sie auf eine Begnadigung nicht zu rechnen haben.«

Darauf sagte Angerstein: »Ich nehme die Strafe an; meine Tat kann nur durch Blut gesühnt werden.«

Der Vorsitzende erklärte zum Gerichtsschreiber: »Um 7.02 Uhr: Das Urteil wird vom Angeklagten anerkannt. Ich schließe die Sitzung.«

Das Urteil kann einen Menschen voll befriedigen: den Verurteilten selbst, dem die Bürde eines fortan untragbaren Lebens abgenommen wird. Aus der furchtbaren Region mörderischen Tuns führt keine Brücke in die Welt zurück, deren Bevölkerung von der beglückenden Idee lebt, sie könne auf irdischen Wegen ihre Schuld abtragen.

Wir aber, die so gern geneigt sind, den Verbrecher mit Abscheu und Verachtung zu betrachten, wollen uns darauf besinnen, daß kein Verbrecher der letzten Jahre sichtbarer für die Menschheit auf dem Schafott verblutet als dieser Angerstein. Man unterscheidet wohl: Angerstein ist gewiß alles andere denn der Träger einer göttlichen Idee, er war nicht einmal ein irgendwie beachtenswerter Mensch, und wir alle wären an diesem Kleinbürger vorbeigegangen, ohne ihn zu bemerken. Aber das, was man einen unsympathischen Menschen nennt, ist er kaum gewesen. Die hervorstechende Häßlichkeit hat sich vielleicht erst nach der Tat eingezeichnet. Er hinterläßt wenig persönliche Feinde; Väter und Geschwister der Ermordeten, die haßzitternd ihr Zeugnis ablegten, schildern einen anscheinend harmlosen Menschen, einen ausgezeichneten, treu besorgten Gatten, der keinem andern je etwas zuleide getan hat. Die Fälschungen und Unterschlagungen sind nicht abzuleugnende Tatsachen – aber sie gehören zu jener Sorte von Gelegenheitsverbrechen, nach deren Sühne es für unsere Begriffe wohl eine Rückkehr in die menschliche Gemeinschaft gibt.

Nur der achtfache Mord steht isoliert da, ein ungeheures, unzugängliches Gebirge der Tat, in dessen von düsterem Gestrüpp verdeckten Anstieg nur der Psychiater Jahrmärker ein Licht geworfen hat – freilich eines, das nicht nur den seelischen Tatbestand Angersteins erhellte; er ließ uns die Schuld dieses Mörders für lange, erschütternde Augenblicke vergessen, da es furchtbare und nicht geahnte Bezirke unseres eigenen Herzens beleuchtete.

Solange man der These des Staatsanwalts folgt, kann man Angerstein für ein verbrecherisches Individuum halten, das aus der Welt zu stoßen ist; und da wir das weitere Leben dieses Menschen, aus seinen inneren Bedingungen heraus, für untragbar halten, wollen wir nicht mit dem Urteil hadern, das diesem Leben ein Ziel setzt. Aber wir Zuschauer müssen erkennen: Wenn Jahrmärker recht hat, dann sind die Bedingungen zu einer solchen Tat in jedem von uns gegeben – und gerade in denjenigen von uns, die unverschuldetes häusliches Elend mit Geduld, Sorge und nie ermüdender Liebe tragen. Die schwer hysterische Frau, den hingebend zärtlichen Mann stellt Jahrmärker in Vordergrund und Gegensatz. Und diese schuldig-unschuldige, harmlos-mörderische Frau sog mit ihrer pathologischen Klagesucht alles aus der Seele des Mannes, was an Güte, Wohlwollen, Mitleiden in dieser gar nicht armen Seele war. Hatte die Frau sich sattgetrunken, gewann er wohl für gewöhnlich Zeit, die guten Säfte zu regenerieren. Aber sie trieb das Spiel fort, bis die guten Säfte völlig erschöpft waren und sich andere Reservoirs öffneten, aus denen das Böse mit lebensvernichtender Kraft plötzlich hervorströmte. Und die Frau hatte von der Existenz des Bösen gewußt. Nur sie war von den Ahnungen ihres frühen Todes gewarnt, nur sie hatte in der Atmosphäre der sorgenden Gattenliebe die stets lauernde Gefahr gewittert.

Was Jahrmärker da aufdeckte, ist nicht Angersteins Rätsel; der Forscher gibt aus der Erfahrung mit den Mitteln des allgemein Menschlichen die Lösung für das allgemein Menschliche. Er sagt von uns etwas, das für Angerstein gilt. Und das bedeutet: Angersteins Verbrechen ist das unsrige. Selten offenbart sich das Böse mit solcher Vehemenz wie bei Angerstein. Aber wer kennt nicht von sich oder Personen der nächsten Umgebung die plötzlichen Ausbrüche, die – oft bei geringfügigen Anlässen – einen guten Ehemann als unleidlichen Tyrannen, einen liebenden Vater als Wüterich erscheinen lassen? Wie weit ist noch der Weg zum Verbrechen? Der Fall des Tierarztes, der nach Jahren treuer Pflichterfüllung den Weg des Mörders gehen wollte – der Arbeitslose, der in einem plötzlichen Erlahmen der Geduld den Säugling an die Wand schleudert, der hingebende Liebhaber, der zum Lustmörder wird – sie gehören alle hierher in dieses allzu menschliche Kapitel.

So ist Angersteins Tat eine Warnung an alle: das Mißtrauen

gegen sich selbst nie völlig einschlafen zu lassen – aber auch die: den gutmütigen, aber erregbaren Nebenmenschen keiner zu schweren Belastungsprobe auszusetzen. Hat Jahrmärkers aussichtsvolle Theorie auf das Urteil keinen Einfluß geübt, wird das Gesetz in aller Schwere zur Anwendung gebracht – die beste Lösung für Angerstein.

Wir aber dürfen diesem Menschen, der vom Schicksal getrieben wurde, uns allen innewohnende Kräfte zur furchtbaren Tat zu steigern, trotz allem unser Mitgefühl nicht versagen.

Gnade für Leiferde?

> Der D-Zug 8 Berlin-Köln, der Berlin um ½11 Uhr abends vom Schlesischen Bahnhof verließ, entgleiste in der Nacht zum 19. August 1926 zwischen Isenbüttel und Lehrte. Zwölf Personen wurden getötet, viele schwer verletzt. – Es handelte sich, wie zweifelsfrei festgestellt werden konnte, um ein Attentat auf den Zug. Laschen und Verbindungsstücke der Schienenbefestigung am Abhang des Bahndamms waren herausgeschraubt. Das Handwerkszeug, mit dem das Verbrechen verübt worden war, lag neben der Attentatsstelle. – Als Täter wurden der 21jährige Musiker Otto Schlesinger und der 22 Jahre alte Willy Weber ermittelt. Das Schwurgericht verurteilte beide wegen Transportgefährdung mit Todesfolge in Tateinheit mit vollendetem Morde zum Tode.

Nachdem das Reichsgericht die Revision der Attentäter von Leiferde verworfen hat, wird sich das preußische Staatsministerium mit der Frage der Urteilsbestätigung oder der Begnadigung demnächst befassen müssen.

Trotz dem Spruche des Reichsgerichts ist die *juristische* Lage des Falles – wie man weiß – nicht über alle Kritik und Zweifel erhaben, wenn auch vielleicht nicht vom Standpunkt der herrschenden Lehre aus. Es wäre zu wünschen, daß das Staatsministerium aufgrund dieser Zweifel seine Beschlüsse faßte. Man könnte dann das Menschliche ausschalten. Der Blick auf *diese* Seite der Angelegenheit zeigt den Eingang zu einem Labyrinth des schwierigsten Fragenkomplexes.

Die Anhänger der Abschreckungstheorie sind mit den Verfechtern der Sühne, wie gewöhnlich, einig. Die große Zahl der Opfer, die Gefahr der Nachahmung verweist scheinbar gebieterisch auf den Weg der schwersten Strafe, die das Gesetz kennt. Aber wir glauben zu wissen, daß die Komponente des »Staatsangeklagten« in diesem Falle besonders groß ist. Mehr noch als der Mitangeklagte »Staat« wirkte die Mörderin »Epoche« an den Vorbereitungen des Verbrechens mit. Freilich – man kann die

Not unserer Zeit mitanklagen, und man wird doch das Individuum in den seltensten Fällen strafrechtlich entlasten können. Gerichte mögen dann und wann Milde walten lassen, wenn sie sehen, wie oft etwa die Arbeitslosigkeit bei dieser oder jener Straftat Pate gestanden hat. Aber so groß die Not sein mag – nicht alle Verbrecher sind Arbeitslose und – gewiß nicht – alle Arbeitslose Rechtsbrecher. Werden auch nicht jene Massen belohnt, die sich trotz aller Nöte vorwurfsfrei führen – so wissen unser Verstand und unsere Phantasie auf die böse Tat noch immer keine andere Antwort als: Strafe.

Und dennoch neigt sich namentlich dem einen der Verurteilten allgemeines Mitleid zu. Er ist Musiker, Kapellmeister. Mehr als *ein* Mensch mag sich sagen: Vielleicht geht hier eine große Begabung zugrunde. Dürfen wir einen solchen Menschen töten? Und es könnte jemand auf die Idee kommen zu fragen: Sollte man nicht dieses Talent noch einmal prüfen, bevor man es dem Scharfrichter überliefert?

Aber nein. Die Frage des Strafmaßes oder der Strafform kann unmöglich davon abhängig gemacht werden, ob jemand ein bißchen besser oder schlechter Klavier spielt – ob einer die ›Gräfin Maritza‹ schlecht, den ›Tristan‹ gut dirigiert oder umgekehrt. Im übrigen ist diese Begabung, mag sie groß oder klein gewesen sein, vermutlich schon zugrunde gegangen. Menschenkundige Teilnehmer des Prozesses gewannen den Eindruck: ein gebrochener Mensch, einer der früh, zu früh an seinem Lebensziele angelangt ist. Was übrig bleibt, ein Körper, der vielleicht im Zuchthaus nur einer langsameren und qualvolleren Vernichtung entgegengeht als auf dem Schafott. Und dennoch, ein Punkt gibt zu denken, verpflichtet, das Problem der Begabung für einen Augenblick genauer zu betrachten. Wir wissen nicht viel von dem Verurteilten. Nach seiner eigenen Aussage war er Kapellmeister an einem kleinen Provinztheater, hatte die ›Fledermaus‹ mit großem Erfolg dirigiert – entlief aber, weil ihn das ewige Operettendirigieren anwiderte. Er fühlte sich zu Höherem berufen. In der Folge mußte er sich mit einem Musizieren durchschlagen, das schlimmer war als das, dem er eben entflohen. Er mußte zum Tanz aufspielen, was er – wie so viele gute Musiker – eigentlich nicht konnte. Darin übertraf ihn sogar sein ungelehrter Tatgenosse.

Es sei nicht einmal der Versuch unternommen, die Tat auf einen künstlerischen Notstand zurückzuführen. Mag seine Begabung sogar eine unterdurchschnittliche gewesen sein. Aber eines steht fest: seine leidenschaftliche Hinneigung zu einer

Kunst, von deren simpelster Ausführung schon der Volksmund sagt: »Böse Menschen haben keine Lieder.« Das Wort ist leider nicht immer zutreffend. Wir wissen nur allzugut von gegenseitigem Haß, Neid und Mißgunst hochbegabter Musiker. Aber immerhin, dieser junge Mensch liebte seine Kunst in ihrer höchsten Daseinsform, seine Triebe waren auf ideale Betätigung eines Kunstwillens gerichtet – und zu dieser Tatsache steht sein Verbrechen in scheinbar unlösbarem Widerspruch. Der Widerspruch muß als ein scheinbarer gelten, seit Goethe das Wort von seiner Fähigkeit zu jedem Verbrechen ausgesprochen hat.

Die Tatsache, daß Goethe keines begangen hat, widerlegt nicht sein Wort. Wohl aber dürfen wir glauben, daß ein geistiges Individuum sich um so tiefer der eigenen schlimmen Triebe bewußt sein wird – je weiter es seelisch von der Möglichkeit ihrer Auswirkung entfernt ist. Der grobmateriell eingestellte wirkliche Rechtsbrecher nimmt seine schlimmen Triebe viel weniger ernst, obgleich er so oft ihrer Auswirkung unterliegt.

Ob der musikalische Attentäter von Leiferde sich über seinen menschlichen Befund klar war, wann er das Bewußtsein (in einem höheren Sinne, als es das Strafgesetzbuch kennt) verlor, wissen wir nicht. Aber eines dürfen wir annehmen: Der Abstand von seinen künstlerischen Zielen zu seinem Verbrechen ist ein ungeheurer, der Weg sehr, sehr weit – auch, wenn er in einer Sekunde durchmessen sein sollte.

Und die Weite dieses Weges ist es, die uns an der alleinigen Verantwortung des Individuums zweifeln läßt. Anderes hat mitgespielt, nicht nur die Unfähigkeit des Staates, alle Übel der Epoche zu lindern. Etwas anderes, Furchtbares, uns allen Gemeines, das wir nicht zu benennen vermögen. Für das Halbtier Haarmann war das Morden ein Alltägliches. Für den Jüngling, der zumindest die niederen Weihen einer hohen Kunst schon empfangen hatte – eigentlich etwas Unmögliches. Und dennoch wissen wir für beide nichts als dieselbe Strafe, denselben Richtblock, dasselbe Beil?

Vielleicht dürfen wir von einer Staatsmaschine nicht verlangen, in dem Labyrinth menschlicher Erwägungen einen Ausgang zu suchen. Also so mag der geradeste und korrekteste Weg über die juristischen Bedenken zum Ziele führen.

Der Raubmörder Schröder

Dieser Kriminalfall um den jüdischen Industriellen Rudolf Haas, der in der ›Affäre Blum‹ verfilmt wurde, begann vor mehr als 40 Jahren in Magdeburg mit dem Raubmord des 22jährigen Richard Schröder an dem Kassenbeamten Hellmuth Helling. Der Kriminalkommissar Tenholt und der Untersuchungsrichter Kölling vernachlässigten wochenlang die Spuren, die auf den wahren Mörder deuteten, und versuchten aus antisemitischen Motiven, den Raubmord dem jüdischen Industriellen Rudolf Haas in die Schuhe zu schieben. Angeblich hätte Haas ein Interesse daran gehabt, den Buchhalter Helling zu beseitigen, um einen Zeugen für fälschlich vorgeworfene Steuerhinterziehungen loszuwerden. Erst durch das Eingreifen des damaligen Magdeburger Oberpräsidenten Otto Hörsing und des Verteidigers Heinz Braun, des späteren saarländischen Justizministers, wurde das antisemitische Komplott mit Hilfe des zugezogenen Berliner Kriminalkommissars Otto Busdorf vereitelt. In einer sehr gründlich geführten Schwurgerichtsverhandlung unter Vorsitz des Landgerichtsdirektors Löwenthal wurde Schröder wegen Mordes, schweren Raubes und Urkundenfälschung zum Tode verurteilt, später jedoch von der preußischen Regierung zu »lebenslänglich« begnadigt. Rudolf Haas, der auch Kassierer der republikanischen Organisation »Reichsbanner« gewesen war, wurde völlig rehabilitiert. So wurde ein Justizmord verhindert, dessen Hintergründe seinerzeit durch Kurt Grossmann von der Deutschen Liga für Menschenrechte und in der Zeitschrift ›Das Tagebuch‹ von Josef Bornstein ans Tageslicht gebracht wurden. Sling schrieb aus den Schwurgerichtsverhandlungen die folgenden Prozeßberichte.

Magdeburg, 16. September 1926.

Wie so viele Mörder gleicht auch dieser durchaus nicht der Vorstellung, die man sich von einem Manne macht, der kaltblütig, um seines Vorteils willen einen anderen Menschen umbringt.

Eine kleine, zarte Jünglingsgestalt, fast schwächlich. Eine hohe, wohlgebildete, weiße Stirn, aus der die langgehaltenen dunkelblonden Haare in dichten Strähnen nach hinten geworfen sind. Unter den stark gezeichneten Brauen etwas ungewiß graue Augen, die von einer Hornbrille geschützt sind. Eine gerade Nase. Der Anflug eines Schnurrbärtchens. Die Lippen etwas aufgeworfen, namentlich die untere, die von unten einen fast hängenden Eindruck macht. Dieser sinnliche Mund ist immer zum Lächeln bereit, das sich oft, wie gegen den Willen Schröders, einstellt. Weniger günstig nimmt sich das Gesicht aus, wenn man von vorn in es hineinsieht: Dann erscheint es merkwürdig leer und wesenlos. Schröder spricht überaus flüssig und wohlgesetzt – man glaubt einen kleinen Beamten, vielleicht einen Volksschullehrer vor sich zu haben, von überdurchschnittlicher Intelligenz und – vorsichtig ausgedrückt – einigem Anflug von Bildung. Die Elemente dieser Bildung sind vermutlich nur sehr gering. Eine lebhafte Phantasie gab ihm irgendwie den Drang, sich über seine bescheidenen Verhältnisse zu erheben. Aber dieses Geltungsbestreben war offenbar identisch mit einem gewissen Bedürfnis, sich geistig zu beschäftigen. Theosophie und Okkultismus boten die ihn lockende spirituelle Nahrung.

Aus finanzieller Bedrängnis erwuchs der Plan, einen Menschen zu locken, ihm eine Kaution abzuknöpfen.

Ob er sich wirklich erst allmählich zu der Mordtat entschloß, ob er zuerst nur einen Raub vorhatte, oder von Anfang an die Beiseiteschaffung eines Menschen im Sinne hatte, kann dahingestellt bleiben. Zur Zeit der Tat handelte er sicherlich mit demselben kalten Blute, mit dem er heute sein Geständnis wiederholte.

Ein Raubmord, der wirklich keine Sonderzüge aufweist. Ein Mörder, der nur in wenigen Momenten persönliches Interesse erweckt – und der zum Mittelpunkt einer politisch-kriminellen Tragikomödie wird, allerdings durch das Zusammentreffen merkwürdiger Umstände.

Der Mann, den Schröder über die Mittagsstunde in seine Wohnung lockte, hatte um vier Uhr nachmittags mit einem Steuerbeamten, der um der Prämie willen es sich zur Aufgabe gemacht hatte, den Industriellen Rudolf Haas zur Strecke zu bringen, eine Besprechung vereinbart, Rachegelüste des entlassenen Angestellten und Prämienbegier des Steuerbeamten trafen zusammen. Der Steuerbeamte kommt zum Rendezvous-Platz – Helling nicht. Der Steuerbeamte bemüht sich später, Helling aufzutreiben. Es gelingt nicht. Helling bleibt verschwunden. Der Steuerbeamte denkt an keinen Mord, er glaubt nur, Haas habe Helling mit Schweigegeldern ins Ausland befördert. Immerhin: Er macht der Kriminalpolizei Mitteilung. Auch diese forscht wohl nach; aber Helling bleibt spurlos verschwunden.

Nach dreiviertel Jahren wird der Mann verhaftet, der Hellingsche Schecks ausgibt: Schröder. Und für die Kriminalpolizei ist es sofort klar: Schröder muß mit Haas zusammengearbeitet haben – denn nur Haas war ja bisher als interessiert an dem Verschwinden Hellings verdächtig. Und hier setzt das bißchen Kombinationsgabe Schröders ein. Wirklich – Schröder brauchte nur halb so klug zu sein, wie er ist, um diesen Rettungsanker zu ergreifen. Er mag maßlos erstaunt gewesen sein, als man ihm den Anker zuwarf. Er brauchte dem Kriminalkommissar Tenholt nichts zu suggerieren. Ein Mörder, dem man seinen »Anstifter« immer näher bringt, wäre ja auch ein Narr, wenn er sich dauernd gegen einen ihn rettenden Ausweg sträubte.

Und doch sagt Schröder selbst: »Am 15. Juli erklärte ich der Polizei, ich sei der alleinige Mörder. Ich hatte genug von der ganzen Geschichte. Man glaubte es mir nicht – man sagte, ich sei verrückt!«

Vielleicht hat Schröder gar nicht so unrecht, wenn er sich immer wieder befleißigt, Tenholt und dem Untersuchungsrichter Kölling das Zeugnis des besten Glaubens und der vollsten Objektivität auszustellen. Hat er damit recht, so beweist es um so deutlicher, welche geringen kriminalistischen Fähigkeiten aufgewendet wurden, um diesen Fall aufzuklären. Wie engstirnig wurde hier eine Spur verfolgt. Wie blind war man gegen alle anderen Möglichkeiten. Und schließlich trieb man die Halsstarrigkeit so weit, daß man die Theorie des guten Willens nur aufrechterhalten kann, wenn man vollständige Kopflosigkeit voraussetzt.

Anderes kann man vorerst nur vermuten: Die Kassiber, die Schröder seiner Braut schickte, sind die denkbar ausführlichsten Anweisungen für ihre Aussagen vor der Polizei wie vor Gericht, geschrieben in einem Stil der Behaglichkeit und der Aufrichtigkeit, der voraussetzt, daß Schröder ganz genau wußte: Diese Briefe kommen mit garantierter Sicherheit an ihr Ziel. Landgerichtsdirektor Löwenthal leitet die schwierige Verhandlung mit

großer Beherrschung des Aktenmaterials, mit vornehmster Ruhe und einer erstaunlichen Ausdauer. Viereinhalb Stunden ohne Pause währte das Verhör des Angeklagten, dessen Nerven ebenfalls in vorzüglichem Zustande zu sein scheinen. Immer wieder betonte Schröder, daß der Mord seine eigene Tat sei, zu der er von keiner Seite angestiftet worden ist.

Nur eine letzte, kleine Dämmerung läßt er bestehen: Wohl habe Haas zu der Tat in keiner Beziehung gestanden, aber es führten andere Fäden zu Haas ... Und über diese mysteriösen Fäden weigert sich Schröder zu sprechen, vielleicht nur, um sich durch eine letzte Verschleierung interessant zu machen oder um durch sie die Ehre seiner einstigen Protektoren zu retten.

Die Mörderbraut

Es ist sonderbar: Das Grauen, das die Welt gemeinhin vor jedem Morde empfindet, wird von den Mördern und ihren Helfern so selten geteilt. Richard Schröder hat fahrlässigerweise seine Mutter erschossen, Freund und Braut saßen dabei. Es war wohl wirklich ein unglücklicher Zufall. Schröder behauptet ja, durch diese unfreiwillige Tat tief erschüttert gewesen zu sein. Von diesem Augenblick her datiert er seinen Hang zur Theosophie. Und dennoch – wer weiß, bis zu welchem Grade ihm der unglückliche Zufall die spätere bewußte Tat seelisch erleichtert hat? Und fast will es scheinen, als habe auch die junge Braut ihre seelische Erregbarkeit eingebüßt – als sei sie abgestumpft gewesen durch das Leben in einem Hause, dessen Ahnen prinzipiell keines natürlichen Todes starben.

Die kleine Hilde Götze, von Gestalt noch fast ein Kind trotz ihrer 23 Jahre, das Gesichtchen ein Oval, blond umlockt, ist nicht ohne Reiz, freilich sonderbar stumpf, deutlich den Mangel an lebendiger Intelligenz weisend.

Die Magdeburger Staatsanwaltschaft wird sich wohl reichlich überlegt haben, ob sie nicht auch die Braut auf die Anklagebank setzen sollte. Man nahm wohl zu ihrem Vorteile an, daß bei ihr lediglich Begünstigung in Frage käme und daß das offenbare Hörigkeitsverhältnis des Angeklagten zu ihr, der offiziellen Braut, Straffreiheit gesichert hätte. Nicht immer sind Staatsanwälte so rücksichtsvoll. Aber vielleicht wäre diesem Geschöpf besser geschehen, es wäre als Angeklagte freigesprochen worden, als daß man es als schwerverdächtige Zeugin ins Leben zurückließe.

Sie hat ja alles gewußt.

Ihr gegenüber tat Schröder Äußerungen, die auf einen bevorstehenden Mord schließen ließen. Sie mußte das Haus verlassen, weil etwas passiere, sie hörte den Schuß, sie sah »Kleider« an der Erde, die zu einem Toten gehörten, sie beteiligte sich – wenn auch mit geschlossenen Augen und nur mit den Spitzen der Finger – an der Fortschaffung der Leiche, sie tilgte die Spuren der Tat. Sie bekam unmittelbar hinterher Geld in die Hand, um Essen und Getränke zu kaufen, kurzum, sie trieb die Mitwisserschaft etwas weit.

Aber vor allem: Sie schwieg, sie konnte schweigen. Und das entsetzliche Erlebnis hinterließ in ihr offenbar nur wenige Spuren.

Ein Sachverständiger fragt sie, ob sie sich denn nicht wundere, so dem Einfluß Schröders unterlegen zu sein. Und sie antwortet, was auch ein dümmeres Mädchen auf eine so kluge Frage antworten mußte: Ja, sie wunderte sich. Sie sagt auch, heute fühle sie sich nicht mehr als seine Braut und der Einfluß Schröders dauere nicht mehr fort.

Derselbe Sachverständige wunderte sich auch darüber, daß sie, deren Schwestern mit Akademikern verheiratet sind, Schröder für einen Akademiker gehalten habe. Hilde Götze sieht von dem akademischen Sachverständigen auf den unakademischen Bräutigam und wieder zurück. Sie hat ihn eben für einen Akademiker gehalten, und nicht so ganz unerklärlicherweise. Der Intelligenz nach konnte man Schröder dafür nehmen, und für die im Laufe der Verhandlung immer deutlicher hervortretenden Mängel seiner Bildung hatte sie eben nicht das rechte Organ. Seine Briefe aus dem Gefängnis waren sicher sehr raffinierte, auch in der suggestiven Technik ausgezeichnete Direktiven. Daß sie stilistisch und grammatikalisch verräterische Stellen hatten, merkte Hilde nicht.

Schröder meint, es käme eigentlich nicht darauf an, aber der Verleitung zum Meineid habe er sich nicht schuldig machen wollen, und sie sagt: »Ich wußte doch, daß er einen Mord beging.« Diese Briefe sehen wirklich so aus wie Gefälligkeiten gegenüber seinen Protektoren.

Schröder hat schon einen großen Zug. Ihm kommt es nicht darauf an, die Wahrheit zu sagen, einen Mord einzugestehen. Aber er bewahrt seine Sympathie den Männern, die drauf und dran waren, ihn vom Schafott zu retten. Er bietet das groteske Bild eines Mörders, der sich zum moralischen Beurteiler und Verteidiger seines Untersuchungsrichters und seines Kriminalkommissars aufwirft – und es ist eine nicht weniger groteske Erscheinung, daß Gericht und Staatsanwaltschaft das Leumundszeugnis für die Herren Kölling und Tenholt aus des Mörders Munde akzeptieren und mit dieser Bescheinigung der Objektivität die eigentliche Affäre auf sich beruhen lassen wollen. So sieht es wenigstens bis jetzt aus.

Tatsächlich hing in diesem Punkte alles von dem guten Willen Schröders ab, und in dieser Gefälligkeit Schröders – in der Tatsache, daß ein Mörder auf der Anklagebank gefällig sein kann und daß man seine Gefälligkeit akzeptiert, liegt seine unheimliche Machtposition. Es ist eine rein geistige Macht, die dieser Mann ausübt, indem er schweigt. Ob die weitere Verhandlung diese Dinge sämtlich auf sich beruhen läßt, kann man noch nicht sagen. Man darf sich aber nicht wundern, daß die Macht eines dreiundzwanzigjährigen halbgebildeten Menschen, die sich mit Richtern und Staatsanwälten zu messen wagt, unbegrenzt ist gegenüber einem kleinen dummen Weibchen, das ihm verfiel.

Der Mann ohne Reue

Über die seelischen Zustände Richard Schröders bringt die Verhandlung wenig handgreifliches Material. Auch der Gefängnisgeistliche sagt, es sei ihm nicht gelungen, dem Angeklagten näherzukommen. Wohl fehle ihm die Liebe zur Wahrhaftigkeit. Schröder habe ihm auch gesagt, er empfinde über die Tat keine Reue. Aber kaum hat der Geistliche das ausgesprochen, als sich Schröder erhebt: »Ich bitte, den Herrn Zeugen zu fragen, ob ich ihn nicht gerade deshalb habe rufen lassen, um ihn zu fragen, wie es komme, daß ich keine Reue empfinde.«

Und der Pfarrer antwortet: »Ja, es ist richtig, er hat mich auch gefragt, ob vielleicht ein Fluch auf ihm liege, der ihn zu der Tat bestimmt habe.«

Dieses Zwiegespräch ist der wichtigste Beitrag zur Psychologie Schröders, dessen Intelligenz, Phantasie und Kombinationsgabe man nicht überschätzen darf. Er ist wirklich ein Durchschnittsbegabter, ein Mensch, den auch eine sogenannte Großmannssucht nicht zum Sonderfall stempelt. Und wenn Schröder auch versucht, seine Erotik als eine besondere darzustellen und zur Erklärung seines Wesens untersuchen lassen will, im Grunde: Er fühlt sich normal, auch als Gefühlsmensch. Im langen Nachdenken über sich und seine Tat findet er keinen Unterschied zwischen sich und der Umwelt. Er weiß, daß er ein Verbrechen begangen hat. Er hat gehört, daß anständige, normale Menschen, die ein Verbrechen begehen, Reue empfinden. Die Reue stellt sich nicht ein. Er versteht das nicht. Und der Gefängnisgeistliche kennt keine Antwort.

Gibt es eine Antwort? Vielleicht ist sie in der Erklärung zu suchen, daß die eigentliche Gemütsarbeit, die ein Verbrecher vom Schlage Schröders zu leisten hat, vor der Tat liegt. Waren überhaupt Hemmungen vorhanden, so mußten sie vor der Tat weggeräumt werden, und nach den eigenen Aussagen Schröders waren diese Hemmungen mehr intellektueller als gemütlicher oder sittlicher Natur. Die Frage, ob ja oder nein, kämpfte in ihm mehr oder minder lange. Es war ein Prozeß von Minuten, oder vielleicht von Tagen, Wochen oder Jahren. Niemand weiß davon, was in dem Träger dieser Psyche unbewußt vor sich ging.

Als aber die Tat geschehen war, war es noch so. Er war darüber hinweggekommen, die eigene Mutter erschossen zu haben. Daß er darüber hinwegkommen konnte, mag ihn schon damals gewundert haben. Aber das Opfer seines Raubmordes kannte er ja nicht einmal. Ein Mensch war tot, von dessen Existenz er zwei Tage vorher nichts gewußt hatte. Don José beugt sich in tiefer Reue über sein Opfer und schreit: »Carmen, du mein angebetet' Leben!« Aber Schröder hat ein Leben vernichtet, an dessen Existenz ihm nie gelegen war, und allgemeinen Respekt vor dem Rechtsgut des Lebens unserer Mitmenschen – gerade den hat er nicht, oder er hatte ihn aus seiner Seele geräumt, bevor er die Tat beging. Und gerade dieser Mangel hat ihn zum Mörder gemacht. Er horcht in sich hinein, er vernimmt nichts vom leisesten Gefühlston einer Reue. Er wünscht sich dieses Gefühl, er hat vielleicht Sehnsucht nach diesem Gefühl, er glaubt, es könnte ihn irgendwie erlösen und erquicken – und gerade diese Gnade bleibt ihm versagt.

Haas rehabilitiert!

Die Nachmittagssitzung in dem Mordprozeß Schröder brachte als Hauptstück der Verhandlung die Vernehmung des einstigen

Beschuldigten Rudolf Haas, seinen Eid und damit seine völlige Rehabilitierung.

Die Szene war kurz, ihre Führung knapp, der Eindruck groß.

Das Wesentliche: Rudolf Haas hat weder vor noch nach der Tat den Angeklagten Schröder gekannt und hat ihn bei der Gegenüberstellung vor dem Untersuchungsrichter zum ersten Male gesehen. Selbst der Angeklagte wagt keine Widerrede, nur noch eine Lüge: Er habe nie behauptet, daß Haas ihn kenne. Diese Behauptung hatte er erst heute vormittag bekräftigt, und gerade mit dieser Lüge ist eigentlich der letzte Zweifel an der Unschuld von Rudolf Haas zerstreut. Sie zeigt, daß Schröders letzter geheimnisvoller Versuch, den Schatten eines Verdachts auf Rudolf Haas zu lassen, nicht den geringsten Halt in den Tatsachen fand.

Todesurteil gegen Schröder

In der neunten Abendstunde verkündet der Vorsitzende Landgerichtsdirektor Löwenthal folgendes Urteil:

»Der Angeklagte wird wegen Mordes in Tateinheit mit schwerem Raub zum Tode verurteilt. Von der Anklage der Verleitung zum Meineid erfolgt Freisprechung. Wegen schwerer Urkundenfälschung in Tateinheit mit Betrug wird der Angeklagte Schröder zu sechs Monaten Gefängnis verurteilt. Außerdem werden ihm die bürgerlichen Ehrenrechte auf Lebenszeit aberkannt.«

In der Urteilsbegründung führt der Vorsitzende aus, daß das Gericht pflichtwidrig gehandelt haben würde und daß der Angeklagte mit Recht Zweifel in die Objektivität des Gerichts setzen durfte, wenn das Gericht sich nur auf Angaben des Angeklagten verlassen hätte. Der Angeklagte hat seine Angaben reichlich oft geändert. Das Gericht hat deshalb seiner Urteilsfällung über den Verlauf der Tat nicht nur die Angaben des Angeklagten, sondern auch die Bekundungen der Zeugen zugrunde gelegt. Das Gericht hat aufgrund der Verhandlungen planmäßigen Raubmord für erwiesen erachtet. Damit scheidet automatisch jede Mitschuld eines anderen aus; denn zu dieser Tat kann der Angeklagte nicht angestiftet worden sein. Der Angeklagte wollte rauben und morden in seinem Interesse. Er wollte sich Geld verschaffen. Zu dieser Tat bedurfte es keiner Anstiftung; denn sie konnte keinem andern nützen, nur dem Angeklagten selbst und seiner Braut.

Das Gericht hat aus alledem die feste Überzeugung gewonnen, daß Helling in die Wohnung des Angeklagten gelockt worden ist und daß Schröder den Plan, den er als sein geistiges Eigentum reklamiert, wohlerwogen zur Ausführung gebracht hat. Das Gericht hat weiter die feste Überzeugung gewonnen und verkündet diese Überzeugung von dieser Stelle aus feierlich, daß ein anderer an dieser Tat nicht beteiligt ist und daß insbesondere die drei Herren, die in dieses Verfahren verwickelt gewesen sind, unschuldig sind. Der Angeklagte hat nicht im Affekt gehandelt, er ist überlegt vorgegangen, er hat die Tat sogar ganz außergewöhnlich sorgfältig überlegt und vorbereitet. Daher mußte seine Verurteilung erfolgen.

Der Angeklagte nahm das Urteil mit gleichmütiger Ruhe auf und ließ sich abführen.

Und Kölling?

Der Fall Schröder ist erledigt. Er hat sich herausgestellt als ein Verbrechen des Raubmordes. Als solcher trägt er den Stempel der Zeit an sich; man wird ihn einreihen müssen in diese Symptome der gesteigerten Kriminalität nach dem Kriege, die gerade unter jungen, vielleicht nicht unbegabten Menschen ihre Träger suchten. Leichte Hemmungslosigkeit, gesteigerter Geltungstrieb, aber auch materielle Not haben ihre Wirkung auf viele ausgeübt. So auch bei diesem Richard Schröder, der sein Verbrechen mit dem Tode bezahlen soll.

Nicht erledigt sind die Fälle Kölling und Tenholt. Die Magdeburger Gerichtsverhandlung hat sich nicht in die Probleme der Voruntersuchung vertieft, aber sie ist ihnen auch nicht ausgewichen. Der Vorsitzende gab dem solange verdächtigten Rudolf Haas Gelegenheit, den letzten Rest des Zweifels hinwegzuräumen. Die Staatsanwaltschaft stellte diese Tatsache mit einem gewissen Bekennermut fest. Freilich war der Mut kein vollkommener, als der Oberstaatsanwalt, sein eigenes Verdienst betonend, erzählte, er habe sofort den Berliner Kriminalkommissar Riemann herangezogen, als die Auffindung von Hellings Leiche die Untersuchung in neue Bahnen gelenkt hatte – eine Erzählung, der eine geheime Ironie nicht ganz fremd ist, denn der Verdienste Busdorfs um die eigentliche Aufklärung der Mordtat tat er mit keinem Worte Erwähnung. Immerhin hat der Oberstaatsanwalt gute Worte gefunden, als er von den Leuten sprach, die die schlechteren sind, weil sie nicht lernen wollen.

Ob Herr Tenholt inzwischen gelernt hat, weiß man nicht, noch weniger, wie groß das Lernbedürfnis des Herrn Kölling und seiner Anhänger ist, an deren Spitze der Herr Landgerichtsdirektor Hoffmann steht.

Man wird noch einmal feststellen müssen, daß der erste Irrtum Tenholts wie Köllings durchaus begreiflich war. Gerade wer eine ruhige Beurteilung der Sachlage anstrebt, wird immer wieder daran erinnern: Das Verschwinden des Ermordeten war vom ersten Augenblick an mit dem Namen Haas in Verbindung gebracht worden, ohne daß man damals an einen Mord glaubte. Helling sollte an dem Tage seiner Ermordung in der Steuersache Haas vernommen werden, erschien nicht, blieb unauffindbar. – Und es war begreiflich, daß man den Namen Helling nun, ganz automatisch, immer, als man sich mit ihm beschäftigte, mit dem Namen Haas verband.

Hatte man zuerst geglaubt, Helling sei mit Haasschen Schweigegeldern ins Ausland gegangen, so durfte man, als sich durch die Verhaftung Schröders die Wahrscheinlichkeit eines Kriminalverbrechens ergab, weiter annehmen, daß auch dieses Verbrechen mit Haas in einem Zusammenhang stünde.

Dann aber setzten in der Voruntersuchung die Fehler ein, zunächst Fehler rein kriminalistischer Natur, die nahezu unglaublich sind. Die Durchsuchung des Schröderschen Hauses war von der größten Oberflächlichkeit. Niemand dachte daran, in diesem Hause die Leiche zu suchen, und vor allem niemand dachte daran, das Mädchen zu vernehmen, mit dem der mutmaßliche Mörder Schröder seit Jahren zusammenlebte.

Die Menschlichkeit des Irrens wird den Herren Kölling und Tenholt bis zu diesem Punkte immer als mildernd angerechnet werden müssen. Als aber in der Öffentlichkeit die ersten Zweifel an der Richtigkeit des Vorgehens gegen Haas auftauchen, beginnt der Abschnitt, in dem sich die menschlichen Irrungen in eine Verschuldung wandelten.

Daß ein deutscher Richter sich weigerte, neue Wege des Erkennes zu betreten, daß er, anstatt die Aufklärung, von wo sie auch käme, dankbar zu akzeptieren, den Berliner Kommissaren die größten Schwierigkeiten bereitete, ja ihre Arbeit unmöglich machte – daß er, nachdem die Unschuld des Haas schon erwiesen war, sich immer noch weigerte, von den Feststellungen der Berliner Kriminalbeamten Notiz zu nehmen, daß er sich bis zum letzten gegen die Haftentlassung eines Unschuldigen wehrte – das gehört zu den Unbegreiflichkeiten, über die man nicht hinweggehen kann, ohne sie von einem Disziplinarverfahren auf ihre Strafwürdigkeit untersucht zu sehen.

Man glaubt zu wissen, Herr Kölling, ein älterer Herr, habe am Ende den Kopf verloren. Das war der Augenblick, wo ein völlig unbeteiligter Richter eingriff, wo für Kölling Landgerichtsdirektor Hoffmann den unqualifizierbaren Brief an den Magdeburger Polizeipräsidenten schrieb – das war der Augenblick, wo man erfuhr, daß die Angelegenheit nicht lediglich nach ihrer kriminalistischen Bedeutung und vom kriminalistischen Standpunkt aus behandelt war –, daß man es wagte, sie zum Spielball politischer Leidenschaften zu machen.

Von wann an politische Dinge mitgespielt haben, steht für die Öffentlichkeit noch nicht fest. Das Interview, das Schröder in seiner Zelle einem Berichterstatter des ›Berliner Lokalanzeiger‹ geben durfte, ist der wichtigste Beleg.

In der Magdeburger Richterschaft dürften die Feststellungen der jetzigen Schwurgerichtsverhandlung klärend gewirkt haben. Sie werden sicher niemand veranlaßt haben, seine politische Überzeugung zu ändern. Aber es ist anzunehmen, daß man in Zukunft sehr vorsichtig sein wird, schon um die Schlappe allmählich vergessen zu lassen. Ist auf der Rechten das Bestreben nach Vergeßlichkeit das Natürliche und Begreifliche, so wird man auf der anderen Seite um so nachdrücklicher dafür sorgen müssen, daß die Hoffnung auf Vergeßlichkeit trügt. Nicht etwa, weil man die Gegensätze, die durch unser politisches Leben gehen, vertiefen und verewigen wollte, sondern weil diese Angelegenheit mit der Verurteilung Schröders zum Tode noch nicht erledigt ist, weil nur über den Fall Schröder, aber nicht über den Fall Kölling die Akten geschlossen sind. Und diese Akten müssen bis zum Ende fortgeführt werden. Die Feststellungen müssen ihre im Gesetz vorgeschriebene Erledigung finden, und erst dann wird man auch über Herrn Kölling zur Tagesordnung übergehen können.

Solange das nicht geschehen ist, bleibt der Fall Kölling eine Wunde im deutschen Rechtsleben, und man muß alle Hoffnung auf die verschiedenen beteiligten Disziplinarbehörden abstellen, die allein in der Lage sind, diese beschämende Epoche im deutschen Rechtsleben abzuschließen.

Wenige Jahre nach der Verurteilung des Mörders Schröder wurden der Kriminalkommissar Tenholt, der Untersuchungsrichter Kölling und sein damaliger Dienstvorgesetzter, Landgerichtsdirektor Hoffmann, mit leichten Disziplinarstrafen belegt. Als die Nationalsozialisten 1933 an die Macht kamen, war es für sie »Ehrensache«, diejenigen auszuzeichnen, die den Juden Haas hatten zur Strecke bringen wollen. Landgerichtsdirektor Hoffmann wurde zum Landgerichtspräsidenten in Berlin befördert, Kölling wurde bald Landgerichtsdirektor, und Kriminalkommissar Tenholt erhielt einen Posten bei der Gestapo. Der Verteidiger von Haas, Rechtsanwalt H. Braun, mußte ins Ausland fliehen, und Kriminalkommissar Busdorf kam für lange Zeit in das Konzentrationslager Oranienburg.

Nach dem Zusammenbruch im Mai 1945 erreichte das Drama des Haas-Prozesses – eines Vorläufers der Nazijustiz – noch weitere Höhepunkte: Der Mörder Schröder verstand es, 1945 sich zunächst der weiteren lebenslänglichen Strafe zu entziehen, und wurde bald Chef einer Räuberbande. Ein Bürgermeister im Magdeburgischen, wo Schröder wieder auftrat, las damals gerade Slings ›Richter und Gerichtete‹. Ihm fiel durch die Beschreibung von Schröder – auf den vorhergehenden Seiten – die Identität Schröders mit dem jetzt Verdächtigten auf, der sich die Papiere eines gefallenen Marineoffiziers beschafft hatte. Schröder wurde daraufhin entlarvt und verhaftet, wegen der Raubüberfälle zu einer Gefängnisstrafe verurteilt. Im Anschluß daran mußte er seine lebenslängliche Zuchthausstrafe weiter verbüßen.

Der Arm der Gerechtigkeit erreichte im Januar 1949 auch den unter einem falschen Namen als Metallarbeiter in Dortmund untergetauchten ehemaligen Gestapokommissar Tenholt. Das Strafgericht in Recklinghausen verurteilte ihn zu 12 Jahren Gefängnis, weil er im Rheinland zusammen mit seinem Gestapochef Aussageerpressungen und Körperverletzungen mit tödlichem Ausgang begangen hatte.

Der ehemalige Magdeburger Landgerichtsdirektor Löwenthal, unter dessen Vorsitz Schröder verurteilt worden war, wurde nach Jahren schweren Leidens durch das Naziregime Landgerichtspräsident in West-Berlin. Der Verteidiger von Haas, Heinz Braun, wurde Berater der britischen Anklagebehörde in Nürn-

berg, bis er zum Justizminister im Saarland ernannt wurde. Der Fabrikant Haas – im Film Jakob Blum – war im Prozeß zwar völlig rehabilitiert worden. Dies war genügend Anlaß für das nationalsozialistische Regime gewesen, ihn nach der »Machtergreifung« zu bedrohen und das Ehepaar in den Selbstmord zu treiben.

II
Der Mensch, der schießt

Die Gründe, aus denen ein Mensch auf einen andern schießt, haben sich seit den Zeiten, in denen Sling seine folgenden Kabinettstückchen schrieb, wenig verändert: Rache, Neid, Eifersucht, Habsucht, Geistesgestörtheit. Auch mit einem politischen Fall hat sich Sling hier beschäftigt, dem Attentatsversuch gegen den Reichsaußenminister Gustav Stresemann. Warum hat Sling nicht mehr über die andern politischen Attentate der Weimarer Zeit berichtet, über die Prozesse wegen der Ermordungen des Reichsfinanzministers Mathias Erzberger, des Reichsaußenministers Walter Rathenau oder über die Fememord-Prozesse? Der Grund ist überraschend: Sling gehörte zur Feuilletonredaktion. Bei politischen Mordprozessen und andern Verfahren mit politischem Hintergrund entsandten die großen Verlagshäuser jedoch Angehörige ihrer politischen oder juristischen Redaktion zur Berichterstattung nach Berlin oder zum Reichsgericht in Leipzig. Männer wie der Historiker Carl Misch vom Hause Ullstein, der Anwalt und Schriftsteller Rudolf Olden vom Mosse-Verlag und der Autor und Jurist Manfred Georg haben sich durch ihre hervorragenden Schilderungen dieser Prozesse einen Namen in der Geschichte der Weimarer Republik gemacht. Leider wurden die Lehren dieser Prozesse gegen die rechtsradikalen Mörder von den verantwortlichen Regierungsstellen und Politikern nicht ausgewertet und so den Nationalsozialisten der Weg erleichtert.

Der Mensch, der schießt, ist ebenso unschuldig wie der Kessel, der explodiert, die Eisenbahnschiene, die sich verbiegt, der Blitz, der einschlägt, die Lawine, die verschüttet. Alles tötet den Menschen, auch der Mensch tötet den Menschen.

Wann der Mensch tötet, ist so wenig vorauszusehen wie der Zeitpunkt, wann der Blitz einschlägt. Aber die Bedingungen, unter denen die Natur gegen den Menschen wütet, sind nachträglich oft leichter zu erklären als der gewaltsame Ausbruch des Stückes Natur, das sich Mensch nennt. Um die Missetaten der Natur zu erklären, hat man allerhand Hilfsmittel ersonnen, z. B. Instrumente. Zur Erklärung der Explosion eines Menschen benutzt man die Psychologie.

Die Menschheit sucht sich gegen die Gewalt und die Willkür der Natur durch allerhand Erfindungen zu schützen, z. B. den Blitzableiter oder den Rettungsring. Um sich gegen den Menschen zu schützen, erfand der Mensch das Strafgesetz.

Von der Natur glaubt der Mensch, er werde sie beherrschen, wenn er ihre Geheimnisse erspürt. Aber der Mensch, zur Gesellschaft zusammengeschlossen, schützt sich gegen den gefährlichen Menschen, indem er straft. In der rauhen Jugend des Menschengeschlechts wehrte er sich gegen seine Schädlinge durch die Begriffe Vergeltung und Sühne. Wir wissen, daß die rauhe Jugend des Menschengeschlechts noch nicht abgeschlossen ist, obgleich sich in seinem Haar bereits einige Silberfäden zeigen. Es war eine großartige Sache, als man zu der Überzeugung gelangte, der Mensch könnte sich bessern, man könne ihn erziehen. Einige Geister glaubten, die Abschreckung sei ein solches Erziehungsmittel, und seitdem straft man nicht nur, um primitive Vergeltung zu üben, sondern um zu erziehen. Den Kaffeekessel, der explodiert, schickt man zum Klempner, den Menschen ins Gefängnis. Eine Weile hat man sich vorgestellt, der Mensch könne die Gelegenheit benutzen, sich im Gefängnis zu bessern. Man hat aber die Erfahrung gemacht, daß von dieser Gelegenheit höchst selten Gebrauch gemacht wird, daß der Mensch vielmehr in den meisten Fällen völlig verdorben zur Menschheit zurückkehrt. Man erzielte, auf den Kaffeekessel angewendet, die Wirkung, als ob man ihn nicht zum Klempner geschickt, sondern nun erst recht mit den Füßen zertrampelt und auf den Kehricht geworfen hätte.

Die Erkenntnis von der Nutzlosigkeit der Strafe stellte sich etwa zu derselben Zeit ein wie die andere Erkenntnis von der Unschuld des explodierenden Menschen. Ob Vererbung, Milieu, Not, Schicksalsstellung, eine zu warme Nacht oder ein Glas Kognak zuviel zu der Explosion des Menschen Veranlassung gaben oder mangelhafter Verschluß oder Dünnwandigkeit des Nervenkessels: wir haben für alles unsere Erklärungen durch die nie rastende Arbeit unserer Psychologen und Psychiater bezogen. Nutzlosigkeit der Strafe »im Sinne der Besserung« und die Unschuld des Menschen gäben uns eigentlich Veranlassung, dies Strafgesetzbuch zu zerreißen; aber wir tun es nicht, denn noch blieb ein Strafzweck übrig: die Abschreckung. Seitdem strafen wir Unschuldige, um andere Unschuldige von der Explosion abzuschrecken. Wir (andern) leben nicht gern in der Nähe von explodierenden Unschuldigen, also lassen wir die Unschuldigen für uns sterben oder für uns in den Gefängnissen verkommen.

Wir anderen haben überaus glückliche Konstitutionen, die es uns ermöglichen, das Für-uns-Sterben mit schönem Gleichmut hinzunehmen. Hebt uns jemand ein Taschentuch auf, so lächeln wir artig und sagen danke schön. Demjenigen, der für uns stirbt, sagen wir durchaus nicht danke schön, noch lächeln wir. Im Gegenteil, wir machen ein sehr böses Gesicht und schneiden gerne nach der Elle noch ein Stückchen Ehre ab – fünf Jahre, zehn Jahre. Es ist auch noch nicht vorgekommen, daß wer zu einem, der für uns stirbt, gesagt hätte: Bitte, bemühen Sie sich nicht, ich sterbe selber.

Aber zuweilen kommt uns was in die unrechte Kehle. Wir kriegen Mitleid, und das ist sehr unangenehm. Es gibt Fälle, in denen uns das Mitleid nicht ganz ruhig schlafen läßt, und das fühlt sich beinahe so an wie schlechtes Gewissen – natürlich, ohne es zu sein.

Mitleid ist eine Krankheit. Staatsanwälte verwenden gegen dieses Leiden vielfach mit Erfolg Monokel. Und da so viele Staatsanwälte Monokel tragen, ist anzunehmen, daß das Mitleid eine bei den Staatsanwälten vielfach verbreitete Krankheit ist.

Aber, was tun wir übrigen Menschen, die wir uns zu einer solchen Radikalkur nicht entschließen können? Wir sind übel daran.

Glücklicherweise geht das Übel auch so vorüber. Denn Gott gab uns, damit die Welt sich nicht in Tränen auflöst, als höchstes Gut ein miserables Gedächtnis.

Ist jemand für uns gestorben, haben wir eine schlaflose Nacht verbracht – am Morgen singen die Vögel, die Sonne liegt auf Wiesen und Feldern, die Eisenbahnen gehen, und uns gegenüber im Kupee sitzt vielleicht eine junge Dame und sendet uns einen süßen Blick aus blauen Augen. Wie gern wären wir bereit, den Blick zu erwidern. Doch ach, wie, wenn sie explodierte – unschuldig, wie sie ist – früher oder später. Aber nein, sie hat das Auge wieder auf die Zeitung gesenkt. Sie liest den Bericht über den Flessa-Prozeß. Sie schreckt sich gerade ab. Stören wir sie – um Gottes willen – nicht dabei.

Die große Wut des kleinen Mannes

Auf der Anklagebank des großen Schwurgerichtssaales verliert sich die dürftige Gestalt des kleinen, alten Graveurs, und man will nicht glauben, welches Delikt ihn hierhergeführt hat: versuchter Mord. Fünfundsechzig Jahre ist er alt geworden, hat ein schweres Leben voll Arbeit und Enttäuschungen geführt, hat sich nie etwas zuschulden kommen lassen – und dann mußte auch er einen Mord probieren.

Die Tatsachen stehen fest, er leugnet sie nicht. Er hatte einst in schlechter Ehe gelebt, war gewissermaßen vor seiner Frau nach Amerika geflüchtet; aber er liebte sein Kind und ließ nun doch die Familie nachkommen, die ihn nach einigen Jahren wieder verließ. Er saß drüben, arbeitete fleißig, sparte, und als er neuntausend Mark zusammen hatte, kehrte er in die Heimat zurück. Einen Teil des Geldes gab er seiner Familie, von der er wußte, daß sie in Not war. Er selbst suchte weiter Arbeit, aber er fand sie nicht, weil man ihn für zu alt hielt. Endlich begegnete er einem Malermeister, der wenigstens für sein Geld Interesse hatte, oder für den Rest des Geldes – es waren ja nur noch zweitausend Mark übrig. Der alte Mann sollte in das Geschäft des Malermeisters eintreten und für seine Einlage in der Woche 35 Mark verdienen. Einige wenige Male erhielt er den Lohn ausgezahlt, dann keinen Pfennig mehr, am Ende war das Geld verloren. Es stellte sich heraus, daß der Malermeister auch andere Personen mit schwindelhaften Darstellungen seines flotten Geschäftsganges hineingelegt hatte. Der betrügerische Meister wurde vor Gericht gestellt und zu sechs Monaten Gefängnis verurteilt. Man gab ihm aber Bewährungsfrist. Den kleinen Mann aus Amerika wurmte das schrecklich. Er hatte das Letzte verloren, fand keine Arbeit, und der Urheber seines Unglücks lief auch noch frei herum. So kroch er denn aus der Laube, die er bewohnte, steckte sich den Revolver ein, den er zu seinem Schutze vor einiger Zeit gekauft hatte, griff auch nach seinem Spazierstock, den er seit dreißig Jahren besaß, der aber ein Degenstock war, und begab sich in das Haus des Malermeisters. Er traf ihn auf der Treppe, stieß wütende Worte aus, erhob den Revolver, schoß einmal, der Schuß ging fehl, ein zweites Mal versagte der Revolver. Nun zog er den Degen aus dem Stock und brachte dem Betrüger einige ungefährliche Stiche bei. Der Malermeister dachte zuerst gar nicht daran, zur Polizei zu gehen; er sagte sich wohl, daß er den Denkzettel verdient hätte. Erst der Arzt schickte ihn auf die Wache.

Die Anklage lautet auf versuchten Mord. Aber ist es einer? Hatte sich der alte Mann wirklich überlegt, was er da tat? War er überhaupt mit dem Vorsatz zu töten ausgegangen? War es vielleicht nur versuchter Totschlag oder nur Körperverletzung? Er war explodiert und stellte mit der Tat das Gericht vor schwierige Fragen. Richtig ist, daß er später geäußert hat, er würde es nicht bedauert haben, wenn es an das Leben des Betrügers gegangen wäre. Aber ist die Tatsache, daß man eventuell später nichts bedauert, ein Beweis dafür, daß man vorher etwas beabsichtigt oder überlegt hat? Und doch handelt es sich um die Ergründung einer Seele. Das Gericht mußte erforschen: Was ist wirklich in diesem armen, geprüften Hirn vor sich gegangen?

Der Arzt schildert ihn als einen ruhigen, sehr gutmütigen Menschen von normaler Intelligenz, der sicher nicht geisteskrank sei, der aber ebenso sicher die Tat in einer Aufwallung begangen habe, die nicht mehr zu dämpfen war.

Auch der verletzte Betrüger wird vor Gericht verhört; jetzt ist er Zeuge und muß schwören. Dieses Opfer eines blutigen Überfalls findet im Saale keine Sympathie – diese wendet sich dem braven, bescheidenen Angeklagten zu.

Das Schwurgericht verurteilte den Angeklagten wegen versuchten Totschlags und verbotenen Waffentragens zu vier Monaten und einer Woche Gefängnis. Es verneinte die Überlegung, nahm aber an, daß der Angeklagte seinen Gegner töten wollte. Es erkannte an, daß er sich in begreiflicher Erregung befand, und da er die Tat nicht aus verbrecherischer Neigung begangen hatte, so gewährte das Gericht ihm dieselbe Gunst, über die er sich, als man sie seinem Gegner zubilligte, so geärgert hatte: die Bewährungsfrist.

So ist denn die Sache für den Angeklagten glimpflich ausgegangen. Aber den Herren Betrügern möchte man raten, sie mögen ihre Opfer nicht immer unter den gutmütigen Menschen suchen; denn für die Gutmütigen kommt die Stunde, wo alle Geduld und Nachsicht aufgezehrt ist, wo das Herz bloßliegt, wo die rächende Hand sich erhebt: schießt und sticht.

Unverschworene Verschwörer

Die Berliner politische Polizei deckte im Dezember 1925 einen Attentatsplan gegen den Reichsaußenminister Stresemann auf. Die Urheber des Planes, zwei den Rechtsparteien angehörende Berliner Arbeiter, die zuletzt in Siemensstadt beschäftigt gewesen waren, wurden verhaftet: der Prüffeldhelfer Karl Kaltdorff und der Bürogehilfe Werner Lorenz. – Stresemann sollte erschossen werden. – Nach der Tat sollte ein Automobil die Täter nach einem Flugplatz hinausbefördern, von dort wollten sie im Flugzeug das Ausland erreichen.

Das Gesetz zum Schutze der Republik bedroht mit Zuchthausstrafe denjenigen, der »an einer Vereinigung oder Verabredung teilnimmt, zu deren Bestrebungen es gehört, Mitglieder einer republikanischen Regierung des Reichs oder eines Landes durch den Tod zu beseitigen«.

Die beiden ehemaligen Siemensangestellten Karl Kaltdorff und Werner Lorenz, die beide vor den Geschworenen des Landgerichts III sich gegen eine Anklage aus dem Republikschutzgesetz sowie aus dem § 49 a des Strafgesetzbuches zu verteidigen hatten, haben zweifellos Anspruch auf einen Titel: arme Teufel! Ihr Werdegang hat in einem Punkte sehr große Ähnlichkeit. Sie galten in ihren Familien als minderwertig, waren mehrmals in psychiatrischer Beobachtung und Behandlung, waren beide jahrelang entmündigt, bis auf ihr eigenes Betreiben die Vormundschaft wieder aufgehoben wurde. Bei Kaltdorff spricht man von manischen Geistesstörungen, die sich unter gewissen Umständen einstellen, bei Lorenz muß es sich in der Jugend um eine ausgesprochene Geisteskrankheit gehandelt haben; jetzt hat man es bei ihm mit einer Defektheilung zu tun. Normal seien – so sagen die Sachverständigen – beide nicht; aber wohl seien sie, wenn auch vermindert, für ihr Tun verantwortlich zu machen.

Kaltdorff ist der intelligentere, der sich vielfach politisch interessiert zeigte. Bevor er völkisch wurde, war er an der bayerischen Räteregierung beteiligt und ist wegen der Teilnahme auch bestraft. Lorenz ist – zumeist unter dem Einfluß anderer – mehrfach in Eigentumsdelikten straffällig geworden.

Der Ausgangspunkt der Anklage ist der auch von Lorenz mit einem »Heil und Sieg« unterschriebene Brief Kaltdorffs an den Münchener Rechtsanwalt Dr. Goetz, der den Brief der Staatsanwaltschaft übergab:

»Lieber alter Goetz ! Ich lebe noch, habe mich durchgerauft. Es war ein kleines Kunststück, hier anzukommen, und ich habe nun die Chance, heraufzukommen. Zwei Ingenieure haben meinen Eintritt gemanagt. Natürlich Parteisache. Und nun: Ich habe einen Reim gemacht nach bekannten Mustern: Stresemann, verwese man! Du verstehst! Ich habe zwei Offiziere, die mitmachen, und auch die Finanzierung ist allright. Es wäre mir sehr lieb, wenn Du ein paar Zeilen schreiben würdest, daß ich für die Sache gut bin. Du kennst meine Vergangenheit und weißt, was von mir zu halten ist. Natürlich, wenn Du mir auch noch als Referenz dienst, so ist das eine wichtige Unterstützung für mich. Verwese man! Das Schwein muß gekillt werden! Ein Flugzeug ist auch zur Verfügung. Aus diesen Andeutungen weißt Du, um was es geht. Die Industrie ist auch gegen den Verräterhund, z. B. Kirdorff im ›Lokal-Anzeiger‹. Die Tat geht auf mein Konto. Die zwei Offiziere, deren einer sehr erprobt ist, machen mit. Heil und Sieg! Mit treudeutschem Gruß!«

Kaltdorff beteuert, diesen Brief nur als Ulk geschrieben zu haben. Er habe sich wegen eines Romanes über die technischen Möglichkeiten eines solchen Mordes mit Freunden besprochen, aber nur theoretisch. Lorenz sagt, er habe die Redeweise Kaltdorffs nie für sehr ernst gehalten, er hielt Kaltdorff für einen Wichtigtuer oder für verrückt.

Die Zeugen Gräuslich und Funke, zwei Arbeitskollegen, denen Kaltdorff und Lorenz ebenfalls vom Plane Mitteilung machten, drücken sich jetzt weniger bestimmt aus als vor dem Untersuchungsrichter. Sie erinnern sich nicht mehr genau. Gräuslich hatte immerhin das Gefühl, zum Mittun aufgefordert zu sein. Die Unterredung, in der es geschah, war aber nur kurz und wurde durch das Hinzukommen eines Dritten gestört. Er sollte noch einer weiteren beteiligten Persönlichkeit vorgestellt werden, was aber nicht geschah, da inzwischen die Verhaftung der beiden erfolgte. Gräuslich hatte unmittelbar nach der Unterredung einem anderen Kollegen von dem Plan Mitteilung gemacht. Sie erörterten schon die Anzeige, wollten aber Weiteres abwarten. In der Verhandlung sagt Gräuslich, er habe eigentlich doch mehr den Eindruck, daß es nicht sehr ernst war.

Ein völlig klares Bild war in der Hauptverhandlung nicht zu erzielen. Es machte in der Tat einen merkwürdigen Eindruck, daß Kaltdorff und Lorenz von dem Plan an Kollegen Mitteilungen machten, die sie offenbar erst ganz kurz kannten, wie ja auch der Brief an den Münchener Rechtsanwalt Goetz eine unglaubliche Unvorsichtigkeit vom Standpunkt eines Attentäters darstellt. Immerhin, von seinem alten Schulkameraden Goetz wußte Kaltdorff, daß er rechtsgerichtet war, und glaubte wohl, vor einem Verrat sicher zu sein. Man hätte natürlich gern gehört, ob die Einweihung von Gräuslich und Funke sich aus politischen Gesprächen irgendwie organisch entwickelte oder ob die mehr oder minder deutliche Aufforderung zur Teilnahme wirklich so abrupt geschah, wie es in der Hauptverhandlung erschien. Von Lorenz erfuhr man immerhin, daß er etwas ernst nahm: den Geldpunkt. Vielleicht, daß er den angeblich in Aussicht gestellten Lohn von 10000 Mark gern empfangen hätte, um noch vor der Tat auszukneifen.

Aber war Kaltdorffs Plan wirklich ein Plan? Hatte er Vorbereitungen getroffen? Stand er mit anderen, gewichtigeren Persönlichkeiten in Verbindung? Man weiß es nicht, es wurde nicht erwiesen. Hatte er die anderen aufgrund der angeblich bereits erfolgten Vorbereitung, vor allem der Finanzierung des Planes, zur Mitwirkung heranzuziehen versucht, so setzt die Strafbarkeit wohl voraus, daß die Vorbereitung tatsächlich erfolgt war. Anders, wenn man sich erst zur Vorbereitung zusammengefunden hätte. Dann wäre ja wohl die »Teilnahme an einer Vereinigung oder Verabredung« erwiesen gewesen. Da aber die Unterlage der Mitteilung vollkommen fehlt, kann man das Ganze, wenn man will, für einen Ausfluß der Großsprechereien eines Psychopathen halten, der Kaltdorff erwiesenermaßen ist.

Die Sache ist zweifelhaft – und der Zweifel muß dem Angeklagten zugute kommen. Man kann sagen, daß die Zweifel, wenn es sich um eine derartige Anklage wegen eines Attentatsplanes auf einen Minister zur Zeit der Monarchie gehandelt hätte, vermutlich unterdrückt worden wären. Die Republik ihrerseits hat gar keinen Ehrgeiz, Märtyrer zu schaffen. Andererseits kann eines nicht verkannt werden: Wenn auch der Zeuge Gräuslich seine früheren Bekundungen nicht in vollem Umfange aufrechterhielt, so hat er doch erwiesenermaßen die Äußerungen Kaltdorffs für ernst genug genommen, um sie sofort weiterzuerzählen – wie auch Dr. Goetz pflichtgemäß den Brief der Staatsanwaltschaft übergab. In der Hauptverhandlung wurde das Schicksal der Angeklagten insofern in das subjektive Ermessen der Hauptzeugen gelegt, als man diese immer wieder danach fragte, ob sie denn die Sache ernstgenommen hätten. Nicht immer wird so prozessiert. Nicht immer legt man diesen subjektiven Eindrücken von Zeugen einen soviel größeren Wert bei als den positiven Anhaltspunkten einer Anklage.

Ein kaum dem Knabenalter entwachsener Mensch hat sich vor den Geschworenen wegen versuchten Mordes zu verantworten.

Der Angeklagte ist offenbar zwiespältig veranlagt. Kleine Diebereien brachten ihn frühzeitig mit dem Gericht in Berührung. Er wurde Fürsorgezögling; später tat man ihn zu einem Landwirt in die Lehre. Er bewährt sich als fleißig und ordentlich – abermals unterbricht ein kleiner Lebensmitteldiebstahl seinen Werdegang zum Besseren. Wieder kommt er für einige Zeit in Fürsorge, und – abermals aufs Land gegeben – bewährt er sich aufs neue. Keine Klage wird über ihn laut.

Dann kommt ein Urlaub nach Berlin zu seinen Pflegeeltern. Dem Pflegevater erklärt er, daß er zu seinem Lehrherrn B. nicht mehr zurück will, weil dieser ihn ermuntert habe, mit einer Jungmagd ein Verhältnis anzuknüpfen. Der Pflegevater beantragt die Versetzung des Burschen bei der Vormundschaftsbehörde; diese macht eine Rückfrage bei dem Landwirt, der die Angabe des jungen Menschen als eine Verleumdung bezeichnet. Der Junge wird abermals in die Fürsorge zurückversetzt, kommt dann wieder in eine Lehre, wo er sich, wie in den Vorstellen, tadellos führt.

In diese Zeit fällt der Ankauf zweier Revolver, von denen er einen meistens bei sich führt. An einem Sonnabend nimmt er an einem Tanzvergnügen teil, trinkt ziemlich viel Alkohol, kommt nachts nicht nach Hause, nächtigt im Walde und geht in den Morgenstunden aufs Feld, wo er den Sohn und einen anderen jungen Knecht seines früheren Lehrherrn B. bei der Arbeit findet. Er bietet dem jungen B. zunächst eine Zigarette an, dann zieht er seinen Revolver und sagt, er werde ihn erschießen – und zwar in einer halben Stunde. Während dieser halben Stunde plaudert er mit seinem Opfer ganz vergnügt, sagt ihm, daß er dessen Vater die Rückversetzung in die Fürsorge verdanke und – als die erste halbe Stunde vorbei ist, verlängert er die Frist um eine weitere halbe Stunde. Wieder plaudern sie behaglich, wieder wird die Frist um eine halbe Stunde verlängert – bis schließlich der junge B. es doch mit der Angst kriegt und davonläuft. Im Weglaufen hört er hinter sich drei Schüsse, eine Kugel hört er sogar pfeifen und in einen Baum einschlagen. Ob tatsächlich die Kugel eingeschlagen ist, weiß er nicht.

Der junge Attentäter wird verhaftet und gibt bei seiner ersten Vernehmung an, es sei seine Absicht gewesen, den jungen B. zu ermorden. Erst später ändert er seine Aussage dahin, daß es nur seine Absicht gewesen sei, B. einen Schrecken einzujagen.

Der Staatsanwalt sieht in der Tat die Voraussetzung des versuchten Mordes gegeben und beantragt eine Zuchthausstrafe von acht Jahren.

Der Verteidiger versucht die Handlungsweise des jungen Menschen aus einer gewissen Großmannssucht, ja aus einem etwas gesteigerten Ehrgefühl zu erklären. Als der Angeklagte von seinem ersten Lehrherrn bei den Diebereien erwischt wurde, habe er keinerlei Rachegefühle geäußert oder betätigt. Wohl aber habe er nach seiner ihm ungerechtfertigt erscheinenden Rückversetzung in die Fürsorge von dem Lehrherrn B. zweimal durch Briefe Ehrenerklärungen verlangt, ohne sie zu erhalten. Das habe ihn gereizt und ihn auf die Idee gebracht, dem Lehrherrn B. oder dessen Familie einen Schabernack zu spielen. Wenn er wirklich die Absicht gehabt hätte, den jungen B. zu ermorden, so hätte er vermutlich seinem Opfer nicht anderthalb Stunden Frist gewährt. Er mußte wissen, daß jede Verzögerung der Tat dazu führen konnte, irgendein Hindernis eintreten zu lassen. Die drei Schüsse aber, von denen niemand sagen könne, ob sie gezielt gewesen seien, könnten nicht als ein Beweis für die Tötungsabsicht angesehen werden. Der Verteidiger bittet um Freispruch oder um milde Strafe wegen Bedrohung.

Das Schwurgericht kommt zu einer dritten psychologischen Feststellung. Es nimmt an, daß der Angeklagte mit der festen Absicht an den jungen B. herangetreten sei, diesen zu ermorden, daß er aber im Laufe des Gespräches diesen Entschluß aufgegeben habe und ihn erneut erst faßte, als der junge B. plötzlich fortlief. Die drei Schüsse habe dann der Angeklagte ohne Überlegung abgegeben, und er sei wegen versuchten Totschlages zu verurteilen. Man billigt ihm mildernde Umstände zu und verurteilt ihn zu zwei Jahren fünf Monaten Gefängnis ...

Die Differenz zwischen dem Antrag des Staatsanwalts und dem Urteil des Gerichts – 8 Jahre Zuchthaus: 2 Jahre 5 Monate Gefängnis – ist groß genug, um uns aufatmen zu lassen, und doch wird man das Urteil als schwer empfinden, namentlich wenn man bedenkt, daß dieselben Berufsrichter es waren, die an dem freisprechenden Urteil der Stresemann-Attentäter mitwirkten. Von denen hatte auch einer seine Tötungsabsichten klipp und klar zugegeben – man erinnert sich an seinen Brief an den Münchener Rechtsanwalt. Freilich, geschossen hatte er nicht.

Der Angeklagte in dem gestrigen Prozeß hatte wirklich geschossen. Aber unter welchen Umständen! Während der ganzen Unterhaltung mit seinem Opfer war ein weiterer Zeuge anwesend, auch während er die Schüsse abgab – freilich ein etwas blöder Zeuge, der nur sehr unbestimmte Angaben machte. Aber es gehört doch wohl zu den allergrößten Seltenheiten, daß ein Mörder sich mit seinem Opfer in Gegenwart eines Dritten anderthalb Stunden gemütlich unterhält. Diese Abweichung von der Norm – und nichts dazu zu tun, um die Urheberschaft der Tat zu verhehlen – läßt in Wirklichkeit darauf schließen, daß der junge Mensch überhaupt in einem Zustand gehandelt hat, in dem Bewußtsein und Unterbewußtsein vielleicht unter Einfluß der durchjubelten Nacht dauernd miteinander wechselten. Eine gewisse kriminelle Veranlagung war ihm in die Wiege gelegt worden, die günstigen Zeugnisse seiner Lehrherren scheinen darauf zu deuten, daß er aber besserungsfähig ist. Selbst wenn die Verurteilung zu zwei Jahren fünf Monaten Gefängnis den Richtern nach gewissenhafter Prüfung als eine milde Strafe erschienen ist, was gar nicht bestritten werden soll – man muß sich darüber klar sein, daß diese Strafe vermutlich den endgültigen moralischen Untergang des jungen Menschen besiegelt.

Im übrigen aber ist es ein Fall, der wieder Material schafft gegen das Emmingersche Schwurgericht. Es wird nachgerade unerträglich, das jetzige Schwurgericht als inappellable Instanz wirken zu sehen. Was heute im Beratungszimmer vor sich geht, weiß kein Mensch. Die Schwere der Delikte wie der auszusprechenden Strafen erfordert eine Klärung der Verantwortlichkeiten.

Das Schießen im Walde

Vor den Geschworenen erschien der 21jährige Kommunist Arbeiter Herbert Olsson unter der Anklage des versuchten Totschlags und des Widerstands gegen einen Forstbeamten in Ausübung seines Amtes. Olsson war mit einem älteren, verheirateten Genossen in den Forst gegangen, um sich im Kleinkaliberschießen zu üben. Die Schüsse wurden von dem Förster gehört, der sofort erkannte, daß es sich nicht um Wilddiebe handelte; da aber das Scharfschießen im Forste verboten ist, so rief der Förster die Leute an. Über das, was nun folgte, liegen zwei verschiedene Darstellungen vor. Der Förster gibt an, daß, als er mit angelegtem Gewehr auf die beiden Schützen losging, von diesen zuerst auf ihn geschossen worden sei, während der Angeklagte behauptet, der Förster habe zuerst geschossen. Es wurden also Schüsse gewechselt. Der jetzt Angeklagte sprang sofort hinter einen Baum, während der zweite Schütze sich auf den Bauch warf, um kriechend die Deckung zu erreichen. Der Förster schoß auf den Kriechenden, der in die Schulter getroffen wurde und infolge der Schußverletzung nach einigen Stunden starb. Der Angeklagte Olsson schoß noch einige Male hinter dem Baum hervor, ohne zu zielen und ohne zu treffen. Der Förster selbst sagte als Zeuge, daß ein Zielen unmöglich gewesen sei, denn der Angeklagte hätte dabei den Kopf hinter dem Baum hervorstecken müssen, was für ihn äußerst gefährlich gewesen wäre. Der Förster hat auch weder das Pfeifen naher Kugeln noch das Geräusch von Einschlägen in seiner Nähe gehört. Nach wiederholter Ermahnung und dem ausdrücklichen Versprechen des Försters, nicht mehr zu schießen, trat Olsson hinter dem Baum hervor und lieferte seine Waffe ab.

Die Straftat, die der Angeklagte begangen hat, konnte verschieden gewürdigt werden. Die Anklage lautete ursprünglich nur auf Totschlag und Widerstand. Der Staatsanwalt zog aber in seinem Plädoyer noch den Paragraphen 214 heran, der mit Zuchthaus nicht unter zehn Jahren oder mit lebenslänglichem Zuchthaus unter Ausschluß mildernder Umstände denjenigen bestraft, der, um sich der Ergreifung auf frischer Tat zu entziehen, vorsätzlich einen Menschen tötet. In diesem Falle lag nach Ansicht des Staatsanwalts der Versuch zu einem solchen Verbrechen vor, und er beantragte eine Gesamtzuchthausstrafe von

$5^1/_2$ Jahren. Das Schwurgericht folgte den Ausführungen des Staatsanwalts im Prinzip, ging aber wegen der Jugend des Angeklagten auf die Mindeststrafe von $2^1/_2$ Jahren Zuchthaus hinunter, zu der es wegen Widerstandes noch drei Monate hinzufügte.

Es ist natürlich in einem solchen Falle ganz in das subjektive Ermessen des Gerichts gestellt, welche Straftat es als begangen ansehen will. Zweifellos haben sich die beiden Kleinkaliberschützen der Feststellung entziehen wollen und bei dieser Gelegenheit von der Waffe Gebrauch gemacht. Das Schießen im Walde aus Waffen, zu deren Tragen sie nicht berechtigt waren, stellt eine strafbare Handlung dar, auch wenn man annehmen will, daß sie sich der Strafbarkeit ihres Tuns nicht sehr bewußt waren. Sie waren in den Wald gegangen, gerade um andere Menschen durch ihr Schießen nicht zu gefährden. Andererseits wird man geneigt sein, einen Unterschied zu machen zwischen diesen beiden Schützen und etwa einem Einbrecher, der auf frischer Tat ertappt den Revolver zieht und auf einen Polizisten schießt. Es ist an sich denkbar, daß die beiden Schützen in ängstliche Erregung gerieten, als sie den Förster mit angelegtem Gewehr auf sich zukommen sahen, und daß sie, gerade mit Schießübungen beschäftigt, ganz instinktiv und fast automatisch von der Waffe Gebrauch machten, die sie gerade in Händen hatten. Ob sie dabei subjektiv von dem Vorsatz beseelt waren, den Förster zu töten oder ihn nur zu verletzen oder, wie der Angeklagte behauptet, nur zu erschrecken, ist eine Frage, deren Lösung unmöglich ist.

Wenn man auf dem Standpunkt steht, daß die strafwürdige Handlung des Angeklagten eine Sühne fordert, so wird man andererseits vielleicht geneigt sein, die Sache milder anzusehen, weil ja tatsächlich dem Förster nichts geschehen ist, weil ein planmäßiges Zielen überhaupt nicht stattfand und weil der Angeklagte, als er sich am Ende beruhigte, sich den Händen des Forstbeamten auslieferte. Hätte das Gericht nicht auf den Paragraphen 214 zurückgegriffen, so wäre hauptsächlich deshalb, weil ja kein Schaden eingetreten ist, eine mehrmonatige Gefängnisstrafe wohl allgemein als eine ausreichende Sühne angesehen worden.

Das schwere Urteil ist von einem Schwurgericht gefällt worden, das gelegentlich schon mildere Auffassungen betätigt hat, so erst jüngst gegen die beiden Angeklagten, die sich wegen des angeblichen Komplottes gegen das Leben Stresemanns zu verantworten hatten. Es ist bei dem damals erfolgten Freispruch an dieser Stelle keine Beschwerde über zu große Milde geführt worden. Es wurde nur die Frage aufgeworfen, wie etwa diese beiden Angeklagten davongekommen wären, wenn sie sich zur Zeit der Monarchie gegen das Leben eines Ministers verschworen hätten. Nur mit Mühe weist man den Gedanken von sich, daß das Urteil gegen den Kommunisten Olsson eine Antwort auf diese Frage enthält. Auch im Falle des angeblichen Stresemann-Komplottes kam bei der Beurteilung alles auf das subjektive Ermessen des Gerichts an. Damals hatte der eine Angeklagte in einem Briefe davon Kenntnis gegeben, daß bereits ein Komplott bestehe, daß der Plan finanziert und daß alle Vorbereitungen getroffen seien. Er hatte zwei Arbeitskameraden zur Teilnahme an dem Verbrechen der Beseitigung eines republikanischen Ministers aufgefordert, und es kam nun darauf an, alle diese Handlungen zu bewerten. Die Frage, ob § 51 vorlag, war von den Ärzten verneint worden, und trotzdem kam das Gericht zu der Überzeugung, daß es sich hier nicht um eine planmäßige Vorbereitung handelte, sondern zum Teil um Großsprecherei, zum andern Teil um rein theoretische Erwägungen. Richtig, theoretische Erwägungen darüber, wie man einen Minister tötet, sind an sich nicht strafbar. Wieweit man das in dem Brief niedergelegte Bekenntnis des einen Verschwörers als den Beweis für eine Tatsache oder als eine Großsprecherei ansehen will, war in das Ermessen des Gerichts gestellt. Sie ist zugunsten des Angeklagten beantwortet worden. Die Tatsache der »theoretischen Erörterung« konnte für ein anderes Gericht sehr leicht ein Beweis dafür sein, daß die in dem Brief behaupteten Tatsachen auf Wahrheit beruhten. Wenn aber ein Gericht die jedenfalls im Kern bestehende Absicht, einen politischen Gegner kaltblütig aus dem Wege zu räumen, so milde beurteilt – wie milde mußte es den Fall eines Menschen ansehen, der ohne jegliche Tötungsabsicht in den Wald gegangen ist, der in plötzlicher Verwirrung einige ziellose Schüsse abgab, um sich schließlich dem Beamten zu stellen.

Die Schießübungen mit kleinkalibrigen Waffen gehören zum Lieblingssport der rechts- und linksradikalen Jugend. Es wäre interessant zu wissen, wie sich das Gericht dazu stellen würde, wenn einmal ein rechtsradikaler Schütze in eine ähnliche Situation geriete wie der gestrige Angeklagte. Wahrscheinlich besteht aber für ihn gar nicht die Möglichkeit einer solchen Situation, da er sich rechtzeitig in ein Revier begeben wird, wo er mit freundlicher Duldung der Obrigkeit seine Schießübungen vornehmen kann.

Hackbusch

Unter den vielen sonderbaren Verbrechen, die unsere Zeit, will sagen, unsere Not, hervorgebracht hat, wird das des Kaufmanns Paul Hackbusch als eines der merkwürdigsten im Gedächtnis haften bleiben. Man möchte sogar glauben, daß die Tat dieses Vaters, der seinen Sohn Rolf, sein einziges Kind, auf dem Finanzamt Neukölln durch einen Kopfschuß tötete, so sinnlos sie gewesen ist, nicht ganz unfruchtbar bleiben kann. Das von Georg Hermann gezeichnete Gespenst des »Staatsangeklagten«, das so oft in unseren Tagen neben dem eigentlich handelnden Täter auf der Anklagebank Platz nimmt, saß wieder einmal zum Greifen deutlich vor unseren Augen.

Der fast fünfzigjährige Kaufmann Paul Hackbusch darf mit Bezug auf seine innere Struktur nicht auf eine Stufe gestellt werden mit jenem armen Minderwertigen, der sich erst vor wenigen Tagen wegen Tötung eines Direktors der Elektrizitätswerke zu verantworten hatte. Hackbusch ist auch nicht zu vergleichen mit den verzweifelten Eisenbahnattentätern von Leiferde. Ein Mann von zähem Willen, von Unternehmungsgeist und einer Arbeitskraft, die man unerschöpflich nennen könnte – wenn sie nicht eben doch offenbar eines Tages zur Neige gegangen wäre. Ein stämmiger Mecklenburger, der mit jungen Jahren nach Rußland und Sibirien auswanderte, um sich dort eine Existenz zu schaffen, der im Begriff war, ein wohlhabender Mann zu werden, als der Krieg ausbrach und man ihn internierte. Nach seiner Entlassung erneute Versuche, im Fernen Osten wieder emporzukommen, schließlich gezwungen, mit einer kleinen Barschaft in die Heimat zurückzukehren. Ein als Beamter in Berlin lebender Bruder, der nebenbei eine kleine Fabrik betreibt, nimmt ihn liebevoll auf und gibt ihm die Möglichkeit, sich in der Fabrik zu betätigen. Paul Hackbusch arbeitet dort technisch und kaufmännisch von morgens bis in die Nacht, freilich ohne Glück.

Das junge Unternehmen frißt Geld und bringt nichts ein. Aber die Steuer ist gleichwohl hinterher, aus dem Verlustbetriebe wenigstens für den Staat Gewinne herauszuwirtschaften, und der Kampf gegen die Steuer ist es, in dem der noch ungebeugte Mann schließlich zu seiner Wahnsinnstat getrieben wird; wohl gemerkt: Es handelt sich nicht um Paul Hackbuschs persönliche

Steuerleistung, sondern um die seines Bruders, für die Paul kämpft und fällt. Ein persönlicher Steuerkonflikt, auf einem anderen Finanzamt, lag bereits einige Monate zurück. Er, der von Zuwendungen seiner Verwandten und seiner Freunde leben mußte, war unter Zugrundelegung seines Verbrauchs zur Steuer herangezogen worden. Auf seine Reklamation hin hatte man ihm sogar zuviel gezahlte Steuern zurückzahlen wollen.

Aber der zurückzuzahlende Betrag sollte verwendet werden für eine Kirchensteuer, die ihrerseits nach der ersten zu hoch bemessenen Einkommenschätzung berechnet war. Vergeblich hatte er klarzumachen versucht, daß die Kirchensteuer sich doch nach der eben rektifizierten Schätzung richten müsse; aber man verwies ihn auf den Weg der Reklamation. Das hatte dem Mann den ersten Knacks gegeben. In der Steuersache seines Bruders sollte er am Ende auch recht behalten. Schon hatte man die Aufhebung der angedrohten Pfändung beschlossen. Aber der Weg von den beschließenden zu den ausführenden Organen eines Beamtenkörpers ist lang – inzwischen war die Tat schon geschehen. Nachträglich hat man sogar die völlige Streichung der ursprünglich geforderten Steuersumme beschlossen.

Bereits Wochen vor der Tat hatte Paul Hackbusch den Beschluß gefaßt, aus dem Leben zu scheiden und seinen elfjährigen Sohn, als Teil seines Selbst, mit hinüber zu nehmen. Er fühlte sich dem Leben nicht mehr gewachsen. Einige Tage vor der Tat verdüsterte sich sein Gemütszustand immer mehr. Er kaufte einen Revolver, er schrieb Abschiedsbriefe und darunter einen besonders merkwürdigen an das Finanzamt Neukölln. Er suchte seine Tat zu erklären aus der Verzweiflung über den Zustand seines Vaterlandes, über die Ohnmacht des Staates, seinen Bürgern die Möglichkeit der Existenz zu gewähren. Der Brief, auf Zitate Schillers und Goethes fundiert, ist nicht nur eine Kritik an dem nachrevolutionären Deutschland; Hackbusch sieht auch in der wilhelminischen Epoche nur den Beweis für die Behauptung von der Unmöglichkeit einer deutschen Nation. Die Tat aber sollte seinem Willen nach ein warnendes Zeichen für die Machthaber des heutigen Deutschland sein.

Welche Tat war geplant? Die Absichten schwankten tagelang hin und her. Er hatte sich ein merkwürdiges Duell mit dem Steuersekretär Hesse ausgedacht, der die Sache Hackbusch zu bearbeiten hatte. Eine Art Gottesurteil: Er wollte zu Hesse gehen; war er in seinem Zimmer anwesend, so wollte er erst den Sohn, dann Hesse und schließlich sich selbst erschießen. War

Hesse nicht anwesend, so sollte der frei ausgehen, dann sollte nur der Doppelselbstmord ausgeübt werden.

Er trat mit seinem Sohn in das Amtszimmer, Hesse war anwesend. Aber der Entschluß wurde wieder wankend. Eine kurze Unterhaltung zwischen ihm und Hesse, der sich ablehnend verhielt. Noch einmal ging Hackbusch hinaus, um das Zimmer ein zweites Mal zu betreten. Wieder ein kurzes Gespräch, wieder ein Hinausgehen. Und zum dritten Male trat er ein. Hesse saß an seinem Schreibtisch und arbeitete. Hörte plötzlich einen Knall, kroch unter den Schreibtisch. Der Schuß hatte den Sohn in den Kopf getroffen. Leute eilten hinzu. Hackbusch versuchte die Waffe gegen sich selbst zu richten, sie versagte. Er wurde festgenommen, der Knabe erlag seinen Verletzungen.

Die Anklage lautet auf Tötungsversuch des Steuerbeamten. Hackbusch will selbst einen zweiten Schuß gehört haben. Aber weder eine Kugel noch eine Patronenhülse ist gefunden worden. Hesse erinnert sich nicht, einen zweiten Schuß gehört zu haben.

Fälle dieser Art werden bekanntlich auf die Frage hin geprüft, ob sie etwa infolge einer krankhaften Störung der Geistesfähigkeit, die die freie Willensbestimmung ausschließt, verübt worden sind. Und wie gewöhnlich hört man von den Sachverständigen verschiedene Urteile; hier sagte der eine, daß der Angeklagte sich in einer so tiefen Gemütsdepression befunden habe, daß man an einer Klarheit seines Willens zweifeln könne. Der andere glaubte aus gewissen Erinnerungen, die der Angeklagte an Einzelheiten der Tat bekundete, schließen zu müssen, daß sein Verstand durchaus normal funktionierte, daß aber freilich die schwere Depression, in der er sich befunden hat, ihm Anspruch auf alle Milderungen gäbe.

Aber merkwürdig: So gewiß in einem solchen Fall der Psychiater das entscheidende Wort zu sprechen hat – diesmal stand es nicht im eigentlichen Brennpunkt des Interesses. Nicht wie sonst fragt man nach dem Grade der geistigen oder moralischen Krankheit eines Verbrechers, sondern man fragt: Wie schmerzlich belastend muß ein behördlicher Apparat wirken, um einen geistig gesunden, ja sogar besonders widerstandsfähigen Staatsbürger zu einer Wahnsinnstat zu treiben – wobei man zugunsten der Staatsmaschine nur zu berücksichtigen hätte, wie weit ein solcher Täter noch durch andere Umstände – hier durch die Erfolglosigkeit seines kaufmännischen Strebens und durch geistige Erschöpfung – für ein derartiges Verbrechen besonders vorbereitet sein mochte? Dabei braucht man gar nicht oder nur nebenbei die Frage zu erörtern, wieweit etwa ein einzelner Beamter – er muß ja nicht immer bei der Steuer sitzen – sich besonders schikanös gezeigt habe.

Es ist in den meisten Fällen der Geist gewisser Gesetze oder Verordnungen, der in seiner Starrheit den Menschen viel mehr zur Raserei treibt als der einzelne Beamte, der vielleicht einmal eine grobe Antwort gibt oder der für die besonderen Verhältnisse eines Falles nicht das richtige Verständnis aufbringt. Eine Steuerbehörde, die – um nur ein Beispiel zu erwähnen – ohne Rücksicht auf die Geld- und Diskontverhältnisse sich jede Steuerschuld mit zehn Prozent verzinsen läßt, ohne andererseits sich selbst verpflichtet zu fühlen, irgendwelche Zinsen für zuviel eingezogene Steuern zu zahlen, gibt damit eine gewisse Richtung für die Stellung, in die der Steuerzahler gedrängt ist und die – wie man hier sah – auch den Vernünftigen zur sinnlosen Raserei treiben kann.

Der Antrag des Staatsanwalts lautete unter Berücksichtigung aller mildernden Umstände auf zehn Monate Gefängnis und Bewährungsfrist.

Der heilsame Schuß

Der angeklagte Heilgehilfe ist ein blasser junger Mann von fünfundzwanzig Jahren, glattrasiert, mit einem kaum zu bändigenden rotblonden Lockenhaar. Auch seine niedliche Frau steht noch im Mai des Lebens. Sie hat es überhaupt mit dem Mai zu tun. Am 11. Mai ist sie geboren, am 16. Mai 1922 lernte sie ihren Mann kennen und lieben, am 11. Mai 1923 heirateten sie, und am 23. Mai 1924 schoß er ihr eine Kugel durch die Brust.

Der Vorsitzende des Schwurgerichts stellte in seinem Urteil fest, daß die eigentlich Schuldigen auf der Zeugenbank säßen: die Schwiegermütter, deren Eifersüchteleien Unfrieden in die junge Ehe gebracht hätten. Der junge Gatte liebte sehr heiß, das Frauchen war etwas schnippisch. Es war zu Handgreiflichkeiten gekommen; da hob der Mann die Gemeinschaft auf, zog weg – und konnte es dennoch nicht ohne die Frau aushalten. Von einem Freunde borgte er sich zu drei verschiedenen Malen unter einem Vorwande einen Revolver. In Wirklichkeit mit der Absicht, das erstemal sich selbst, das zweitemal seine Frau und sich, das drittemal wieder sich selbst zu erschießen. Indessen war es anders gekommen: Er war bei ihr, um ihre Versöhnung zu erbitten. Sie sang dazu: Ausgerechnet Bananen. Er wollte sie, die sich gerade frisierte, umfassen. Da schlug sie ihn – vielleicht versehentlich – mit der Bürste. Und nun schoß er – lief weg, blieb eine halbe Treppe tiefer bewußtlos liegen, bis er von einem Schupomann abgeführt wurde.

Der Schuß war merkwürdigerweise nicht tödlich, die Kugel konnte entfernt werden. Die junge Frau steht rund und gesund als Zeugin vor Gericht. Wesentliche Meinungsverschiedenheiten über Vorgeschichte und Tatbestand sind nicht vorhanden. Da fragt der Vorsitzende, wie es denn mit dem Scheidungsprozeß stünde. Und die junge Frau sagt: »Ich habe die Prozeßvollmacht an den Rechtsanwalt nicht unterschrieben. Es ist wohl am besten, wenn wir wieder zusammengehen.«

»So – Sie haben ihm verziehen?«

»Ja, ich glaube, das ist besser so –«

Der medizinische Sachverständige erklärt den Angeklagten trotz gewisser ohnmachtähnlicher Zustände für geistig gesund. Er habe seine Tat sicher nicht im Zustande der Unzurechnungsfähigkeit begangen. Wohl aber sei er ein Mann von schwacher

Energie und großer Entschlußlosigkeit. Gerade aber solche Leute, die sich schwer zu etwas Entscheidendem aufraffen können, neigen zu plötzlichen, verhängnisvollen Aufwallungen. Der Angeklagte habe durchaus keinen Entschluß fassen können, um sich dem Kampf der Schwiegermütter zu entziehen. Er habe geschwankt und gelitten, um dann jäh die Waffe gegen die junge Frau zu richten.

Der Staatsanwalt hielt ein sanftes Plädoyer und beantragte zwei Jahre fünf Monate Gefängnis – für versuchten Totschlag und unerlaubtes Waffentragen. Das Schwurgericht war milder und erkannte auf zwölf Monate Gefängnis, lehnte zwar die vom Verteidiger beantragte Bewährungsfrist ab, empfahl jedoch, nach sechs Monaten Strafaussetzung zu beantragen.

Nach sechs Monaten – dann ist, wenn er im November die Strafe antritt, wieder Mai – und das Leben ist wieder blank und neu. Vielleicht. Hoffentlich.

Blind, halbblind, sehend

Diese Schwurgerichtsverhandlung zeigte im Zuschauerraum eine merkwürdige Zweiteilung: Rechts saßen nur junge Mädchen, links nur junge Männer – offenbar unter dem Schutz ihrer Lehrer. Was sie sonst lernen, wurde nicht bekannt. Hier im Schwurgerichtssaal lernten sie Vatermord.

Wohingegen Angehörige der jüngsten Dichtergeneration leider fehlten. Vielleicht, weil sie sich einbilden, auf diesem Gebiete nichts mehr lernen zu können. Und dennoch wären sie um manche Erfahrung reicher geworden – so um die, daß ein richtiges Vatermördchen unendlich banal sein kann, ohne jede Stufung und Ballung, gänzlich unpathetisch; trotz der traurigsten familiären Grundlage mit einem nicht unversöhnlichen Ausgang.

Angeklagt war ein 19jähriger Gärtnergehilfe, ein rechtes Stiefkind der Natur. Sein Vater, ein auf einem Auge ganz, auf dem andern halb erblindeter Ziehharmonikaspieler, lebte mit seiner Frau in Unfrieden, wodurch fünf Kinder auf die Welt kamen. Dieser Junge wurde bald nach der Geburt zu fremden Leuten gegeben, wuchs teils bei diesen, teils in Waisenhäusern auf, lernte das Gärtnerhandwerk, erkrankte an Rheumatismus und Herzleiden und kam so schließlich wieder mal zu seinem Vater zu Besuch. Der Vater hatte längst die Ehefrau verlassen, war zu einer anderen Frau gezogen und stand gerade vor dem Ehescheidungstermin. Da wollte er denn haben, daß der Junge mit zum Termin käme, um zuungunsten der Mutter auszusagen. Das wollte der Junge nicht. Als dann der Prozeß für den Vater ungünstig ausging, verschlechterte sich das Verhältnis zwischen Vater und Sohn. Es kam zu Handgreiflichkeiten, der Vater würgte ihn ein zweites Mal in der Trunkenheit, worauf sich der Sohn zu seinem Schutze einen Revolver kaufte. Dann kam es wieder zu einer Szene, weil der Vater eine Patrone gefunden hatte und hieraus auf die Anwesenheit des Revolvers schloß. Er wollte den Jungen bei der Polizei anzeigen. Da ging plötzlich der Revolver los, brachte dem Vater eine ungefährliche Wunde an der Schläfe bei – der Junge stellte sich selbst der Polizei.

Dies der (nicht genaue) Sachverhalt. Den genauen kennt man nicht, denn die Verhandlung war reicher an Mißverständnissen denn an Aufklärungen. Der Junge, ein ganz stattlicher Bursche, zeigte sich merkwürdig stumpf und ungelenk im Umgang mit

Juristen. Und als man ihm in der Mitte des Gerichtssaales die Waffe noch einmal in die Hand drückte, ihn dem Vater gegenüberstellte und ihn aufforderte, zu zeigen, wie er nun eigentlich geschossen habe, versagte er vollkommen. Nur behauptete er, gewissermaßen in Notwehr gehandelt zu haben, um sich gegen den auf ihn zustürzenden Vater zu schützen. Diese Aussage erweckte das sichtliche Mißfallen der Juristen, das sich aber alsbald in verstärktem Maße gegen den Vater richtete, als auch dieser erklärte, er sei auf seinen Sohn losgegangen, als die Waffe losging. Und auch die Braut bezeugte diese den Sohn ent-, den Vater belastende Darstellung.

Das schien dem Gericht deshalb unglaublich, weil Vater und Braut vor Polizei und Untersuchungsrichter bisher immer übereinstimmend ausgesagt hatten, der Schuß sei erst gefallen, nachdem der Wortwechsel schon seit zehn Minuten beendet gewesen sei. Entweder hatte nun der Vater vor der Polizei eine wissentlich falsche Anschuldigung gemacht – oder er machte vor Gericht eine falsche Angabe – eventuell unter Eid. Die Braut aber sagte ganz offen, sie habe bisher die Unwahrheit gesagt, aber unter Eid müsse sie doch mit der Wahrheit heraus – worauf ihr der Vorsitzende mit erhobener Stimme eine sofortige Verhaftung androhte. Andererseits kam er zu der Überzeugung, daß dem Vater der Junge nun leid tat und daß er deshalb die günstigere Aussage machte.

»Wollen Sie eigentlich, daß Ihr Sohn bestraft wird?«

»Nein, das will ich nicht.«

Und an die Braut des Vaters wurde die Frage gerichtet: »Haben Sie ein festes Eheversprechen des Vaters, sind Sie seine Verlobte?«

»Jawohl, wir wollen uns heiraten.«

»Stehen Sie gut mit ihm?«

»Halb und halb, mal so, mal so.«

In dem Seelenbild des Vaters zeigen sich noch einige Eigentümlichkeiten. Er ist nämlich gegenüber den anderen Kindern ein scheinbar sehr zärtlicher Vater, nachdem ihm diese Kinder vom Jugendamt abgenommen sind. Er hat eine schreckliche Wut auf das Jugendamt und behauptet, seinen Sohn nur gewürgt zu haben, weil er diesen in der Trunkenheit für einen Abgesandten des Jugendamts hielt.

Auf die Frage des Vorsitzenden, womit er seinen Unterhalt verdiene, sagt er: »Ich spiele Ziehharmonika auf den Jahrmärkten – ich habe einen Gewerbeschein –«

»Dazu brauchen Sie doch keinen Gewerbeschein – das ist doch Bettelei –«

»Ich spiel' doch Ziehharmonika – ich habe einen Gewerbeschein als Musiker –«

»Das ist doch keine Musik, sondern höchstens ein unangenehmes Geräusch –«

Ein Beisitzer mischt sich hier ein.

»Haben Sie ein Schild auf der Brust getragen: ›Erblindet‹?«

Nur zögernd räumt es der Mann ein.

»Das ist doch Betrug!« ruft der Beisitzer.

Der Ziehharmonikaspieler steht zerknirscht da, in dem beschämenden Bewußtsein, auf dem einen Auge noch etwas sehen zu können.

Der Staatsanwalt beantragte wegen versuchten Totschlags eine Zuchthausstrafe von 2½ Jahren, da von Notwehr keine Rede sein könne. Der Verteidiger Dr. Themal nahm sich des Angeklagten aufs wärmste an, indem er die Lage des kranken, stellungslosen Jungen schilderte, der fast von Geburt an außerhalb des Elternhauses aufwachsen mußte und der nun, von seinem Vater auch noch körperlich mißhandelt und aus dem Hause gewiesen, sich mit der Schußwaffe verteidigte, als der Vater neuerdings über ihn herfallen wollte. Aber das Bemühen war vergebens. Das Gericht verurteilte den Angeklagten zu zweieinhalb Jahren Zuchthaus – Mindeststrafe für den versuchten Totschlag an einem Verwandten aufsteigender Linie.

Dieses Gericht hat ein grausames Urteil gesprochen, und wenn dieser bis heute unbestrafte junge Mensch, dem auch noch von einer Zeugin das beste Leumundszeugnis gegeben wurde, auf dem Wege übers Zuchthaus wirklich ein Verbrecher wird, so möchte man nicht an diesem Urteil – auch nur durch Stillschweigen – die Mitverantwortung tragen.

Die beiden einzigen Zeugen der Tat – der Vater und seine Geliebte – haben vor Gericht ausgesagt, daß der Sohn in Abwehr eines tätlichen Angriffs des Vaters geschossen hat. Möglich, daß diese den früheren Aussagen widersprechende Bekundung nicht auf Wahrheit beruhte – so hatte doch das Gericht mehr als einen Grund, diese Brücke zu betreten. Wenn das Gesetz den Totschlag an einem Verwandten aufsteigender Linie besonders schwer bestraft, so doch deshalb, weil es die Tat eines entarteten Sohnes gegen einen guten Vater im Sinne hat. Der eigentlich moralisch Schuldige ist aber in diesem Falle dieser Vater, der den Sohn wenn nicht zum Ergreifen der Waffe, doch zur Verzweiflung getrieben hat. Und dieser Vater empfindet nun doch Reue; er ist vielleicht kein schlechter, aber selbst ein haltloser, triebhaft handelnder Mensch. Er will nicht die Bestrafung des Kindes, er bekennt (vielleicht fälschlich), den Sohn noch einmal angegriffen zu haben. Da hätte das Gericht die Pflicht gehabt, diesem Vater zu glauben, um auf diesem Wege zu einer möglichst gelinden Bestrafung zu gelangen!

Das Schwurgericht alten Stils hätte anders gesprochen als dieses, in dem der Formalismus und der »kriminalistische Scharfsinn« der Juristen es so leicht haben, über den gesunden Menschenverstand und einfache Menschlichkeit zu triumphieren.

Der Sachverständige

Wieder einer, der, in der Trunkenheit eifersüchtig, seine Geliebte tötete. Kleine Nuance: Er erschoß sie nicht, sondern warf sie über ein Brückengeländer in die Spree, sprang nach, wurde gerettet. Die Geliebte nicht. Zugegeben eine Nuance. Aber die Fälle häufen sich derart, daß man die handelnden Personen nur noch als Holzfiguren agieren sieht. Sie fühlen nichts. Ihr Schmerz gehört der Welt, nicht ihnen mehr.

Doch eine Episode ließ uns lachen.

Ein Augenzeuge der Tat, junger Gastwirt, macht seine Aussage mit erdenklicher Vorsicht. Zuerst will er schon gar nicht schwören – die Sache sei doch zu lange her.

»Sie müssen schwören und dann sagen, was Sie noch wissen.«

Er schwört und sagt. Dabei befleißigt er sich einer äußerst korrekten Aussprache und weiß noch von jedem einzelnen Schnaps, der in der Nacht getrunken wurde. Am Ende fragt der Vorsitzende den Zeugen, ob der Angeklagte betrunken gewesen sei.

Und der Zeuge sagt: »Er war sinnlos betrunken.«

Vorsitzender: »Ob er ›sinnlos‹ betrunken war oder nicht, darüber müssen Sie die Entscheidung dem Gericht überlassen. Sie sind kein Sachverständiger, sondern ein Zeuge. War er betrunken oder nicht –«

Zeuge: »Er war so betrunken, daß er nicht mehr wußte, was er tat.«

Vorsitzender (etwas erregt): »Ich habe Ihnen gesagt, Sie sollen hier nicht als Sachverständiger aussagen.«

Zeuge (weiß absolut nicht, was er nun sagen soll).

Vorsitzender: »Torkelte der Angeklagte?«

Zeuge: »Man kann vollkommen betrunken sein, ohne zu torkeln.«

Vorsitzender (außer sich): »Himmel – wie oft soll ich Ihnen sagen, daß Sie kein Sachverständiger sind, sondern ein Zeuge!!«

– – –

An und für sich könnte man sich denken, daß ein Mann, der eine Kneipszene mitmacht und dann zusehen muß, wie einer der Zechgenossen seine Geliebte in die Spree wirft, einen Eindruck gewinnt, daß und wieweit der Täter sich etwa von normal sinnvollem Handeln entfernt haben mag. Denn er kennt den Angeklagten in nüchternem Zustande, er hat die Phasen des sich steigernden Rausches mitgemacht. Auch verbietet der Vorsitzende ihm keineswegs zu sagen, daß die Stimmung trotz des Alkoholgenusses während des Abends »gedrückt« gewesen sei. Man kann nämlich alle möglichen Eindrücke vor Gericht äußern – nur nicht Vokabeln, die im Aktionsradius des § 51 liegen.

Man könnte sich denken, daß ein solcher Augenzeuge ein deutlicheres Bild auch von den inneren Vorgängen hat als ein richtiger Sachverständiger – oder als nüchterne sechs Schöffen und drei Richter, zumal wenn der Zeuge selber eine Gastwirtschaft im Osten Berlins hat, täglich mit Betrunkenen umgehen muß – und (wie aus seiner verständigen Art geschlossen werden kann) sehr wohl mit solchen Leuten umzugehen weiß. Denn in diesem Falle ist gerade die Hartnäckigkeit des Zeugen ein Beweis dafür, daß es gar nicht seine Absicht war, den Angeklagten herauszureißen. Dieser Zeuge wollte eben sagen: Weil der Angeklagte sinnlos sprach und handelte, deshalb muß er wohl betrunken gewesen sein. Und er wollte auch sagen: Torkeln beweist gar nichts, denn wieviele torkeln und sind bei sehr hellem Bewußtsein. Kurz und gut: Dieser Mann war ein Zeuge, der sich auf die Sache verstand.

Man könnte noch einiges andere denken. Besser, man läßt es sein.

Mensch und Hund

Bei der Urteilsverkündung sagte der Schwurgerichtspräsident: Es ist in dieser Periode der dritte oder vierte Fall, daß ein Empfänger von Arbeitslosenunterstützung sein Geld bis auf den letzten Pfennig vertrunken hat, um dann halb im Rausch ein Roheitsdelikt zu begehen, das einen anderen Menschen das Leben kostete. Wie in den anderen Fällen, so ist auch dieser Täter sonst als ein ruhiger und anständiger Mensch erkannt worden, dem mildernde Umstände nicht abzusprechen waren. Aber die Folgen der Tat sind zu schwer, um es bei einer allzu milden Strafe lassen zu können: zwei Jahre Gefängnis unter Anrechnung von acht Monaten Untersuchungshaft. Ablehnung von Bewährungsfrist und Haftentlassung.

Ein Schwurgericht, das in einer Periode vier ähnliche Fälle zu beurteilen hat, wird begreiflicherweise sich schwer entschließen können, ein Delikt, das den Tod eines Menschen hervorgerufen hat, leicht zu nehmen. Man wird sich vielleicht damit abfinden müssen, daß ein Angeklagter auch da büßen muß, wo sein persönlicher Fall es immerhin dem Verteidiger ermöglichte, Freisprechung zu beantragen:

Der Angeklagte, ein junger Mensch von 21 Jahren, hatte reichlich getrunken, befand sich mit nicht mehr sicheren Beinen auf dem Heimweg, als er von einem Hunde angefallen wurde. Der Hund sprang an ihm empor – der Angeklagte will sogar das Gefühl gehabt haben, der Hund sei auf ihn gehetzt worden, worüber er sich wahrscheinlich täuschte. Er zog rasch das Messer, drehte sich um, sah ein älteres Ehepaar als Besitzer des Hundes, beschimpfte die Frau. Der Mann, ein halb gelähmter Taubstummer, trat zum Schutze vor seine Frau, erhob die Hundepeitsche gegen den Angeklagten, der nun zustach und den alten Mann am Oberarm so schwer verletzte, daß der Tod durch Verbluten erfolgte. Sicher mit Recht nahmen Sachverständige und Richter an, daß der Angeklagte nicht in einem die Besinnung ausschließenden Rauschzustand war. Aber in welchem Zustande war er wirklich? Und das ist der Punkt, über den eine noch so milde Urteilsfällung niemals Aufschluß geben wird oder kann – auch wenn man in einem solchen Falle versteht, daß das Gericht aus Gründen allgemeiner Art zu einer Verurteilung sich verpflichtet fühlt.

Wie nämlich dem jungen Mann zumute war, als er, vom Alkohol reichlich verwirrt, plötzlich von dem Hunde angesprungen wurde, ist ebensowenig zu ermitteln wie die seelischen Vorgänge, die den Hund antrieben, den jungen Mann anzufallen. Ohne diesen Ansprung des Hundes wäre die ganze Katastrophe, die einen Menschen das Leben und einen anderen zwei Jahre Gefängnis kostete, ungeschehen geblieben. Die tiefste Ursache also liegt in der Seele des Hundes. Der Staatsanwalt sagte zwar in seinem Plädoyer, der Hund habe es nicht bös gemeint, und wenn man von einem schäkernden Hunde ein bißchen angesprungen wird, wehre man den Hund ab und gehe still seines Weges.

Angenommen, der Staatsanwalt habe die Psyche des Hundes richtig erkannt, so hat er vielleicht doch den Unterschied der Wirkung übersehen, die ein wohlmeinend schäkernder Hund einmal auf einen nüchternen Staatsanwalt und ein anderes Mal auf einen betrunkenen Arbeitslosen ausübt. Schon das Verhältnis dieses Angeklagten zum Alkohol ist ein besonderes. Es handelt sich nicht etwa um einen Gewohnheitstrinker. Es steht fest, daß der junge Mann am Tage zuvor richtig Hunger litt und sich von seiner Schwester zehn Pfennige lieh, um sich ein paar Schrippen zu kaufen. Es ist wahrscheinlich, daß sein Körper und sein Gehirn durch Entbehrungen geschwächt waren, daß seine Willenskraft gelähmt war und er infolgedessen besonders der Wirkung des Alkohols ausgesetzt war. Wer will wissen, was in dem Gehirn eines solchen Menschen vor sich geht, der plötzlich durch einen wohlmeinenden Hund in Schrecken versetzt wird, der glaubt, sich verteidigen zu müssen, der vielleicht das Messer zunächst gegen den Hund zieht, um es dann auf den Besitzer des Hundes niederfallen zu lassen? Kann ein solcher Mensch noch ermessen, was dieser Hundebesitzer will, wenn er die mit der Peitsche bewehrte Hand erhebt ... sich verteidigen oder angreifen?

Für die Unerklärlichkeit menschlicher Gehirnvorgänge aber spricht die Vorgeschichte des Prozesses. Die Angelegenheit ist nämlich vor einem halben Jahr bereits vom Schöffengericht verhandelt worden. Auch damals hatte – wie gestern – der Staatsanwalt selbst auf mildernde Umstände plädiert. Das Schöffengericht aber hatte die mildernden Umstände versagt und den Angeklagten zu drei Jahren Zuchthaus verurteilt. Hiergegen wurde Berufung eingelegt, und die Strafkammer erkannte plötzlich, daß das Schöffengericht für Körperverletzungen mit Todesfolge gar nicht zuständig sei: sondern das Schwurgericht.

Und nun denke man: Dem Schöffengericht sitzt ein sehr ernster, sehr gewissenhafter Jurist vor; an Juristen sind ferner anwesend ein Staatsanwalt und ein Verteidiger, und diese drei Juristen mit zum Teil widerstreitenden Interessen bemerken trotz ihrer Bildung, ihrer fachlichen Kenntnisse und der geruhsamen Zeit, die ihnen zur Überlegung zur Verfügung steht, nicht, daß das Schöffengericht überhaupt gar nicht zuständig ist. Der Richter fällt sicherlich nach bestem Ermessen und sicherlich falsch ein sehr hartes Urteil, das nunmehr durch das Schwurgericht glücklicherweise erheblich gemildert ist.

Aber ein halb betrunkener junger Mensch, unbeschwert von Wissen, geschwächt durch Entbehrungen und Alkohol, soll sich in einem Bruchteil einer Sekunde darüber entscheiden, ob ein ihn anfallender Hund es gut oder böse meint, ob eine mit der Peitsche bewehrte Hand schützen, drohen oder angreifen will, ob das Messer, das er zur Abwehr spontan gezückt hat, diesen oder jenen Weg nehmen wird!

Die Tat des jungen Menschen wird gesühnt, gut. Der Irrtum eines Gerichts ist nichts weiter als ein kleiner Betriebsunfall, von dem niemals die Rede sein wird.

Das sind so die Unterschiede.

III
Revue

In dem Kapitel ›Revue‹ läßt Sling verschiedene Gruppen von Angeklagten an uns vorbeiziehen. Wir lernen die »Größen« aus den Bestechungsskandalen der damaligen Zeit kennen, die Barmat, Kutisker, Sklarz; Regierungsräte, Staatsanwälte, Post-, Zoll- und Gemeindebeamte. Verglichen mit den wirklichen Schiebern von damals, wie wir sie in dem Osthilfe-Skandal, dem Prozeß der Pommerschen Hauptgenossenschaft oder dem Panama der Lahusens erlebten, waren die Barmats und Sklarzens kleine Geschäftsleute. Großgemacht wurden sie nur von der deutschnationalen und rechtsradikalen Presse, weil sie Ostjuden waren. Durch ihre angeblichen Verbindungen mit Regierungskreisen sollte die Weimarer Republik verunglimpft und Antisemitismus verbreitet werden. Nationalistische Richter förderten diese Tendenz. Noch heute zehrt die antisemitische Propaganda von diesen Fällen, um damit die völlige Korruption des Dritten Reiches zu überdecken, deren Symbol die Hitlerschen Millionen-Dotationen an seine hohen zivilen und militärischen Gefolgsleute waren. Meine Schrift ›Justizdämmerung – Auftakt zum Dritten Reich‹, im März 1932 unter dem Pseudonym Eike von Repkow veröffentlicht, wies schon damals darauf hin, daß Korruption in nationalistischen und nationalsozialistischen Kreisen weit größer war als unter angeblichen Freunden von »Systempolitikern«.

Der Tag der Präsidenten im Barmat-Prozeß

In die Finanzskandale der Nachkriegszeit waren zahlreiche hohe Beamte verwickelt: manchmal als Angeklagte, manchmal als Zeugen.

Mit Exzellenz von Dombois begann es. Exzellenz, sehr Exzellenz, vornehm, schlank, noch immer hoch aufgerichtet, ein Siebziger von Haltung und Unterschrift. Für den Prozeß Barmat kommt nur seine Tätigkeit im ersten Vierteljahr 1924 in Betracht, dann wurde er vom neuen Präsidenten Schröder abgelöst.

Herr von Dombois ist über die größeren Zusammenhänge und wichtigeren Gesichtspunkte des Bankbetriebes sicher (man möchte sagen, von innen heraus) besser unterrichtet als der erste Staatsbankzeuge Staatsfinanzrat Soldat. Aber um so weniger erkennt er vom hohen Präsidentenstuhl Einzelheiten mit bloßem Auge. Manches Detail hat der alte Herr vergessen, und so weiß er auch kaum zu sagen, ob diese oder jene Verfügung, die er getroffen hat, zur allgemeinen Kenntnis gelangt ist.

Da ist zum Beispiel die Verfügung vom 20. Dezember 1921, in der Kredite über 300 Mark unter die Genehmigungspflicht des Generaldirektoriums gestellt wurden. Exzellenz hat diesen Beschluß zwar selbst unterschrieben, aber was er eigentlich bedeutet, weiß sie selbst so recht nicht mehr. Sie denkt darüber nach und meint, es sei wohl hauptsächlich eine Anweisung an die Kassierer gewesen, selbständig nicht über höhere Beträge zu verfügen. Und sie verneint nicht die Frage eines Rechtsanwalts, ob vielleicht in diesem Fall das Wort »Generaldirektorium« gleichzusetzen sei mit »Mitglied der Generaldirektion« – so daß etwa der Kassierer nicht handeln durfte ohne Genehmigung des Sachreferenten, das heißt in diesem Falle des Herrn Hellwig.

Auf die Frage, ob im ersten Vierteljahr 1924 Darlehen mit oder ohne Entwertungsklausel gegeben worden seien und wann und wie diese Entwertungsklausel angewendet worden sei, sagt Herr von Dombois: »Es sei in der Zeit gewesen, in der man von der Stabilität der Rentenmark noch nicht ganz überzeugt gewesen sei. Ob Entwertungsklausel oder nicht, das wurde – in das Ermessen des Kunden gestellt, der eventuell höhere Zinsen hätte zahlen müssen.« Der Vorsitzende stellt einen Fall fest, in dem trotz fehlender Entwertungsklausel ein niedriger Zinsfuß festgesetzt wurde. Im allgemeinen spricht sich Herr von Dombois dahin aus, daß die einzelnen Referenten selbständig handeln konnten, wenn sie auch der zweiten Unterschrift eines Kollegen bedurften.

Dann Herr Schröder, einst rechte Hand des Reichsfinanzministers Hermes, mit gesträubtem grauen Schnurrbärtchen in dem runden Gesicht, gar nicht Exzellenz, nur Präsident. Von ihm hört man schärfere Töne.

Zuerst, nach seiner Amtsübernahme, habe er längere Zeit verzichtet, sich um Einzelheiten zu kümmern. Barmat hatte er auf Verwendung des Finanzministeriums – der Vorgang ist bekannt – bereits in den ersten Tagen seiner Amtszeit empfangen.

Daß der Barmat-Kredit die Höhe von sieben Millionen überschritten hatte, erfuhr er in der denkwürdigen Sitzung vom 19. Mai. Damals wurde jener den Kredit einschränkende Beschluß gefaßt, von dem Hellwig nichts wissen will, weil er zu spät zur Sitzung gekommen sei. Im Anschluß an die Sitzung sei es im Amtszimmer des Herrn Vizepräsidenten Rugge zu einer lebhaften Auseinandersetzung zwischen Rugge, Hellwig und Rühe gekommen. Hellwig sagt heute, daß damals gerade die Verfehlungen in der Lombardabteilung aufgedeckt worden waren und daß Rugge, der Gelddisponent des Hauses, von diesen ihm peinlichen Vorgängen ablenken wollte, indem er den Barmat-Kredit in den Mittelpunkt des Interesses rückte.

Schröder aber bleibt dabei, daß Hellwig die Beschlüsse der Generaldirektion zur Kenntnis genommen haben muß – denn es sei selbstverständliche Pflicht jedes Mitglieds gewesen, sich über die gefaßten Beschlüsse zu informieren.

»Selbstverständliche Pflicht« – und die Frage: »Was ist selbstverständliche Pflicht?« ist in diesem Prozeß ein wesentlicher Komplex, der mit Vorliebe von denjenigen behandelt wird, die das Glück haben, sich nur als Zeugen verantworten zu dürfen.

Kutisker-Gänse

Die Gänse des Kapitols retteten einst Rom. Preußen war es vorbehalten, durch Gänse verdorben zu werden. Durch die Gänse des Kapitals mit'm a. Durch Kutiskers Gänse.

Durch Gänse wird die Lage der einstigen Staatsbankdirektoren immer peinlicher. Durch Waggonladungen von Gänsen, durch Tausende von Gänsen zu 70 Pfennig das Pfund.

Kutisker verschenkte die Gänse keineswegs. Aber es waren Zeiten, da man im Kleinhandel 2,50 für das Pfund zahlte. Und Kutisker konnte sagen: »Ich beziehe die Gänse aus Litauen direkt vom Produzenten, auf dem Seewege und gefroren. Deshalb bin ich so billig.« Und nichts wirkt anheimelnder als eine Gans unter Ausschaltung des Zwischenhandels zum Selbstkostenpreis. Vor allem war es ein Sympathiemittel, das der ganzen Staatsbank vom Portier bis zum allgemeinsten Rat zugute kam. Einmal war der Gänsewaggon ausgeblieben, da hatte Kutisker 119 Gänse in der Halle zum Kleinhandelspreis von 2,50 kaufen lassen und sie doch zu 70 Pfennig weitergegeben. Es stellt sich heraus: sogar koschere Gänse.

»Daß die Gänse koscher waren, darauf dürften die Herren der Staatsbank kaum so großes Gewicht gelegt haben –«, sagt der Vorsitzende.

Erst stellte man die Tatsachen fest. Dann bemühte man Herrn Geheim- und Seehandlungsrat Dr. Rugge als Zeugen. Man fiel nicht gleich mit den Gänsen ins Haus, sondern besprach zunächst andere Dinge.

Man fragte etwa Herrn Rugge, ob er seinen Exkollegen Rühe für einen anständigen Menschen halte. Und Herr Rugge sagte, er halte es für vollkommen ausgeschlossen, daß Rühe Geld genommen habe. Er sei nur in der schweren Zeit seiner Aufgabe nicht gewachsen gewesen. Hm. Also Herrn Hellwig halte er nicht für so anständig? Doch, er mache gar keinen Unterschied, für genauso anständig. Hellwigs wirtschaftliche Überzeugung sei gewesen: Die deutsche Wirtschaft leidet unter Kapitalnot. Sie kann nur in Schwung kommen durch Kapital. Wir haben Kapital auf der Staatsbank. Also müssen wir es hergeben.

»Ausländern?« fragte der Vorsitzende.

»Wir haben auch deutschen Interessenten Geld gegeben.«

Was war mit Rühe? Der Wert der Deckungen wurde alle paar

Tage ausgerechnet bis auf die Kutiskers, denn dessen Angelegenheiten behandelte Rühe persönlich. Rühe schwor eben auf Kutisker.

Und Hellwig? Von Hellwig könne man sagen, er sei auf Grund seiner wirtschaftlichen Überzeugungen sehr gebefreudig gewesen.

»Gebefreudig – auch nehmefreudig?« Herr Rugge weiß nicht, was gemeint ist. Der Vorsitzende klärt es auf: 50000 M. Reisespesen, die Herr Hellwig für eine zehntägige Reise nach Paris von der Staatsbank entnahm. Nun erinnert sich Herr Rugge ganz genau. Man habe Herrn Hellwig damals drei große Schecks mitgegeben, da man nicht wußte, ob er nicht unversehens viel Geld brauchen würde. Aber der Vorsitzende habe die Summe falsch errechnet. Herr Hellwig habe nur 11000 Goldmark für sich behalten. Für zehn Tage.

Dann kommen die Gänse. Auch Herr Rugge hat sich nicht gewundert, sondern gegessen. Wie er sich erinnert, zu einer Mark das Pfund. Daß Kutisker die 119 Gänse selbst mit 2,50 bezahlt hatte, das wußte er nicht. Er hätte sonst natürlich Bedenken gehabt. Wie die Gänse in sein Haus gekommen seien? Er meint, wohl durch einen Boten der Staatsbank. Leider existiert eine Spesenrechnung eines Vertrauten Kutiskers, der die Gänse im Droschkenauto den Direktoren zugeführt hat. Jedenfalls aber seien die Gänse gefroren gewesen, sie hätten die Hälse lang ausgestreckt.

Und der Vorsitzende sagt: »Es war Dezember und kalt. Da wird auch die pommersche Gans kalt und starr.«

Herrn Rugges äußere Erscheinung? Nicht gerade geheimrätlich, doch ziemlich kalt und starr. Nur sanft belebt von Maienwärme.

Oben im dritten Stock plätschert die Angelegenheit Bartels sanft dahin. Dieser Regierungsrat ist – wenigstens vorläufig – in der Lage, die gegen ihn erhobene Anklage belächeln zu können. Die »Fälle«, die man bis zur Stunde verhandelt hat, sind als Anklagepunkte nur zu verstehen, wenn man die in Moabit geltenden Anschauungen über die Ausländer im allgemeinen und die östlichen Einwanderer im besonderen kennt – d. h., soweit sich diese was zuschulden kommen ließen. Es geschieht natürlich sehr oft, daß ein Ausländer aus objektiven Gründen freigesprochen wird. Muß er aber verurteilt werden, so geschieht es selten ohne eine allgemeine Bemerkung über die Schädlichkeit solcher Ausländer, die das verarmte deutsche Volk brandschatzen.

Tatsächlich hat Bartels als Leiter der Fremdenpolizei einige bereits verfügte Ausweisungen zurückgenommen und östlichen Einwanderern längere Aufenthaltsbewilligungen erteilt. Zum Beweise seiner angeblich strafbaren Handlungen werden die Aktenvorgänge genau durchforscht, und man findet – bisher – immer, daß es diesen Ausländern nach einer ausgesprochenen Ausweisung doch gelang, irgendeine andere Instanz (zumeist ein Ministerium) zu finden, die ein gutes Wort bei Bartels für sie einlegte. Politisch interessant ist dabei ein Gegensatz zwischen der deutschen Botschaft in Moskau und dem Berliner Fremdenamt. In einem besonderen Falle wird die Botschaft sehr ausführlich. Sie betont, daß die russische Regierung deutschen Staatsangehörigen (einschließlich der Botschaftsbeamten) überhaupt keine dauernde Aufenthaltsbewilligung ausstellt, und sie versichert, daß der in Frage kommende Russe nach der Art, wie er sein Vermögen erworben hat, zu den in Deutschland unerwünschten Ausländern gehört.

Bartels hat sich anders eingestellt. Er hat den Terror in Rußland miterlebt und will den Flüchtlingen, die hier zu einer eigenen Erwerbsquelle gelangen, deutsche Angestellte beschäftigen, die Existenz nicht unmöglich machen. Der von der deutschen Botschaft so schlecht beurteilte Ausländer aber war nachweislich ein Industrieller, der in engem Zusammenhang mit der deutschen Industrie in Rußland Schallplatten herstellte und vertrieb.

Vor allem aber: Irgendein Hinweis, daß – in den bisher verhandelten Fällen – Regierungsrat Bartels sich bei seinen Entschließungen von unsauberen Motiven leiten ließ, fehlt vollkommen. Er sagt lächelnd: »Es wäre mir auch sehr schwer geworden, da ich – nachweislich – vom ersten Tage meiner Tätigkeit an, ich weiß nicht von wem, bespitzelt worden bin.«

Geht es diesem Regierungsrat gut – seine Sache endet schließlich mit Freispruch –, einem andern, zwei Stockwerke tiefer, geht es schlechter.

Was da steht, ist nur noch die Ruine eines Regierungsrates, angeklagt wegen einiger kleiner Darlehen, die er in betrügerischer Absicht aufgenommen haben soll. Man sieht einen früh gealterten Mann von 41 Jahren, merkwürdig vernachlässigt, auch in seiner Kleidung. Und doch hat seine Laufbahn unter glücklichen Aussichten begonnen. Als Sohn eines Geheimrats kam er zur Welt, durfte in Grenoble und Cambridge studieren, diente bei den Allensteiner Dragonern, kam zur Regierung nach Köln, machte den Krieg als Offizier mit, wurde dann als Regierungsrat Vertreter des Landrats in Helgoland – anderthalb Jahre lang. Dann wurde er nach Merseburg versetzt, bat aber hier um seinen Abbau, da er seiner geistigen Fähigkeiten nicht mehr sicher war.

Er war – durch den zufälligen Besuch eines Berliner Klubs – dem Spielteufel verfallen. Er sagt leise: »Das Spiel macht mir keine Freude – ich spiele unter Zwang.«

Seine Beschäftigung ist heute die Berechnung »sicherer Systeme«. Der Gerichtsarzt glaubt an einen langsam fortschreitenden Verfall der Geisteskräfte. Da zwei Geschwister des Angeklagten unheilbar verblödet im Irrenhaus sind, beantragt er eine dreiwöchige Untersuchung. Und das Gericht gibt diesem Antrage statt.

Staatsanwalt Jacoby I

Im Zusammenhang mit einem Millionenbetrug in dem Berliner Lombardhaus Bergmann wurde der Staatsanwaltschaftsrat Dr. Walter Jacoby I verhaftet. – Jacoby hatte über Bergmann gute Auskünfte gegeben und dadurch dem Lombardhaus große Einnahmen verschafft.

Man kennt die amtierenden Herren nicht immer dem Namen nach. Sie legen ja auch nur selten besondere, eigentümliche Wesenszüge an den Tag. Der Richter ist viel eher geneigt, seine Persönlichkeit sprechen zu lassen, mit Bedacht, mit Zorn oder mit Humor – je nachdem.

Der Staatsanwalt liebt es, sein Amt, nicht sein Wesen, wirken zu lassen. Er zeigt eine Maske, die freilich mit der Zeit oft genug sein eigenes Gesicht wird.

Der verhaftete Staatsanwalt war vielleicht die vollkommenste dieser Masken. Ein sehr großer, schlanker Herr, das runde, hochgewölbte Haupt vollkommen kahl, brauen- und wimpernlos die blauen Augen, bartlos das regelmäßige, ernste, undurchdringliche Gesicht mit den dünnen, fest geschlossenen Lippen. Man kann sagen: die beste Maske, die ein Schauspieler machen will, um einen bis ins kleinste korrekten, übertrieben vorsichtigen, zurückhaltenden, seiner Würde und Verantwortung bewußten Staatsanwalt darzustellen.

Das will sagen: keinen schnoddrigen, überschneidigen, strafwütigen Herrn der alten Schule. Eher einen teilnahmslosen, ungerührten, unnahbaren. Einen, der seine Höflichkeiten abzirkelt, der vielleicht von der Natur gehemmt ist, aus sich herauszugehen. Nüchtern, genau, wie der ganze Mann, seine Plädoyers. Auch in der Sprache geht er akkurat den vorgeschriebenen Weg. Nicht zu denken, daß er je den grünen Rasen der Menschlichkeit betreten oder gar ein kleines Blümchen gepflückt hätte. Und so kerzengerade schritt er daher, daß man nicht einmal Antipathisches an ihm entdeckte. Man zollte ihm Respekt, und in den Kreisen der Kollegen war er keineswegs unbeliebt.

Ist eine Maske heruntergerissen worden? Ist dieser Mann ein Heuchler der Tugend? Ist er genauso schuldig, nein, schuldiger als die armen Sünder, gegen die er stets die abgezirkelten Gefängnis- und Zuchthausstrafen beantragte?

Man wird mit der Beantwortung solcher Fragen warten müssen bis zum Tage des Gerichts. Aber ich kann an den entlarvten Heuchler nicht glauben. Wenn er sich schuldig machte, geschah es – könnte ich mir denken – auf andere Weise.

Er lebte sein Ideal, das des nüchternen, hoheitsvollen, weltfremden preußischen Beamtentyps. Das heißt – er ist der Beamte, den wir nicht mehr brauchen können, wie er sich einigermaßen hielt, solange ein bißchen eigenes Vermögen oder Mitgift der Frau den erschreckend knappen Sold ergänzte. Wir wissen, es gehört eine große Entsagungskraft dazu, mit einem solchen Sold auszukommen. Begreiflich, daß viele Beamte nach Stellungen in Handel und Industrie Umschau halten, in arbeitsreichen Nächten versuchen, sich umzustellen oder aber durch besondere Leistungen für die Beförderung zu empfehlen. Das sind die beherzten Männer, die wir im Beamtentum brauchen. Andererseits: Es bedarf keiner sehr sträflichen Leidenschaften, um ein staatsanwältliches Budget zu erschüttern.

Der Verhaftete hat Frau und Kinder. Wir wissen, in dem Haushalt eines Justizbeamten ist kein Raum für die unschuldigste Zerstreuung, für die berechtigtste Ausgabe zu Bildungszwecken.

Was nun auch die Ursache gewesen sein mag – dieser Mann war nicht beherzt. Je weniger es ihm gegeben war, durch Phantasie und Intelligenz über die Norm hinauszuwachsen, um so geringer mag sein Widerstand gegenüber dem Verführer gewesen sein. Gerade weil ihm die Fassade alles war, mußte sein Haus zusammenbrechen.

Ein Stück Altpreußen ist wieder mal vernichtet – ein Stück, das vielleicht sogar einer Idee lebte – aber keiner schönen. Die Idee war, daß die Menschen des Staates wegen auf der Welt seien. Man kann es bedauern, aber es ist nur natürlich, daß die Träger dieser Idee zugrunde gehen. So oder so.

Verspielt

Man erlebte es nicht ohne Erschütterung: Ein Rechtsanwalt mußte die Verteidigerbank mit der des Angeklagten vertauschen. Der kleine Anwalt war sicher nie als eine Größe unter seinen Kollegen angesehen. Freilich er hatte wenigstens seine Spezialität: Er verteidigte alle Spieler. Wer da irgendwo sich einen Klub aufgemacht hatte, nahm sich ihn als Anwalt – und er hatte sicher auf diesem Gebiet die größten Spezialkenntnisse –, weil er selbst ein Spieler war und ein Verspieler dazu. Das Vermögen seiner wohlhabenden Frau floß dahin, es kam zu einer sehr peinlichen Scheidung, im Anschluß daran (vor Jahren) zu einer strafrechtlichen Verfolgung. Damals, als der kleine Anwalt seelisch vollkommen zusammengebrochen war, konnte ihm der gerichtliche Sachverständige den Schutz des § 51 zubilligen. Die an sich nicht einwandfreien geschäftlichen Dispositionen, die ihm vorgeworfen wurden, fanden keine strafgesetzliche Ahndung.

Der kleine Anwalt spielte weiter. Zweimal mußte er den Offenbarungseid leisten, schließlich erfolgte eine Anzeige, weil er in drei Fällen Geld, das ihm für seine Mandanten eingezahlt war, trotz mehrfacher Mahnungen nicht abgeführt hatte. Es handelte sich um ganze 300 Mark. Er konnte sie nicht aufbringen. Das Schöffengericht verurteilte ihn wegen Untreue zu sechs Monaten Gefängnis und erkannte ihm die Fähigkeit zur Bekleidung öffentlicher Ämter auf drei Jahre ab.

Schwache Menschen sind oft gut zu leiden. Auch dieser kleine Rechtsanwalt genoß Sympathien, die man ihm nicht entziehen will. Auch wenn er nun verurteilt werden mußte. Es gibt unter den Rechtsanwälten manche Existenz, deren Leben der Würde dieses Standes nicht entspricht. Wenn man aber hört, daß im vorigen Jahr in Berlin 80 Rechtsanwälte den Offenbarungseid leisten mußten, so gewinnt man doch die Überzeugung, daß es einer verhältnismäßig großen Anzahl von Anwälten heute nicht mehr gelingen will, sich die Mittel zu einer standesgemäßen Lebensführung zu erarbeiten. Das Unglück trifft ja vermutlich nicht so sehr immer die schwächeren Talente wie die schwächeren Charaktere. Es mag auch keine leichte Aufgabe für die Anwaltskammer sein, hier zu unterscheiden und immer die richtigen Maßnahmen zu treffen, die eine Sicherheit des Publikums verbürgen.

Der Fall des kleinen Rechtsanwalts zeigt überdies, daß es nicht immer der schlechteste Mensch ist, der am Ende mit dem Strafgesetz in Konflikt gerät. Der Leichtsinn hat ihn zu Fall gebracht, nicht in jungen Jahren, als angehenden Fünfziger, der nun eigentlich hätte in der Lage sein sollen, die Früchte seiner Mühen zu sammeln.

Wenn nicht vor dem Berufungsgericht ein Wunder geschieht, so dürfte er ausgespielt haben. Er wird nicht mehr, wie einst, mit den Karten in der Hand den Schöffen dieses oder jenes Spiel vormachen, um zu beweisen, daß es kein Glücksspiel sei. Er wird nun einsehen, daß es doch immer aufs Glück ankommt. Und er hat keins gehabt.

Gericht vor Gericht

In den Kassen der Gerichte stimmt was nicht. Zuweilen sind es die Kassen selbst, die nicht stimmen. Werden sie in Ordnung gebracht, so stimmt es bei den Kassierern nicht, menschlich.

Zufällig wird man Zuschauer einer Berufungsinstanz, die ein Justizinspektor angestrebt hat, um sich von einer über ihn verhängten Gefängnisstrafe von neun Monaten zu befreien. Aber die eingelegte Berufung war eine leere Geste der Verzweiflung. Der in seinem Stande angesehene Mann, der in der Beamtenschaft eine ganze Reihe von Ehrenämtern einnahm, ist zur Berufungsinstanz gar nicht erschienen. Er entschuldigte sich ungenügend mit Bronchialkatarrh. Das Gericht verwirft die Berufung.

Ein paar Säle weiter sitzen sieben Kassenbeamte von Berlin-Mitte auf der Anklagebank. Vor ihnen sitzen sieben Verteidiger. Drei Sachverständige, eine ganze Anzahl Herren vom Justizministerium und Kammergericht. Zwei Richter, zwei Schöffen, zwei Staatsanwälte – dazu noch Publikum –, es bleibt kaum ein Lüftchen zum Atmen.

Diese Kassenbeamten sind angeklagt, weil sie versucht haben, Verfehlungen ihres Kollegen Ilgner zu decken, nachdem dessen Vater, ein alter Obertelegraphensekretär, mit Mühe und Not den durch Fälschungen erschwindelten Betrag ersetzt hatte. I. ist inzwischen verurteilt. Peinlich, diese Anklagebank, mit dem Kassendirektor Zirke, einem langgedienten Beamten, an der Spitze. Die Angeklagten hatten geglaubt, dem schuldigen Kollegen helfen zu sollen. Sie haben die Anzeige unterlassen, die gefälschten Quittungen ausgeliefert, die notwendigen Rückbuchungen vorgenommen. Eine anonyme Anzeige brachte alles ans Licht. Aber das Merkwürdigste: Die Fälschungen waren aufgedeckt worden durch den Kassenbeamten Huster, der nun selber wegen Unterschlagung von etwa 360000 Mark in Untersuchungshaft sitzt. Hier erscheint er als Zeuge. Man erkennt sofort den scharfen, hochintelligenten Subalternbeamten, der es verstand, Respekt um sich zu verbreiten. Obgleich er hier nur als Zeuge vernommen wird, sucht er einen Teil seiner großen Schuld auf einen allerdings sehr eleganten Angeklagten abzuschieben. Nach Beendigung seiner Aussage nimmt er auf der Anklagebank Platz, neben ihm – zur Sicherheit – ein Justizwachtmeister.

Peinliches Bild. So verschieden die Köpfe – sie alle haben ein

Gemeinsames: die hochentwickelte Intelligenz, die subalterne Stellung. Leute, die, um ihren Beruf auszufüllen, ein besonderes Maß von Auffassungsgabe und Gedächtnis mitbringen müssen – und die dennoch aus ihrer bescheidenen Stellung nicht emporsteigen können. In Jahren, da die Staatsmoral selber erschüttert wurde, waren solche Menschen – man sieht Beamte ähnlicher Art fast täglich vor Gericht – Anfechtungen mannigfacher Art unterlegen.

Das Gericht tut seine Pflicht, kühl, korrekt – mit einem unverkennbaren Schamgefühl für das, was in seinen Mauern geschah.

Ein ungetreuer Postschaffner

Vor der Berufungsstrafkammer steht ein Postschaffner. Er hat beim Sortieren einige Briefe in seine Tasche verschwinden lassen, um ihren Wertinhalt an sich zu bringen, wurde von einem Vorgesetzten beobachtet, der die (noch ungeöffneten) Briefe wieder hervorzog. Der Postschaffner kann für seine Handlungsweise immerhin einen mildernden Umstand anführen: Er lebt mit Frau und drei Kindern in Berlin, ist aber in Dresden stationiert, hat also zwei Wohnungen. Zu dem ihm ausgezahlten Gehalt von zirka 160 Mark treten 80 Mark Spesen, so daß er für zirka 240 Mark sein etwas kompliziertes Leben bestreiten muß. Er genoß also auch nicht ständig den wohltätigen Einfluß des Familienlebens. Er kam in Verlegenheit, beging den törichten Streich, der keinem Menschen Nachteil brachte.

Er muß bestraft werden, darüber sind sich alle einig. Und der Angeklagte selbst, ein schwindsüchtig aussehender Mann, verschließt sich nicht der Einsicht.

Aber wie muß er bestraft werden?

Das Gericht erster Instanz erkannte auf ein Jahr Zuchthaus – was nach der geltenden Judikatur die Mindeststrafe darstellt.

Wie aber diese geltende Judikatur zustande kommt, erfuhr man in diesem Prozeß.

Das Strafgesetzbuch enthält einen Paragraphen, der auf den Fall des Postschaffners vollkommen zu passen scheint. Dieser § 354 besagt:

»Ein Postbeamter, welcher die der Post anvertrauten Briefe oder Pakete ... eröffnet oder unterdrückt ... wird mit Gefängnis nicht unter drei Monaten bestraft.« Fälle wie der des Postschaffners wurden denn auch jahrelang nach diesem § 354 abgeurteilt – bis zu dem Augenblick, wo das Reichsgericht eine geniale Entdeckung machte. Es stellte nämlich fest, daß ein Brief nicht nur ein Brief ist, sondern eine Urkunde, aus deren amtlichem Stempel Aufgabeort und -zeit zu ersehen seien. Der Beamte, der eine Urkunde vernichtet oder beiseite schafft, wird nach § 348 mit mindestens einem Monat Gefängnis bestraft. Geschieht dies aber in gewinnsüchtiger Absicht, so bestimmt § 349: Zuchthaus bis zu zehn Jahren. Die Mindeststrafe beträgt also ein Jahr Zuchthaus.

Diese Entscheidung des Reichsgerichts war einige Jahre in Schwung, bis sie in Vergessenheit geriet und so den harmloseren und nach menschlichem Ermessen allein zutreffenden § 354 wieder zu Ehren brachte. Ebermayer sagt denn auch in seinem Kommentar (1922): »Das Unterdrücken eines Briefes enthält nicht notwendigerweise das Beseiteschaffen einer Urkunde. Der Vorsatz des Täters ist im Falle des § 348 auf Beseitigung eines Beweismittels, im Falle des § 354 auf Beseitigung eines Beförderungsgegenstandes gerichtet. Die abweichende Reichsgerichtsentscheidung ist aufgegeben.«

Da kamen die Justitiare der Reichspost im Jahre 1926 auf die Idee, die alte Entscheidung wieder in Erinnerung zu bringen – und sie hatten Glück, das Reichsgericht erinnerte sich seines eigenen Genies: Seitdem werden alle unterdrückten Briefe als Urkunden angesehen, alle ungetreuen Postbeamten werden nach den Paragraphen 348 und 349 zur Mindeststrafe von einem Jahre Zuchthaus (unter Ausschluß mildernder Umstände) verurteilt.

Vergebens bemühen sich Anwälte und Gerichte niedrigerer Instanz, gegen diese Judikatur anzukämpfen. Denn, sowie die Sache vors Reichsgericht kommt, zwingt dieses zur Anerkennung seiner Judikatur.

Auch in diesem Falle sah sich die erste Instanz zu der platonischen Feststellung gezwungen, daß die Strafe äußerst schwer sei. Die Berufungsstrafkammer empfand dies ebenfalls. An dem Urteil konnte sie nichts ändern, aber sie wandte eine ministerielle Verfügung an, wonach es ihr möglich war, dem Angeklagten für die Hälfte dieser Strafe Bewährungsfrist zu bewilligen.

Man kann sehr wohl auf dem Standpunkt stehen, daß Veruntreuungen von Postbeamten, trotz ihrer miserablen Entlohnung, streng geahndet werden müssen, und man wird doch mit Schärfe gegen ein Reichsgericht protestieren, das höchst willkürlich mit den Paragraphen spielt, um schärfere Bestrafungen durchzudrücken. Was soll sich wohl der Gesetzgeber bei der Abfassung des § 354 gedacht haben, wenn er in dem vorliegenden Falle keine Anwendung finden sollte?

Wie unsinnig das Verfahren ist, sieht man aus folgendem: Ein Postbeamter, der ein Paket unterdrückt, kann nur nach dem § 354 bestraft werden, weil dieses Paket keinen amtlichen Stempel trägt. Löst aber ein Beamter aus philatelistischer Leidenschaft eine Briefmarke von einer Paketadresse – so beseitigt er eine Urkunde und muß zu einem Jahr Zuchthaus verurteilt werden. Tatsächlich – wie mir von sachkundiger Seite mitgeteilt wird – sind solche Urteile bereits gefällt worden.

Aber die Einsicht der niedrigeren Gerichte kämpft vergeblich gegen den genialen Geist von Leipzig.

Der Mann von 40 Jahren

Vor dem Berufungsrichter stand ein fünfundvierzigjähriger Postassistent, ein kleiner, unansehnlicher Mann, schüchtern, dürftig, sorgenbeladen. Er hatte sein bescheidenes Leben als Beamter und Familienvater vorwurfsfrei geführt, bis zu dem Tage, da an seinem Schalterfenster der Kopf eines Mädchens erschien, das nicht ohne symbolische Tücke den Namen Frisch trug. Sie war Österreicherin. Die Liebe entbrannte in furchtbarem Ausmaß. Als er von seinem ersten Zusammensein nach Hause kam, erklärte er seiner Frau, er müsse sich sofort von ihr scheiden lassen, denn nun habe er gefunden, was ihm immer gefehlt. Die Frau weigerte sich. Der Mann war nicht zur Vernunft zurückzuführen. Seinen Dienst versah er tadellos, aber er verkaufte fast den ganzen Haushalt, um der Geliebten willen. Am Ende fälschte er eine von ihm selbst an die Geliebte aufgegebene Postanweisung von 15 auf 115 Mark. Er machte das nicht ohne Raffinement. Aber kaum war das geschehen, so packte ihn die Reue. Er schickte die 100 Mark eilends an die Post zurück – es war zu spät. Der Leiter des Postamtes hatte die Fälschung bereits entdeckt: »Rücktritt vom Versuch« kam nicht mehr in Frage. Das Urteil der ersten Instanz lautete auf die Mindeststrafe: ein Jahr Zuchthaus – strikt nach dem Gesetz, das für diesen Fall keine mildernden Umstände kennt.

In der Berufungsinstanz versuchte die Verteidigung den Nachweis, daß der Angeklagte bei Begehung der Tat nicht in vollem Maße Herr seiner geistigen Kräfte war. Der Angeklagte hatte mehrere Monate lang an Urämie gelitten und sei erst im Mai – sehr geschwächt – aus der ärztlichen Behandlung entlassen worden. In diesem Zustande habe er der Verführung nur einen geringen Widerstand entgegensetzen können und sei in einen Zustand sexueller Hörigkeit verfallen. Eine weitere Vorbedingung für diesen Zustand sei das unbefriedigende Eheleben an der Seite einer braven, aber freudlosen Frau, während er sich von der sehr erfahrenen Geliebten zum ersten Male erotisch verstanden fühlte. Ohne diese besonderen Reizwirkungen hätte der Angeklagte sich nicht an ein wenig vorwurfsfreies Mädchen gehängt, das inzwischen von der Polizei ausgewiesen worden ist.

Der behandelnde Arzt bestätigte die Krankheit des Angeklagten, konnte aber mit einzelnen Daten nicht dienen, weil er sich über Kassenpatienten keine Notizen macht.

Ein Psychiater führte aus, daß die Urämie oft genug über die Verstandestätigkeit des Kranken einen eigentümlichen Schleier werfe. Man müsse aber annehmen, daß zur Zeit der Tat diese urämischen Zustände längst abgeklungen waren. Sinnlose Leidenschaft könne aber nicht als eine Geisteskrankheit im Sinne des § 51 angesehen werden. Wohl komme es vor, daß eine gesteigerte Leidenschaftlichkeit in Verbindung mit einem krankhaften Zustand, zum Beispiel beginnendem Greisenschwachsinn, eine seelische Verfassung hervorrufe, die unter den Schutz des § 51 gestellt werden müsse. In diesem Falle aber könne der Sachverständige einen solchen pathologischen Zustand nicht anerkennen.

Der Verteidiger wies darauf hin, daß das Gericht nicht an die Ausführungen des Sachverständigen gebunden sei. Der Angeklagte habe seine Schuld nie geleugnet, er habe aber auch aus der Haft Briefe geschrieben, die nur mit völliger Hörigkeit zu deuten seien. Er appellierte an die psychologische Einsicht der Richter und empfahl – für den Fall der Verurteilung – einen Akt der Gnade.

Der Staatsanwalt bat um Verwerfung der Berufung. Von einem balzenden Auerhahn, der die Vorsicht gegenüber dem Jäger außer acht läßt, könne man auch nicht behaupten, er sei geisteskrank.

Das Gericht folgte dem Gutachten des Sachverständigen. Der Angeklagte habe bei seiner Tat so viel Raffinement angewendet, daß an seiner geistigen Klarheit nicht zu zweifeln sei. Aber auch das Mitleid des Gerichts habe der Angeklagte nicht gewinnen können, da er mit der größten Rücksichtslosigkeit gegenüber seiner Frau und seinem fünfzehnjährigen Sohne gehandelt habe. Auch die Tatsache, daß er seine Liebe an ein so unwürdiges Geschöpf verschwendet habe, nehme gegen ihn ein, so daß vorläufig von einem Akt der Gnade nicht die Rede sein könne. Der Angeklagte habe ein schweres Verbrechen als Beamter begangen, indem er eine ihm zugängliche Urkunde zugunsten seiner Geliebten fälschte – er müsse die Tat büßen.

Der Angeklagte nahm die Strafe sofort an.

An der Korrektheit des Urteils ist nicht zu zweifeln, ja, der Richter hätte vielleicht einen Rechtsirrtum begehen müssen, um zu einem andern Ergebnis zu kommen. Und dennoch: Es ist furchtbar, furchtbar, furchtbar! Zunächst schon deshalb, weil es durch einen Zufall bedingt ist. Noch war die Tat nicht eigentlich ruchbar geworden – der Postvorsteher hatte sie eben entdeckt, als der Angeklagte sie wieder gutmachte. Eine Viertelstunde hätte vielleicht genügt, um den Tatbestand zu verändern.

Dann aber: Die Tat ist ein typisches Beispiel für den temporären »moralischen Verfall«, den der Gesetzgeber endlich in den Bereich menschlicher Erwägungen ziehen soll. Gewiß ist von Geisteskrankheit keine Rede. Aber wir Menschen sind nicht nur geistig gesund oder krank. Auch unsere sittliche Verfassung ist Attacken ausgesetzt. Und könnte man auch sagen: wir sind uns ja einig, daß alle Verbrecher moralisch krank sind, so ist doch ein Unterschied zwischen dem Menschen, der, von schlechthin niedriger Gesinnung geleitet, strafbare Handlungen begeht – und dem andern, unbescholtenen, der unter Einwirkung besonderer Umstände oder eines besonderen Erlebnisses zu einer einmaligen verbrecherischen Tat geführt wird.

Es gibt keine noch so verabscheuenswerte Tat, die nicht unter gewissen Umständen in einem mildernden Lichte erscheinen kann. Und wenn man zu prüfen hat, ob eine Strafe dem gewollten Zwecke entspricht, so muß man auch abwägen, ob sie nicht weit über das Ziel hinausschießt. Ich glaube nicht, daß das in diesem Falle zwangsläufig urteilende Gericht gleich mir der Ansicht ist: Für diesen Menschen ist Zuchthaus – und Todesstrafe identisch.

P.S. Was den Wert oder Unwert des Objektes einer Liebe betrifft – – meine Herren Richter!

Fünfzig Prozent

Er war Steuerbeamter und unterschlug im Jahre 1923 etwa 2000 Mark Steuergelder, die er eingezogen hatte. Die zu den Geldern gehörigen Urkunden vernichtete er.

Als es herauskam, wurde er geisteskrank. Der genaue Beginn der Geisteskrankheit ist nicht zu fixieren. Zwei Sachverständige untersuchten ihn genau, der eine beobachtete ihn sogar vier Monate lang. Ihre übereinstimmende Ansicht geht dahin, daß der Defraudant nicht etwa organisch geisteskrank sei, sondern lediglich psychisch. Erstens dürfte vielleicht die Tat selbst und dann aber hauptsächlich die Angst vor der Strafe seinen Geisteszustand verändert haben. Sehr stark habe dabei der Wunschgedanke mitgewirkt, als Unzurechnungsfähiger, als Verrückter sich der Verantwortung entziehen zu können. Auf diese Weise sei er nun tatsächlich verrückt geworden, wenn auch sicher heute in der Verhandlung der Angeklagte seine Verrücktheit übertreibe und wenig glaubhafte Anzeichen für angebliche Gedächtnisschwäche gäbe.

Die Frau des Angeklagten behauptet, daß ihr Mann schon vor zwei Jahren Zeichen geistiger Umnachtung gezeigt habe, und beruft sich auf das Zeugnis eines dritten sachverständigen Nervenarztes, der ihren Mann vor zwei Jahren wegen seines Geisteszustandes behandelt habe. Sie bekennt – und der Verteidiger kann es sogar aus einem Aktenvermerk beweisen –, daß sie vor zwei Jahren auf dem Finanzamt war und gebeten hat, ihren Mann nicht mehr mit Geldsachen zu beschäftigen, weil er mit dem Kopf nicht mehr ganz zuverlässig sei.

Der erste Sachverständige wird nunmehr gefragt, ob er es für möglich halte, daß der Angeklagte bereits vor zwei Jahren verrückt gewesen sei, was der Sachverständige energisch verneint. Der Angeklagte sei erst durch seine Tat in eine hysterische Depression verfallen, könne deshalb nicht schon vorher geisteskrank gewesen sein. Er stützt sich hierbei auf seine Erfahrung in ähnlichen derartigen Fällen und hält die Herbeiziehung des dritten Sachverständigen für überflüssig.

Das Gericht verzichtet nunmehr auf die Vernehmung des dritten Sachverständigen und verurteilt den Angeklagten – wie es sagt – sehr milde zu sechs Monaten Gefängnis, indem es den verhältnismäßig harmlosesten Fall des Paragraphen 351 als Tatbestand annimmt. Es bleibt bei der mildesten Strafe stehen, weil es annimmt, daß der Angeklagte von jeher ein psychopathisch veranlagter Mensch gewesen sei. Wenn er auch jetzt als Geisteskranker anzusehen sei, so übertreibe er doch ganz offenbar seine Krankheit, und er sei gewiß momentan nur zu fünfzig vom Hundert geisteskrank zu erachten. Da er aber zur Zeit der Begehung der Tat zweifellos nicht geisteskrank gewesen sei, so habe seine Bestrafung erfolgen müssen ...

Fragen darf man sich, wenn man noch zu fünfzig vom Hundert geistesgesund ist, wie weit man als Geisteskranker für eine Tat verantwortlich gemacht werden kann, die man als Geistesgesunder begangen hat.

Vor Jahren sollte ein Massenmörder hingerichtet werden, der am Tage vor der Vollstreckung in geistige Umnachtung verfiel. Man unterließ die Hinrichtung. Was wäre geschehen, wenn dieser Mann nur zu fünfzig vom Hundert wahnsinnig geworden wäre? Es ist menschlich gedacht und gefühlt, wenn das Gericht dem Halbverrückten nur eine milde Strafe auferlegen will, aber der Halbverrückte ist ein untrennbar ganzer Mensch, und dem weisesten Richter wird es nicht gelingen, die gesunde Hälfte allein zu bestrafen – die kranke aber derjenigen Instanz zuzuweisen, auf die sie ein unbedingtes Anrecht hat: der Heilanstalt.

Die sachverständige Lebedame

Der Prozeß gegen einen ungetreuen mittleren Magistratsbeamten. Er hat, auch als Direktor der Einkaufskommission für städtische Beamte, Unterschlagungen begangen.

In der sachlich korrekt geführten, etwas langwierigen Verhandlung eine Oase, ein Oäslein. Man wirft dem Angeklagten vor, er habe das Geld in leichtfertiger Gesellschaft verjubelt. Daß er, obwohl verheiratet, mit einer Dame aus einem Tanzpalast Beziehungen unterhielt, leugnet er nicht, wohl aber, daß er in ihrer Gesellschaft Unsummen verpraßte. Seine Ausgaben seien immer bescheidene gewesen.

Zum Zwecke des Gegenteils vernimmt man zunächst den Direktor des Tanzpalastes. Nach dessen Erinnerung habe der Angeklagte gewöhnlich nur eine Tasse Kaffee oder ein Glas Bier getrunken. Etwa im Preise einer Mark.

Dann erscheint die Tänzerin selbst. Hoch und schlank gewachsen, in einem gut aussehenden, aber nicht sehr kostbaren Pelz gehüllt. Nerz-Imitation. Sie selbst keine Schönheit, aber ein rassiges Gesicht, mit schweren, dunklen Augen, kurzer Nase, einem etwas breiten, schmallippigen Mund.

Sie gibt zunächst ruhig Auskunft, wie sie den Angeklagten kennengelernt habe. Dann aber fragt man auch sie nach dem übertriebenen Aufwand. Sie hat nichts Übertriebenes gemerkt.

»Haben Sie nicht mit dem Angeklagten Autoausflüge gemacht?«

»Ja – jeden Sonnabend holte er mich ab, und Sonntag abend kamen wir zurück.«

»Wohin fuhren Sie?«

»Das weiß ich nicht mehr, irgendwohin – in die Umgebung.«

»Sind Sie unterwegs in kostspieligen Hotels eingekehrt?«

»Nein, wir nahmen immer Stullen mit und Orangen. Außerdem machte es uns Spaß, in ganz bescheidenen Dorfwirtschaften einzukehren.«

»Hat der Angeklagte Ihnen Geschenke gemacht?«

»Ja, einen Ring und diesen Pelz.«

»War der Ring wertvoll?«

»Als ich ihn verkaufte, bekam ich 200 Mark dafür.«

»Na und sonst – hat der Angeklagte mit Ihnen viel Champagner getrunken?«

»Nein, nur ein einziges Mal, an meinem Ehrenabend im Tanzpalast. Da gab es erst Bowle, dann Sekt.«

Nach dem Vorsitzenden setzt der Staatsanwalt das Verhör fort:

»Hat der Angeklagte Ihnen gesagt, welchen Beruf er habe?«

»Er sagte, er sei Beamter.«

»Da mußten Sie sich doch über seine Geldmittel wundern?«

»Nein.«

»Sie mußten ihm doch ansehen, daß er ein mittlerer Beamter sei, dem so große Einkünfte nicht zuzutrauen waren.«

»Ich sah es ihm nicht an.«

»Für einen höheren Beamten konnten Sie ihn doch nicht halten?«

»Doch – er sah immer sehr gut aus.«

Langes, etwas beleidigtes Schweigen. Endlich der Vorsitzende: »Höhere Beamte haben doch heutzutage auch kein Geld?«

»Das weiß ich nicht.«

Pause. Der Staatsanwalt: »Hat Ihnen der Angeklagte mal gesagt, daß er nebenbei Direktor einer Einkaufskommission sei?«

»Das ist möglich, daß er etwas von Direktor gesagt hat.«

»Aber Sie mußten doch wissen, daß ein Beamter keine Nebenbeschäftigung haben dürfe.«

»Das wußte ich nicht.«

Der Staatsanwalt ereifert sich: »Das *mußten* Sie wissen.«

»Ich wußte es aber nicht.«

Der Verteidiger: »Ich mache darauf aufmerksam, daß der Angeklagte diese Stellung mit Genehmigung seiner Vorgesetzten innehatte.«

»Er ist deswegen mit einem Verweise bestraft worden.«

»Ja, aber irrtümlich. Es war doch eine Einkaufsvereinigung von Magistratsbeamten. Wie konnte der Angeklagte diese Stellung heimlich, ohne Genehmigung verwalten?«

Der Staatsanwalt (zur Zeugin): »Sie haben also nichts dabei gefunden?«

»Nein.«

Der Vorsitzende: »Also den Eindruck eines übertriebenen Aufwandes hatten Sie nicht?«

»Nein. Wir haben manchmal zum Abendessen eine Flasche Wein getrunken. Das kam mir nicht übertrieben vor. Ich werde auch sonst sehr viel eingeladen, da trinkt man auch Wein und fährt Auto.«

Später wird die Zeugin vereidigt.

Diese Vernehmung regt die Frage an, ob es nicht im Interesse einer geordneten Rechtsprechung angebracht wäre, für die Lebedamen Berlins Kurse über Beamtenrecht, Staatsbürgertum, Volkswirtschaft und Psychologie einzurichten. Namentlich die volkswirtschaftliche und psychologische Bildung der Damen ließe eine Vertiefung zu.

Sicher ist in dem vorliegenden Falle für die Rechtsfindung und namentlich für die Strafabmessung erheblich, was der Angeklagte mit dem unterschlagenen Geld gemacht hat. Die Tatsache allein, daß er Beziehungen zu einer Lebedame unterhielt, konnte nicht ausschlaggebend sein. Es kam vielmehr darauf an, zu wissen, ob der mit ihr betriebene Aufwand ein geringer, ein mittlerer oder ein übertriebener war. Die Dame als Zeugin stellte sich bedauerlicherweise offenbar auf den ganz subjektiven Standpunkt, daß für sie das Beste gerade gut genug sei. Selbst wenn man hört, daß sie mit ihrem Freund auf Autoausflügen mitgenommene Stullen verzehrt hat oder in bescheidene Dorfwirtschaften einkehrte, so scheint das mehr einer aparten, auf das Sensationelle gerichteten Laune, denn dem ernsthaften Wunsche entsprungen, zu sparen und miteinander zu darben.

Nahm das Verhör zuweilen den Charakter einer Sachverständigenaussage an, so scheint es geboten, einen Standard für lebemännische Ausgaben zu eruieren, durch den auch Damen geringerer Qualität zu einer sicheren Beurteilung der mit ihnen genossenen Freuden gelangen können. Jedenfalls aber würde ein Kurs über Psychologie und Physiognomik dazu führen, die Kunde von den Unterschieden im Ausgeben von höheren, mittleren, niederen Beamten auch in jener anderen Hälfte der Welt zu verbreiten, die nun mal notwendig ist, wenn man nicht will, daß die Welt ein Fragment sei.

Der Jurist und die Bajadere

Der junge, ernste Mann, Kandidat der Rechte, kam gerade vom Bockbiere, als er dem verlorenen schönen Kinde begegnete. Er folgte ihr in der Liebe Haus, wo sie ihm zunächst ihre Ansprüche mitteilte. Vor Gericht sagte sie denn auch: »Als Bajadere habe ich das Recht, im voraus zu fordern.«

Indessen war die Barschaft des Kandidaten eine so geringe, daß das verlorene schöne Kind auf den Gedanken hätte kommen können, einen Liebespreller vor sich zu haben. Da aber die Angelegenheit dringlich war, entschloß sich der Kandidat, seine Uhr zum Pfande zu geben. Trotz seiner leichten Umnebelung ließ er die Gelegenheit nicht ungenutzt, sich juristisch zu betätigen. Also er ließ sich die Mitnahme des Pfandes schriftlich bestätigen, wobei er mündlich in Aussicht stellte, die Uhr in einigen Tagen gegen Zahlung von 5 Mark einzulösen.

Jedenfalls nahm das Gericht später an, die Tatsache, daß er sich einen Schein ausstellen ließ, und die besondere Vorsicht, die er dabei bewahrte, sei ein Beweis für seine damalige Geistesklarheit. Es ist natürlich auch möglich, daß er aus einer spezifisch juristischen Trunkenheit heraus handelte. Durchaus denkbar der Fall eines Kandidaten, der nach langen theoretischen Studien und praktischen Übungen die erste Gelegenheit benutzt, in eigener Sache zu handeln, und – wenigstens für Minuten – die juristische Besessenheit über jenen anderen Trieb siegen läßt, dessentwegen er der Liebe Haus betreten hatte. So sah er »mit Freuden, durch tiefes Verderben« eine juristische Möglichkeit.

Dann ging es zunächst eine Weile ungefähr nach Goetheschem Text.

Als er nach einigen Tagen wiederkam, war die Uhr nicht mehr da. Die Bajadere hatte sie verkauft oder versetzt und sechs Mark dafür gelöst. Der Kandidat gab ihr die sechs Mark zur Einlösung der Uhr. Der angebliche Käufer war aber nicht mehr aufzufinden, so sehr sich die Bajadere bemühte, die schließlich die sechs Mark dem Kandidaten wieder zurückgab.

Hierauf ging der Kandidat zur Polizei, zeigte die Bajadere wegen Unterschlagung an. Bei dieser Gelegenheit handelte der Kandidat vermutlich in völlig entfachter juristischer Wollust mit feinstem Sinn für kriminalistische Reize – ohne durch Bockbier oder Liebe oder die Erinnerung an genossene Freuden in der freien Bewährung seiner Menschlichkeit gehemmt zu sein.

Mit Spannung erwartete der Kandidat die erste Instanz, die sich entschloß, die Bajadere wegen Unterschlagung für zwei Wochen ins Gefängnis zu schicken. Sie legte Berufung ein.

Die zweite Instanz stellte zunächst fest, daß die Bajadere wegen einer Reihe kleinerer Diebstähle bereits vorbestraft sei. Dann berief sie, um die Angaben der Schönen nachzuprüfen, den Kandidaten als Zeugen.

Auf die Frage des Richters, ob der Kandidat den Eid in weltlicher oder religiöser Form leisten wollte, zögerte der junge Mann eine Sekunde. Vielleicht dachte er sich, daß dem Gegenstand des Prozesses der weltliche Eid Genüge leisten würde. Aber es fiel ihm noch zur rechten Zeit ein, daß der religiöse Eid auf Juristen immer den besseren Eindruck macht.

Und er schwor bei Gott »bei Gott«.

Seine Aussage differierte in mehreren Punkten von der der Bajadere. Im Gegensatz zu dieser behauptete er, daß die rechtlichen Auseinandersetzungen über das Pfand erst – wie soll man sich gemeinverständlich ausdrücken? – nach Verlesung des Goetheschen Textes erfolgt seien. Später wurde er in diesem Punkte schwankend und meinte, es könnte auch vorher gewesen sein. Auch mußte er zugeben, daß der Wert der goldplattierten Uhr nur insofern 60 Mark betrug, als er – vor dem Jahre 1914 – diesen Betrag für die Uhr bezahlt hatte.

Kein Einverständnis wurde über den Begriff »versetzen« erzielt. Die Bajadere behauptete, in ihrer sächsischen Heimat sei Versetzen und Verkaufen dasselbe, was ihr von seiten des Gerichts nicht geglaubt wurde. Die Behauptung der Bajadere, der Kandidat habe ihr bis zur Wiedereinlösung die Uhr als Eigentum übergeben – und die Einlösung sollte innerhalb dreier Tage erfolgen –, wurde von seiten des Kandidaten energisch bestritten. Eine genaue Festlegung der Daten ließ sich nicht mehr durchführen.

Dem Staatsanwalt – selbst noch nicht lange dem Kandidatenstande entwachsen – gelang die Bemerkung, daß es sich hier um ein trübes und bedauernswertes Sittenbild handele, aber er gab dem Verteidiger insofern recht, als dieser seine Klientin als eine minderwertige Person bezeichnet hatte, bei der man ein scharfes Bewußtsein für die Unrechtmäßigkeit ihres Handelns nicht voraussetzen dürfe. Er bat, das Urteil der ersten Instanz auf eine Woche Gefängnis zu ermäßigen.

Das Gericht ließ sich keineswegs in allgemeine moralische Betrachtungen ein, betonte auch nicht etwa, daß Treu und Glauben im deutschen Handel und Wandel unbedingt aufrechterhalten werden müssen. Es hielt sich vielmehr lediglich an den von der Bajadere unterschriebenen Schein, in dem die Uhr ausdrücklich als Pfand bezeichnet worden war (das nicht hätte verkauft werden dürfen), und an die Vorstrafen. Und es verwarf die Berufung auf Kosten der Bajadere.

Worauf der Kandidat befriedigt der Gerichtskasse zustrebte, um seine Zeugengebühren in Empfang zu nehmen. Daß diese später mal von der Bajadere bezahlt werden müssen – störte nicht, erhöhte sein Vergnügen.

Als ich nach dieser Verhandlung nachdenklich durch den Tiergarten wanderte, traf ich Mahadöh, den Herrn der Erde, der – ich weiß nicht, zum wievielten Male – mitzufühlen Freud' und Qual herabgekommen war.

Ich fragte ihn, warum er dieses Urteil zugelassen habe. Und er sagte: »Damit die Bajadere vierzehn Tage Urlaub habe.«

Ich fühlte die Weisheit tief, aber ich wagte noch ein Wort: »Herrlich, Erhabener. Aber wenn du das wolltest – warum die Umstände?«

Er tat, als habe er mich nicht gehört, und war verschwunden.

Der schwarze Harry und der eiserne Willy

Ja–a. Die Zöllner sind auch Sünder! ...
›Carmen‹, 3. Akt

Der Prozeß gegen den Zollinspektor Ludwig Plaumann, den Artisten Cohn und den Bankbeamten Silberstein bietet den kostbarsten Stoff für einen Dichter, der sich vorgenommen hätte, in einer Komödie die Korruption einer Behörde zu schildern. Eine bittere Komödie würde es freilich. Über Cohn und Silberstein, zur Not noch über Plaumann, ließe sich lachen. Was dahinter steckt – stecken mag, ist unangenehm, unangenehm, unangenehm.

Man stelle sich vor: Da ist das Landesfinanzamt, das die richtigen Steuerbanderolen drucken läßt und eine eigene Fahndungsstelle unterhält, um die falschen Banderolen und ihre Hersteller zu ermitteln. Auch kümmert man sich – wie man aus anderen Prozessen weiß – um verschobenen Sprit. Die Beamten dieses Dezernats sind besonders tüchtig, weil es Belohnungen für glückliche Fahndungen gibt, und da die Kriminalpolizei auf dem gleichen Felde ackert, muß man scharf hinterher sein. Man ist nicht nur auf die Polizei eifersüchtig, man ist es auch unter sich.

Und bei dem Geschäft rauscht Geld durch die Finger. Man zahlt »Bewegungsgelder« an Vigilanten, man zahlt Vorschuß, man zahlt eventuell für falsche Banderolen viel Geld (wo man doch die echten aus der Reichsdruckerei so billig hat) – man zahlt dieses viele Geld, um den Verfertigern auf die Spur zu kommen. Eigentlich soll man's nicht zahlen, man soll es nur den Schiebern »zeigen«, damit sie gieprig werden. Aber das Merkwürdige ist, daß immerzu Geld zum Vorzeigen verlangt wird, ohne daß man es je wieder zurückzugeben braucht. Und die Summen sind stattlich. Durch die Hände des Zollinspektors Plaumann allein sollen 67000 Mark gegangen sein.

Wo gingen sie hin? In irgendeiner Banderolensache wurde Silberstein verhaftet, ein kluger, feiner Kopf. »Ein feiner Gesellschafter«, sagte Plaumann von ihm. Plaumann vernimmt also den verhafteten Silberstein und bemerkt dabei, daß Silberstein zum Bestraftwerden viel zu schade ist. Das mit ihm aufgenommene Protokoll verschwindet – Herr Silberstein ist von Herrn Plaumann als Vigilant engagiert. Bekommt seine Bewegungsgelder, und nun bewegt er sich – einschließlich Cohn. Denn Cohn ist sein Freund. Etwas soll Cohn tatsächlich in Hamburg herausbekommen haben – wofür er von Plaumann 6000 Mark Belohnung bekam. Im übrigen lebte man ja auch von Vorschüssen sehr gut, die Plaumann so glänzend herbeischaffte. Aber die Vorgesetzten des Finanzamtes fanden, daß für die vielen Vorschüsse doch ein bißchen zu wenig geleistet würde, und es mußte wieder einmal ein großer Coup gelandet werden. Plaumann selbst war wohl nicht mehr so ganz bei bester Laune. Und so verbündete er sich mit Cohn und Silberstein zu folgendem Geschäft:

Die beiden sollten eine Druckmaschine kaufen, sie in ein Zimmer stellen, ein Klischee für falsche Banderolen herstellen lassen. Und wenn dann alles fertig war, sollte Plaumann kommen, die Fälscherwerkstatt ausheben. Zu erwarten war, daß die Entdecker der Fälscherwerkstatt 12000 Mark Belohnung bekamen. Die eigentlichen Fälscher sollten aber der schwarze Harry und der eiserne Willy sein, die selbstverständlich bei der Aushebung nicht gekriegt werden würden.

Es ist unmöglich, ein genaues Bild von den Vorgängen zu geben, die von den Angeklagten sehr verschieden geschildert werden. Cohn und Silberstein behaupten, überhaupt von Plaumann zu dem ganzen Schwindel angestiftet worden zu sein, während Plaumann sich damit verteidigt, er sei von Cohn und Silberstein betrogen worden, er selber habe stets an den eisernen Willy und den schwarzen Harry geglaubt. Tatsache ist, daß das Geld zur Anschaffung der Fälschermaschine vom Finanzamt selbst durch Plaumann gezahlt worden ist, daß weitere Vorschüsse für die Herstellung des Klischees geleistet wurden und daß – kurz bevor die feierliche Aushebung der Fälscherwerkstatt durch Plaumann erfolgte – die Kriminalpolizei selbst kam und Cohn und Silberstein verhaftete. Tatsache aber ist, daß es Plaumann gelang, die beiden aus dem polizeilichen Gewahrsam wieder zu befreien, indem er sie als Vigilanten legitimierte. Tatsache ist auch, daß er die beiden noch nachher mit amtlichem Geld versorgt hat.

Dem jungen, schneidigen Zollinspektor wird es vor Gericht nicht leicht gemacht. Er möchte so gern mit einem Lächeln von den beiden anderen abrücken. Aber es gelingt ihm nicht. Der Vorsitzende leitet die Verhandlung mit einer erbarmungslosen Nüchternheit, einer Nüchternheit, die oft zum schlagenden Witz wird. Nur eine Dialogstelle sei wiedergegeben:

Plaumann: »Ich sagte zu Silberstein: Ihr seid Schweine –«

Silberstein: »Nie hat er so etwas gesagt. Hätte er es getan, ich würde ihm eine Ohrfeige gegeben haben.«

Vorsitzender: »Dazu hatten Sie keine Veranlassung.«

Heinrich Sklarz

Vor dem Schöffengericht Berlin-Mitte begann ein neuer, auf einige Wochen berechneter Prozeß gegen Heinrich Sklarz. Man hat nach den ersten Stunden der Verhandlung das Gefühl: dieser Prozeßstoff könnte einem Finanzwissenschaftler ebenso wie einem Juristen zur Habilitation dienen – wie einem Dichter als Vorlage zu einer göttlichen Finanzkomödie.

Ob Heinrich Sklarz ein tüchtiger oder gar ein tadelloser Geschäftsmann ist, darüber wird man streiten. Aber daß er einer der genialsten Angeklagten ist, die je Moabit bemüht haben, darf nicht bezweifelt werden: fast schade – er spielt vor leeren Bänken. Der kleine Schwurgerichtssaal erscheint im ersten Augenblick als ein zu großer Rahmen für den kleinen, mageren Mann mit dem stark angegrauten Lockenkopf, mit den tief in schwarzen Höhlen liegenden Augen, mit den vielen harten Furchen in dem schmerzlichen Schauspielergesicht. Anfangs spricht er so leise, daß er kaum verstanden werden kann, die Hände zittern, und er kann nicht zuhören, ohne tickartig mit dem Kopf zu wackeln – zuweilen scheinbar bejahend, dann wieder verneinend. Heinrich Sklarz, einst Inhaber eines Warenversandhauses, politisch viel bewandert, der rührige Betreiber zahlloser Sanierungen – macht fast den Eindruck eines gebrochenen Mannes. Zögernd und leise fallen die Worte von seinen Lippen. Es kommt ihm auch nicht darauf an, baren Unsinn zu reden, so, wenn er nach den Geldmitteln seiner Schwiegermutter gefragt wird.

»War Ihre Schwiegermutter eine wohlhabende Frau?«

»Möglich –«

»Das müssen Sie doch wissen?«

»Es ist dreißig Jahre her.«

»Hat Ihnen Ihre Schwiegermutter nicht viel Geld gegeben?«

»Sie hat mir Geld zur Verfügung gestellt.«

»Wozu?«

»Ins Geschäft.«

»Die Anklage nimmt an, daß Ihre Schwiegermutter Ihnen das Geld privatim gegeben hat, für Ihren Lebensunterhalt –«

»Zwischen geschäftlich und privat sehe ich keinen Unterschied.«

Aber dieser Unsinn ist – man ahnt es nur von ungefähr – ulkumwittert. Der Ulk kommt zutage, wenn der Staatsanwalt auf

Vertagungsanträge des Verteidigers klagt: Dem Sklarz käme es nur darauf an, den Prozeß zu verschleppen, immer wieder sei er aufgefordert worden, seine geschäftlichen Akten dem Gericht zur Verfügung zu stellen.

Und Sklarz erwidert: »Warum beschlagnahmt der Staatsanwalt nicht die Akten? Ich habe zu Hause noch 1000 Akten liegen – die kann ich doch nicht alle herschleppen.« Und der Staatsanwalt klagt weiter: »Es sind sechzehn Zimmer voll Akten. Der Angeklagte spekuliert darauf, daß man sich in ihnen nicht zurechtfindet.« Als Sklarz den Büchersachverständigen ablehnt, packt er aus: »Das ist schon der vierte Sachverständige. Zwei wurden abgesetzt wegen Gebührenbetruges. Der dritte Sachverständige hat gesagt, daß es in diesem Prozeß nur *einen* Sachverständigen gibt – das bin ich. – Übrigens ist mir dieser Sachverständige viel zu gering. Es gibt heute vierundzwanzigjährige Büchersachverständige. Die Sachverständigkeit ist jetzt sogar erblich!« Er spielt damit auf einen jungen Buchführungsfachmann an, der sein Geschäft vom Vater übernommen hat.

Es soll bewiesen werden, daß Heinrich Sklarz größere Verbindlichkeiten aufgenommen hat, als seine wirtschaftliche Lage es ihm eigentlich erlaubte: Betrug. Also muß nachgewiesen werden, was er besaß. Er behauptet: ein Warenlager, das gerichtliche Taxatoren auf 375 000 Mark schätzen. Unzählige Außenstände. Hat der Sachverständige sie aber geprüft? Hat er ein schriftliches Gutachten abgegeben? Haben nicht Großbanken in ihren Goldbilanzen viel kleinere Kapitalien nachgewiesen, als sie zur Durchführung ihrer großen Geschäfte haben durften? Schwebt nicht gegen zwei seiner Hauptbelastungszeugen ein Verfahren wegen Meineides? Aber hat nicht andererseits Sklarz keine Steuern gezahlt, sich wegen der kleinsten Beträge pfänden lassen?

Der Vorsitzende, Amtsgerichtsrat Dr. Keßner, einer der feinsten Moabiter Köpfe, verzichtet diesem Angeklagten gegenüber auf das sonst gern geübte Mittel der Ironie. Er ersetzt sie durch eine bewundernswerte Geduld, die freilich in keinem Augenblick vergißt, bei der Sache zu bleiben. Nur wenn Sklarz, gar zu temperamentvoll, dem Vorsitzenden selbst mangelnde Sachkenntnis vorwirft, sagt Dr. Keßner in seiner eisernen Ruhe: »Es steht Ihnen vollkommen frei, zu sagen, daß alles, was ich rede, Unsinn ist – vorausgesetzt, daß es in einwandfreier Form geschieht.«

Dann geht man ins einzelne. Hat Sklarz die Seehandlung betrogen? Ein Kunststück hat er jedenfalls fertigbekommen. Die

Seehandlung hatte von der sehr faul stehenden Vereinigten Kohlengroßhandlungs-Gesellschaft drei große Wechsel im Portefeuille, darunter einen über 221000 Mark. Aus gewissen Gründen nahm die Seehandlung an, daß der Wechsel wenigstens für 10 bis 20 v.H. gut sei, stellte ein Prolongationspapier über 30000 Mark aus und gab es Sklarz. Ob Sklarz es kaufte oder zum Inkasso erhielt, ist strittig. Nicht strittig ist, daß Sklarz zu dem Wechsel auch noch 25000 Mark in bar erhielt. Wofür? Spesen? Pump? Darüber will man sich unterhalten. Aber Sklarz hält diese Unterhaltung für zwecklos. Er produziert einen Brief der Seehandlung an eine dritte Firma, in dem die Seehandlung bestreitet, das Papier an Sklarz verkauft zu haben. »Wenn die Seehandlung bestreitet, mit mir ein Geschäft über diesen Wechsel abgeschlossen zu haben, kann ich sie auch nicht betrogen haben.«

»Sie behaupten, den Wechsel gekauft zu haben?«

»Ja.«

»Zu welchem Preise?«

»Es wurde kein Preis festgesetzt – erst drei Monate später.«

»Für die 25000 Mark bar hatten Sie doch keine Deckung?«

»Mein Gut, meine Villa. – Im übrigen bestreitet ja die Seehandlung selbst, mit mir Geschäfte gemacht zu haben ...«

»Aber Sie behaupten es –«

»Ja, aber sie bestreitet es, dann kann ich sie doch gar nicht betrogen haben.«

Das ist der Refrain des ersten Tages. Man fühlt: Wenn je ein Prozeß, so ist dieser eine rein geistige Angelegenheit.

Aber um den Graukopf von Heinrich Sklarz klimpern die Schellen des tragischen Finanznarren. Welche Summe von Witz, Gerissenheit, Kenntnissen! Und welche Unfähigkeit, mit einem kleinen Strumpfladen oder dem Päckchen auf dem Rücken sich und seine Familie glücklich zu machen. Sechzehn Zimmer voll Akten! Ein Berg, ein Wall von Akten.

Oertels Kriegsnotenstreich

Um dieses Abenteuer zucken alle deutschen Gaunerhumore. Der Geist des seligen Hauptmanns von Köpenick schaut lächelnd aus den Wolken herab. Seine Originalität bleibt unübertroffen, aber an Technik ist ihm Oertel überlegen wie der 1000-PS-Wagen der Postkutsche.

Was ist geschehen? Der Getreidehändler Epstein in Posen hat – teils in seinem eigenen Geldschrank, teils in Verwahrung einer Breslauer Bankfiliale, deren Vorsteher sein Bruder ist – im Jahre 1919 insgesamt 9 Millionen Kriegsnoten, die er – wer möchte es nicht? – zum Parikurse in deutsches Geld umtauschen möchte. Der (nicht erschienene) Angeklagte Schrowe hört davon und macht nun folgende Vorschläge: Er wisse, daß das Armeeoberkommando Mackensen vom Reichsfinanzministerium die Erlaubnis erhalten habe, 20 oder 30 Millionen Kriegsnoten zum Parikurse umzutauschen. Das Armeeoberkommando habe aber nicht 30 Millionen, sondern nur 9 oder 10 in seinen eigenen Schatullen, und einige geldbedürftige Offiziere seien bereit, ein paar Millionen von Privatleuten »mitzunehmen«. Herr Epstein geht auf die Vorschläge ein, er benachrichtigt seinen Bruder, er möge zunächst mal 2 Millionen an die verabredete Adresse der »Krifa« (einer Kriegsgefangenenfürsorgestelle) nach Kassel senden. Bei der Bank ergeben sich einige Schwierigkeiten. Die Direktion hat Bedenken, Herr Epstein fährt nach Breslau, und zugleich stellen sich dort auch zwei Offiziere ein, die, mit allen möglichen Dokumenten und Papieren ausgestattet, die Angelegenheit fördern wollen: der Oberleutnant Freiherr v. Lüttichau und der Leutnant v. Müller. Die Direktion will von dem Unternehmen nichts wissen, der Filialenvorsteher Epstein aber, um die Interessen seines Bruders zu schützen, verfügt selbständig über die Absendung des Geldes nach Kassel. Als die Direktion davon hört, sucht sie die Auszahlung zu verhindern; das Geld wandert von der Post erst auf die Dresdner Bank, dann auf die Hessische Landesbank.

Inzwischen ist der Fliegeroffizier Freiherr v. Richthofen in Kassel, Adjutant der »Krifa«, dringend bemüht, das für ihn bestimmte Geld zur Auszahlung zu erhalten. Eben ist der Direktor der Landesbank am Telefon, um seinen Leuten den endgültigen Befehl zur Auszahlung des Geldes zu erteilen, als der Bahnhofskommandant Major Bernke eintritt, das Telephongespräch hört, den Direktor im letzten Moment von der Auszahlung zurückhält, weil alles Schwindel ist – aber auch alles. Der Freiherr v. Lüttichau in Breslau ist der Angeklagte Oertel, der Freiherr v. Richthofen in Kassel ist der Angeklagte Oertel, der in Breslau mithandelnde Leutnant v. Müller ist der Angeklagte Hermes. Eine Erlaubnis des Reichsfinanzministeriums zur Umwechselung der Kriegsnoten existiert nicht, alle anderen vorgelegten Papiere sind gefälscht. Aber das Schönste: Auch die »Krifa« existiert nicht. Sie besteht lediglich aus einem Firmenschild, das an einem Zimmer des besten Kasseler Hotels prangt. Wochenlang konnte diese amtliche Stelle in Kassel existieren, ohne daß jemand Verdacht schöpfte, und der einzige, der das Entscheidende zur Aufdeckung tat, war der Bahnhofskommandant. Er hatte durch Zufall ein Telegramm in die Hände bekommen, das ihm verdächtig vorgekommen war, er hatte durch seinen Stellvertreter, einen Feldwebelleutnant, von einem Fliegerleutnant v. Richthofen sprechen hören, der sich aller möglichen Heldentaten brüstete. Und dieser Bahnhofskommandant hatte seinem Vertreter den strengsten Befehl gegeben, den Freiherrn v. Richthofen, wenn er wiederkommen sollte, zu verhaften. Aber der Bahnhofskommandant hat bis auf die gestrige Gerichtssitzung warten müssen, um aus Oertels eigenem Munde zu erfahren, wieso die Verhaftung nicht erfolgte: Als nämlich der Feldwebelleutnant wirklich zur Verhaftung schreiten wollte, hatte Oertel ihm einfach gesagt: »Kommen Sie mit auf die Kommandantur, dort wird sich alles herausstellen.« Und sie gingen zusammen zur Kommandantur, wo man Oertel, wie er sagte, »kannte« und – laufen ließ.

Auch in diesem Falle Epstein hat Oertel zwei Überzeugungen oder drei. Die eine, daß alles gefälscht ist – er gibt es lachend zu, weil er sich selbst über seine Streiche amüsiert. Die zweite, daß er, als Angehöriger nationaler Verbindungen, von einer tiefen Abneigung gegen den Getreidehändler Epstein erfüllt war und diesen aus nationalen Gründen um sein Geld bringen wollte. Die dritte aber, daß es eigentlich Epstein war, der an dem Manöver das Hauptinteresse hatte, der bereit war, Schmiergelder an Offiziere des Mackensen-Kommandos zu verteilen, um einen unrechtmäßigen Gewinn zu erzielen. Und die Verteidigung sucht dieser dritten Überzeugung Geltung zu verschaffen, indem sie allerhand verfängliche Fragen an Herrn Epstein stellt.

Herr Epstein ist ein ruhiger, älterer Herr, nicht ohne verschmitzte Winkel in seinem etwas fleischigen Gesicht. Er spricht sehr gern von seiner unbegrenzten Hochachtung vor dem Rock des Königs. Nie habe er sich denken können, daß in einem solchen Rock ein Hochstapler sitzen könne, und das Auftreten des Freiherrn v. Lüttichau sei ja auch bezaubernd gewesen. Selbst im Gerichtssaal kommt er vom »Freiherrn v. Lüttichau« nicht herunter und betitelt niemals den Angeklagten mit seinem richtigen Namen – übrigens eine auffallende Familienähnlichkeit mit seinem Bruder. Aber auf die Frage, ob er sich nicht einen unerlaubten Vorteil habe verschaffen wollen, sagt er lächelnd, es könne sich doch nicht um Vorteile handeln, sondern nur um Vermeidung des Verlustes, der auf den Kriegsnoten ruhte. Und wenn man ihn gar fragte, ob er nicht überzeugt gewesen sei, an einer illegalen Handlung teilgenommen zu haben, da zog er – vielleicht die letzte – seiner Kriegsnoten hervor und sagte: »Hier steht drauf gedruckt, daß der Überbringer dieser Banknote deutsches Geld im gleichen Betrage von der Reichsbank ausgezahlt bekommt. Wie kann ich etwas Verbotenes tun, wenn ich doch nur verlange und erwarte, daß man mir auszahlt, was hier draufsteht?« Und hinter den kleinen Gestalten der Oertel und Epstein erhebt sich grinsend der größere Gauner: der Gauner, Mörder und Verführer Krieg.

Widuwilt

Widuwilt, so heißt er. Und kann von dem herrlichen Namen so selten Gebrauch machen. Er sitzt nämlich meistens im Gefängnis oder im Irrenhaus. Man kann sich eine Dame vorstellen, die flüstert: »Mit wem habe ich das Vergnügen?« Und lautet die Antwort süß und mild: »Widuwilt –« – wie sollte sie da widerstehen?

Das Merkwürdigste aber: Er nennt sich in den seltensten Fällen mit diesem schönen und bewegenden Namen. Er sagt viel einfacher Koch oder Schulze – und die Sache klappt auch. Er ist nämlich Heiratsschwindler. Nur wenn er wahnsinnig ist, dann genügt ihm weder Schulze noch Widuwilt, dann nennt er sich den flammenden Sohn Zarathustras.

Der Fall, der zur Anklage steht, betrifft eine verwachsene Dame von einigen vierzig Jahren, Kriegerwitwe. Sie erzählt sehr warmherzig und naiv: »Nach dem Kriege war ich im Reichswirtschaftsministerium, dann wurde ich abgebaut. Beim Abschied sagte man mir im Ministerium, ich solle mich wieder verheiraten.« Also sah sie sich um und erspähte Widuwilt.

Ein Teil ihres Vermögens bestand aus Zwanzigmarkstücken mit dem Bilde Kaiser Friedrichs. Als der Krieg ausbrach, lieferte sie sie der Reichsbank ab, unter der Bedingung, daß man sie ihr nach dem Kriege wiedergäbe. Da ruhten sie während der schrecklichen Zeit in den Tresors der Jägerstraße – und am Ende gab man sie ihr wirklich zurück. Dann aber kam Widuwilt; kam, sah weg, siegte. Und nahm die schönen Goldstücke.

Die Sache liegt prozessual verwickelter, als es den Anschein hat. Widuwilt ist auch in leidlich gesunden Tagen ein schwerer Psychopath, das bekunden die Ärzte, fügen aber hinzu, daß er für seine verbrecherischen Handlungen verantwortlich ist. Sowie er aber im Gefängnis sitzt, wird er wirklich wahnsinnig, dann bricht eine unzweifelhafte Psychose bei ihm aus. Also wandert er ins Irrenhaus. Entläßt man ihn, so wird er sofort wieder gesund und begeht einen Heiratsschwindel nach dem andern. Nimmt man ihn fest, wird er gleich wieder wahnsinnig.

Sogar seine Strafakten haben etwas Widerwilliges an sich; man kann sie nicht zusammenbekommen. Niemand weiß recht, wie und wo er schon verurteilt wurde. Und man zögert, ihn wegen der verwachsenen Dame extra zu verurteilen. Offenbar hat er zur gleichen Zeit viel Ähnliches begangen und ist schon im einzelnen abgeurteilt worden, so daß der Richter geneigt ist, wegen offenbar fortgesetzter Handlung das Verfahren einzustellen. Also wird vorläufig vertagt.

Widuwilt hat ja auch keine Eile. Er sitzt im Irrengefängnis, ist leidlich wahnsinnig und wartet ab, was die außerhalb der Anstalt Befindlichen im Namen der Vernunft über ihn beschließen. »Ein unglücklicher Mensch« – sagt der weise und gütige Psychiater.

Ach ja.

Nur möchte man bemerken: Ist auch mit den Wahnsinnigen nicht viel anzufangen – gäb's doch ein Mittel, das wenigstens die Vernünftigen verständig macht!

Die alte Geschichte

Die Geschichte ist wirklich immer dieselbe. Man trifft einen Ausländer, der nach dem russischen Konsulat fragt. Man geht drei Schritte mit ihm, dann kommt ein anderer Ausländer. Der erste Ausländer bietet dem zweiten ein goldenes Zwanzig-Rubel-Stück an, das er hocherfreut mit zehn Mark bezahlt; dann geht der erste Ausländer weg – angeblich aufs russische Konsulat. Der zweite Ausländer sagt aber zu dem Angesprochenen: »Da haben wir ein feines Geschäft gemacht, Sie hätten auch was von ihm kaufen sollen, denn das Goldstück ist zwanzig Mark wert!« Der Angesprochene wird nun auch gieprig. Der erste Ausländer wird mit geringer Mühe zurückgeholt; er hat aber keine Goldstücke mehr, sondern nur noch »Brillanten«. Man geht zum nächsten Juwelier, der steht jedesmal ohne Hut und Mantel vor der Tür seines Geschäftes, klemmt sich eine Lupe in die Augen und schätzt jeden einzelnen Brillanten auf 600 Mark, worauf der Angesprochene sich die größte Mühe gibt, sich das Geld zu verschaffen.

Die Geschichte ist wirklich alt und außerordentlich erfolgreich. Nur erlebte man gestern vor Gericht den seltenen Genuß, sie zweimal hintereinander in höchst verschiedenen Dialekten vorgetragen zu hören: zuerst in einem ziemlich gemilderten Jiddisch, dann in einem perfekten Sächsisch. Der erste, dem sie passiert war, ein kleiner, schwarzhaariger Ostgalizier, im Vollgefühl der Tragikomik des Reingefallenen. Der zweite ein erfahrener sächsischer Kellner, im erhabenen Selbstbewußtsein dessen, der sich nicht betrügen läßt, sondern den Gauner übergaunert und zur Wache bringt.

Der Angeklagte selbst ein schlanker, magerer Russe, dessen allzu lange Arme viel zu weit aus den Ärmeln des einst eleganten Überziehers hervorguckten – allzu lang auch der kragenlose Hals. Ein trauriger Mann, aus dem auch die Dolmetscherin nicht viel hervorholen konnte.

Die Erzählung des Ostgaliziers aber war deshalb so schön, weil man auf diese Weise seine ganze treuherzige Lebensgeschichte kennenlernte. Zweihundert Mark hatte ihm der Schwager aus Nordamerika geschickt, damit er mit seiner Familie nachkommen könne. Und die zweihundert Mark waren in der Wohnung versteckt, er hatte sich vorgenommen, sie nicht anzurühren, unter gar keinen Umständen. Als Ostern kam, hatte er lieber, um das Fest würdig zu begehen, dreißig Mark gepumpt, ehe er den eisernen Bestand angriff. Und gerade die dreißig Mark hatte er in der Tasche, als er den Gauner traf. Vielleicht hätte er dem Gauner nicht getraut, aber dessen Kompagnon zitierte einen jüdischen Spruch, der ihm zu Herzen ging. Wenn nämlich einer Glück hat, so pflege man zu sagen: Du bist dem Propheten Elias begegnet. Und der zweite Gauner hatte ihm mit Bezug auf den ersten augenzwinkernd zugeflüstert: »Du hast den Propheten Elias getroffen.« Der kleine Galizier war nur traurig, daß er nicht soviel Geld hatte, wie der Gauner für jeden Stein verlangte, und war am Ende überglücklich, daß der ihm für seine zweihundertdreißig Mark einen Stein abließ.

Der Vorsitzende fragt: »Haben Sie ihr Geld zurückbekommen?« Und der kleine Mann, traurigkomisch lächelnd: »Ich? Mein Geld? Ich bin noch jetzt nicht auf den Beinen.« Und nach der Verhandlung vertraute er mir an: »Wenn ich nicht so tief religiös wäre, es wäre damals zu einem Familienselbstmord gekommen.«

Aber auch der Sachse hatte etwas Komisches zu berichten. Als er nämlich den Gauner schon fest beim Wickel hatte, wollte der sich loskaufen. Er bot – ganz ernsthaft – einen Brillanten, natürlich von derselben Sorte wie die, derentwegen er verhaftet worden war. Aber der biedere Sachse, der den Verdacht nicht aufkommen lassen wollte, er hätte diesen Wertgegenstand etwa für sich behalten, erklärt mit Emphase, daß er den Brillanten selbstverständlich sofort der Polizei zur Verfügung gestellt habe.

Der Staatsanwalt beantragt drei Jahre Gefängnis. Als man den Angeklagten fragt, ob er etwas dazu zu sagen habe, murmelte er traurig drei Worte, die die Dolmetscherin übersetzt: »Er möchte sterben.«

Immerhin genügte dieses Plädoyer, um die Strafe auf zwei Jahre herabzusetzen.

Der Vater keiner Kinder

Das Schicksal schenkte ihm eine schlanke Gestalt, ein hübsches Gesicht mit zärtlichen grauen Augen, eine bewegliche Intelligenz und außerdem noch den herrlichen Namen Brokat. Das war zuviel auf einmal und mußte schief gehen. Er stand neben seinem Bruder Erich vor den Schöffen und hatte sich wegen einer ganzen Reihe gleichgearteter Vergehen der intellektuellen Urkundenfälschung, der schweren Urkundenfälschung und des Betruges zu verantworten.

Die Verhandlung endete für ihn trübselig, aber man kann nicht leugnen, daß er seinen Richtern zwei höchst vergnügliche Stunden bereitet hat, so daß sie sich schließlich gar nicht mehr Mühe gaben, den Ernst der Stunde zu markieren. Brokat ist nämlich ein Mensch, dem wirklich was einfällt, und wenn auch seine Betrugsmanöver alle auf dieselbe Idee aufgebaut waren – die Idee war neu, und selbst in der Ausführung gab es jeweils Nuancen von nicht unbeträchtlicher Komik.

Im Sommer vorigen Jahres lief nämlich Brokat auf die verschiedensten Standesämter Berlins, meldete die Geburt (zumeist) eines Sohnes an, bekannte sich vielfach zur unehelichen Vaterschaft, ging mit einer gefälschten Arbeitsbescheinigung der angeblichen Wöchnerin zur Krankenkasse und erhob Entbindungs- und Stillgelder. Namentlich von den Stillgeldern lebte dieser längst Entwöhnte einige Wochen ganz vorzüglich, bis schließlich eine Reihe von jungen Damen die Mitteilung erhielten, daß sie entbunden hätten. Diese Neuigkeit erweckte bei ihnen und ihren Familien vielfaches Erstaunen – aber man kam hinter den Urheber dieser imaginären Vaterschaften. Das war nicht ganz leicht, denn Brokat hatte seine standesamtlichen Meldungen niemals unter eigenem Namen erstattet, sondern sich entweder ganz frei erfundener Namen bedient oder (dreimal) des Namens seines Schulfreundes Erich Janick, der auch nicht wenig erstaunt war, auf der Polizei zu erfahren, daß er dreimal Vater geworden sei – und zwar mit Hilfe von drei verschiedenen weiblichen Wesen, die er nicht mal dem Namen nach kannte. Ja, selbst wohlbegründete Ehen ließ dieser intellektuelle Unhold nicht ungestört, indem er unter dem Namen des Ehemannes vor dem Standesamt Meldung erstattete und den Eheleuten ein Kind andichtete, an das sie nie gedacht hatten.

Vor Gericht versucht Brokat vergeblich, die Verhandlung abzukürzen, indem er alles zugesteht. Der Vorsitzende aber schenkt ihm keine Zeugin, und so vollzieht sich der Vorbeimarsch der jungen Mütter, die bei dieser Gelegenheit zum ersten Male den geistigen Erzeuger ihrer Kinder persönlich kennenlernen und ihn vielfach nicht ohne Wohlwollen betrachten. Brokat ist bei alledem nicht wohl ums Herz, seine Stimme klingt umflort, und seine hübschen Augen sind verdächtig feucht – aber schließlich, wo alles lacht, kann er allein nicht weinen, und so lacht er verschämt mit.

Wie er es angestellt hat? Die meisten seiner Opfer suchte er unter den Freundinnen seiner Schwester, von denen er irgendwie die Geburtstage sowie die Adressen der Firmen eruierte, bei denen sie beschäftigt waren. Auch durch den Vater, der Kassierer in einem Abzahlungsgeschäft ist, erfuhr er die Existenz mannbarer Mädchen, bei deren Müttern er sich als Steuerbeamter einführte, um auf diese Weise die notwendigen Daten festzustellen. Das leichteste Spiel hatte er offenbar vor den Standesämtern, bei denen er sich entweder mit einer erschwindelten Invalidenkarte oder gar nicht legitimierte. Mit einer wahren Leidenschaft haben die Standesämter seinen Bekundungen geglaubt, und gerade den Standesämtern gegenüber ließ er gern seinen Humor spielen. So gab er mehrere Male an, daß das Kind in seinem Beisein geboren sei, und zwar immer dann, wenn er sich selbst zur Vaterschaft bekannte.

Nicht weniger merkwürdig ist, daß alle seine Kinder vormittags um 10 Uhr auf die Welt kamen, spätestens aber um ½11. Was die Namen der Kinder betrifft, so zeigte er eine gewisse Phantasie und doch auch wieder Konsequenz. Jeder seiner Knaben hieß Heinz; aber gewöhnlich in Verbindung mit einem anderen Vornamen. So brachte er zwei Heinz-Günther zur Welt, daneben einen Heinz-Gerhard, einen Albert Fritz Heinz und einen Heinz Paul Heinrich. Die Mädchen hießen meistens Gerda oder Irmgard; eines, das ihm offenbar besonders am Herzen lag: Dorchen Ella Gerda.

Es war, wie gesagt, für die jungen Damen ein Vergnügen, den Urheber ihrer Mutterfreuden kennenzulernen; am meisten aber freute sich Freund Janick über die drei Bräute, die ihm Brokat angedichtet hatte. Der Richter aber nahm Brokat am meisten übel, daß er seiner eigenen Braut ein so künstliches Kind beigebracht hatte und damit dem Rufe der jungen Dame so empfindlich nahegetreten war.

Es ging betrüblich aus: Kurt Brokat kommt für zwei Jahre ins Gefängnis und verliert seine bürgerlichen Ehrenrechte auf die Dauer von fünf Jahren. Sein Bruder Erich, der ihm Beihilfe leistete, acht Monate.

Ach, die schönste Pointe verblüht, und hinter Gefängnismauern ist sogar das intellektuelle Vaterwerden nicht leicht – geschweige denn ein Vergnügen.

Wo diese Lulu lernte, Männer zu vernichten, ging aus der Gerichtsverhandlung nicht hervor. Leider war sie selbst nicht anwesend, sie zog der Anklagebank einen vermutlich sehr fröhlichen Aufenthalt in Paris vor, bei dem sie, wie man annehmen darf, auch weiterhin zahllose Männer ruiniert. Geboren ist sie in Dingolfing in Bayern als Tochter eines Tagelöhners, kann nicht orthographisch schreiben und heißt Maria Fürst – was ihre Liebhaber veranlaßte, sie Fürstin zu nennen. Ob à conto dieses Fürstinnentums Hochstapeleien versucht wurden, wurde nicht recht ersichtlich. Gelegentlich erhob man sie sogar zur Göttin. Aber als Göttin bekommt man nichts geliehen, und in diesem Punkte wäre sie sicher freigesprochen worden. Schade, daß sie nicht auf der Anklagebank saß. Man hätte sich doch so gern hinreißen lassen.

So mußte man sich mit den beiden Männern begnügen, die sie unglücklich gemacht hat. Der eine erschien im Krankenkittel des Gefängnislazaretts als Angeklagter, der andere, der die ganze Sache zur Anzeige gebracht hatte, war der Hauptbelastungszeuge. Zwei hörige Männer, aber wenn man zuweilen glauben mochte, sie seien aus einem Romankapitel Balzacs herausgeschnitten, so mußte man sich bald korrigieren. Auch in der Dämlichkeit fehlt ihnen der Zug zur Größe.

Der kranke Mann auf der Anklagebank, ein weicher, nicht unsympathischer Ungar, angeblich Journalist. Wenn man ihm glauben soll, so hat er mitten in der Inflation das Glück gehabt, 60000 Dollar zu erben, die er teils in Spekulationen in Griechenland an den Mann, zum anderen Teil an Lulu brachte. Er hatte in Berlin längere Zeit eine Wohnung, später übersiedelte er mit der Geliebten in eines unserer ersten Hotels. Frau und Kinder hatte er außerdem, aber nicht in Berlin. Einige Monate lang hatte er in einer der größten Berliner Industriefirmen eine glänzend bezahlte Stellung. Und wenn er Dollars wechseln wollte, ging er zu dem angesehensten Berliner Privatbankhaus und freundete sich dadurch mit einem der jüngeren Kassierer an; nennen wir diesen Herrn Knopf. Auf diese Weise lernte auch Lulu Herrn Knopf kennen und machte ihn sich untertänig. Es muß eine schlimme Zeit für den kranken Ungarn gewesen sein. Äußerlich lebte er in Saus und Braus, hatte im Hotel mehrere Zimmer, besaß zwei

Autos. Aber nicht er durfte als der bevorzugte Liebhaber Lulus auftreten. Er war durch Lulus majestätisches Gebot zum Diener degradiert, mußte in einer Livree herumlaufen. Tafelten Knopf und Lulu in einem Restaurant, so mußte er – nennen wir ihn August – als Diener erscheinen und melden: »Das Auto ist vorgefahren.« Wenn August Herrn Knopf ein Buch überbringen mußte, so wurde er nicht etwa zum Sitzen aufgefordert, sondern nach langem Warten an der Tür grob abgefertigt. Ja, der reiche August, der vormittags seine Devisen einwechselte, bekam abends 5 Mark Trinkgeld, lediglich als Symbol seiner Erniedrigung. Und wenn August Herrn Knopf nicht freiwillig die Hand küßte, so wurde mit der Peitsche gedroht.

Über all diese traurigen Lebensumstände beklagt sich eigentlich weniger August als Knopf. Der nämlich gab seine gute Stellung in dem vornehmen Bankhause auf, verpflichtete sich für die Berliner Filiale einer inzwischen verkrachten Hamburger Bank, an deren Ruin er nicht unbeteiligt gewesen sein soll. Heute behauptet er, 120000 Goldmark der Fürstin geopfert zu haben. Auf die Frage, wie er zu dem Geld gekommen sei, verweigert er nach einigem Hin und Her die Aussage. Jedenfalls hat in dieser Sache ein Verfahren gegen Herrn Knopf geschwebt – über den jetzigen Stand der Angelegenheit konnte nichts Genaues festgestellt werden.

Knopf aber, um sich für die Vernichtung seiner Existenz als anständiger Kaufmann zu rächen, zeigte Lulu und August wegen Betruges an. Er behauptet, Lulu und August hätten sich überhaupt nur zusammengetan, um ihn auszubeuten. Das Geld, das er gegeben, sei nur ein Darlehen gewesen.

Knopf und August machen den Eindruck zweier Kleinbürger, denen die Großartigkeit ihrer Liebe weit über den Kopf gewachsen war. Den Hauch der großen Welt verspürten sie erst aus den Sarkasmen des Richters. Und als Knopf beteuerte, daß er mit der Rückzahlung des Geldes gerechnet hatte, muß er das Wort des Richters hören: »Wo die Liebe anfängt, hört die Rückzahlung auf.«

Der jugendliche Staatsanwalt eifert: »Auch durch die Liebe wird der Tatbestand des Betruges nicht aufgehoben.«

Aber der Richter schüttelt den Kopf und sagt: »Es ist ein Milieu, in dem alles vorkommt, nur kein Betrug.«

Und während der junge Staatsanwalt mit Todesverachtung auf 2 Jahre 4 Monate Gefängnis plädiert, kommt das Gericht zum Freispruch.

IV
Diebe?

Mit Wehmut denken wir an das Zeitalter jener Diebe zurück, die sich wie Gentlemen benahmen: die Fassaden-Kletterer aus adligen und unadligen Häusern, die ihre Opfer nicht aus dem Schlaf weckten; die stillen Archivdiebe, die eigentlich Gelehrte waren oder die Gräfin, die ihre ehelichen Verirrungen mit Ladendiebstählen finanzierte. Die Objekte waren damals nicht allzu wertvoll, und motorisierte hold-ups waren der Kriminalität vor 40 Jahren noch unbekannt. Die Ausführung der Eigentumsdelikte war geradezu gemütlich, und Sling gelang es, ihr beinahe künstlerische Aspekte abzugewinnen. Trotzdem herrschte schon damals die auch heute vorhandene Tendenz, Eigentumsdelikte verhältnismäßig schwerer zu bestrafen als Verbrechen gegen das Leben.

Die Glückspilze

Der eine hat nächtlings – wie er sagt – im Rausche mit dem Fuß die kleine Scheibe eines Schuhladens eingedrückt. Der andere stand dabei. Am nächsten Morgen fehlten drei linke Damenschuhe. (Der Ladenbesitzer erklärt: Wir stellen immer nur linke oder nur rechte Schuhe aus, um den Appetit der Einbrecher zu dämpfen.)

Beide sind vorbestraft – auch wegen Einbruchs. Der eigentliche Täter sagt: »Seit meiner Kriegsverletzung vertrage ich keinen Alkohol mehr. Im Rausche habe ich die Neigung, Ladenfenster einzuschlagen. Das klirrt so.« Er ist tatsächlich wegen derartiger Beschädigungen mehrfach bestraft.

Der Staatsanwalt beantragt zwei Jahre Zuchthaus, der Verteidiger Freisprechung – das Fehlen der linken Schuhe sei ja erst viele Stunden nach dem Einbruch bemerkt worden. Sie können von anderen Passanten gestohlen sein.

Das Gericht zieht sich zurück – kommt aber nach einer Weile wieder, um zu fragen, ob der Ladenbesitzer Strafantrag wegen Sachbeschädigung stellt.

»O nein – ich habe ja fast keinen Schaden gehabt.«

Noch einmal berät das Gericht und verkündet endlich:

Freispruch von der Anklage des schweren Diebstahls; mangels Strafantrages wegen Sachbeschädigung Einstellung des Verfahrens – Aufhebung des Haftbefehls.

Die beiden Spitzbuben sehen sich verständnislos an. Soviel Glück erscheint ihnen unheimlich.

Der Schattenfürst

Auf einer Tragbahre bringt man ihn aus dem Zuchthaus in den Gerichtssaal. Einst ein großer internationaler Gentleman-Einbrecher. Heute ein unheilbarer Rückenmärker, der die letzten Jahre seines Lebens im Zuchthaus zubringen muß, wo er über sein wechselvolles Schicksal nachdenken kann. Auch auf der Tragbahre zeigt er noch einen Schimmer von Eleganz: einen tadellosen Cutaway, weißeste Wäsche.

Die Schicksale waren vielgestaltig. Einmal bekam er zu einer Operation einen Zuchthausurlaub – floh nach Italien und Holland, wo er seine jetzige Frau – eine hübsche, offenbar kluge und tüchtige Person – kennenlernte. Als er 1919 von Amnestie hörte, kehrte er irrtümlich zurück, wurde gefaßt, brach wieder aus und wurde noch einmal ergriffen. Bis 1931 hat er sowieso zu sitzen. Gestern verhandelte man über zahllose Einbrüche, die er 1919 in den elegantesten Berliner Hotels verübte. Man kann sie im einzelnen kaum noch durchsprechen – die Zeugen erinnern sich nicht mehr recht. Zwei Fälle werden herausgegriffen. Für seine Frau spricht er ritterlich und reinigt sie vom Verdacht der Hehlerei. Er selbst bekommt noch zwei Jahre Zuchthaus dazu, bis 1933, das er nicht mehr erleben wird. Und er nimmt Abschied.

Der Frechdachs

Er hat einen leisen Sprachfehler, eine schöne, wenn auch untugendhafte Braut; und er ist außerordentlich frech. Er sagt zum Beispiel: Jeder Landgerichtsdirektor sollte inkognito mal ein halbes Jahr im Zuchthaus sitzen, um zu sehen, was das ist. Und der amtierende Landgerichtsdirektor bringt den Humor zur Gegenfrage auf: Warum inkognito?

Bei einem Einbruch erbeutete Seidenwaren hat er seiner Braut geschenkt. Er gibt Hehlerei zu, den Einbruch selbst will er nicht begangen haben. Viel spricht dafür, nichts dagegen. Man möchte darauf wetten – aber ist es auch erwiesen?

Und ist die Braut der Hehlerei schuldig? Der Frechdachs verteidigt sie energisch: »Sie hat nichts gewußt – meine Braut hat mit der Polizei noch nie was zu tun gehabt.«

»Na erlauben Sie mal –«, unterbricht der Vorsitzende.

»In der Beziehung –«, sagt der Bräutigam verständnisinnig. Nachdem der Staatsanwalt gegen den schwer Vorbestraften vier Jahre Zuchthaus beantragt hatte, plädiert der Frechdachs selbst: »Ich wende mich an die Herren Schöffen und bitte sie, sich nicht von dem Vorsitzenden beeinflussen zu lassen, der als ein besonders scharfer Richter bekannt ist ...«

Frechdachs war falsch unterrichtet. Der Richter ist einer der mildesten und läßt die Braut mit einer Geldstrafe davon. Der Frechdachs kommt auf drei Jahre ins Zuchthaus. Der sonst so sanfte Richter kann nicht umhin, die besondere Dreistigkeit des Angeklagten zu kennzeichnen. Fast sieht es aus, er wäre ohne Frechheit besser gefahren. Aber es sieht wohl nur so aus – denn die Ungebühr vor Gericht ist ein Ding für sich. Und daß der Milde für ein paar dumme Witze ein Jahr mehr gegeben hat, will man nicht glauben. Der Tag des Gerichts ist der große Tag in dem Leben des Berufsverbrechers; da muß er den Witz, wenn er ihn hat, springen lassen. Wann sonst?

Nein, das Einbrechen ist kein Geschäft. Dieser ausgezeichnete Einbrecher hat nach seiner eigenen Erinnerung etwa 55 Einbrüche ausgeführt. Er hat Werte von zwei Millionen Mark erbeutet, und er hat dafür 42000 Mark gelöst.

Fritz Wald ist mit diesem Ergebnis durchaus unzufrieden, und es ist eine Bitterkeit in diesem blonden 27jährigen Menschen, der, für seine Münchener und Hamburger Einbrüche schon zu neun Jahren Zuchthaus verurteilt, jetzt das Urteil für 19 Berliner Fälle in Empfang nehmen soll. Ein kleiner, schmaler Bursche. Das glatt zurückgestrichene Haar läßt nicht viel Stirn sehen, zeichnet aber die Konturen des hochgewölbten Schädels schwungvoll nach. Das glattrasierte Gesicht ist eher jünglingshaft. Die ausgesprochen diebische Nase springt kühn und spitz hervor, der Mund versteht zu lächeln, die Augen sind verschlagen, listig, klug und kühn.

Man glaubt ihm, der sich sprachlich fehlerlos, gewandt und mit einer gewissen Beredsamkeit ausdrückt, daß er aus bürgerlichen Kreisen stammt. Gelernt hat er nichts. Er brannte früh von Hause durch, machte seine ersten Streiche und kam in Fürsorgeerziehung. Er entlief und wurde eines schönen Tages Fassadenkletterer – weil es ihm einmal glückte.

Er sagte am Schluß seiner Vernehmung: »Ich habe oft einen moralischen Kater gehabt, wäre an einzelnen Tagen nicht imstande gewesen, was zu nehmen. Aber dann, wenn ich so im Smoking über den Kurfürstendamm ging, bekam ich plötzlich Lust. Es liegt ein eigener Reiz darin, einen tüchtigen Einbruch zu liefern. Es trieb mich Abenteuerlust. Zuweilen hatte ich Reue, versuchte ein anderes Leben. Eine Weile war ich Aushilfskellner, aber es ist ja doch damit nichts zu verdienen, und mit meinen falschen Papieren wäre ich sowieso nicht weit gekommen.«

Die Bitterkeit Walds stammt aus zwei Ursachen: Die Hehler haben ihn betrogen; einer, Lohrer, sitzt neben ihm auf der Anklagebank. Sein Haupthehler, Plückhahn, ist bereits zu zwei Jahren sieben Monaten Zuchthaus verurteilt. Dem Lohrer wirft er vor, daß er ihm das versprochene Geld nie voll ausgezahlt hat. Die andere Bitterkeit gab ihm das in seinem Falle nicht sehr verlockende weibliche Geschlecht.

Es liest sich immer so schön in Hochstaplererzählungen, wenn

Frauen der bürgerlichen Gesellschaft sich ihnen zuneigen. Wenn man sie nachher sieht, findet man die Erfolge wenig erstaunlich. Zwei Frauen sind mit ihm angeklagt, Frau St., eine nicht mehr junge Dame, mit weichen, zerfließenden Zügen, und eine spitzige, scharfe: Frau A. Von Frau St. hält er nicht mehr viel. Er hat zeitweise bei ihr gewohnt, und er hat sie in seinen früheren Vernehmungen stark belastet, als habe sie ihm Tips für seine Einbrüche geliefert. Diese Belastung hält er nicht mehr aufrecht. Er hat ihr viel Schmuck aus den Einbrüchen geschenkt, aber er behauptet nicht mehr, daß sie von der Herkunft der Gegenstände etwas gewußt haben müsse. Er kann sie nicht leiden, denn »sie lügt wie gedruckt«. »Ich wollte mich immer von ihr zurückziehen, aber sie lief mir nach. Ich habe niemals den Frauen gegenüber angegeben, daß ich ein vollkommen ehrlicher Mann sei. Ich ließ aber durchblicken, daß ich Juwelenschiebereien mache. Sie wußte, daß ich vorbestraft sei, aber ausdrücklich von den Einbrüchen habe ich nur mit einem Fräulein G. gesprochen.«

Mit Frau A. lag es wieder anders. Mit ihr hat er nur platonisch verkehrt, er wollte sie heiraten und hatte ihr bereits seine Papiere für das Aufgebot übergeben. Er hatte ihr 10000 Mark anvertraut, die ihr nach der Eheschließung gehören sollten. Zu ihr blickte er in gewisser Beziehung auf. »Sie war mir geistig überlegen, ihre Schulbildung war die größere, und sie ließ mich zuweilen den Unterschied spüren.« Die 10000 Mark sind später beschlagnahmt worden, ebenso die weiteren 3000 Mark, die auf einer Bank deponiert waren. Die Freundschaft mit Frau A. ging allmählich in die Brüche. Sie war ihm zu anspruchsvoll, sie wollte 500 Mark als Wirtschaftsgeld im Monat haben, und er sah ein, daß er auf diesem Fuß nicht von seinen Zinsen werde leben können. Der Vorsitzende fragte ihn: »Sie haben heute noch Geld hinter sich?«

Fritz Wald lächelnd: »Nein, ich habe nichts.«

Der Vorsitzende hält ihm die Momente vor, aus denen unbedingt geschlossen werden müsse, daß er noch Helfer und Geldgeber habe. Wald beharrt bei seiner Aussage.

Immer wieder fragt der Vorsitzende, warum Wald, der doch offenbar über so große Geschicklichkeit und Energie verfüge, sich nicht doch schließlich einem besseren Leben zugewandt hätte, und sucht nach gewissen moralischen Triebfedern seines Tuns. Und Wald sagt: »Ich empfand sehr stark die Ungerechtigkeit, die darin liegt, daß es soviel reiche Leute und soviel Arme gibt. Ich sagte mir, daß die reichen Leute sehr gut ihren Schmuck entbehren könnten, und im übrigen verloren sie doch auch nichts, da sie ja meist versichert waren und so den Schaden sofort ersetzt erhielten. Ich gebe aber zu, daß es nicht logisch war, so zu denken; denn ich habe ja selbst meine Beute nie an die Armen verteilt. Ich habe niemals Gewalt angewendet; ich habe in einem Falle in Hamburg, als ich im Schlafzimmer einer Dame nach Schmucksachen suchte, mich wieder entfernt, ohne etwas genommen zu haben, weil ich mich mit der Frau gut unterhalten hatte und diese Frau auch nicht wollte, daß ich ihren Mann störe. Ich habe es auch abgelehnt, wenn mir andere Verbrecher Anträge machten, mit Gewalt gegen Opfer vorzugehen. Mein Bestreben war, mir Geld zu sparen, um davon später ein Geschäft zu kaufen.«

Der Fassadenkletterer

Der Fall des »Fassadenkletterers vom Kaiserhof«, Wilhelm Kaßner, zerfällt in drei Abschnitte: erstens einen realistisch-romantischen, zweitens einen schwindligen und drittens einen zweifelhaften.

Realistisch-romantisch ist Wilhelm Kaßners Jugend. Ein Kind, das seiner Mutter in den Morgenstunden vor der Schule die Zeitungen austragen hilft. Dann mit sechzehn Jahren Automobilwäscher und Stallknecht. Dann Heizer und später Matrose auf Kauffahrteischiffen aller Länder. Er sieht Australien, Nordamerika, Südamerika; hat bei seinen Kameraden wegen seiner außerordentlichen Gewandtheit den Beinamen »das Wiesel«, ist in der Höhe von Montevideo, als der Krieg ausbricht. Er macht zahlreiche Versuche, nach Deutschland zu kommen, die alle mißlingen, wird Arbeiter in einer Kaffeeplantage, in einer Silbermine, spart sich etwas Geld, versteckt sich auf ein norwegisches Schiff, wird vom Kapitän bemerkt und von Bord gewiesen. Schwimmt nachts auf das Schiff zurück, versteckt sich abermals, kommt erst auf hoher See zum Vorschein; nun duldet man ihn. Zahlreiche Untersuchungen durch die Engländer auf hoher See. Zuletzt wird das Schiff bei den Orkney-Inseln aufgegriffen, wegen schlechten Wetters in einen Hafen geschleppt. Schließlich treibt ihn der Hunger aus seinem Versteck. Internierung mit zahlreichen Fluchtversuchen. Rückkehr nach Deutschland 1919.

In Berlin sieht er seinen Bruder Paul wieder, der eben aus dem Zuchthaus entsprungen ist. Er fährt mit dem Bruder nach Lübeck, um diesem dort zur Flucht ins Ausland zu verhelfen. Aber vor der Ausführung begehen beide einen Fassadendiebstahl, werden gefaßt und abgeurteilt. Erste Strafe: ein Jahr sechs Monate Zuchthaus, zweite: sechs Monate Gefängnis (er war in einen Keller gedrungen, um – Einbruchswerkzeug zu stehlen). Dann zwei Jahre Zuchthaus wegen Fassadeneinbruchs, sechs Monate Gefängnis wegen Meuterei im Zuchthaus. Ausbruch aus dem Zellengefängnis, dann drei Jahre Zuchthaus wegen Rückfalldiebstahls in zehn Fällen. Flucht aus der Strafanstalt Luckau. Vier Wochen später mit zerbrochenem Oberschenkel, Hand- und Kopfverletzungen auf dem Pflaster vor dem Kaiserhof. Die Anklage nimmt an, daß er in das Zimmer des Schweizer Direktors H. eingedrungen und von diesem aus dem Fenster geworfen worden war. Außerdem glaubt man, daß er den sehr ähnlichen Fassadeneinbruch bei dem amerikanischen Studenten Joffe in der Kaiserin-Augusta-Straße begangen hat.

Diesen zweiten Einbruch streitet Kaßner ab, kann aber natürlich nicht leugnen, mit zerbrochenen Gliedern vor dem Kaiserhof gelegen zu haben. Wie er dahingekommen sei, das bildet den schwindligen Abschnitt seiner Biographie. Er behauptet, abends spazierengegangen zu sein. Er sei um halb elf am Kaiserhof vorbeigegangen, habe die Fassade unwillkürlich betrachtet und als Fachmann gesehen, daß sie besonders schwierig zu ersteigen sei. Das habe ihn außerordentlich gereizt, er habe die Stiefel ausgezogen, sei an der Fassade emporgeklettert, deren Fenster alle dunkel und verschlossen gewesen seien. Er kletterte weiter an einem Balkon entlang, kam plötzlich an ein inzwischen erleuchtetes Milchglasfenster, wich noch einmal zurück, kletterte dann doch an dem Fenster vorüber, fand das nächste ein Viertel geöffnet, sah hinein. Jemand schrie auf, ein Mann stürzte von nebenan herein, auf ihn zu. Beide ringen miteinander, der Mann im Zimmer schlägt auf ihn, er klammert sich fest an, zieht auch seinen Revolver, den er als Schlagwaffe gegen den Mann benutzt, der Mann stürzt ihn hinab.

Daß Kaßner nur aus sportlichem Trieb diese besonders reizvolle Fassade hinaufgeklettert sei, glaubt ihm kein Mensch. Er selbst sagt auch ganz offen, daß er sicher irgendwo eingestiegen wäre, wenn er günstige Umstände vorgefunden hätte. Aber, er sei in diesem Falle nicht eingestiegen, und er bleibt in diesem Punkte sehr hartnäckig, weil dieses Moment strafrechtlich für ihn von der größten Bedeutung ist.

Herr H. hat bei seiner Vernehmung durch die Polizei ausgesagt, daß er auf die Hilferufe seiner Frau aus dem Waschraum in das zehn Minuten vorher bezogene Schlafzimmer zurückgekehrt sei und gesehen habe, wie Kaßner eben ins Zimmer sprang und mit vorgehaltenem Revolver in die Mitte des Raumes vordrang. Er habe Kaßner erst bei den Händen, dann am Bauch gepackt und ihn zum Fenster zurückgedrängt. Es sei ein kurzer, aber heißer Kampf gewesen, in dem er über seinem Kopfe zweimal den Revolver knacken hörte. Er, H., sei aber der Stärkere gewesen und habe Kaßner aus dem Fenster geworfen, mit den Worten, er solle wieder da hinausgehen, wo er hergekommen sei.

Niemand würde die Wahrheit der H.schen Aussage bezweifeln, wenn Herr H. zu dem Termin erschienen wäre. Man verhandelte zunächst in der Erwartung eines telegraphisch avisierten Kommens, dann aber wurde glücklicherweise ein Telegramm aufgefunden, das bereits am 12. in Moabit eingetroffen war und das zwei Tage gebraucht hatte, um in die Hände des Schwurgerichtspräsidenten zu gelangen ... Herr H. ist erkältet und möchte an seinem Wohnort Zürich kommissarisch vernommen werden.

Welche Darstellung ist die richtige? Über jeden Zweifel erhaben ist die H.sche nicht. Herr H. selbst hat sich während seines Aufenthalts in Berlin nur sehr ungern von der Polizei vernehmen lassen. Er hatte gesagt, der Kerl habe seine Strafe, und an einer weiteren strafrechtlichen Verfolgung sei ihm nicht gelegen. Er hat im übrigen am Morgen nach dem Vorfall Berlin wieder verlassen. Nun soll Herr H. ein sehr kräftiger Mann sein, aber Kaßner sagt: Der Mann kann noch so kräftig sein, ich bin Boxer, Jiu-Jitsu-Kämpfer und doch nicht einfach aus dem Fenster zu werfen. Und selbst das Gericht kann die Darlegungen Kaßners nicht ganz von der Hand weisen. Man könnte sich aber eine dritte Möglichkeit denken: daß Kaßner das Zimmer durch das Fenster betreten hat, bevor es von dem H.schen Ehepaar bezogen wurde – daß er sich bei dem Eintreten H.s zuerst versteckt habe und später einen günstigen Augenblick benutzen wollte, um den Rückzug durch das Fenster anzutreten. Hierbei wurde er von H. erwischt, dem es nun doch wohl leichter wurde, einen Menschen, der sich auf der Flucht durch das Fenster befand, hinabzustürzen. Die Verteidigung stellt selbst die Hypothese auf, daß Herr H. einen Augenblick nach dem Überfall das Gefühl hatte, in der Verteidigung zu weit gegangen zu sein, daß er deshalb eine etwas abseitige Darstellung des Sachverhalts gegeben hatte, die er nun unter seinem Eide nicht wiederholen möchte.

Da auch der amerikanische Student Joffe zum Termin nicht erschienen war, beschloß das Gericht nach fünfstündiger Verhandlung, die Sache auf unbestimmte Zeit zu vertagen.

Der Räuber aus Reklamesucht

Sachverständige werden darüber urteilen, ob der Räuber Johannes Spruch, der am 25. September den verwegenen Überfall auf das Juweliergeschäft in der Tauentzienstraße verübte, ein Psychopath sei – und das Gericht wird darüber beschließen, bis zu welchem Grade die psychopathische Veranlagung etwa ein Grund sei, ihm mildernde Umstände für eine Tat zuzubilligen, zu der er sich ja im übrigen offen bekennt.

Der Typ des Räubers Spruch ist in Deutschland ein verhältnismäßig seltener; in romanischen Ländern trifft man ihn häufig und immer wieder. Man wird angesichts dieses Mannes sehr lebhaft an die Pariser Autobanditen erinnert, die mit unerhörter Verve vor etwa 15 Jahren an hellichtem Tage Pariser Bankfilialen überfielen und ausräumten, die dann, als man ihnen auf der Spur war, sich mit der Waffe in der Hand bis zum letzten Atemzuge verteidigten. So konsequent ist Johannes Spruch Gott sei Dank nicht; aber wenn man ihn von der Anklagebank sprechen hört – besser gesagt: sprechen sieht –, so hat man das deutliche Gefühl: Dieser Mann ist nicht Verbrecher geworden aus moralischer Verkommenheit, vielleicht noch nicht einmal aus einer ihn vollkommen beherrschenden Sucht nach Gewinn. Er handelte sichtlich aus einer steten, sprungbereiten Laune heraus, und diese Laune hat er in den Gerichtssaal mitgebracht. Unter den dreihundert Menschen, die an diesem Tage im Schwurgericht vereinigt sind, ist er zweifellos der bestgelaunte. Keine Spur von Bewußtsein davon, daß er sich eines schweren Verbrechens zu verantworten hat; kein verstimmender Gedanke an eine mehrjährige Zuchthausstrafe, die ihn bedroht. Er läßt sein Leben an uns vorüberziehen, sein Leben, das scheinbar so lustig war, in dem es aber auch an verzweiflungsvollen Momenten nicht gefehlt hat. Dreimal hat er versucht, sich dieses Leben zu nehmen – vielleicht ohne selbst recht zu wissen, warum es ihm nicht behagte.

Es ist kein Anlaß, die geistigen Fähigkeiten Spruchs zu überschätzen. Er war ein durchschnittlicher Volksschüler, ein wenig ausdauernder Angestellter, ein gelegentlich zu Heldentaten, dann wieder zum Auskneifen geneigter Soldat, er war ein sentimentaler Liebhaber und dann wieder einer, der von den Einkünften seiner »Sonja« lebte. Er war ein durch blitzhaftes Handeln erfolgreicher Räuber – und er war ein fliehender Verbrecher, der sehr bald der Polizei ins Garn lief.

Er ist ein Angeklagter, der kaum danach trachtet, irgend etwas zu verhüllen. Seine Rede, die fast geschlagene drei Stunden dauert, schmückt er dauernd mit gewissen Naturlauten wie »Puff«, »Tsching«, »Tamtam«. Sein Bedürfnis nach Krach ist so groß, daß er fortwährend mit der Hand auf die Barriere schlägt. Als er in die Mitte des Saales gestellt wird, um vor der Tafel sein Eindringen in den Juwelierladen zu schildern, klatscht er zur Einleitung in die Hände wie ein Schaubudenbesitzer. Den Schuß im Privatkontor hat er nur abgegeben, um Tamtam zu machen – »ohne Tamtam kann ich nichts machen«. Der Höhepunkt seiner Tat ist für ihn die Lektüre der Zeitungen mit ihren großen Überschriften. Er muß noch heute herzlich darüber lachen, wie er nach seiner Verhaftung die Kriminalpolizei mit der Sonja hereingelegt hat – und daß man Reisen nach Polen unternommen hat, um Sonja zu finden, ist für ihn eine Quelle reinsten Vergnügens. Dazwischen machte er noch sentimentale Nebengeschäfte: Die Versendung einzelner Schmuckstücke an einige Bräute befriedigte ihn tief: Er wollte doch zeigen, daß auch er was geworden sei.

Das Gehirn dieses Menschen gleicht einer Mühle ohne Korn. Es ist in Spruch ein unbändiger Trieb. Er kann nicht arbeiten, er kann nur handeln. Aber für die Handlung fehlt es ihm an Motiven, Ziel, an Bildung, an irgendwelchem Können. Als er der Angestellte eines Geschäftes war, konnte er nicht vorwärtskommen – »ich konnte mir nie merken, wo die Ware liegt« –, vielleicht erklärt das auch seine Vorliebe für Juwelierläden, die im Schaufenster ihre Kostbarkeiten zeigen. Interessant für ihn ist nur die Tat und das, was die Tat hervorbringt: ein Stab von Beamten um ihn bemüht, Journalisten, Zeitungen, Bilder ... man darf überzeugt sein: Auch auf das Plätzchen im Verbrecheralbum ist er stolz.

Er weiß nicht, wie kurzlebig der Zeitungsruhm ist, wie rasch der eine Tag vorbeigeht im schönen, alten Schwurgerichtssaal mit den vielen gut angezogenen Leuten im Zuschauerraum und auf den Tribünen. Er weiß eigentlich gar nichts von dieser Welt und am wenigsten von dem patentierten Segen des kleinen Philisters zu Stuckert am Neckar.

Daß er das nicht weiß, ist sein Schwachsinn, der ihm vielleicht mal hie und da die Milderung einer Strafe einbringt und der ihn dennoch zum Untergang verurteilt.

Man redet dem Angeklagten sanft ins Gewissen, er möge den Einbruch eingestehen, den er versucht hat. Der Staatsanwalt bringt würdige Überredungskünste auf, der Vorsitzende spricht ihm freundlich zu. Beide locken mit der Milde des Gerichts. Der Angeklagte will nicht. Er sieht so ganz anständig aus, benimmt sich ordentlich, gibt bescheidene Antwort auf jede Frage – nur die entscheidende Frage will er durchaus nicht nach dem Willen der Herren beantworten. Er sagt: »Ich weiß wirklich von nichts. Wenn ich es gewesen wäre, hätte ich es längst gesagt, denn es ist kein Vergnügen, in der Untersuchungshaft zu sitzen.«

Die Herren haben schon ihre Gründe, dem Angeklagten so gütlich zuzureden, denn für seine Schuld ist nur ein einziges Beweismittel zur Hand: Fingerabdrücke. Sonst weiß man gar nichts! Dem Dachdeckermeister Soundso aus Charlottenburg wurde eines Morgens mitgeteilt, daß in seinem im Erdgeschoß gelegenen Büro ein Einbruch versucht worden sei. Die Fensterscheibe war eingedrückt, in den Geldschrank war ein großes Loch gebohrt – aber die Diebe hatten ihre Arbeitsstätte verlassen, bevor sie zum Ziele gelangten. Nachträglich erinnerte sich der Dachdeckermeister, in der Nacht ein Geräusch gehört zu haben. Das ist alles, was man weiß.

Dann wurden Fingerabdrücke gefunden, auf der Fensterscheibe und namentlich aber am Fensterbrett. Der eine Finger wurde sehr rasch identifiziert, aber schließlich konnte man feststellen, daß die ganze Hand dem Kellner Kerwin gehören mußte, einem immerhin wegen Eigentumsdelikten zweimal vorbestraften Menschen. Als man ihn suchte, war er gerade nicht in Berlin, dann wurde man seiner habhaft. Man nahm noch einmal seine Fingerabdrücke, die wieder mit denen vom Tatort völlig übereinstimmten.

Diese Abdrücke sind nun die einzigen Beweise, die man hat. Zwei Kriminalbeamte treten als sachverständige Zeugen auf und verkünden mit dem Schwung der Überzeugung den Triumph der Wissenschaft, die Unfehlbarkeit der Daktyloskopie. Jeder Mensch habe andere Linien, und um einmal die gleiche Kombination überhaupt möglich zu machen, müßten fünfmal mehr Menschen auf der Erde sein. In der Presse gäbe es wohl ab und zu mal eine Meldung, die besage, daß zwei Menschen mit genau denselben Handlinien aufgefunden seien. Aber das seien Falschmeldungen, die immer von Verbrechern und ihrem Anhang lanciert würden. In dieser Wissenschaft sei ein Irrtum unmöglich. Selbst bei Zwillingen sei die Handzeichnung verschieden. Bei Zwillingen treibe die Natur die Gleichheit gewiß sehr weit, aber die ähnlichsten Zwillinge haben zwar ähnliche und doch nie identische Zeichnungen. Und die Beamten zeigten das Bild eines Londoner Zwillingspaares, das einander so ähnlich ist, daß man es überhaupt nur an seinen Handlinien unterscheiden kann. Auf Grund ihrer Erfahrungen versicherten die Beamten, daß niemand anders der Täter sein könne als der Angeklagte. »Wir wollen mit aller Gewalt keinen Unschuldigen ins Gefängnis bringen, aber die Daktyloskopie ist das zuverlässigste Beweismaterial, das die Kriminalpolizei an der Hand hat.«

Noch einmal wurde der Angeklagte gefragt, noch einmal wurde ihm zugeredet, er blieb bei seinem Leugnen. Dann erhob sich der Staatsanwalt, der den Angeklagten wegen seines Leugnens besonders energisch bestraft wissen wollte, und beantragte eine Zuchthausstrafe von zwei Jahren und fünf Jahre Ehrverlust. Der Verteidiger bemühte sich, die Unfehlbarkeit der Daktyloskopie anzuzweifeln, ließ es aber vorsichtshalber auch sonst nicht an Milderungsgründen fehlen.

Das Gericht verurteilte den Angeklagten zu einem Jahr drei Monaten Gefängnis. Der Beweiskraft der Daktyloskopie habe man sich nicht verschließen können. Strafmildernd sei aber die Tatsache zu werten gewesen, daß der Angeklagte nur zweimal vorbestraft sei und das letztemal vor acht Jahren. Man sei auch aus anderen Gründen zu der Überzeugung gekommen, daß der Angeklagte nicht der Haupttäter war, sondern daß er der Verführung erfahrener Verbrecher erlegen sei.

Der Zuhörer konnte sich einer gewissen Beängstigung nicht erwehren. Wie die Daktyloskopisten ihr Gutachten im einzelnen begründeten, war sicher schlagend; aber es wurde auch nicht der Schatten eines Nachweises dafür erbracht, daß der Angeklagte zu einem Kreise von Verbrechern gehörte, daß er sich je mit Geldschrankeinbrüchen befaßt hatte, daß er überhaupt seit seiner letzten Strafe in irgendwelche dunklen Geschäfte verwickelt war. Von seinem Privatleben wurde überhaupt nichts hervorgebracht, und so war tatsächlich der Fingerabdruck das einzige Beweismittel, das man gegen ihn hatte. Selbst die Unfehlbarkeit der Daktyloskopie sollte für die Polizei kein Grund sein, Nachforschungen anderer Art unversucht zu lassen.

Noch hat sich der Angeklagte nicht darüber geäußert, ob er die Strafe annehmen wolle. Aber er hat im Untersuchungsgefängnis Zeit, über die Wahrheit eines Satzes nachzudenken, den einer der Sachverständigen aussprach:

»Der größte Feind des Verbrechers ist seine eigene Hand.«

Der Phantasist

In einer Winternacht stieg er durchs Fenster in die Jerusalemer Kirche. Vorher war er beobachtet worden, wie er an der Kellertür der Kirche rüttelte, wie er mit großer Eleganz versuchte, durch die anderen, sehr hoch gelegenen Sakristeifenster einzudringen. Als er drinnen war, holte der Beobachter die Polizei, die den Eindringling unter einer Bank versteckt fand. Gestohlen war nichts – aber die Ausreden, die der bleiche junge Mann vor dem Gericht produzierte, mußten lächerlich erscheinen. Er will in sinnlos betrunkenem Zustand an der Kirchenwand emporgeklettert sein – nein, so was glaubt man nicht einem Menschen, der schon als Sechzehnjähriger wegen schweren Diebstahls bestraft worden ist. Aber irgend etwas empfahl ihn der Milde des Richters, der sich nicht dem »Zuchthaus beantragenden« Staatsanwalt anschließen wollte. War es die nette, bescheidene Haltung des jungen Menschen, der mit offenbar ernsten Tränen die Tat, die er ableugnete, bereute?

Es war vielleicht etwas anderes. Auch seine Wirtin war als Zeugin vernommen worden. Sie bezeichnete ihn als einen »Phantasisten«, der nachts viel stöhnte, am Tage viel las und schrieb. Er habe sich mit Theaterkritiken und Gedichten versucht. Von einem wußte die gute Frau noch den Anfang: ›Schau in die Nacht –‹

Das Merkwürdige war nun das Verhalten des Dichters zu seinen Geschöpfen. Den Einbruch hatte er mit einer gewissen Rührung abgeleugnet, doch immerhin seine Ruhe bewahrt. Als aber die Rede auf seine Gedichte kam, wurde er schrecklich nervös. Er verleugnete sie nicht, aber er schlug mit der Hand auf die Holzschranke, rief einmal über das andere: »Das gehört nicht hierher!« Ein anderer hätte vielleicht gesagt: »Ich bin zwar nur ein einfacher Arbeiter – aber ich fühle mich als Dichter – ich bin stellungslos, und ich arbeite dennoch, für mich, literarisch – meine Phantasie quält mich Tag und Nacht – dann muß ich stöhnen und schreiben – schreiben und stöhnen – immer abwechselnd – und dann plötzlich weiß ich nicht, wie mir wird – vielleicht ist es der Hunger, vielleicht auch nur die Phantasie – dann treibt es mich von Hause fort – dann jagt es mich zu Abenteuern – und plötzlich findet man mich in einer Kirche, und ich weiß nicht, wie ich hingekommen bin –«

So würden andere sprechen, so würde jeder Schriftsteller sprechen – aber dieser wahre Phantasist tat das nicht. Er wollte nicht zugeben, daß seine Gedichte etwas mit der Tat zu tun haben, er schnitt seinem Verteidiger das Wort ab, und als dieser noch weiter davon redete, kehrte er schweigend, trauernd, schämig das Gesicht zur Wand.

Der Richter sah die Tat als erwiesen an und war gewiß geneigt, sie streng zu bestrafen. Aber dieses tadellose literarische Verhalten diktierte ihm mildernde Umstände in die Feder. Mit Recht; denn wer so zu seinen Gedichten steht, hat die bürgerlichen Ehrenrechte noch nicht verwirkt.

Dr. Hauck

Der Gelehrte, Archivdieb Dr. Hauck, und sein Genosse Hohenlochner standen vor dem Berufungsrichter. Man ist geneigt zu sagen: das mäßig interessante Kapitel eines miserablen Romans, der den Titel trägt: Der Mann mit der Maske.

Es stellte sich heraus: Die Maske war mir bekannt, irgendwie in Verbindung mit einer schönen Münchener Zeit vor fünfundzwanzig Jahren. Die Maske wird nicht nur durch den unglaublich dichten Schnurr- und Kinnbart gebildet. Das aufrechte Haupthaar wirkt wie eine Kapuze; und sogar die Augenhöhlen sind so dunkel, daß man kein Auge sieht, sondern zwei schwarze Löcher. Es ist, als sei das alles nur dazu da, eine abnorme Häßlichkeit zu verdecken. Jedenfalls, seelische Erregungen werden auf diesem Gesicht nicht erkennbar.

Ich glaube, ich habe diese Maske jahrelang jeden Tag auf der Münchener Ludwigstraße gesehen, ohne mir sehr den Kopf über sie zu zerbrechen. Sie war damals jünger, studentischer, aber sie brachte Gelehrtenhochmut durch eine sehr stolze Haltung prononciert zur Geltung. Ich empfand diesen Menschen abstoßend und einprägsam, aber ich kam nicht auf den Gedanken, seinen Namen zu erfragen.

Jetzt weiß ich es: Dr. Hauck. Und den Gelehrtenhochmut hat er mit auf die Anklagebank gebracht. Er wird von den 1 Jahr 6 Monaten Gefängnis der ersten Instanz einiges herunterhandeln, und es ist ihm ernst darum. Aber leidenschaftlich wird er erst, wenn er den sachverständigen Leitern der Archive, die er bestohlen, etwas am Zeuge flicken kann. Immer noch will er beweisen, daß er die an Händler weiterverkauften Autogramme nicht gestohlen hat – obgleich er nicht leugnet, die großen Mengen gestohlen zu haben, die man bei ihm in seiner Wohnung fand. Tja, wäre bei ihm nichts gefunden worden, so stünde es günstiger um ihn. Denn das wenigste von dem, was in den Archiven ruht, ist mehr als ein- oder zweimal gelesen worden. Hauck hat – so meinen die Sachverständigen – vielfach die aufgeklebten Adressen der Briefe entfernt. Und wenn der adressenlose Brief irgendeines Potentaten im Handel auftaucht, so wissen oft nicht einmal die bestohlenen Archivare, ob das Stück zu den ihnen gehörigen Schätzen gehört.

Das Bild im Gerichtssaal ist merkwürdig genug: vor dem

Richtertisch ein großer Koffer, voll von den gestohlenen Dokumenten. Die Archivare, zumeist jüngere Herren, breiten die Schätze auf dem Richtertisch aus, suchen zu beweisen, was Hauck zu widerlegen trachtet. Aber wenn dann mal ein einzelnes Stück gezeigt werden soll, kommen die jungen Herren in große Verlegenheit: Es ist ein so großes Durcheinander. Immerhin einiges wird produziert: Briefe Wallensteins und Friedrichs des Großen; sogar ein schriftliches Überbleibsel Marias der Blutigen, Gattin Philipps des Zwoten, gelangte auf diese Weise nach Moabit.

Nichts aber kränkte wohl Haucks Stolz tiefer als der Vorwurf, er habe die gestohlenen Dinge ohne alle Sorgfalt eines Sammlers und Gelehrten aufbewahrt, sie in Staub und Unordnung verkommen lassen.

Dann wird das Problem von der neuropathischen Seite her untersucht. Die Doktoren Dyrenfurth und Magnus Hirschfeld sprechen. Nach eigener Angabe hat Hauck zum ersten Male bei einer Handschrift Gortschakoffs eine erotische Empfindung gehabt. Wenn man bedenkt, daß er seitdem Tausende von Briefen gekauft, gestohlen und verkauft hat, muß er eigentlich trotz seiner finsteren Maske ein ganz vergnügtes Innenleben geführt haben.

Magnus Hirschfeld spricht über Fetischismus und Sammlerleidenschaft. Er schildert auch den Sammler, der allmählich zum Amateur-marchand wird. Aber der Vorsitzende, Landgerichtsdirektor Siegert, fragt, ob der berüchtigte Zopfabschneider, der 300 Zöpfe sammelte, einen davon verkauft habe? Hirschfeld weist auch darauf hin, daß der Fetischismus und die homosexuelle Veranlagung des Angeklagten zweifellos auf derselben neuropathischen Grundlage beruhen. Aber wenn er auch glaubt, die Veranlagung beeinträchtige die Verantwortung, so sei diese doch nicht im Sinne des § 51 aufgehoben.

Alles käme eben darauf an, zu wissen, was im erotischen Sinne beseligender ist: das Kaufen, das Stehlen oder das Verkaufen von Autogrammen? Aber das könnte nur Dr. Hauck beantworten, und auf dessen Objektivität kann man sich nicht genau verlassen.

Selbstverständlich – auch er, wie alle, die mit Grund die Anklagebank drücken, ein objektiv unglücklicher Mensch. Ein höchst unordentlicher Gelehrter, ein ungeordneter Gelehrter, in dem Sammelwut, krankhafte Veranlagung, diebisches Geschick sich ein seltsames Stelldichein gaben. Wer weiß, vielleicht erforderte aber gerade seine homosexuelle Veranlagung Opfer, die er auf keine ehrliche Weise mehr aufzubringen verstand. Er sagte es nicht – seine Maske legte er nicht ab.

Die Strafkammer verschärfte die Strafe gegen Dr. Hauck von eineinhalb auf zweieinhalb Jahre Gefängnis, nahm bei Hohenlochner einfache Hehlerei an und erkannte gegen ihn ebenfalls auf zweieinhalb Jahre Gefängnis. Beide Angeklagten wurden sofort in Haft genommen.

Das Bothmer-Urteil

Ellinor Gräfin Bothmer, die Frau eines Potsdamer Regierungsrats, wurde unter dem Verdacht verhaftet, zahlreiche Hausdiebstähle bei Verwandten und Freunden ausgeführt zu haben. – Wochenlang war der Fall Bothmer das Gesprächsthema von Potsdam.

Auch das Berufungsgericht hat die Gräfin Bothmer schuldig gesprochen. An der Tatsache, daß die Gräfin eine Reihe von Diebstählen begangen hat, kann kein Zweifel bestehen. Über Einzelheiten mögen unterschiedliche Meinungen berechtigt sein; aber diese Abweichungen spielen keine wesentliche Rolle.

Man wird dem Berufungsgericht zustimmen, wenn es sein Urteil wesentlich milder ausfallen läßt, als die erste Instanz getan hat. Denn es handelte sich am Ende um Familiendiebstähle. Um so mehr wird man durch die Tatsache befremdet, daß die Gräfin, nachdem das Gericht eben die Haftentlassung ausgesprochen hat, wegen der Urkundenfälschung sofort wieder in Gewahrsam genommen worden ist. Sicher erfordert auch die Urkundenfälschung ihre gerichtliche Sühne, namentlich schon deshalb, weil diese Straftat mehr als die anderen die Kennzeichen einer undelikaten Gesinnung trägt. Aber wenn die Untersuchungshaft der Gräfin in dem ersten Prozeß gerechtfertigt war durch ihre eigenen Bestrebungen, den Tatbestand zu verdunkeln – in der Urkundenfälschungsangelegenheit besteht eine solche Gefahr nicht. Die Gräfin selbst hat die Tat schließlich zugegeben, und irgendwelche Verschleierungen sind nicht mehr möglich.

Auch der Staatsanwalt befürchtet wohl gar nicht Kollusionsgefahr, vielmehr scheint ihm Fluchtverdacht vorzuliegen. Gewiß ist die schwere Urkundenfälschung der Gräfin mit einer so schweren Strafe – evtl. mit Zuchthaus – bedroht, daß ein Fluchtverdacht und damit auch die Untersuchungshaft formell gerechtfertigt erscheint. Andererseits befinden wir uns mit Bezug auf die Untersuchungshaft nicht erst seit dem Fall Höfle in einer Art Mauserung unserer Anschauungen. Die Mehrzahl der des Meineides Angeklagten z.B. werden bis zur Verhandlung in Freiheit gelassen. Ob die Gräfin, die heute vollkommen mittellos und von allen Verwandten und Freunden verlassen in der Welt dasteht, im eigentlichen Sinne fluchtverdächtig ist, kann bezweifelt werden, und so bedeutet die neuerliche Verhaftung doch zweifellos eine Härte.

In der Tat ist das Gericht nicht das einzige Forum, vor dem die Gräfin Bothmer ihre Handlungen zu verantworten hatte. Noch zwei andere Instanzen sind es, die sich ihr Urteil gebildet haben oder die es vielleicht erst tun werden.

Das zweite Forum ist »die Gesellschaft«. Sie hatte schon lange vor dem Prozeß eine Art Vor-Urteil abgegeben. Man war von der Gräfin längst abgerückt, da man an ihrem Lebenswandel Anstoß nahm. Indessen ist die Prozedur der formellen Ausschließung erst erfolgt, als der Graf zwischen den beiden gerichtlichen Instanzen die Ehescheidungsklage einreichte. Man möchte diese Klage weniger als eine persönliche Auseinandersetzung denn als einen Akt gesellschaftlicher Natur werten. Nach der Beweisaufnahme des ersten Prozesses ist anzunehmen, daß der Graf gewiß nicht von den Diebstählen, wohl aber von den ehelichen Verirrungen seiner Frau Kenntnis hatte. Er hat diese Verirrungen aus irgendwelchen Gründen dulden zu müssen geglaubt, und er stellte sich ja noch im ersten Prozeß ausdrücklich vor seine Frau. Auch diese Ritterlichkeit war mehr gesellschaftlicher denn persönlicher Natur, es war die Handlung eines Mannes, der unter allen Umständen, so widersinnig es sein mochte, in der »Korrektheit« ein wesentliches Lebensziel sieht. Nachdem die Eheirrungen seiner Frau gerichtsnotorisch geworden waren, erschien es ihm wiederum »korrekt«, sich von seiner Gattin zu trennen. Gewiß mag Persönliches mitgespielt haben: vor allem die Hoffnung, nach seiner Scheidung die Beamtenkarriere fortsetzen zu können, was den unschuldigen Kindern dieser traurigen Ehe zu gönnen ist. Wenn aber einmal die Ehe geschieden ist, dann steht die Gräfin gesellschaftlich im leeren Raum. Was aus ihr wird, vermag niemand zu sagen.

Das dritte Forum ist das, was ich das »Herz der Welt« nennen möchte. Dieses Herz hat um das Schicksal der Gräfin sonderbar heftig gezittert. Tatsächlich sind die Berichte über den ersten Prozeß durch den Draht in alle Länder und Weltteile geschickt worden. Daß Potsdam, daß Berlin sich erregte, war noch verständlich. Aber daß man sich in weiter Ferne so brennend für die Diebstähle einer deutschen Gräfin interessierte, erscheint auf den ersten Blick weniger begreiflich – namentlich wenn man bedenkt, daß es sich um eigentlich ganz geringe Werte handelte.

Blättert man in der nur wenige Monate alten Prozeßgeschichte zurück, so erscheint manches erklärlich: Die Sache fing mit dem rätselhaften Selbstmordversuch eines gräflichen Regierungsrates an; man erfuhr von sittlichen Verfehlungen seiner Frau, dann langsam von anderen. Die Polizei, sonst nicht immer zur Hand, wenn es sich um größere Werte handelt, stellt die Gräfin unter genaueste, zeitraubende Beobachtung. Verdunkelungsversuche der Gräfin, die Briefe an die katholischen Geistlichen, die Hinzuziehung des »Zeugen« Stange erhöhten die Spannung. Es ist schon nach dem ersten Prozeß gesagt worden: Hätte die Gräfin alles gestanden, der Prozeß hätte wenige Stunden gedauert und wäre vermutlich viel glimpflicher ausgegangen. Es lag aber in der Phantasie dieser merkwürdigen Frau, andere Wege zu gehen, Verwirrungen zu schaffen, die ihr letzten Endes nicht genutzt, sondern nur geschadet haben.

Aber – was sagt nun, nach dem Spruch der zweiten gerichtlichen Instanz – das »Herz der Welt«? Verwirft es die Gräfin, läßt es Milde walten? Erscheint ihm die Gräfin als eine unverbesserliche Verbrecherin oder hat es doch noch in einem seiner Winkel etwas von der hoffenden Zärtlichkeit, die schöne Sünderinnen so oft zu erwecken und lebendig zu erhalten wissen? Der alte Präsident Rieck hat gestern, als ihn einer der sachverständigen Ärzte fragte, gesagt: »Wir haben nicht alles für wahr gehalten, was die Gräfin gesagt hat, aber wir haben über ihre kleinen Ungenauigkeiten gelacht.« Und der alte Präsident, der einst ein strenger und energischer Strafrichter war, ließ durchblicken, daß gerade diese kleinen Unstimmigkeiten sehr viel zum behaglich heiteren Familienverkehr beigetragen haben. Freilich hatte man damals keine Ahnung, daß diese harmlosen Unstimmigkeiten zu schwereren Verfehlungen führen würden. Einer der früheren Freunde der Gräfin schilderte mir ihr eigentümlich begeisterungsfähiges Wesen, die rasche Güte, die sie ausgezeichnet, die fast ins Krankhafte gesteigerte Sucht, kostbare Geschenke zu machen. Daß sie entgleist ist, daran ist nicht zu zweifeln. Daß sie aber auch gewisse positive Eigenschaften hatte, daß sie diese sogar auf der Anklagebank betätigte, ist nicht zu leugnen. Man möchte hoffen, daß – sie ist ja noch nicht alt – sie imstande sein möge, nach der furchtbaren Erfahrung, die sie gemacht hat, ihre positiven Eigenschaften zu fördern und zu entwickeln.

Einem befreundeten Juristen, der mir eine gewisse Sympathie für die Gräfin zum Vorwurf machte, mußte ich sagen: Da die Gräfin gestohlen hat, so muß sie ihre Strafe erhalten wie jeder andere Dieb, und dagegen wage ich kein Wort zu sagen. Aber ich weiß, daß es im Kerne schlechtere Menschen gibt als diese leichtfertige und spielerische Frau und daß diese schlechteren Menschen Böseres getan haben – Böseres, das eben nur nicht strafrechtlich zu fassen ist. Von diesen böseren Dingen weiß das Herz der Welt, und diese Wissenschaft schwingt oft mit, wenn ihm ein juristisches Urteil zur inneren Stellungnahme vorgelegt wird.

Phryne ohne

Phryne hieß die griechische Canaille, die ein freisprechendes Urteil dadurch erzielte, daß sie den Blicken des hohen Gerichtshofs den rosigsten aller Tatbestände preisgab.

Heute kommt das nicht mehr vor; also mußte sich Sascha, eine bescheidene Berufsgenossin jener Phryne, damit begnügen, sich dem medizinischen Sachverständigen zu offenbaren. Und der sah etwas sehr Merkwürdiges.

Übrigens gewann man auch so einen gewissen verwirrenden Eindruck von Sascha, die sich wegen eines schweren Diebstahls zu verantworten hatte. Das bleiche Gesicht unter der hohen, weißen Stirn erschien besonders fein gezeichnet. Der braune Bubilockenkopf, die dunklen, sehr lebendigen Augen, der zarte und üppige Mund – das alles wäre an sich schon ein lockendes Ensemble gewesen. Es erhielt aber seinen besonderen Reiz durch einen fortwährenden Wechsel des Ausdrucks, der wetterleuchtend über die sich in jeder Sekunde verändernde Stimmung Saschas Auskunft gab. Böse, heiter, schnippisch, gelangweilt, furchtsam, frech, anständig, gemein – alle diese Nuancen huschten in jähem Durcheinander über das Gesicht. Nur die Reinheit der Stirn leuchtete frei über all den krausen Launen Saschas.

Seit Jahren übt sie ihr Gewerbe, verträgt sich mit ihren Wirtinnen gut, die sie als ein besonders gutartiges Geschöpf schildern, die sie aber durch ihr stets unvorhergesehenes Betragen in Verlegenheit bringt: Sie zerreißt plötzlich Kleider und Wäsche, sie legt Butterstullen unter das Bettlaken, sie verschwindet auf Tage, ohne zu sagen, wo sie gewesen. Bei einer dieser Gelegenheiten hatte sie den Schrank der Wirtin gewaltsam geöffnet und bestohlen – dann freilich einen Teil der Gegenstände zurückgegeben und später sogar den Geldwert der fehlenden ersetzt.

Das Merkwürdige aber, das der Sachverständige sah, war dies: Von Phrynes holdem Tatbestand fehlte die eine Hälfte, aber völlig. Nicht eine Spur von Muskel oder Drüse war zu sehen. Nichts als Haut und Knochen. Eine angeborene, zumeist erbliche Hemmung in der Entwicklung.

Und der Sachverständige spürte fein die Zusammenhänge zwischen der seelischen und der körperlichen Entwicklungshemmung auf:

Sascha ist für ihren Beruf (auch ohne die andere Hälfte) prädestiniert. Ein Triebgeschöpf, das ohne feste Charakterlinie auf die Welt gekommen ist. Das zu keiner nutzbringenden Tätigkeit angehalten werden kann. Das hemmungslos den eigenen, stets wechselnden Launen preisgegeben ist. Primitiver Verstand, geringe Schulbildung. Bei allem durchaus nicht böse, keineswegs schamlos. Oft zeigt sie den ehrlichen Willen, sich brav zu zeigen. Aber sie kann nichts anderes sein, als was sie ist. Nicht anders handeln, als sie tut. Von einem Ausschluß der freien Willensbestimmung entsprechend dem § 51 könne man nicht reden. Wohl aber von einer Psychopathin, die für ihre Handlungen nicht voll verantwortlich ist.

Kein einheitlicher Mensch, sondern einer, der aus lauter Teilmenschen zusammengesetzt sei, der seine einzelnen Teile nicht kontrolliert und beherrscht, und der kein Organ habe, um vorauszusehen, was dieser oder jener Teil seines Menschtums im nächsten Augenblick unternehmen werde.

Der Staatsanwalt beantragt drei Monate Gefängnis. Zugleich aber bittet er, der Angeklagten Bewährungsfrist zuzubilligen.

Sascha weint leise. Auf die Frage des Vorsitzenden, was sie zu ihrer Verteidigung anzuführen habe, neigt sie das Köpfchen und sagt manierlich: »Danke.«

Das Urteil, das dem Antrage des Staatsanwalts entsprach, nimmt sie ebenso artig in Empfang, verzichtet auf Rechtsmittel, und sie geht mit einer letzten leichten Verbeugung aus dem Saal, für Sekunden sichtlich bewegt von den Ermahnungen des Vorsitzenden.

Im Grunde dasselbe Urteil wie das, das einst Phryne erhielt, wenn auch aus anderen Gründen. Aber es ging auch ohne.

Der liebe Gott hatte sich mal wirklich Mühe gegeben und nach den Erlesensten des Alten Testaments ein Frauenbild getuscht – ein Frauenbild! Und er scheute nicht mal den Weg in das finsterste Galizien. Ausgerechnet dort ließ er das Mädchen erblühen, mit der unausgesprochenen Absicht, es nach zwanzig Jahren auf der Anklagebank in Moabit einem kleinen, aber gewählten Kreise von Bewunderern vorzuführen. Das heißt, ob er das alles gewußt hat, sei lächerlicherweise nicht behauptet. Dies Mädchen hatte wohl seinen eigenen Kopf, und es geschah sicher gegen höheren Willen, daß es mit siebzehn Jahren einen abscheulichen Kellner heiratete. Der Vater aller Dinge hatte vielleicht ganz anderes mit ihr vor; erst, als ihm gar nichts anderes mit ihr glückte, kam er auf die Idee mit der Anklagebank.

Da saß sie nun, schimmernd wie eine Blume im Schaufenster. Mit schwarzbraunem Pagenkopf, großen, klugen, grauen Augen unter der weißen Stirn. Mattgelb die Haut, leuchtend Mund und Zähne, mit einem kurzen, vorwitzigen Näschen und zwei etwas dicklichen, roten Händen. Auf die hatte man höheren Orts offenbar nicht so geachtet.

Und der Mann war auch dabei, gräßlich anzuschauen wie ein Kaktus. Den man zwar auch ins Blumenfenster stellt, ich weiß nur nicht warum.

Angeklagt waren beide des Diebstahls. Er hatte die spärlichen Kostbarkeiten aus der Wohnung einer befreundeten Familie entfernt, während sie, die süße Canaille, alles tat, um die Besitzer fernzuhalten – um dem Manne für sein Tun Zeit zu lassen.

Vielleicht wäre der Frau die Mitwisserschaft nicht haarklein nachzuweisen gewesen. Aber – der Kaktus von einem Manne, mit ihr längst verfeindet, legte, um die Mitschuld seiner Frau zu beweisen, eine Fotografie vor, auf der sie eine gestohlene goldene Kette um den Blütenhals trägt. Aus dieser Tatsache entwickelte sich eine psychologische Kontroverse zwischen Staatsanwalt und Verteidiger. Dieser meint, die junge Frau hätte sich bestimmt nicht mit der Kette fotografieren lassen, wenn sie gewußt hätte, daß sie gestohlen sei. Der Staatsanwalt aber lächelt weise und sagt, da kenne der Herr Verteidiger die Frauenseele schlecht. Sie sei unbedenklich, um zu besitzen, und lasse jede Vorsicht außer acht, wenn es gälte, Schmuck zu zeigen.

Das Gericht schlichtete den Streit, indem es die Frau zwar schuldig sprach – ihr aber die Untersuchungshaft anrechnete und für den Rest Bewährungsfrist zubilligte, so daß sie sofort in Freiheit gesetzt wurde. Den Mann aber ließ man gerechterweise brummen, um seinen stachlichten Anblick so lange wie möglich der empörten Mitwelt zu entziehen.

Da geht sie nun dahin, die süße Dame, begleitet von den Segenswünschen aller, die sie je gesehen; das Köpfchen frei und leicht auf dem weißen, schmucklosen Halse.

Wer legt da ein Kettchen herum, ein nach Möglichkeit nicht gestohlenes?

Um 20 Mark 10 Jahre Zuchthaus – und freigesprochen

Aus der Untersuchungshaft werden zwei noch junge Männer vor die Berufungskammer geführt. Die erste Instanz hatte jeden von ihnen zu fünf Jahren Zuchthaus und fünf Jahren Ehrverlust verurteilt. Die Anklage warf ihnen vor, den Arbeiter G. beraubt zu haben.

Was war geschehen? Die beiden Angeklagten, die sich selbst vorher nicht kannten, waren auf einer Bierreise mit dem schon etwas angetrunkenen Zeugen G. zusammengetroffen. G. hatte von einem Laubenverkauf Geld in der Tasche, hielt die beiden in verschiedenen Lokalen frei und wollte schließlich mit ihnen ein Tanzlokal in der Auguststraße aufsuchen. Dort war aber bereits Polizeistunde. Der Portier hieß sie gehen, aber G. skandalierte, wollte durchaus ins Lokal hinein und war nur schwer mit sanfter Gewalt auf die Straße zu befördern. Die beiden Angeklagten hatten ihn dabei untergefaßt. Auf der Straße angekommen, schrie G. nach der Polizei, er erklärte, von seinen beiden Zechbrüdern beraubt worden zu sein, worauf ihn diese nach der ganz nahegelegenen Wache transportierten. Hier wiederholte G. seine Behauptungen. Er gab an, den Erlös für das Laubengelände in die Brieftasche gesteckt zu haben, weitere 20 Mark aber habe er in der Hosentasche verwahrt – diese sei nun vollkommen aufgerissen, und er bezichtigte die beiden Zechbrüder, ihm die 20 Mark gestohlen zu haben. Willig ließen sich die beiden auf der Polizeiwache untersuchen, man fand bei ihnen nur ganz geringe Geldbeträge. G. aber behauptete, sie hätten unterwegs einem Jungen die 20 Mark zugesteckt. Bei der Feststellung der Personalien ergab sich freilich, daß die beiden keine feste Wohnung hatten. Der eine war erst seit kurzem aus der Strafhaft entlassen. Der andere, wie der erste dreimal vorbestraft, war in den letzten Monaten nur gelegentlich beschäftigt.

In der zweiten Instanz konnte ein Nachtwächter als Zeuge für die Vorgänge an der Tür des Ballokals die Angaben der Angeklagten bestätigen. Er schilderte, wie schwer der Zeuge G. aus dem Hausflur zu entfernen war und wie er draußen plötzlich angefangen habe, nach der Polizei zu schreien. Trotzdem der Staatsanwalt die Verwerfung der Berufung beantragte, sah sich die Strafkammer genötigt, die beiden freizusprechen. Bestünde auch ein gewisser Verdacht, so sei doch die Aneignung eines fremden Gutes nicht nachzuweisen gewesen.

Der Freispruch befriedigt, gewiß. Aber die Verurteilung der beiden zu je fünf Jahren Zuchthaus ist damit für unser Gefühl nicht ganz aus der Welt geschafft. Der Freispruch bezieht sich – strenggenommen – auf eine Anklage wegen Diebstahls. Denn im Vordergrunde des Interesses steht die Frage: Haben die beiden das Geld überhaupt genommen? Wenn sich das erste Gericht in diesem Punkte geirrt haben würde, so wäre es verzeihlich gewesen. Gewiß, könnte man auch in diesem Falle sagen, die Beweise waren nicht sehr einwandfrei. Die Aussage eines Halbbetrunkenen kann niemals als ganz unzweifelhaft glaubwürdig angenommen werden. Die größere Summe, die G. in der Brieftasche trug, und anderes zerknittertes Papiergeld hatte sich in der Rocktasche vorgefunden – alles Anzeichen dafür, daß die beiden Angeklagten kaum die Absicht hatten, den G. um seine Barschaft zu erleichtern.

Wo aber waren die Tatbestandsmerkmale für den Raub gegeben? Das Gesetz verlangt dafür Gewaltanwendung, und die Judikatur erblickt ein Merkmal der Gewaltanwendung in dem Widerstand des Bestohlenen. Eine gewisse Gewalt war angewendet worden, um den G. aus dem Hausflur zu entfernen. Hierbei hatte sich der Portier des Ballokals in erster Linie beteiligt. Aber weder der Portier noch der Nachtwächter hatten gesehen, daß die beiden Angeklagten Gewalt anwendeten, um ihm Geld zu entreißen. Wenn sie selbst ein gewisses Getümmel benutzt hätten, um die 20 Mark aus der Tasche zu ziehen, so wäre es auch nur Diebstahl gewesen. Um sein Urteil einigermaßen zu begründen, erwähnt der erste Richter ausdrücklich, daß den beiden Angeklagten, da sie vorbestraft seien, die Tat wohl zuzutrauen sei, und um dieses Zutrauens willen wird in einer an sich höchst zweifelhaften Sache nicht nur das schwerste Delikt angenommen, es werden die mildernden Umstände versagt, so daß die Mindeststrafe für Raub – fünf Jahre Zuchthaus – zur Anwendung kommen muß; es wird wegen der betätigten ehrlosen Gesinnung die Ehrenstrafe über fünf Jahre verhängt. Und es fiel diesem ersten Richter nicht einmal die Tatsache auf, daß die beiden Räuber den angeblich Bestohlenen persönlich zur Polizeiwache begleiteten – eine Handlungsweise, die selten zu den Gewohnheiten der Räuber gehört. Daß der Gegenstand des »Raubes« nur 20 Mark betrug, konnte bei der tiefen juristischen Einsicht des Vorderrichters nicht ins Gewicht fallen.

Man kann sich sehr frei fühlen von jeglicher Sympathie für die Angeklagten. Der eine hatte sich in den letzten drei Jahren immerhin straffrei geführt, der andere war eben aus dem Zuchthaus entlassen und hatte noch keine Zeit gehabt, bessere Grundsätze zu bewähren. Dies alles ist aber erst recht kein Grund dafür, daß man schwache Menschen durch ein leichtfertiges Urteil endgültig zu Zuchthäuslern stempelt.

Statt fünf Jahre Zuchthaus ein Jahr Gefängnis

Als vor einigen Wochen ein junger Mensch, der auf der Straße einer Dame die Handtasche entrissen hatte, vom Schöffengericht zu 5 Jahren Zuchthaus und 10 Jahren Ehrverlust verurteilt wurde, war ein sonst ganz uninteressierter Zuhörer von dem Urteil so erschüttert, daß er dem ihm unbekannten Angeklagten für die Berufungsinstanz einen Verteidiger stellte – mit dem Ergebnis, daß die Strafe auf ein Jahr Gefängnis ermäßigt wurde.

Vor einigen Wochen stand vor dem Charlottenburger Schöffengericht ein zwanzigjähriger Mensch unter der Anklage, einem jungen Mädchen auf der Straße die Geldtasche, die sie in der Hand trug, hinterrücks entrissen zu haben. Der junge Mann war nicht unbescholten. Eine erste kleine Strafe war mit der Untersuchungshaft als verbüßt erachtet worden, eine zweite schwerere sollte er gerade abmachen. Schon hatte er seine Stellung aufgegeben, hatte sich – wie er sagte aus Angst vor dem Gefängnis – tagelang herumgetrieben, als er (wiederum nach seiner eigenen Angabe) aus Not die Tasche an sich riß. Übrigens war er mit seiner Beute nicht weit gekommen. Auf die Hilferufe der jungen Dame wurde er sofort verfolgt und festgenommen, und die Tasche kam unversehrt wieder in die Hand der Besitzerin. So wenig harmlos das Verbrechen des jungen Mannes war, und so sehr man eine ernste Bestrafung als gerechtfertigt ansehen mußte, so überrascht waren die Augenzeugen der ersten Verhandlung, als das Schöffengericht Charlottenburg durch den Mund seines Vorsitzenden, Landgerichtsdirektor Brennhausen, das Urteil fällte: fünf Jahre Zuchthaus und zehn Jahre Ehrverlust. Der junge Mann stand allein vor Gericht, er hatte keinen Verteidiger, und wenn er auch selbst angab, in der Not gehandelt zu haben, so fehlte ihm doch die Fähigkeit, sich gegenüber dem Staatsanwalt wirkungsvoll zu verantworten.

Allerdings ist die Mindeststrafe für Straßenraub im Gesetz ganz eindeutig auf fünf Jahre Zuchthaus festgesetzt. Aber die Annahme mildernder Umstände hätte ein Herabgehen in dem Strafmaß auf ein Jahr Gefängnis gestattet. Man durfte sich darüber klar sein, daß eine Verurteilung zu fünf Jahren Zuchthaus und zehn Jahren Ehrverlust für den jungen Menschen den moralischen Tod bedeuten würde. Sympathie konnte er, trotz seines artigen Auftretens vor Gericht, für sich als Individuum kaum beanspruchen. Wohl aber war er auch mit seinen beiden Vorstrafen noch nicht als Gewohnheitsverbrecher charakterisiert, und man empfand deshalb die Strafe als eine ungewöhnlich harte – gewissermaßen als eine endgültige, die das Dasein dieses Menschen besiegelte.

Vor der Berufungskammer unter dem Vorsitz des Landgerichtsdirektors Siegert erschien der Angeklagte mit dem Beistand des Rechtsanwalts F. Themal. Der Angeklagte war wiederum vollkommen geständig, schilderte vielleicht etwas ausführlicher sein bisheriges Leben, woraus hervorging, daß er sich jahrelang als Arbeiter anständig durchgebracht hatte, bis er unter dem Einfluß der Inflationszeit zum erstenmal seine Stellung verlor. Der Verteidiger wies von Anfang an auf die Frage hin, ob es sich hier denn wirklich um einen Raub im Sinne des Gesetzes handele, da eine eigentliche Gewaltanwendung gegenüber der Beraubten kaum vorliege. Zwar sei bei dem Entreißen der Handtasche der Bügel abgerissen und in der Hand der Beraubten geblieben. Aber der Angeklagte habe diese Tat ausgeführt, während er im schnellsten Tempo an der Dame vorbeilief. Bei dieser Geschwindigkeit sei natürlich der Ruck des Entreißens ziemlich stark gewesen. Eine richtige Gewaltanwendung gegenüber der Person der jungen Dame aber habe nicht stattgefunden. Für den Fall, daß das Gericht dennoch Raub annehmen wollte, plädierte er für mildernde Umstände.

Der Staatsanwalt hielt seine auf Raub lautende Anklage aufrecht, stellte aber selbst mildernde Umstände anheim. Nach einer sehr langen Beratung verkündete Landgerichtsdirektor Siegert das Urteil: Es handele sich hier um einen Grenzfall. Vielleicht stünde hier der gesunde Menschenverstand in einem Widerspruch zur Rechtsprechung. Aber es müßte doch eben genau geprüft werden, ob die Tat des Angeklagten sich im strengsten juristischen Sinne als Raub charakterisiere. Nach der Judikatur des Reichsgerichts könne von einem Raube im Sinne des Gesetzes nur gesprochen werden, wenn der Beraubte die Empfindung einer Gewaltanwendung gehabt habe und wenn von ihm ein gewisser Widerstand geleistet worden wäre. Nach der Aussage der Zeugin habe diese eine Gewaltanwendung nicht gespürt, sie habe auch gar keinen Widerstand geleistet. Der Angeklagte habe also lediglich das Moment der Überraschung ausgenutzt. Unter diesen Umständen charakterisiere sich die Tat als ein Diebstahl und nicht als Raub. Bei der Abmessung des Strafmaßes sei zu berücksichtigen, daß die Straftat eine schwere sei und daß die Sicherheit der Straße unbedingt gewährleistet werden müsse. Auch daß die Tat einer Frau gegenüber verübt worden sei, falle erschwerend ins Gewicht, weil derartige Überfälle oft bei Frauen schwere gesundheitliche Schädigungen nach sich ziehen. Der Angeklagte sei deshalb unter allen Umständen mit einer abschreckenden Strafe zu belegen: ein Jahr Gefängnis sei als angemessen erachtet worden.

Diesem Urteil und seiner Fassung muß man in jeder Beziehung zustimmen. Aber man sieht mit einigem Schrecken auf die ungeheure Verschiedenheit der beiden Urteile. Zwei der bedeutendsten Berliner Strafrichter führten den Vorsitz, und dennoch konnte sich eine Unterschiedlichkeit der Auffassungen ergeben, wie sie eklatanter kaum denkbar ist. Wohlgemerkt: Die Divergenz bezog sich nicht, wie so häufig in anderen Fällen, auf die Frage, ob der Angeklagte schuldig ist oder nicht. Da kommt es gewiß oft genug vor, daß die Berufungsinstanz ein ganz anderes Bild ergibt als die erste Verhandlung. In diesem Falle aber war die Tat ebenso klar bewiesen wie eingestanden, und nur die Anwendung des Gesetzes war eine verschiedene. Man wünscht sich und seinen Mitmenschen – ganz im Sinne des Landgerichtsdirektors Siegert – die Sicherheit der Straße. Aber man darf als zweiten Wunsch hinzufügen: auch eine Sicherheit des Rechts.

Der letzte Fall im alten Jahr

Das alte Kriminalgericht ist schon völlig ausgestorben, nur eine Strafkammer behandelt noch ein paar schwere Jungens. Der letzte Fall ist Riebke, ein junger, hochgewachsener Mensch im Lazarettkittel – schwindsüchtig. Man hat seine dritte Straftat, begangen während einer Bewährungsfrist, zu beurteilen. Nein, er habe den Einbruch nicht mitgemacht, sich erst hinterher mit der Unterbringung der Beute beschäftigt. Aber Riebke macht seinen eigenen Fall kaum erwähnenswert. Er wird es erst durch den einzigen Zeugen Förster, Berufseinbrecher, aus dem Zuchthaus vorgeführt.

Ein schöner Bursche, klug, energisch, voller Gauner- und Galgenhumor. Der Vorsitzende und er – sie kennen sich. Der Vorsitzende selbst hat ihn – wegen desselben Einbruchs abgeurteilt. Es war eine Kapitalssache: Für 40 000 Mark Herrenkleiderstoffe waren gestohlen worden, lauter prima Qualitäten.

Förster tritt ein, ein braunes Zuchthauskleid, mit zwei gelben Streifen am Ärmel. Das ist Auszeichnung wegen guter Führung. Seine hellen, freundlichen Augen blicken rasch zum Zuschauerraum; da sitzt ein schlankes Mädchen, nett angezogen, braunäugig, süß, verhärmt. Förster unterhält sich mit seinem Vorsitzenden, beide sind nett miteinander, lächeln – und wissen warum. Förster hatte die Tat ganz auf sich genommen, keinen seiner Genossen verraten. Er tut es auch heute nicht.

»War Riebke dabei? Aber Sie werden es nicht sagen –«

Förster lächelt. »Er war wirklich nicht dabei. Ich habe übrigens keine Veranlassung, Riebke zu schonen. Wir stehen durchaus nicht gut zusammen. Wir haben ein Hühnchen miteinander, über das wir ein andermal abrechnen.«

Der Vorsitzende unterbricht ihn: »Dann wollen wir auch jetzt nicht davon reden.«

»Aber dabei war er nicht. Am Sonnabend ist der Einbruch verübt worden. Am Sonntag war das Geschäft geschlossen. Ich habe aber an dem Sonntag in einer Kneipe erzählt, daß da noch Waren liegen. Und da ist Riebke wohl noch mit anderen hingegangen und hat sich geholt.«

»Immerhin« – sagt der Vorsitzende lächelnd – »Riebke ist auch vons Jeschäft –?«

»Nee – eigentlich nicht – er hat sich immer bloß rinjedrängelt.«

»Sie nehmen ihn in Ihren Kreisen nicht für voll?«

»Nein – ein jewisses Ehrgefühl muß man haben.«

Förster beziffert den Wert der von ihm gestohlenen Waren auf 16000 Mark – was Riebke und die anderen erbeuteten, muß erheblich gewesen sein.

»Wollen Sie uns sagen, was aus Ihrer Beute wurde?«

Förster lächelt klug. »Nee, das möchte ich nicht sagen. Aber sie wurde im ganzen verschoben.«

Förster setzt sich. Ein langer Blick zu dem süßen Mädel; dann folgt er aufmerksam der Verhandlung, die für Riebke noch einmal glimpflich mit einem Jahr zwei Monaten Gefängnis ausgeht.

Aber während Förster sich so für die juristische Seite der Angelegenheit interessiert, sieht er nicht, daß hinten im Zuschauerraum viele, viele Tränen vergossen werden.

Doch, als er hinausgeführt wird, sieht er die Tränenspuren. Er bewegt hilflos die Arme, dann steigt er hinab, langsam, verdämmernd wie der letzte Tag des Jahres.

V
Menschliches

Dieses Kapitel ist das Werk eines wahren Dichters, der seinen Stoff im Gerichtssaal fand. Sling besuchte, wie wir hier sehen, auch Zivilgerichte. Diesen Besuchen verdanken wir literarische Perlen wie ›Die Kleine vom Großherzog‹. Im ›Berliner Tageblatt‹ schrieb die Schriftstellerin Gabriele Tergit über solche menschlich berührenden Fälle literarisch wertvolle Berichte. Man sollte auch heute wieder solche Prozeßberichte veröffentlichen, die wir jetzt nur gelegentlich in den Frankfurter Tageszeitungen und in der ›Süddeutschen Zeitung‹ finden.

Wanderer auf Erden

> Ja, wir sind Landstreicher auf Erden. Wir wandern Wege und Wüsten, zuweilen kriechen wir, zuweilen gehen wir aufrecht und zertreten einander.
>
> Knut Hamsun, ›Das letzte Kapitel‹

Polizeigericht. Nein, die Juristerei besagt hier nicht viel. Überlassen wir den Ladendieb, den Wechselfallennepper ihrem Schicksal.

Nein, nicht Gericht. Es ist ein Gasthaus. Denn um hierher zu kommen, muß man kein Dach über dem Kopfe haben. Gasthaus Berlin, das ist Station, das ist Ausruhen für Stunden, Tage. Die Bahn führt hierher, aber auch endlose Chausseen. Irgendeiner, einsam, verwildert, tippelt daher, bis die ersten Häuserreihen ihn aufnehmen. Stellt sich unter eine Eisenbahnbrücke, streckt die Mütze vor sich hin. Oder springt über ein Gitter, drückt ein Laubenfenster ein, legt sich zum Schlafen nieder. Oder steht mit Bart und langgewachsenen Haaren mitten in der Stadt und predigt Gott. All das dauert nicht lange. Dann tritt jemand hinzu, sagt: Kommen Sie mit, und führt ihn ins Gasthaus.

Berlin, Berlin – und wollen alle nach Berlin. Das achtzehnjährige Jüdchen aus Polnisch-Oberschlesien, das ein Deutscher wäre, wenn's mit rechten Dingen auf der Welt zuginge – das nun ohne Paß und Erlaubnis über die Grenze machte und sich ohne jegliche polizeiliche Anmeldung hier aufhielt. Es sieht schon ganz westeuropäisch aus in seinem zierlich adretten Anzug, macht nur ein etwas verwundertes Gesicht über die vielen, zuweilen sich widersprechenden, stets aber treffenden Bemerkungen, die man über es macht. Wohlwollen auf allen Seiten – gewiß, das individuelle Vergehen sei an sich nicht so schlimm, aber die Verordnungen und Gesetze seien da, und man müsse auch von höheren Gesichtspunkten aus bemerken, daß Deutschland es schwer genug habe, seine eigenen Kinder zu ernähren, wiewohl man in diesem Falle geneigt sei, die unfreiwillige Gastfreundschaft nicht länger auszudehnen, falls Hoffnung bestehe, eine Geldstrafe in Raten ausgezahlt zu bekommen.

Das Jüdchen verschwindet, um einem baumlangen, blonden Russen Platz zu machen. Kein Mantel, kein Hut. Der sehnige, braune Hals von keinem Kragen, keinem Schal bewahrt. Aber ein Stolz und ein Adel läßt ihn den buschigen Kopf hoch tragen. Zu allem heißt er noch Herr Weltmann und ist ein Balte.

Ja, wir sind Landstreicher auf Erden und Herr Weltmann wohl ein Überbleibsel des großen Krieges. Kein Paß, kein Ausweis. Und marschiert dennoch aus der Tschechoslowakei nach Deutschland mitten hinein. Er will nach Hause, zu Mütterchen Rußland, würde auch in Deutschland bleiben, wenn's Arbeit gäbe. Und sieht dennoch, wo er ist, sonderbar zu Hause aus. Eben Weltmann. Deshalb antwortet er freimütig, ebenso bescheiden wie stolz. Zuweilen gehen wir aufrecht, zuweilen beugen wir uns. Da sind die deutschen Gesetze, und wir müssen uns beugen.

Ja, Herr Weltmann, Sie haben kein Geld, da müssen wir Sie bitten, sieben Tage in unserem Gasthaus fürliebzunehmen. Erheben Sie Einspruch? Nein. Und Herr Weltmann geht fest, stolz und einsam ins Gefängnis zurück.

Haha, der Mann mit dem wallenden Bart. Er wandert nicht nur, er predigt dazu. Kommt aus seiner Zelle mit den Gebetbüchern unter dem Arm und einem vertrockneten Mimosenzweig. Haha. Kann keine fünf Minuten ohne Poesie sein. Kein Geld und polizeilich mangelhaft gemeldet. Aber Mimosen. Schon vorbestraft – wegen desselben Delikts: versammelt sich gern unter freiem Himmel.

Der Ausnahmezustand ist doch aufgehoben – oh, er weiß Bescheid in dem Irrgarten der Gesetzgebung. Und dennoch nicht genug. Denn der Askanische Platz gehört in die Bannmeile des Abgeordnetenhauses, und da darf sich auch ein Mann Gottes, beziehungsweise der Mimosen, nicht unter freiem Himmel versammeln. – Aber ist es denn nicht gut, wenn man von Gott spricht? Natürlich ist es gut, nur nicht auf dem Askanischen Platz. Nun, man will ihm ja Bewährungsfrist geben – im Prinzip stehe ihm ja das Gasthaus offen, wenn es ihm aber peinlich sein sollte – –

Der Gottesmann ist nicht zufrieden. Er holt hinter dem Barte sein silbernes Kreuz hervor: »Sie werden vor einem höheren Richter stehen, meine Herren Richter!«

Na ja, aber doch nicht auf dem Askanischen Platz – die Berufung steht ihm offen – – und zieht mit seiner Mimose dahin.

Und zu guter Letzt der letzte aller Landstreicher. Das Gasthaus ist ihm sicher. Denn niemand weiß, wer er ist. Aus einem Wald von schwarzgrauem Haar und Bart leuchtet matt ein sonderbar gelbes Gesicht, glühen zwei wilde, verwegene Augen.

»Sind Sie Leukoff?«

»Ja, ich bin Leukoff aus Bremen in Ostfriesland –«

»Aber Sie sollen Siaux aus Frankreich sein?«

»Nein, ich bin Leukoff –«

»Sie sollen auch Leupoff, Lenthoff, Leikowitz sein?«

»Nein, ich bin Leukoff –«

»Sie sprechen doch gar nicht Ostfriesisch – Sei sprechen eher wie ein Franzose –«

»Ich spreche kein Wort Französisch –«

»Sind Sie vielleicht geisteskrank?«

»Nein – ich bin nicht geisteskrank –«

»Sie haben gebettelt, das ist ja gar nicht so schlimm – aber sagen Sie uns, wer Sie sind –«

»Ich bin Leukoff –«

Und wird am Ende als unlösbares Rätsel ins Gasthaus zurückgeführt. Wer ist wer? Wer sind wir? Wir wissen nur, was wir sind – – Landstreicher auf Erden.

Der Menschheit Krümel

Die Menschheit ist ein großer, nicht eben süßer Kuchen, der krümelt.

Die schwarze, nicht große Dame schlängelt sich in den Gerichtssaal – wie von der Orska gespielt. Sie weiß nicht, was sie soll, nicht mal, warum sie soll. Sie zeigt das beziehungsreiche Lächeln der intelligenten russischen Jüdin, und sie glaubt an das Lächeln. Sie spendet es erst dem Gerichtsdiener, dann dem jungen Referendar, der den Staatsanwalt vertritt, schließlich dem Richter selbst. Man könnte glauben, sie sei vom russischen Ballett. Sie ist nur Schneiderin.

Der Richter ist nicht erbaut von der Geschichte, denn es hapert bei ihr mit der deutschen Sprache, und sie wiederholt dauernd: »Ich weiß nicht, warum ich 300 Mark zahlen soll.«

»Sie haben sich ohne Erlaubnis hier aufgehalten.«

»Aber wo soll ich mich aufhalten?«

»Warum sind Sie nicht in Amerika geblieben?«

»Man hat mich ausgewiesen –«

»Sind Sie nicht Amerikanerin?«

»Nein, Russin.«

»Warum sind Sie nicht in Rußland geblieben?«

»Meine Eltern sind vor zehn Jahren mit mir nach Amerika ausgewandert.«

»Warum gehen Sie nicht nach Rußland zurück?«

»Man läßt mich doch nicht hinein –«

Der Richter sieht in den Akten nach. Es stimmt. Noch eines will er wissen.

»Warum sind Sie aus Amerika ausgewiesen?«

»Ich bin in schlechte Gesellschaft geraten. Meine Eltern wollten mir nicht helfen, und da hat man mich auf einen deutschen Dampfer gesetzt. Ich kam in Hamburg an, fuhr nach Berlin. Warum soll ich nun 300 Mark zahlen?«

Kein Zweifel, alles stimmt. Es wird auch nachgewiesen, daß sie sich um einen Paß nach Rußland bemüht hat. Aber die Sowjetregierung stellt ihr keinen aus, weil die Staatsangehörigkeit nicht festzustellen ist.

Was soll sie machen?

Der Richter spricht sie frei, weil sie alles getan habe, um aus Deutschland herauszukommen, und weil sie keine Möglichkeit habe, woanders hinzugelangen.

Später treffe ich sie auf dem Korridor. Sie lächelt mich an und fragt: »Was ist nun mit mir?«

»Sie sind freigesprochen.«

»Danke – sehr angenehm.«

Und schlängelt sich die Treppe abwärts.

Krümel der Menschheit. Lebendig ohne jegliche Existenzberechtigung. Weder das große Rußland noch das große Amerika haben ein Plätzchen für sie übrig. Und Deutschland auch nicht. Pustet auf den Tisch und läßt den Krümel auf der Erde liegen.

Würde der Krümel die Gesetze ernst nehmen, so müßte er sich erschießen. Wie kann man leben ohne Erlaubnis?

Er tut's.

Kümmelblättchen.

Herr von Manteuffel, der ausgezeichnete Spielsachverständige des Polizeipräsidiums, begann sein Gutachten mit den Worten:

»Schon im Mittelalter spielte man Kümmelblättchen –«

Also eigentlich eine recht ehrwürdige Angelegenheit. Außerdem tröstlich zu wissen, daß die Dummen schon damals nicht alle wurden. Wären sie es geworden, so gäbe es heute bestimmt keine mehr. Infolgedessen ...

Aber auch die Klugen sind nicht alle geworden, d.h. die, die das Kümmelblättchenhandwerk betreiben. Der Angeklagte B. betrieb es so ehrpußlig wie seine Altvorderen. Er sprach Leute im Lustgarten an, besonders gern solche, die mit erbaulichen Gefühlen aus dem Dom kamen. Sagte, er sei ein verarmter Gutsbesitzer aus Ostpreußen, zeigte ihnen Berlin, lud sie zum Glase Bier in ein Lokal der Stallschreiberstraße ein. Der Kellner wußte Bescheid. Nach einer Weile kam dann regelmäßig ein dritter Herr. Konversation. Der Dritte zog Karten hervor, machte mit dem verarmten Gutsbesitzer ein Spielchen. Am Ende bekam dann auch der Neuling Lust – – aber das weiß man. Na, wenn man aus (ich denke mir) Treuenbrietzen kommt, weiß man es nicht.

Also, der Angeklagte ergatterte 50 Mark und ließ den Gerupften im Stich. Der Gerupfte blieb aber nicht auf die Dauer dumm. Er ging am nächsten Tag wieder nach dem Dom, fand seinen Bauernfänger, bereit, ein neues Opfer zu finden, ließ ihn verhaften.

Nun muß man schon sagen: Der Angeklagte erwies sich als ein vielfach vorbestrafter Mensch, der immer unter den gleichen Umständen seine Opfer gesucht und gefunden hat. Im Laufe der Jahre hatten seine Vorstrafen bereits eine erkleckliche Höhe erreicht. Was aber bekam er diesmal für die 50 Mark?

Sieben Jahre Zuchthaus, 2000 Mark Geldstrafe, zehn Jahre Ehrverlust.

Wie sagte Herr von Manteuffel? »Schon im Mittelalter ...« Der erste Richter, der dieses Urteil fällte, ging offenbar von dem sehr richtigen Gedanken aus, daß die bisherigen Strafen den Angeklagten nicht gebessert hätten. Wie man im Mittelalter Kümmelblättchen bestraft hat, verriet Herr von Manteuffel leider nicht. Vielleicht, wahrscheinlich mit dem Strang. Da hatte die liebe Seele wenigstens Ruh'.

Liebe Seele. Anders ist es nicht zu erklären, daß die Richter der zweiten Instanz, die über die Berufung des Angeklagten zu urteilen hatten, immerzu lächelten. Nicht nur, weil Herr von Manteuffel so hübsch das Kümmelblättchen vormachte und selbst erklärte: Wenn er es spielte, auch er würde betrogen werden. So sicher ist Kümmelblättchen.

Aber der Angeklagte. Wie wäre ihm das Spiel geglückt, hätte er nicht von Hause aus dieses ausgesprochene Talent zur Ehrpusseligkeit. Mit seinem lieben ostpreußischen Dialekt, seiner netten und bescheidenen Haltung macht er den Eindruck eines durchaus anständigen Mannes in gesetzten Jahren. Daß er diese Jahre zum größten Teil wirklich gesessen hat, merkt man ihm nicht an. Ehrliche Haut, auch wenn er schwindelt. Anfangs versucht er noch einige Ausreden, die der Vorsitzende lächelnd abtut. Es bedarf keiner großen Überredungskunst, um den Angeklagten zu einem vollen Geständnis zu bringen.

Und noch etwas spielt mit. Das Bauernfängertum mag noch so verwerflich sein, es muß sein Reize haben, nicht nur materielle. Rein geistige. Da ist erst die geschickte Anknüpfung des Gespräches, dann mehr oder minder langer Gang durch Sehenswürdigkeiten. Dabei immerzu Konversation, Konversation und wieder Konversation. Sanftes Hinleiten in das bewußte Lokal, immer mit der Angst und Sorge, der gute Provinziale könne den Braten riechen. Dessen Hemmungen zu überwinden, nur ein Mittel: Konversation. Und endlich im Lokal selbst erscheint der Dritte – und macht wieder Konversation. Ein Bruchstück davon bekam man gestern zu hören. In diesem Falle erzählte der Dritte, er habe am Tage zuvor mit einem Geschäftsfreunde aus Hannover eine Kneiptour unternommen, bei dieser Gelegenheit eine Dame kennengelernt. Als es Zeit zum Nachhausegehen war, habe man nicht gewußt, auf welche Seite sich die Liebe der Dame neigen sollte, die Dame habe es auch nicht gewußt, und da habe man die Herzensneigung der Dame mit Karten ausgespielt.

Man bemerke die feine Überleitung zum Kartenspiel. Kümmelblättchenspieler sind zweifellos hochbegabte Feuilletonisten. Man verarge es mir nicht, wenn ich das Handwerk grüße und wenn es mir im übrigen lieber ist, daß sie Kümmelblättchenspieler bleiben. Offenbar von diesen und anderen Erwägungen zur Milde gestimmt, hob das Berufungsgericht das erste Urteil auf und ermäßigte es auf drei Jahre Zuchthaus, 300 Mark Geldstrafe und fünf Jahre Ehrverlust.

Noch eine Kleinigkeit: Im ersten Urteil hieß es bei den 2000 Mark Geldstrafe: im Nichtbeitreibungsfall für je 50 Mark einen Tag Zuchthaus. Diese Möglichkeit, mit 40 Tagen Zuchthaus 2000 Mark abzuverdienen, stammt jedoch nicht aus dem Mittelalter. Einige Errungenschaften hat sogar die Neuzeit.

Der auf der Anklagebank ist ein hübscher, adretter, junger Mann, der einst zur Schupo gehörte. Eines Abends befand er sich – in Uniform – auf dem Heimweg. Da rief ihn ein Hausbesitzer an. Im Hause nebenan sei solcher Lärm, er möge Ruhe stiften.

Nebenan war der alte Portier Kawruleit, der hatte sich über seine Wirtin geärgert und – sanft angetrunken, wie er war – ein bißchen mit ihr geschimpft. Dann war er in seine Wohnung gegangen. Nun erschien der junge Schupomann, stieg unter Getöse hinauf in Kawruleits Wohnung, durchstieß die Tür, gab einen Schuß in die Wohnung ab, schleppte den sich sträubenden alten Mann auf die Straße hinunter, schlug ihn mit dem Seitengewehr blutig, brachte ihn zum Verbinden auf die Unfallstation, ließ ihn dann laufen.

Warum das alles? Der junge Schupomann sagt, Kawruleit habe so geschimpft und gedroht, daß er glaubte, ihn in Schutzhaft nehmen zu müssen. Dann freilich hatte er mehr als eine Woche gewartet, ehe er Anzeige erstattete, die fruchtlos verlief. Dagegen hatte Kawruleit, der nun den Schupomann anzeigte, mehr Erfolg: Der Schupomann wurde in erster Instanz zu neun Monaten Gefängnis verurteilt.

Nun würde die Berufungsverhandlung nichts anderes erweisen als die Tatsache, daß ein junger Mann sich in Ausübung seines Amtes eine sehr grobe Ausschreitung hat zuschulden kommen lassen. Aber in der Geschichte steckt ein sonderbar versöhnliches Motiv. Der Arzt von der Rettungswache, über seinen Eindruck befragt, sagt nämlich aus, die beiden hätten, wie sie auf der Wache erschienen, einen durchaus harmonischen Eindruck auf ihn gemacht. Sie hätten sich sogar geduzt. Und Kawruleit erklärt das: Er kennt den kleinen Schupomann von Kindheit an. Der bestreitet es. Aber auch nachher, auf der Straße, hat Kawruleit seinen Peiniger zu einem Glase Bier eingeladen.

Kawruleit erklärt alles. »Das ist bei uns Arbeiter so. Eben hauen wir uns, fünf Minuten später vertragen wir uns wieder. Ick wollte mir mit ihm versöhnen – außerdem sollte er ein bißchen ausjestopft werden.«

Die Bedeutung des Wortes »ausjestopft« bedurfte wiederum der Erläuterung. Man verstand unter »ausstopfen« verhauen. Aber Kawruleit erklärt: »Nee, bloß'n bißchen sticheln.«

Kawruleit, der wie ein Sechziger aussieht, aber kaum fünfzig ist – ein herrlicher Typ. Seine Hausbesitzerin, die gnädige Frau, sagt von ihm: Wenn er betrunken ist, unausstehlich – wenn er nüchtern ist, der beste Mensch von der Welt. »Warum trinken Sie soviel?«

»Herr Gerichtsrat, ich bin Speicherarbeiter. Das macht soviel Staub!«

Der Verteidiger des Schupomanns sucht zu beweisen, daß Kawruleit schon mehrfach wegen Widerstandes vorbestraft ist. Er bittet, das Strafregister zu verlesen. Da wird Kawruleit lebendig.

»Nich vorlesen – Herr Jerichtsrat!«

Der Richter stellt sechs Vorstrafen wegen Widerstandes, Körperverletzung, Hausfriedensbruchs fest.

»Nich vorlesen –.« Er legt die Hände zum Schalltrichter geformt vor den Mund und flüstert dem Vorsitzenden zu: »Nich vorlesen – ich habe Ihnen doch jeschrieben – nich vorlesen, meine Frau derf nischt wissen.«

Und der Vorsitzende: »Ich habe doch nur die Vorstrafen für Ihre Roheitsdelikte verlesen – die anderen Sachen nicht –«

Nun ist Kawruleit zufrieden.

Der Verteidiger will noch die Vereidigung Kawruleits verhindern, er sei auch heute betrunken.

»Nee –«, sagt Kawruleit – »ick habe bloß ein Glas Bier jetrunken, und was ick sage, kann ick beschwören. Ick will doch nich nach Brandenburg.«

Er wird vereidigt – die Berufung des Schupomanns verworfen.

Aber auf dem Korridor flüstert Kawruleit mir ins Ohr: »Scheen dumm is er jewesen. Firn Jlas Bier und een halbet Monatsgehalt hätte ick die Schnauze jehalten. Warum zeigt er mir an?«

Adieu, Kawruleit, versöhnliche Seele. Er verzeiht so gern, weil er sich selber so viel verziehen hat. Kawruleit, dich sollte man zum Feinde haben!

Hausfriedensbruch auf der Polizeiwache

Das liebe Leben, unerschöpflich im Hervorbringen neuer Varianten, gebar den Fall des Mannes, der anderthalb Minuten lang die Polizeiwache nicht verlassen wollte und so wegen Hausfriedensbruches auf die Anklagebank gesetzt wurde.

Dieser Mann stand am höchsten jüdischen Feiertage während einer Pause des Gottesdienstes mit anderen Glaubensgenossen plaudernd vor dem Betsaal der Grenadierstraße, als plötzlich ein Schupomann erschien, um den Bürgersteig von herumstehenden Personen zu säubern. Hierbei soll der Beamte besonders barsch gegen zwei Frauen vorgegangen sein. Als ihn der Vorsänger der Gemeinde auf den Feiertag aufmerksam machte, sagte er »in der milderen Version«: »Ich pfeife auf die jüdischen Feiertage« und führte den Vorsänger zur Wache. Über diese Festnahme geriet der jetzt angeklagte Repräsentant der Gemeinde in große Erregung, folgte dem Schutzmann und dessen Häftling zur Wache – wie er angibt, um sich über den Schupomann zu beschweren. Der dort anwesende Hauptwachtmeister behauptet, der Angeklagte habe sich nicht beschwert, sondern in aufgeregtem Ton und mit Fausthieben auf den Tisch die sofortige Entlassung des Vorsängers gefordert. Der Hauptwachtmeister will darauf den Angeklagten mehrfach zum Verlassen der Wache vergeblich aufgefordert haben, worauf er ihn durch zwei andere Beamten hinauswerfen ließ. Auf dem Hofe des Gebäudes soll dann der Angeklagte solchen Lärm geschlagen haben, daß man nun auch ihn festnahm. Nach der Bekundung eines Zeugen soll der Angeklagte den Namen des Beamten gefordert haben, der ihn die Treppe hinunterstieß. Der Angeklagte selber behauptet, in der Wache überhaupt nicht zu Worte gekommen, sondern gleich hinausgeworfen worden zu sein. Der Hauptwachtmeister bemißt die Zeit, die der Angeklagte (vor seiner Inhaftierung) mit der Begehung des Hausfriedensbruchs zugebracht hat, auf fünf bis sechs Minuten, der sistierende Oberwachtmeister bemißt sie auf vier bis fünf, ein jüdischer Zeuge auf zwei bis drei Minuten.

Die strafrechtlichen Folgen der Angelegenheit waren bisher die: Der Vorsänger erhielt ein Strafmandat wegen Beleidigung des Schupobeamten, das er bezahlt hat. Der Angeklagte wurde in erster Instanz wegen Hausfriedensbruches zu 100 Mark Geldstrafe verurteilt.

Die gestrige Berufungsinstanz verlief außerordentlich temperamentvoll. Der Verteidiger legte Wert auf die Feststellung des Verlaufs der Straßenszene und der Gründe, die zur Festnahme des Vorsängers führten, was aber der Vorsitzende nicht zulassen wollte, weil ja nur der Hausfriedensbruch zur Verhandlung stände. Der Verteidiger hält aber die Feststellung für wesentlich, um den Grad der berechtigten Erregung des Angeklagten dem Gericht klarzumachen, und der Staatsanwalt stimmt dem Verteidiger zu. Der Vorsitzende wendet sich zu den beiden Schöffen: »Interessiert Sie das?« Beide Herren schütteln verneinend den Kopf. Der Verteidiger verlangt Protokollierung seiner Frage und Gerichtsbeschluß. Die Frage wird protokolliert, aber das Gericht beschließt, die Frage nicht zuzulassen, unterstellt jedoch dabei die Schilderung der Straßenszene als wahr. (Offenbar ohne Rücksicht darauf, daß der Schupomann eben unter seinem Eide bestritten hatte, gesagt zu haben: »Ich pfeife ...«)

Derselbe Schupomann erklärt sein Verhalten auf der Straße damit, daß er damals – in der Inflation –, wo die Grenadierstraße mit handeltreibenden Personen immer erfüllt war, besonders streng zur Säuberung angehalten war. Die Frage des Verteidigers, ob er nicht an den geschlossenen Läden, an der feiertäglichen Kleidung der Menschen gemerkt hatte, daß an dem Tage etwas Besonderes los war und keinesfalls gehandelt wurde, verneint er. Auf eine Frage des Staatsanwalts bekundet er, dienstlich nicht auf den Feiertag hingewiesen worden zu sein, gibt aber zu, bei früheren Anlässen, wo man Demonstrationen fürchtete, zur Bewachung der Synagoge beordert gewesen zu sein. Er kannte also das Publikum und seine feiertäglichen Gepflogenheiten.

Die entscheidende Bekundung war die des Hauptwachtmeisters, der angab, von dem Augenblick der Aufforderung zum Verlassen bis zum Hinauswurf seien etwa anderthalb Minuten vergangen. Nach der Ansicht des Verteidigers genügt wohl eine solche Zeit oder auch eine kürzere, um einen preußischen Unteroffizier Kehrtmarsch machen zu lassen – nicht aber einen Menschen zur Sinneswandlung zu veranlassen, der sich (begreiflich erregt) im Rechte glaubt, an einem geeigneten Orte eine Beschwerde einzulegen.

Das Gericht folgte diesen Ausführungen und sprach den Angeklagten frei. Soweit mag der schriftliche Bericht ausreichen, um eine sachliche Wiedergabe des Prozeßverlaufes zu geben. Wie sich aber die Schupobeamten vor Gericht verhielten – um das zu schildern, wäre die Hilfeleistung eines Phonographen wünschenswert gewesen. Schon die Eidesleistung des Hauptwachtmeisters war eine stimmliche Leistung. Der Ton aber, in dem er sich selbst zum Ankläger aufschwang, wie er, die sanfte Prozeßleitung benutzend, Fragen stellte und sich zu Bemerkungen meldete – vor allem das Wort, mit dem er eine seiner Bekundungen einleitete: »Hier muß ich weiter ausschweifen ...«–, das war wert, phonographisch aufgenommen zu werden, während seine zitternde Erregung, die Leidenschaft mit Augenrollen, gesträubtem Schnurrbart und geblähtem Bauch dem Kinematographen ein würdiges Objekt gegeben hätten.

Zusammenfassend kann man sagen: Einem Beamten, der so vor Gericht auftritt, möchte man – Christ oder Jude, schuldig oder nicht – lieber nicht begegnen. Namentlich nicht im Traum.

Die Sache wurde schon auf dem Korridor des Gerichtsgebäudes interessant durch ein Strumpfband, offenbar weiblichen Geschlechts, das dort herrenlos herumlag.

Angeklagt und durch einen überaus fröhlichen Schutzmann dem Gericht zugeführt wurde eine Schriftstellerin, deren Name die Vorstellung an die wonnigste Zeit des Jahres wachruft. Der Name Äquinoktialsturm wäre angesichts dieser Dame eine unangebrachte Schmeichelei, nennen wir sie Fräulein November. Die Anklage lautete auf Nötigung, Hausfriedensbruch, Beleidigung und Diebstahl.

Wie sie nun dastand, mit den kleinen, bösen Augen in dem massigen Gesicht, den kraftvollen Unterkiefer beim unausgesetzten Reden auf- und niederklappend, glich sie einem jener grotesken Fische, die im Aquarium an den Glaswänden ihre tropischen Schnauzen kühlen.

Indessen – als sie nun dastand, sah man aus dem auf alle Fälle etwas zu kurzen Rocke das andere zerfranste Ende jenes herrenlosen Strumpfbandes weiblichen Geschlechts, wodurch wenigstens die auf diesem Gebiete aufgescheuchte Sucherseele ihre Beruhigung fand.

Fräulein November hatte, sich selbst mit einem Kämmerchen begnügend, ihre Zweizimmerwohnung an eine andere Schriftstellerin mit Kind vermietet. Es war zu Differenzen gekommen. Fräulein November war in Abwesenheit ihrer Mieterin in deren Räume eingedrungen, hatte zur Sicherstellung ihrer Forderungen Habseligkeiten der Mieterin an sich gebracht und sie angeblich auch dem nachforschenden Gerichtsvollzieher nicht in vollem Umfange ausgeliefert. Dann aber hatte sie auch sehr häßliche Reden über das Liebesleben der Mieterin geführt und ihre Behauptungen in einem Schreibmaschinenbrief wiederholt. Der Vorsitzende möchte wissen, was nun eigentlich Fräulein November für eine Schriftstellerin sei.

»Ich bin Redakteurin.«

»Wo?«

»Das sage ich erst in der Berufungsinstanz.« Im übrigen ist es bei der Angeklagten nicht leicht, den Tatbestand festzustellen, da sie immer wieder von dem Liebesleben ihrer Mieterin spricht.

»Und mit einem verheirateten Manne!«

»Das soll schon mal vorgekommen sein«, sagt der Richter mild.

Nun huscht die Mieterin als Hauptzeugin in den Saal: die Schriftstellerin – hier vor Gericht natürlich ohne Kind. Nein, auch sie ist nicht mehr in erster Jugend und eigentlich kaum hübsch. Ein schweres und leidvolles Leben ist in ihr Gesicht geschrieben, aber es hat die Anmut einer schwebenden Seele nicht verwischt.

»Was schreiben Sie denn?«

»Ich bin Lyrikerin.«

»Sind Ihre Gedichte schon in Büchern gedruckt?«

»Nein – nur in Zeitschriften.«

Lieb und leise klingt die Stimme durch den Raum. Aber Fräulein November läßt nicht locker: »Und Gesellschaften hat sie gegeben, bei denen das Licht ausgedreht wurde –«

»Aber Fräulein November –«, mahnt der Richter.

»Wenn jemand bei *mir* ist, wird *nie* das Licht ausgedreht!«

Was wahr sein mag, aber schrecklich.

Am Ende wird Fräulein November zu 150 Mark Geldstrafe wegen Nötigung, Hausfriedensbruch und Beleidigung bestraft. Sofort will sie Berufung einlegen.

»Überlegen Sie sich's –«, meint der Richter.

»Nein –«, sagt Fräulein November, fegt davon, und Frühlingssonne flutet in den Saal.

Der neugierige Chronist konnte es nicht unterlassen, nachzuforschen, auf welchem Gebiet der Literatur die Besitzerin des abgerissenen Strumpfbandes sich bewegt.

Nach glaubhaften Mitteilungen ist Fräulein November – Modeschriftstellerin.

Der erschöpfte Richter

Seit neun Uhr früh sitzt der gute Mann im schwarzen Talar in der dumpfen Alt-Moabiter Gerichtsstube und besänftigt Pöbeleien. Er »vergleicht« mit so viel Leidenschaft, wie andere sich beleidigen. Sein Letztes an Güte und Menschenfreundlichkeit muß er hergeben, um das Widerwärtige im Zaum zu halten. Er sitzt nicht mehr ruhig auf dem Stuhl, er geht hinter seinem Richtertisch auf und ab.

Aber der beklagte stellungslose Schauspieler, der mit seinen Wirtsleuten in Unfrieden lebt, will sich nicht beruhigen lassen. Er rollt mit den schwarzen Augen, läßt seine Mähne flattern, streckt die viere von sich.

Die klagende Partei erklärt: Wir wollen ja alles zahlen, sogar die Umzugskosten, wenn er nur verspricht, Frieden zu halten und sobald wie möglich auszuziehen.

»Sehr einfach«, sagt der Richter, »nun wird der Vergleich zustande kommen – der Angeklagte verspricht, die Familie in Frieden zu lassen, und übernimmt die Gerichtskosten.«

»Ausgeschlossen!« brüllt der Schauspieler. »Was brauche ich die Gerichtskosten zu zahlen – ich habe meine Zeugen draußen.«

Die Klagepartei will sogar die Gerichtskosten zahlen, nur um zu Ende zu kommen.

»Famos«, sagt der Richter, »der Kläger zahlt die Gerichtskosten und die Umzugskosten!«

»Ausgeschlossen!« brüllt der Schauspieler. »Wenn ich umziehe, zahle ich meinen Umzug selbst.«

Auch gut – endlich ist man ihn los.

Nächste Nummer. Frau A. hat von Frau B. behauptet, daß sie an einer unangenehmen Krankheit leide. Frau B. hat sich ein ärztliches Attest verschafft, worin das Gegenteil bezeugt wird. Langes heimliches Palaver.

Der Richter: Frau A., Sie erklären, daß es nicht Ihre Absicht war, Frau B. zu beleidigen, und nehmen die Äußerung mit Bedauern zurück.

Frau A.: Das kann ich doch gar nicht, ich hab' ja bloß gesagt, was mir der Mann von Frau B. gesagt hat.

Der Richter: Darauf müssen Sie nichts geben. Und Sie erklären Frau B. für eine achtbare und anständige Frau. Sind Sie damit zufrieden, Frau B.?

Frau B.: Ja, aber –

Der Richter: Was aber – mehr können Sie doch nicht verlangen, als daß Ihnen erklärt wird, Sie sind eine anständige Frau. Wir schicken Ihnen das schriftlich – fein, was? Die Kosten übernimmt die Beklagte –

Frau B.: Das Attest – zehn Mark muß sie aber auch bezahlen –

Der Richter: Warum gehen Sie zum Arzt: Die Beklagte muß *Ihnen* beweisen, daß Sie krank sind – Sie brauchen nichts zu beweisen.

Endlich: Jeder zahlt die Hälfte vom Attest.

Neue Sache. Zwei Ehepaare. Frau Knill ist sehr eifersüchtig, sie behauptet immer, die Frau Huhn habe was mit ihrem Gatten, Herrn Knill. Frau Huhn hat aber der Frau Knill für diese Tratschereien eine Backpfeife gegeben. Klage, Widerklage.

Herr Knill, als kluger Mann, ist zum Vergleich bereit. Die Parteien versprechen, in Frieden zu leben, und teilen die Kosten.

»Nein«, sagt Frau Huhn, »ich brauche eine Ehrenerklärung.«

»Warum«, fragt der Richter, »Sie haben ja doch mit Herrn Knill gar nichts gehabt?«

»Nein, aber wenn es nicht im Vergleich steht, glaubt es das ganze Haus.«

Der Richter: Herr Knill, geben Sie der Frau Huhn eine Ehrenerklärung?

Herr Knill: Wie kann ich Frau Huhn eine Ehrenerklärung geben, wo Frau Huhn meiner Frau eine Backpfeife gegeben hat?

Frau Huhn: Frau Knill hat mich eben durch ihre Tratschereien sehr gereizt.

Frau Knill: Sie haben meinen Mann beim Kinderfest ins Bein gekniffen –

Herr Knill: Sei doch still –

Frau Huhn: Deshalb braucht man doch nicht so eifersüchtig zu sein –

Der Richter: Mit der Eifersucht muß man rechnen – der Kniff kann ja ganz harmlos gewesen sein –

Herr Knill: War er auch –

Frau Huhn: Übrigens nur in den Arm –

Der Richter: Also die Parteien bedauern das Vorgefallene, nehmen die Beleidigungen zurück –

Herr Knill: Das kann ich nicht – Frau Huhn kann ihre Ohrfeige auch nicht zurücknehmen –

Der Richter: Soll daran der Vergleich scheitern? Das sage ich Ihnen: Ich kann keine Zeugen mehr vernehmen, ich vertage, ich quäle mich hier seit fünf Stunden und habe noch drei Sachen vor mir. Entweder vergleichen Sie sich, oder ich vertage.

Die Verhandlungen beginnen von neuem.

Der Richter: Formulieren wir: Der Kniff war harmloser Natur –

Herr Knill: Das möchte ich nicht –

Der Richter: Gut, lassen wir den Kniff weg.

Und es kommt nach unendlichem Hin und Her zu der Formulierung: »Die Parteien erklären, daß zwischen Herrn Knill und Frau Huhn nichts Ehewidriges vorgekommen ist und daß die Harmlosigkeiten, die passiert sind, in unzulässiger Weise aufgebauscht wurden. Sie versprechen, künftig in Frieden zu leben.«

Nächste Sache. Drei Kläger, ein Beklagter, zwölf Zeugen. Zwei Rechtsanwälte. Der Richter kann wirklich nicht mehr. Eine Frau ist von einem Mann an den Haaren geschleift worden. Sie aber hatte ihm zuvor ins Gesicht gespuckt. Diesmal scheitern alle Vergleichsverhandlungen.

Der Richter: Ich vertage – ich bin erschöpft –

Der eine Rechtsanwalt: Ich bin einverstanden –

Der zweite Rechtsanwalt: Bedauere außerordentlich. Ich möchte dem Herrn Amtsgerichtsrat gern entgegenkommen, aber das bedeutet für meinen Klienten möglicherweise doppelte Kosten.

Der Richter: Tut mir aufrichtig leid. Ich bin nicht mehr imstande. (Zum Gerichtsschreiber): Schreiben Sie: Die Verhandlung mußte wegen Erschöpfung des Richters vertagt werden –

Der eine Rechtsanwalt: Schreiben wir: Mit Zustimmung der Parteien –

Der zweite Rechtsanwalt: Bedaure sehr. Wenn die Justizverwaltung den einzelnen Richter dermaßen belastet, daß er nicht mehr imstande ist zu verhandeln, so ist das Schuld der Verwaltung und muß ins Protokoll.

Nächste Sache: . . .

Und noch immer versucht der Richter zu lächeln und zu vergleichen.

Intermezzo

Die Skatrunde des Kolonialgroßhändlers L. konnte außergerichtlich nicht beigelegt werden. Man traf sich ein letztes – oder vorletztes? – Mal vorm Schöffengericht. Ist der Kolonialgroßhändler vom Flaschenkorkfabrikanten G. wirklich bemogelt worden? Der Kolonialhändler hatte es in einem Brief an die Frau des Fabrikanten behauptet. Der Fabrikant hatte Beleidigungsklage erhoben. Nun will der Kolonialhändler den Wahrheitsbeweis erbringen.

Der Kolonialhändler ist ein kleines, nervöses Männchen, das vor dem Richtertisch beweglich hin und her springt.

»Also«, fragt der skatkundige Richter, »wie wollen Sie denn nun betrogen worden sein –«

»Der Kläger hat immer getuschelt, in die Karten geguckt, die anderen mit dem Fuß angestoßen. Außerdem hat er immer die Hand mit den Karten ganz fest auf die Stiche gelegt –«

»Was wollen Sie damit sagen?«

»Vielleicht hat er die Karten ausgewechselt ...«

»Sie meinen, er hätte schon gespielte Karten wieder ins Spiel aufgenommen? Aber das hätten Sie doch merken müssen – man merkt doch, was raus ist?«

»Ich habe ja auch immer verloren –«

Der Rechtsanwalt des Klägers mischt sich ein: »Wie lange spielen Sie denn Skat?«

»Seit zwei Jahren –«

»Na, dann können Sie doch nicht sagen, sie seien bemogelt worden, Sie können eben nicht Skat spielen –«

Drei weitere Skatbrüder treten als Zeugen auf.

»Erinnern Sie sich nicht –« wird der eine vom Beklagten gefragt, »einmal haben Sie am Ende des Spiels dem Kläger einen großen Krach gemacht. Er habe Ihnen heimlich geraten, eine Zehn reinzuwerfen, ich aber hatte noch einen Jungen und gewann ...«

Der Verteidiger: »Na, seien Sie doch froh, wenn sie *mal* gewonnen haben –«

»Man tuschelt aber nicht beim Spiel.« Der Zeuge erinnert sich aber nicht des Vorfalls.

Der zweite Zeuge sagt, er habe nie etwas Unkorrektes bemerkt, sonst hätte er nicht weitergespielt.

Der dritte hat sich schon vor Jahren vom Spiel mit dem Kläger zurückgezogen, weil er zuviel verlor. Auch er sei erst Anfänger. Einmal sei er vom Kläger mit dem Fuß angestoßen worden. Er habe aber nicht gewußt, was der Kläger damit sagen wolle.

Dann sagt der Rechtsanwalt zum Beklagten: »Sehen Sie, der Herr hat doch auch aufgehört, als ihm der Verlust zu groß wurde; warum haben Sie es nicht ebenso gemacht?«

Der Kolonialgroßhändler seufzt: »Vorm Krieg hatte ich drei Freunde, die sind gefallen. Da habe ich mich vereinsamt gefühlt und angefangen, Skat zu spielen.«

»Sie werden es nie lernen –«

»Wenn Sie so spielen, wie Sie verteidigen, Herr Rechtsanwalt, dann können Sie ooch nischt!«

Der Richter muß Ruhe stiften.

In seinem Plädoyer weist der Rechtsanwalt darauf hin, daß der Beklagte vielleicht gar nicht so boshaft sei. Aber er sei ein schlechter Skatspieler, der sich leicht aufrege. Er sei überdies ein wohlhabender Mann, der empfindlich bestraft werden müsse.

Der Angeklagte protestiert gegen die Behauptung, er sei wohlhabend.

Vorsitzender: »Na, was sind Sie denn?« Der Beklagte geniert sich. Der Rechtsanwalt produziert einen herrlich lithographierten Brief der Firma L. mit Telephon und Telegrammadresse.

Vorsitzender: »Na, als Kolonialgroßhändler muß es Ihnen doch ganz gut gehen?«

»Man hat sehr viel Ausgaben.«

»Aber doch immerhin mehr Einnahmen als Ausgaben.«

»Nee, mehr Ausgaben als Einnahmen –«

»Na, dann würde ich das Geschäft an Ihrer Stelle aufgeben –« und verurteilt ihn zu 50 Mark Geldstrafe, trotzdem natürlich auch er den bedeutungsvollen Fußtritt des Privatklägers als unschön empfindet.

Auch vor Gericht sollte Skat nie ohne Richard Straußsche Musik gespielt werden. Man vermißte sie empfindlich.

Mit Fischen in der Halle ...

Eine berlinische Madame Angot hat einem ebenfalls in der Zentralmarkthalle beschäftigten jungen Mädchen eine schallende Ohrfeige versetzt. Das geohrfeigte Mädchen erhob Anklage gegen Madame Angot.

Vergleichsverhandlungen scheiterten, da Madame Angot ihrerseits nicht zu bewegen war, Abbitte zu leisten. Oder mußte sie es sich dauernd gefallen lassen, daß das Fräulein ihren Ehemann, Monsieur Angot, seit Jahren zu Kaffeehausbesuchen und Bierreisen animierte? Madame Angot behauptet gar nicht, daß hierbei was Ehewidriges passiert sei. Sie ist vielleicht viel zu stolz, so etwas anzunehmen. Aber seitdem das Fräulein mit ihrem Mann bummelt, ist dessen Brieftasche dauernd leer. Das Fräulein animiert eben den Mann zu Geldausgaben, die für den Stand in der Markthalle wirtschaftlich nicht mehr tragbar sind.

Das Fräulein sieht sehr unschuldig drein; es hat für die Gerichtsverhandlung ein frischgewaschenes und tugendhaft gestärktes, weißes Stickereikleid an. Nicht ohne kunstvolle Durchlöcherung.

Der Richter gibt sich die größte Mühe, die beleidigte Ehre wiederherzustellen – andererseits aber auch die Schuld gerechtermaßen zuzumessen.

Der Frau sagt er: »Was Sie da vorbringen, das spricht alles gegen Ihren Mann. Er ist doch schließlich erwachsen und braucht sich nicht mit jungen Damen einzulassen.«

Zu dem Rechtsbeistande des Fräuleins aber sagt er mit nachdenklichem Lächeln: »Es kommt natürlich auf die Anschauungen dieser Kreise an, in denen ich nicht genau Bescheid weiß. Ist es nicht vielleicht in diesen Kreisen durchaus unstatthaft, daß ein junges Mädchen mit einem verheirateten Mann Cafés besucht? Der Kaffeehausbesuch mit verheirateten Männern ist natürlich nicht strafbar – aber es kommt doch bei der Beurteilung der strafbaren Züchtigung auch auf die in den betreffenden Kreisen geltenden Anschauungen an.«

Es wird dann noch ein bißchen über die in der Zentralmarkthalle geltenden sittlichen Anschauungen debattiert; schließlich fällt der Richter sein Urteil: 150 Mark Geldstrafe wegen Körperverletzung und Beleidigung. An dieses Urteil des wohlmeinenden Richters soll keinerlei Kritik – nur eine Frage geknüpft werden: Wenn der Kaffeehausbesuch mit verheirateten Männern in den Kreisen der Halle als unstatthaft angesehen wird – ist nicht vielleicht die Ohrfeige in diesen Kreisen eine durchaus statthafte Ausdrucksform?

Doch dies nur nebenbei.

Der Schattenriß an der Wand

Es wurde wieder mal geschworen, aber feste ...

Eine Beleidigung vor der Berufungsinstanz. Die Angeklagte Frau Treuenbold, eine Zigarrenhändlersehefrau, nicht mehr so ganz jung, aber auch nicht ohne einen gewissen aparten Reiz. Ihr gegenüber die Matrone Frau Hahnenklei, Klägerin und Widerbeklagte.

Der Richter gibt sich Mühe, zu einem Vergleich zu kommen. Beide Parteien sind in erster Instanz freigesprochen worden, beide haben Berufung eingelegt. Was wollen sie? Will etwa Frau Hahnenklei die Behauptung aufrechterhalten, ihr eigener Gatte habe mit Frau Treuenbold ein Verhältnis? Will etwa Frau Treuenbold die Behauptung aufrechterhalten, Frau Hahnenklei habe schon vor 31 (in Worten: einunddreißig) Jahren sich von ihrem Ehemann ertappen lassen?

Eigentlich will das keine der Parteien. Aber, sagt der Rechtsanwalt der Frau Hahnenklei, wir brauchen den Prozeß, wir brauchen die Beweisaufnahme für den Ehescheidungsprozeß, den nicht etwa Frau Hahnenklei gegen ihren angeblich ungetreuen Gatten angestrengt hat, sondern der von Herrn Hahnenklei angestrengt worden ist. Frau Hahnenklei will nämlich gar nicht geschieden sein, wohl aber Herr Hahnenklei, der freilich mit seinem Ehescheidungsanspruch in erster Instanz durchgerasselt ist. Worauf stützt der Herr Hahnenklei den Anspruch? Auf das Intermezzo von vor 31 Jahren? Nicht ganz. Das hat er nur hilfsweise hinzugezogen. Er will geschieden werden, weil seine Frau ihm fälschlich nachsagt, er unterhalte mit Frau Treuenbold unlautere Beziehungen. Außerdem habe sich seine Frau »ausgebettet« und koche nicht mehr für ihn. Das hat nun zur Ehescheidung nicht genügt; da aber das Urteil noch nicht zugestellt ist und Hahnenklei sich erst nach dem Urteil darüber klar sein will, ob er etwa in die Berufung geht oder nicht, können sich die Parteien im Beleidigungsprozeß nicht einigen. Frau Hahnenklei legt den größten Wert darauf, daß sie vor 31 Jahren nicht den geringsten Fehltritt begangen habe, und Frau Treuenbold will klar bewiesen haben, daß sie keineswegs zu Herrn Hahnenklei in unlauteren Beziehungen stehe.

Als erster kommt Hahnenklei zum Eide. Er ist trotz seiner 61 Jahre ein schöner Mann, Eisenbahnbeamter, stramm und feurig – man hielte ihn kaum für einen Fünfziger. Er schwört mit Emphase und sagt, daß er vor 31 Jahren als Artillerie-Vizefeldwebel in Garnison stand. Als er eines Abends zu seiner jungen Frau heimkehrte, fand er die Zimmertür verschlossen. Erst nach längerem Klopfen war ihm aufgemacht worden, und da saß bei seiner Frau stramm aufgerichtet der Kanonier Lickefett. Ob zwischen den beiden etwas Unerlaubtes geschehen sei, könne er freilich nicht sagen. Aber wenn er bedenke, wie sich seine Frau jetzt gegen ihn benehme, so müsse er schon sagen ...

Der zweite Schwur gehört dem ehemaligen Kanonier Lickefett. Ein kugelrunder Mann, jetzt Bahnhofswirt im Mecklenburgischen. Er schwört mit Leidenschaft. Beziehungen zu Frau Hahnenklei? Ausgeschlossen, nie und nimmer. Er sei mit Frau Hahnenklei im Dorf zusammen aufgewachsen, sie waren Spielkameraden, er habe Frau Hahnenklei öfters besucht. Ob das Zimmer je verschlossen war, dessen könne er sich nicht mehr erinnern, aber er habe niemals auch nur das mindeste mit ihr gehabt. Lickefett läßt bei alledem goldigen mecklenburgischen Humor spielen. Aber der schöne Hahnenklei ist entsetzlich aufgeregt, so daß der Richter ihn fragt: »Sagen Sie, Sie regen sich so wegen der Geschichte heute auf, die vor 31 Jahren gespielt haben soll. Warum haben Sie sich nicht eigentlich damals aufgeregt, als die Sache noch frisch war?«

»Damals habe ich meine Frau zu liebgehabt – damals habe ich es ihr nicht zugetraut.«

Nun kommt die andere Seite an, etwa zehn Zeugen, die über die ehewidrigen Beziehungen von Hahnenklei zu Frau Treuenbold aussagen sollen. Die ersten wissen wenig. Dann aber kommt eine junge Dame, die hat einen Schattenriß gesehen. Aus der Treuenboldschen Stube, die vom Parterre in den Hof hinabgeht, fiel das Licht immer auf eine gegenüberliegende, weiße Remisenwand, und da konnte man sehen, wie die Profile der im Zimmer Anwesenden als Schattenrisse auf die Wand geworfen wurden. Und was hat man gesehen? Daß Herr Hahnenklei und Frau Treuenbold sich miteinander unterhielten, lange und eingehend. Eine zweite Zeugin geht einen Schritt weiter und sagt, die Profile hätten ganz nahe beieinander gestanden. Eine dritte Zeugin hatte gesehen, daß sich die Profile umarmten. Der Richter fragt, ob sie einen Kuß gesehen habe? Nein, einen Kuß nicht, aber das männliche Profil habe dem weiblichen Profil die Hand um den Hals gelegt.

Dann kommt eine ganz aparte junge Dame, Edith mit Vornamen – sanft melancholisch mit zwei geflochtenen Zöpfchen, die kurz und lockig rechts und links unter der Toque wie Mauseschwänzchen hervorstehen. Und sie sagt, unter ihrem Eide, sie habe Herrn Hahnenklei Weihnachten vorigen Jahres mit einer Dame im »Prälaten« gesehen. Daß er zu ihr zärtlich geworden sei, habe sie nicht beobachtet. Sie könne nicht einmal sagen, daß es bestimmt Frau Treuenbold gewesen sei. Frau Treuenbold tut, was sie kann: Sie setzt ihren Hut ab, sie zieht ihren Mantel aus – dann macht sie halt. Auch an diese Gestalt kann sich Fräulein Edith nicht erinnern. Aber markig ruft Herr Hahnenklei in den Saal, daß er noch nie in seinem ganzen Leben den »Prälaten« auch nur mit einem Fuß betreten habe.

Und schließlich kommt Treuenbold selbst. Ein schlanker Herr, etwas häßlich und sehr blond. Ob er vereidigt werden kann, darüber sind sich die Gelehrten nicht einig. Aber nachträglich beschwört er, daß es ganz ausgeschlossen sei, daß seine Frau mit Herrn Hahnenklei unerlaubte Beziehungen habe.

Nach etwa dreistündiger Dauer verkündet das Berufungsgericht, daß das erstinstanzliche freisprechende Urteil aufgehoben sei, daß ehewidrige Beziehungen der einen wie der anderen Partei, vorsintflutliche wie neuzeitliche, nicht nachgewiesen werden konnten, daß aber die Beleidigungen der Klägerin schwerer zu bewerten waren als die der Beklagten. Und so erhielten Frau Treuenbold 30, Frau Hahnenklei 60 Mark Geldstrafe.

Man trennte sich wohl in der Überzeugung, daß das Urteil erster Instanz billiger gewesen sei, aber erhoben und gerührt in der Erkenntnis, daß weder vor 31 Jahren noch auf der Remisenwand irgend etwas Unsittliches geschehen sei.

Bewiesen durch zwölf Eide.

Der rüstige Witwer und das Fräulein vom Amt

Der rüstige Witwer saß zu Hause, mopste sich und tat, was alle tun, die sich mopsen – er hob den Hörer vom Telephon. Die Telephondame hatte kaum ihr Amt genannt, als die Seele des rüstigen Witwers in erotische Schwingungen geriet. Er bat das Fräulein um ein Stelldichein, sie gewährte es. Man sah sich und war gegenseitig keineswegs enttäuscht. Das Fräulein vom Amt fühlte sich in dem eleganten Restaurant wie eine verzauberte Telephonistin neben einem Prinzen. Sie war entführt der Welt der Klinken und der Schläuche – endlich ein leibhaftiger Mann, der nicht nur aus einer Nummer und einer Glühlampe bestand, und wenn er gesagt hätte: »Ich will Sie heiraten –«, so hätte sie geantwortet: »Ich bin Ihnen sofort verbunden –«

Allein, er sagte es nicht. Er gab ihr zwar im Auto einen Kuß, er war sogar gewillt, ihr mehr zu geben. Aber sie war ein anständiges Mädchen, und sie kannte nicht die Judikatur eines gewissen Schöffengerichts, das da meint, wenn man mit einem Herrn im Auto sitzt, müsse man das Weitere als selbstverständlich betrachten.

Der rüstige Witwer bestand übrigens nicht auf seiner Forderung, er hatte bloß kein Interesse an allzu großem Anstand. Heiraten wollte er auch nicht, und so löste er die Beziehung. In der Folge aber bekam seine langjährige Wirtschafterin eine Reihe anonymer Briefe, zuletzt einen, der mit dem Namen eines Kriminalbeamten gezeichnet war. In diesen Briefen wurde die Wirtschafterin vor dem ausschweifenden, ja perversen Lebenswandel ihres Brotherrn gewarnt, sie selbst aber schließlich mit einer Anzeige wegen Kuppelei bedroht, wenn sie das Treiben des rüstigen Witwers länger dulde.

Erst lange nachdem die Briefstellerin aufgehört hatte, sich bemerkbar zu machen, ging man zu Gericht. Für eine Beleidigungsklage war es allerdings zu spät. Nun aber setzte man das Telephonfräulein unter Anklage wegen Urkundenfälschung und Amtsanmaßung.

Das Fräulein bestritt lebhaft, die Briefschreiberin zu sein, obgleich der Schreibsachverständige sie an dem verdächtigen l und dem noch verdächtigeren r mit Bestimmtheit erkennen wollte. Der Staatsanwalt ging aber auf dieses Gutachten schon deshalb nicht ein, weil er in den Briefen weder eine Urkundenfälschung noch eine Amtsanmaßung erkennen konnte. Er beantragte Freisprechung, und der Verteidiger schloß sich an – aber nicht nur aus rechtlichen Gründen. Er räumte sogar ein, daß der Schreibsachverständige auf gewisse Ähnlichkeiten der Handschrift hingewiesen habe. Indessen gäbe es eine Ähnlichkeit nicht bloß bei Handschriften – auch bei Menschen. Sogar Menschen würden miteinander verwechselt. Niemals dürfe die Ähnlichkeit einer Handschrift allein maßgebend für eine Verurteilung sein. Und welche Indizien gäbe es noch? Gar keine. Ja, wenn die Angeklagte die einzige Dame gewesen wäre, mit der der Zeuge Liebesbeziehungen unterhielt. Der rüstige Witwer habe aber unter seinem Eide ausgesagt, daß er einen ziemlich umfangreichen Damenverkehr gehabt habe, und da könne es wohl sein, daß irgendeine andere unter den Verlassenen, die vielleicht mehr Grund zum Ärger gehabt habe als die Angeklagte, diese Briefe geschrieben habe.

Das Gericht schloß sich – trotz einiger Verdachtsmomente – dem Verteidiger an und sprach die Angeklagte frei. Diese war von dem Freispruch so beglückt und fand es vor Gericht so anheimelnd, daß sie die Anklagebank mit der Zuhörerbank vertauschte und gleich dablieb.

Die böse und grausame Mutter

Der Fall der Frau Kubsch schwingt in dem Betrachter nach. Sachverständige und Richter haben gesprochen – es bleibt ein ungelöster Rest.

Kindermißhandlungen erwecken die besondere Empörung aller Schichten. Deshalb sind gute Mütter mit den Gerichtsurteilen sehr selten einverstanden. Diese Urteile sind meist sehr milde – gute Mütter denken, böse Mütter müssen sehr streng gestraft werden. Gewöhnlich liegen die Dinge anders, als sie in einer flüchtigen Zeitungsnotiz erscheinen. Auch von Frau Kubsch könnte man sagen, sie sei ganz gut weggekommen mit ihren drei Jahren Gefängnis. Aber auch dieser Fall liegt anders, als man zuerst angenommen hat – so anders, daß man berechtigt ist, an der Zweckmäßigkeit der verhängten Strafe zu zweifeln.

Frau Kubsch hat insofern Glück gehabt, als die Sachverständigen nicht mit Bestimmtheit sagen konnten, daß der Tod des Kindes auf die Mißhandlung der Mutter zurückzuführen sei. Ohne diesen glücklichen Zufall wäre Frau Kubsch auf eine längere Reihe von Jahren ins Zuchthaus gewandert. Denn *dieses* Gericht hätte ja im schwereren Schuldfalle der Angeklagten erst recht die mildernden Umstände verweigert. Diese Verweigerung aber mußte um so merkwürdiger erscheinen, wenn man eben noch ganz unter dem Eindruck der Sachverständigengutachten stand.

Die Sachverständigen – man entschuldige die Wiederholung – haben ausgesagt, daß das verstorbene Kind idiotisch und überaus schwer erziehbar gewesen sei und daß die Mutter, eine sehr schwer hysterische Person von größter Reizbarkeit, zur Erziehung eines solchen Kindes denkbar ungeeignet war. Zeugen haben ausgesagt, daß die Angeklagte ihr anderes Kind sehr gut behandelte. Es fehlte nicht mal an Stimmen, die auch von durchaus mütterlichem Benehmen dem idiotischen Kinde gegenüber Zeugnis ablegten. Dann aber soll sich diese Frau gelegentlich selbst ihrer Mißhandlungen noch gerühmt haben. Bezeichnend für die Verstandesfunktion der Frau ist, daß sie nicht wußte, ob ihre eigenen Eltern 12 oder 16 Kinder hatten, und daß sie nicht in der Lage war, die Vornamen ihrer Geschwister aufzuzählen. Zweifellos eine schwere Psychopathin, der vom Leben gar nicht gut mitgespielt war und die der Belastung ihres Lebens mit einem idiotischen Kind einfach nicht gewachsen war. Rein körperlich wahrhaftig keine böse, grausame, gewalttätige Mutter. Ein überzartes Geschöpf mit feingezeichneten Gesichtszügen – ein willenloses, armes Weib, das in den Augenblicken der Nervenzerrüttung nicht wußte, was es tat.

Leute in besseren Verhältnissen sind sehr selten so schlechte Mütter. Haben sie das Unglück, ein minderwertiges Kind in die Welt zu setzen, so haben sie entweder die nötigen Mittel oder wenigstens das gewisse Geschick, das Kind in eine Idiotenanstalt zu bringen, wohin es gehört. Frau Kubsch hat auch diesen Weg nicht gefunden. Sie hat überhaupt nicht klar erkannt, was mit dem Kinde los sei. Und die Fürsorgeschwester, die das Kind wenige Tage vor seinem Tode besucht hatte, hatte ja auch nichts veranlaßt!

So liegen die Dinge in Wirklichkeit – und man darf sich fragen: Was besagen die drei Jahre Gefängnis, die man dieser Frau aufgebrummt hat?

Abschreckung? Müssen wirklich Mütter durch Strafe abgeschreckt werden, ihre Kinder grausam zu behandeln? Und wenn wirklich – darf man diese Abschreckung auf dem Rücken eines armen, nicht voll verantwortlichen Geschöpfs vollziehen?

Aber nein: Man wollte *sühnen*. Ein Staatsanwalt, drei Richter und sechs Schöffen schrien gewissermaßen dieser Frau zu: Du, du Ehefrau eines Arbeitslosen, du hast auch in der schwierigsten wirtschaftlichen Lage die unbedingte Pflicht, dein mißratenes Kind mit übermenschlicher Geduld aufzuziehen! Du hast deine Nerven zusammenzuhalten, und wenn sich der dreijährige Junge achtmal am Tage beschmutzt! Du hast ihn zu schützen, weil er nicht laufen kann, ohne zu fallen! Du hast ihm das Essen in den Mund zu stopfen, weil er nicht essen will! Du hast deine Pflicht zu tun, und wenn du darüber krepierst: Wenn nur das Kind lebt!

Und schicken im Hochgefühl bürgerlicher Anständigkeit eine Frau drei Jahre ins Gefängnis, die zu Hause ein anderthalbjähriges Kind sitzen hat. Ein Kind, an dem sie tatsächlich mit größter Zärtlichkeit hängt, ein Kind, das die Mutter nötig hat!

Und wer wird gestraft? Gerade dieses wohlgeratene Kind, das die nächsten Jahre ohne Mutter auskommen soll und dann nach drei Jahren eine Mutter zurückbekommt, die auch vielleicht der Erziehung eines gesunden Kindes nicht mehr gewachsen ist.

Es ist ja anzunehmen und zu hoffen, daß das Justizministerium im Gnadenwege die Sache schleunigst repariert – die erlittene Untersuchungshaft war Sühne genug für diese Verbrecherin, die keine ist. Aber es wäre schöner, wenn der Strahl der Vernunft gerade in solchem Falle bereits vom Richtertisch ausginge. Es gibt unvernünftige Mütter, es gibt auch böse Mütter. Aber wir sollten doch endlich lernen, dankbar zu sein, wenn uns sachverständige Männer auseinandersetzen, daß in diesem Falle kein böser Wille sich zu unmenschlicher Tat verdichtete – sondern daß körperliches und seelisches Ungemach zusammenwirkten, um ein armes Weib seiner natürlichen Pflicht zu entfremden.

Eine Kleinigkeit, die einiges Kopfzerbrechen erforderte.

Eine Lumpenhändlerin stand unter der Anklage, von Kindern etwas altes Blei gekauft zu haben. Daß die Kinder es gestohlen hatten, stand von je fest. Die Wasserwerke hatten irgendwo Röhren auszuwechseln. Um zu den bleiernen Verbindungsstükken zu gelangen, hatten die Kinder einen kräftigen Angriff auf die Tonröhren gemacht. Einmal waren sie von dieser Arbeit verscheucht worden, das zweitemal wurden sie nach getaner Arbeit erwischt. Das Blei – im Wert von drei Mark – hatten sie inzwischen bei einer Althändlerin verkauft.

Aber bei welcher? Der 14jährige Rädelsführer der Kinder nannte die Adresse eines in der Nachbarschaft gelegenen Lumpenkellers; aber die sofort vorgenommene Haussuchung lieferte kein Stückchen Metall zutage. Da die Händlerin aussagte, die Kinder hätten ihr zwar das Blei angeboten, sie habe aber den Ankauf verweigert, wurde sie in erster Instanz freigesprochen.

Das wurmte die Staatsanwaltschaft, die gegen das Urteil Berufung einlegte, und nun wurde noch einmal gegen die Frau unter der doppelten Anklage verhandelt; erstens: Sie habe entgegen dem Gesetz von minderjährigen Personen Altmetall gekauft; zweitens: Sie habe Gegenstände gekauft, von denen sie annehmen mußte, daß sie aus einer strafbaren Handlung in den Besitz der Verkäufer gelangt waren – Hehlerei.

Die Frau blieb bei der Beteuerung ihrer Unschuld. Hauptbelastungszeugen waren die vier Kinder, die sich zu dem Diebstahl zusammengetan hatten. Den Diebstahl selbst hatten die Behörden nicht weiter verfolgt. Man hatte die Sache als einen Jugendstreich betrachtet. Nun aber sagten die Kinder gegen die Althändlerin aus: Sie sei es gewesen, bei der sie die Beute verschärft hätten. Für das Gericht ergab sich die schwierige Frage, wie weit es den Aussagen der Kinder Glauben schenken könne.

Die Lehrer äußerten sich als Zeugen nicht ungünstig über die Kinder. Der älteste Knabe sei wohl durch schauerromantische Lektüre ein bißchen zu phantastischen Streichen geneigt. Er lüge wohl auch mal, er sei auch seinen Kameraden überlegen, die er in gewissem Sinne zweifellos zu beeinflussen verstehe. Daß sein Einfluß aber weit genug reiche, um die Kinder zu einer falschen

Aussage zu beeinflussen, wurde von dem einen Lehrer angezweifelt.

Der Verteidiger wies darauf hin, daß die Bezichtigung der Angeklagten zunächst von dem Rädelsführer allein ausgegangen sei, daß die anderen Kinder erst zehn Tage später von der Polizei vernommen worden seien. Man könne nicht die Möglichkeit bestreiten, daß der Anführer seine kindlichen Genossen in der Zwischenzeit bewußt oder unbewußt beeinflußt habe. Tatsächlich gäben jetzt alle jugendlichen Zeugen an, das Blei zuerst einer anderen Althändlerin angeboten zu haben. Unter diesen Umständen sei eine Verwechslung um so wahrscheinlicher, als die Angeklagte nicht vorbestraft sei, als sie die ihr zur Last gelegte Handlung bestreite, als bei der Haussuchung nichts gefunden worden sei. Aber auch gegen das Altmetallhandelsgesetz habe die Angeklagte kaum verstoßen – selbst wenn sie das Metall gekauft haben sollte. Die Kinder wie ihre Eltern waren der Angeklagten bekannt. Die Kinder hatten schon oft im Auftrage der Eltern Makulatur und Lumpen in dem Keller verkauft, und die Angeklagte habe wohl annehmen können, daß auch diesmal die Kinder im Auftrage der Eltern das Blei anboten.

Der Staatsanwalt beharrte auf seinem Standpunkt und beantragte wegen Hehlerei in Tateinheit mit einem Vergehen gegen das Metallhandelsgesetz an Stelle einer verwirkten Gefängnisstrafe von zwei Wochen eine Geldstrafe von 200 Mark.

Das Gericht verurteilte die Angeklagte wegen des Vergehens zu 50 Mark Geldstrafe. Von der Anklage der Hehlerei sprach es sie frei. Es nahm dabei an, daß das Blei aus einer Fundunterschlagung stamme, die aber – bei einem Werte von unter 3 Mark – nicht strafbar sei. Da also das Blei nicht aus einer strafbaren Handlung stamme, könne die Angeklagte wegen Hehlerei nicht verurteilt werden.

Dieses Urteil zeigt wieder einmal – so gering scheinbar die Strafe ausgefallen ist – die ganze Gefährlichkeit der Kinderaussagen. Erst jüngst ist es geschehen, daß ein unbescholtener Mann wegen eines unsittlichen Attentats zu neun Monaten Gefängnis verurteilt wurde, obgleich gegen die einzige jugendliche Belastungszeugin sehr schlechte Auskünfte vorlagen. Der Bleidiebstahl der Kinder in dem eben geschilderten Hehlereiprozeß soll gewiß nicht tragisch genommen werden. Aber so jugendliche Sünder sind nicht die geeigneten Zeugen für die Verurteilung einer bisher unbescholtenen Frau. In diesem Falle – wenn auch zugunsten der Angeklagten – Fundunterschlagung von seiten der

Kinder anzunehmen, erscheint als eine recht kühne Konstruktion. Das Gericht hätte besser getan, die Dinge bei ihrem richtigen Namen zu nennen und die Glaubwürdigkeit der Kinder, die immerhin bei einem Eigentumsvergehen ertappt worden waren, abzulehnen. Denn schließlich ist auch die Strafe von 50 Mark für eine Lumpenhändlerin schon deshalb keine Kleinigkeit, weil ihr eventuell außerdem noch in der Ausführung ihres Gewerbes Schwierigkeiten gemacht werden können.

Märchenhaftes

Es war einmal ein vernünftiges Urteil, ein besonders vernünftiges, das es wagte, der geltenden Rechtsprechung zu trotzen. Infolgedessen durfte es nicht lange leben; die Staatsanwaltschaft legte Berufung ein, und die zweite Instanz brachte es glücklich zur Strecke.

Der Wirt eines kleinen Hotels am Bahnhof Charlottenburg war von einer Mietpartei des Hauses angezeigt worden, weil er angeblich unverheirateten Pärchen Unterschlupf gewährte. Die Folge für den Wirt war Schließung des Hotels, Beschlagnahme durch das Wohnungsamt, Anklage wegen Kuppelei.

Die zu entscheidende Frage: Hat der Wirt gewußt, ob die Paare verheiratet waren oder nicht und was sie trieben?

Der erste Richter nahm als erwiesen an, daß unverehelichte Paare in dem Hotel abgestiegen sind. Er betonte auch, daß der Richter nach dem geltenden Gesetz Recht sprechen müsse, aber er lehnte es ab, sich in der Auslegung des Gesetzes von den Anschauungen früherer Zeiten leiten zu lassen, wie sie in den Reichsgerichtsentscheidungen niedergelegt seien. Denn das Reichsgericht bezeichnet jeden außerehelichen Verkehr als Unzucht, und jemand, der dem außerehelichen Verkehr Vorschub leistet, müsse wegen Kuppelei bestraft werden.

Es sieht nur auf den ersten Blick so aus, als handle es sich um eine Sache widerstreitender Weltanschauungen. In Wirklichkeit ist das Ethos an dieser Sache nur insofern beteiligt, als man zu entscheiden hatte, ob irgendein vielleicht sittlich anstößiger, aber praktisch nicht zu behebender Übelstand mit Hilfe der Gesetzgebung nur dann (und stets völlig unzureichend) unterdrückt oder irgendein Beteiligter mit Strafen belegt werden soll, wenn es irgendeinem Denunzianten paßt, die Angelegenheit anzuzeigen.

Das will sagen: Die Polizei weiß Bescheid und war auch in diesem Fall informiert. Sie hatte aus anderen Gründen die Gäste dieses Hotels unzählige Male revidieren lassen und eine ganze Reihe von Mädchen zur Wache gebracht – und dennoch nie die Angelegenheit der Staatsanwaltschaft unterbreitet, weil sie ja durch die Umstände gezwungen ist, unzählige Betriebe dieser Art zu dulden. Da kam die Denunziation – die Staatsanwaltschaft mußte eingreifen.

Es ist verständlich und erfreulich, daß es ein Einzelrichter ablehnte, wider sein besseres Weltwissen der bisherigen Rechtsprechung zu folgen. Er hatte den Mut, in seinem Urteil auseinanderzusetzen, daß die veränderten Zeitverhältnisse, namentlich die Wohnungskalamität, dann aber auch die Unmöglichkeit, in jungen Jahren Ehen zu schließen, es unangebracht erscheinen lassen, jeden unehelichen Verkehr als Unzucht zu bezeichnen. Es gäbe unzählige Menschen, die aus tieferen Ursachen innerster Zusammengehörigkeit zu einem geschlechtlichen Ausleben getrieben seien. Tatsächlich hätten eine ganze Reihe der bei den Revisionen getroffenen Hotelgäste in dauerndem Verhältnis zueinander gestanden, und der Wirt könne nicht in jedem Falle unterscheiden, welcher Art das Verhältnis der in seinem Hotel Absteigenden wäre. Deshalb lehne er es ab, den Kuppeleiparagraphen anzuwenden, und spreche den Wirt frei.

Gegen dieses Urteil legte die Staatsanwaltschaft Berufung ein, sie brachte auch noch Material herbei, aus dem hervorging, daß eine Reihe von Prostituierten in dem Hotel getroffen wurden, was dem Vorderrichter nicht bekannt war. Die Beweisaufnahme ließ andererseits eine ganze Reihe von Zeugen erscheinen, die in dauernden Beziehungen zueinander standen.

Der Staatsanwalt machte eine Reihe von Tatsachen geltend, die darauf schließen lassen, daß der Wirt um die Art des Verkehrs in seinem Hause gewußt hat. Nach den zahlreichen Kontrollen hat er annehmen müssen, daß sein Betrieb den geltenden Gesetzesvorschriften widerspreche. Wenn auch vielleicht das neue Strafgesetzbuch eine Änderung des Kuppeleiparagraphen bringe, so könne diese noch höchst ungewisse Zukunft das Gericht nicht hindern, nach den geltenden Gesetzesbestimmungen zu verfahren. Der Vorderrichter sei zweifellos – »den Verhältnissen weit vorausgeeilt«. Im übrigen empfahl er den Angeklagten, einen alten Mann, der zahlreiche Ehrenämter im Kommunaldienst innehatte, der Milde des Gerichts und beantragte anstatt einer verwirkten Gefängnisstrafe 105 Mark Geldstrafe. Der Verteidiger betonte, daß man mit demselben Recht die Inhaber der vornehmsten Berliner Hotels auf die Anklagebank setzen dürfe, denn nirgends werde eine Prüfung vorgenommen, ob die absteigenden Paare wirklich verheiratet seien oder nicht. Im übrigen habe das Reichsgericht auch entschieden, daß die Vermietung der Räume an sich noch nicht eine Kuppelei darstelle, sondern daß Kuppelei erst angenommen werden müsse, wenn der Wirt von dem außerehelichen Verkehr Kenntnis gewonnen hätte. Diese Kenntnis in jedem einzelnen Falle zu gewinnen, sei aber dem

Wirt nicht möglich. Im übrigen wies er auf den neuen Entwurf des Strafgesetzbuches hin, der in beiden Fassungen die Tat des Angeklagten ungesühnt lassen würde. Das Gericht kam zu einer Verurteilung des Angeklagten. Selbst wenn er von seiten der Polizei keine Verwarnung bekommen hätte, habe er aus den zahlreichen Kontrollen Gewißheit über die Zustände seines Hotels schöpfen müssen. Eine Freisprechung aus den Gründen des Vorderrichters sei schon deshalb untunlich, weil das Kammergericht sich bestimmt auf den Standpunkt des Reichsgerichts stellen würde. Der Angeklagte habe gewußt, was vorging, er habe zwei Augen zugedrückt, er habe das – vielleicht durch Not gezwungen – gewohnheitsmäßig und aus Eigennutz getan. Immerhin sei das Gericht zu einer milden Auffassung – 100 Mark Geldstrafe – gelangt und wolle auch die schriftliche Urteilsbegründung so abfassen, daß dem Angeklagten die Konzession nicht entzogen werde. –––

Es war einmal ein vernünftiges Urteil ... und nun ist es gewesen.

Wer ist verantwortlich?

> Die Frau, die sitzt am Steuer
> Und lenkt auf ihre Art ...
>
> Ein deutsches Volkslied

Ein Auto fährt über den Reichskanzlerplatz. Der Besitzer mit dem Dienstmädchen sitzt hinten, vorn neben dem Chauffeur die Besitzersgattin.

Das Auto erfaßt einen Radfahrer, stößt ihn um, schiebt ihn vor sich her, überfährt ihn. Der junge Mann, ein Student, wird schwer verletzt, verliert ein Bein.

Gegen den Chauffeur wird ein Verfahren anhängig gemacht, vor der Polizei erklärt er sich schuldig. Bis es zum Termin kommt, verkrachen sich die Insassen des Autos. Der Chauffeur wird, weil er die Besitzerin beleidigt haben soll, fristlos entlassen. Das Dienstmädchen fliegt mit. Nun sagt der Chauffeur die Wahrheit: Er hat ja in dem tragischen Moment gar nicht das Auto geführt, sondern die Besitzerin, Frau Dr. B., die, des Fahrens noch ziemlich unkundig, ihn bewogen hatte, ihr die Führung zu überlassen. Einen Führerschein hatte sie nicht.

Jetzt sitzen alle drei auf der Anklagebank. Der Chauffeur, der Mann, die Frau. Der Chauffeur ist der einzige, der einen Führerschein besitzt – er ist wegen unvorsichtigen Fahrens schon mehrfach vorbestraft.

Die Beweisaufnahme ergibt, daß die Frau schon vor Antritt der Fahrt von ihrem Mann die Erlaubnis hatte, »draußen, wo es nicht so gefährlich ist«, den Wagen zu steuern. Daß die Frau kurz vor der Unfallstelle mit dem Chauffeur den Platz wechselte, will der Ehemann nicht gesehen haben. Es wird aber auch bewiesen, daß die Eheleute ursprünglich versucht hatten, den Chauffeur zur Übernahme der Schuld zu bewegen. Aus gutem Grunde: Die Versicherungsgesellschaft kommt nämlich für die Haftpflicht nicht auf, wenn eine Person ohne Führerschein das Auto lenkte. Ein Verfahren wegen versuchten Versicherungsbetruges blüht den Herrschaften auch noch. Der Vertreter des Nebenklägers betont, daß die Autobesitzer bisher nichts getan haben, den Verletzten zu entschädigen.

Wer aber trägt die strafrechtliche Verantwortung?

Der Staatsanwalt sagt: in erster Linie der Chauffeur. Ihm war der Wagen anvertraut, er durfte das Steuer nicht aus der Hand lassen, er hatte die Rechtspflicht, zu handeln – d. h., nicht zuzulassen, daß eine Person ohne Führerschein das Auto lenkte. Antrag: 6 Monate Gefängnis. In zweiter Linie verantwortlich die Dame selbst, die in unbegreiflichem Leichtsinn den Chauffeur veranlaßte, ihr das Steuer zu überlassen. Antrag: 6 Monate Gefängnis und 200 Mark Geldstrafe. In dritter Linie der Ehemann, wenn auch seine Verantwortung geringer sei. Antrag: 1000 Mark und 200 Mark Geldstrafe.

Der Verteidiger des Chauffeurs sagt: Ein simpler, nicht eben kluger Mann in abhängiger Stellung. Er mußte sich seiner Herrschaft fügen, namentlich, wenn die Frau als Vertreterin des Ehemannes befiehlt und der Mann im Wageninnern sitzt. Da trug der Chauffeur keine Verantwortung mehr, sondern nur der Besitzer und seine Frau.

Der Verteidiger der Besitzersleute sagt: Niemand bedauert mehr als wir den Unfall. Aber schicken Sie nicht eine unbescholtene Frau ins Gefängnis – geben Sie ihr Bewährungsfrist.

Der Vertreter des Nebenklägers: Geben Sie keine Bewährungsfrist, denn die Angeklagte hat sich bisher immer um die Entschädigung herumgedrückt – und wenn sie Bewährungsfrist bekommen, werden sie erst recht nichts tun.

Das Urteil: Chauffeur 6 Wochen Gefängnis, Frau 3 Monate und 200 Mark Geldstrafe, Besitzer 200 Mark Geldstrafe wegen Vergehens gegen das Kraftfahrzeuggesetz, weil er die Frau ohne Führerschein fahren ließ. Mit Bezug auf die Körperverletzung sei ihm nicht nachgewiesen worden, daß er sah, wie die Frau mit dem Chauffeur den Platz wechselte.

Der Zuhörer denkt sich: Gewiß hätte der Chauffeur korrekter gehandelt, wenn er sich strikte geweigert hätte, die Frau ans Steuer zu lassen. Aber ist er nicht der Verantwortung mindestens so entlastet wie der Mann? Und wie soll es möglich sein, daß an einem Sommerabend der Führer wechselte, ohne daß der Mann hinten es merkte? Ist der Ehemann strafwürdig, weil er seiner Frau generell das Fahren ohne Schein erlaubte, dann trägt er keine Verantwortung, da sie wirklich fährt und ein Unglück anrichtet?

Fast wäre man versucht, zu sagen: Sind zwei Männer dem Kraftfahrzeuggesetz gegenüber verantwortlich, dann ist es die Frau noch am wenigsten. Zwei Männer sollten immerhin mit einer Frau fertig werden.

Nur eine (halb)freundliche Seite hat das Urteil: Die Gewähr der Bewährungsfrist wird davon abhängig gemacht, daß die angeklagten Eheleute sich ihrem Opfer gegenüber anständig verhalten. Die unfreundlichere Hälfte auch dieses Beschlusses: Wird die Vollstreckung der Strafe des Chauffeurs *auch* von dem Anstand seiner früheren Herrschaft abhängig gemacht – oder muß er auf alle Fälle brummen?

Der Geier, der Adler, der Kiebitz und die Rose
Eine verwickelte Geschichte

Erstens: Herr Kiebitz hatte eine Wohnung im Hause des Herrn Geier. Und Herr Adler, ein einstiger Major, der bei Frau Rose als Chambregarnist wohnte, wollte mit Herrn Kiebitz tauschen. »Tauschen« ist übrigens ein milder Ausdruck. Denn Adler hatte ja gar kein Recht auf eine Wohnung, wogegen Kiebitz – wozu braucht ein Kiebitz eine Wohnung? – auf alle Wohnrechte verzichten wollte. Das Wohnungsamt sagte: Nein, Kiebitz kann verzichten, soviel er will. Aber davon hat Adler noch kein Recht. Und Geier tat's leid; vielleicht hätte er als Besitzer des Hauses noch einen kleinen Schnitt gemacht. Doch Frau Rose (nicht ohne Dornen) wußte Rat.

Zweitens: Frau Rose baute gerade an einem Reihenhaus, nicht ohne spekulative Absicht. Also sagte sie zu dem einstigen Major Adler: »Zahlen Sie mir 3000 Mark Baukostenzuschuß, so vermiete ich Ihnen die Wohnung in meinem neuen Haus. Dagegen hat das Wohnungsamt nichts. Wohnen Sie erst mal drin, so sind Sie auch berechtigt, die Wohnung mit Herrn Kiebitz zu tauschen. Das heißt: Sie ziehen ein, und Kiebitz verzichtet und fliegt davon.«

»Gut« – sagte der Major.

»Gut« – sagte der Kiebitz.

»Gut« – sagte der Geier –, »unter der Voraussetzung, daß ich 3000 Mark Abstand bekomme, sonst lasse ich Adler nicht herein.«

Man einigte sich auf 2750 Mark.

Das Haus wurde fertig. Adler zahlte die 3000 Mark an Frau Rose und zog ein.

Drittens: Kaum war Adler drin, so verkaufte Frau Rose ihr neues Haus mit der nicht nebensächlichen Bestimmung, daß der neue Besitzer, Herr Sperling, es leer vorfände.

»Also«, sagte die Rose zum Adler, »nun ist es Zeit, ziehen Sie in die Wohnung von Kiebitz.«

Aber Adler sagte: »Ausziehen? Warum? Weil Sie Ihr Haus verkauft haben? Nicht eher ziehe ich aus, bevor Sie mir meine 3000 Mark Baukostenzuschuß zurückgegeben und die 2750 an

Geier gezahlt haben – denn sonst komme ich in die Kiebitzsche Wohnung nie hinein.«

Die Rose dachte nach, dann sagte sie: »Gut, ich deponiere die 5750 Mark bei meinem Rechtsanwalt, der wird sie zahlen, sowie Sie ausgezogen sind.«

»Meinetwegen –«, sagte der Adler.

Und Frau Rose deponierte.

Viertens: Der Adler zog aus, der Kiebitz flatterte in den Lüften. Während aber die Möbel des Adlers noch unterwegs waren, hielt Frau Rose zwei fernmündliche Gespräche. Herrn Geier telephonierte sie: »Lassen Sie den Adler nicht ins Haus – lassen Sie ihn auf der Straße krepieren.«

Dem Anwalt telephonierte sie: »Zahlen Sie keinen Pfennig aus!«

Ach, ach, ach! Es war zu spät. Der Anwalt hatte bereits ausgezahlt, und der Geier hatte keinen Grund, dem Adler seinen Horst zu verweigern. Und der Adler zog ein.

Da wurde die Rose wütend, sann auf Rache und zeigte ihre Dornen. Sie denunzierte Herrn Geier wegen Leistungswuchers beim Staatsanwalt, nicht ohne die edle Absicht, auf diese Weise wenigstens ihre 2750 Mark zurückzuerhalten.

Fünftens: Der Staatsanwalt beantragte gegen Herrn Geier 3000 Mark Geldstrafe. Geier aber hatte sich den großen Marabu zum Anwalt genommen, der von seinem Alsberg herunterkam und plädierte:

Als Leistungswucher gilt der Fall, daß ein Mensch einen Gegenstand des täglichen Bedarfs zu allzu hohem Preis verkauft. Eine Wohnung ist gemeinhin ein Gegenstand des täglichen Bedarfs. Schlägt man die Abstandssumme zum Mietpreis, so erhält man zweifellos einen zu hohen Preis, den man als Leistungswucher ansehen mag. Dies alles träfe zu, wenn Herr Adler ein bedürftiger und berechtigter Mieter wäre, der Herrn Geier um eine Wohnung gebeten hätte.

Aber Herr Adler war weder ein bedürftiger Mieter – denn er besaß eine Wohnung im Hause der Rose – noch ein berechtigter, denn das Wohnungsamt hatte ja vorher ausdrücklich festgestellt, daß ihm die Kiebitzsche Wohnung nicht zukomme. Ein wirkliches Interesse daran, daß Adler zu Geier zieht, hatte weniger Adler als Frau Rose.

Frau Rose ist eine Spekulantin; sie hatte ihr Haus verkauft, sie mußte es leermachen, sie suchte eine Wohnung für Adler. Wenn ein Häuserspekulant aus seinen geschäftlichen Gründen für einen Mieter eine Wohnung sucht, so ist diese Wohnung nicht mehr Gegenstand täglichen Bedarfs, sondern die Wohnung ist ein Gegenstand oder ein Mittel oder ein Behelf der Grundstücksspekulation, von der man nicht sagen kann, daß sie ein Gegenstand des täglichen Bedarfs sei. Auch zahlte Herr Adler nicht das Geld, sondern Frau Rose.

Aber selbst wenn die Wohnung als Mittel der Grundstücksspekulation noch ihren Charakter als Gegenstand des täglichen Bedarfs behielte, wo ist die Norm, nach der berechnet 2750 Mark einen übertriebenen Preis darstellen? Wir wissen wohl den Mietpreis einer Wohnung für den berechtigten und bedürftigen Mieter – nicht aber den Handelswert einer Wohnung als Behelf der Grundstücksspekulation.

Um ihn einigermaßen zu ergründen, müssen wir die Frage prüfen, ob das Herrn Geier vorgeschlagene Geschäft denn so ganz risikolos war. Dies war es keineswegs. Frau Rose selbst hatte zu gewissen Zeiten im Laufe der monatelangen Verhandlungen Herrn Geier – mit Recht oder Unrecht – anvertraut, dieser Adler sei ein verschuldeter Major, ein fauler Zahler. Hatte Geier nicht das gute Recht, sich gegen einen etwaigen Verlust dadurch zu sichern, daß er sich zunächst eine Summe zahlen ließ, die etwa einer Jahresmiete entsprach?

Dazu kommt noch etwas. Warum stehen wir hier und behandeln den Fall des Adlers, des Geiers, der Rose und des Kiebitz? Weil es Frau Rose gefiel, sich von ihren Verpflichtungen zu drücken. Wenn es nach ihr gegangen wäre, so säße Herr Adler auf der Straße, und Frau Rose hätte ihr ganzes Geld gespart. Heute benutzt sie die Unsicherheit des Rechtes, um einen Teilerfolg zu erzielen.

Weiß sie auch, daß die Zivilkammer dieses Gerichts Leute, die – sitzen sie mal erst in der Wohnung – bei Abstandsklagen den Wuchereinwand erheben, wegen ihres unsittlichen Verhaltens glatt durchfallen läßt, so weiß sie auch, daß die Strafkammer desselben Gerichts die Wirte wegen Wuchers verurteilt. Und sie spekuliert auf die Hoffnung, daß die Zivilkammer sich durch ein Strafkammerurteil beeinflussen lasse. Besteht eine Unsicherheit des Rechts, so ist es doch unsittlich, aus diesem Wirrwarr einen Nutzen ziehen zu wollen, und so muß die Freisprechung des Geiers erfolgen.

Letztens: Nachdem der Marabu seine schöne Rede gehalten, dachte der Richter lange nach und verurteilte den Geier zu 3000 Mark Geldstrafe. Aber der Marabu hat seine Rede noch gut im Kopfe und wird sie vor dem Berufungsrichter noch einmal halten.

Im übrigen ist alles in schönster Ordnung. Frau Rose hat ihr Haus verkauft, Adler wohnt bei Geier, und nur der Kiebitz flattert selig in den Lüften.

Die Kleine vom Großherzog

Der Großherzog nannte sie nun mal seine Kleine, und es konnte nicht verhindert werden, daß dies vor dem dritten Zivilsenat des Kammergerichts zur Sprache kam: weder durch die strengen Mienen der Herren Richter noch durch den mit großen, erschreckten Augen hereintretenden Alten Fritzen – so hängt er gemalt an der Wand. Eigentlich müßte das Bild geändert werden – etwa dahingehend, daß Fridericus diesen Saal fluchtähnlich verläßt ... diesen Saal einer Ehescheidungskammer, in der fortwährend von Liebe die Rede ist.

Bevor die Angelegenheit der Condesa de Matzenau zur Sprache kommt, erlebt man denn auch den Prozeß eines sehr eleganten Schauspielerehepaares.

»Wollen Sie bestreiten, daß Sie mit Fräulein Soundso Motorrad gefahren sind?«

»Im Gegenteil, ich bin mit dem ganzen Landestheater Motorrad gefahren. Im übrigen besteht meine Ehe tatsächlich seit drei Jahren nicht mehr, und – ich bin ein Mann.« –

Also der Großherzog war auch einer. Adolf Friedrich V. bewahrte sich seine Lebensfreude bis ins Greisenalter. Die »Kleine« war Choristin am Hoftheater, auf Talent legte er offenbar keinen übertriebenen Wert. Er schenkte ihr im Laufe der Jahre außer schönem Schmuck mehrere hunderttausend Mark, machte sie zur Besitzerin einer sehr eleganten Grunewaldvilla und schrieb ihr schließlich am 1. Januar 1914 einen furchtbar netten Brief, in dem er ihr 20000 Mark jährliche Rente aussetzte. Diese ist denn auch durch Vermittlung eines dem Großherzog befreundeten Bankiers – – halt!

(Die Angelegenheit ist vor dem Kammergericht schon mal besprochen worden. Bei dieser Gelegenheit erwies es sich, daß einer der Beisitzer, Kammergerichtsrat Caspary, der ehemalige Berliner Stadtverordnetenvorsteher, ein Verwandter jenes Bankiers ist. Der Anwalt der Fürstinnen lehnte nun Herrn Caspary wegen Befangenheit ab. Das Gericht aber wies die Ablehnung als unbegründet zurück.)

– – diese Rente ist also immer bezahlt worden, bis sie in der Inflationszeit der allgemeinen Entwertung verfiel. Nun verklagt die Condesa die Erben des Großherzogs, d.h. dessen Witwe und Tochter, Militza von Montenegro, auf eine 100prozentige Aufwertung.

Der Anwalt der Großherzoginnen betont zunächst, daß die Condesa keineswegs eine Mätresse im Stile des 18. Jahrhunderts war. Sie war nie am Hofe, sondern lediglich die »Kleine« des Großherzogs, wie andere ältere Herren auch ihre Kleine haben, ohne daß man das ihnen verübeln dürfe. Die Echtheit des Briefes bestritt er keineswegs. Aber er bestritt, daß dieser Brief ein Testament sei, denn die Testamente der Großherzöge seien immer sehr feierliche und formelle Akte gewesen. Die Forderung der Condesa sei keine rechtlich begründete, sondern eine moralische, und man habe einer Anstandspflicht genügt, als man aus Pietätsgründen den Willen des Großherzogs ausführte.

Selbst wenn man aber den Brief als Testament betrachtet, so müsse sich die Klägerin an den eigentlichen Erben des Großherzogs wenden – und das sei der Staat Mecklenburg-Strelitz. Der Anwalt ließ sich nun in sehr lange historische Erörterungen ein. Tatsächlich habe der Fürst in Mecklenburg-Strelitz bis zur Revolution Eigentumsrecht am ganzen Lande gehabt – ein Wert, der auf 1 bis 1½ Milliarden geschätzt wurde. Dann habe der Staat vom ganzen Dominium Besitz ergriffen und sich mit der Familie, dem Russenprinzen Karl Michael und dem Prinzen Christian Ludwig abgefunden. In dem Abkommen mit den mecklenburgischen Damen befinde sich der ausdrückliche Passus, daß die Familie nicht von dritten Personen belangt werden könne. Deshalb hätten die Damen in der Angelegenheit der Condesa dem mecklenburgischen Staat den Streit verkündet. Es kamen dann noch längere historische Erörterungen, in deren Verlauf der Anwalt bedauerte, eine sehr peinliche Sache zur Sprache bringen zu müssen. Man spitzte die Ohren: Es war das langobardische Lehnsrecht, das dem Anwalt, so sehr es ihn genierte, recht zu geben schien. Jedenfalls – meinte er – dürfe er seinen Auftraggeberinnen nicht zumuten, sich mit der Condesa zum Offenbarungseid an einen Tisch zu setzen.

Der Anwalt der Condesa hingegen ließ die Langobarden auf sich beruhen. Für ihn existiert nur das BGB. Nach diesem sowie nach dem mecklenburgischen Hausgesetz selbst sei der Brief des Großherzogs ein eigenhändiges Testament, dem Folge zu leisten sei. Ob der Staat Mecklenburg hierfür hafte oder nicht, sei eine zweite Frage. Zunächst müsse sich die Vermächtnisnehmerin an die Erben halten, die übrigens noch immer sehr reich seien. Der 9000 Morgen große Grundbesitz bringe bei vernünftiger Bewirtschaftung 300000 Mark jährlich, ganz abgesehen von einer reichen englischen Erbschaft der Herzogin von Cambridge, die noch immer – vermutlich – in den Tresors der Bank von England ruhe. Der Condesa hingegen ginge es sehr schlecht. Sie wohne zwar noch in ihrer Villa, weil sie sie nicht verkaufen könne. Aber sie habe sie vermietet und sitze in der Mansarde. Ihr Mann habe eine kleine Anstellung gefunden, und sie müsse ein Schmuckstück nach dem anderen verkaufen.

Worauf der Anwalt der Großherzogin auseinandersetzt, seinen Mandantinnen ginge es auch sehr schlecht. Der Grundbesitz gehöre überhaupt dem kleinen Prinzen von Lippe, bringe höchstens 20–30000 Mark, die Prinzessin Militza habe nicht mehr als 3–400000 Mark im Vermögen, und um die Reste der englischen Erbschaft, 80000 Mark, werde lebhaft gekämpft. Für das großherzogliche Silber habe man sehr wenig bekommen, und der ganze Familienschmuck sei nichts wert, denn er bestehe aus Barockperlen, die heute niemand kaufe. Und er, der Anwalt, sei mit dem Klagen sehr vorsichtig, weil die Damen die Gebühr nicht bezahlen können.

Das Kammergericht wird sich vermutlich tagelang den Kopf über die Angelegenheit zerbrechen; uns aber, die all dem Elend zuhören mußten, brach das Herz.

Der Strafsenat denkt nach. Man kann von ihm nicht sagen, daß er sich ab und zu zur Beratung zurückziehe. Er ist eigentlich immerzu in Beratung und erscheint nur dann und wann, um ein Urteil zu verkünden und um sich neuen Beratungsstoff zu holen.

So erfährt man zwischendurch, daß der Revision eines dörflichen freiwilligen Feuerwehrmannes gegen richterlichen Strafbefehl (wegen Nichterscheinens zur Feuerlöschübung) stattgegeben werden muß, weil der Strafbefehl einen Tag nach Verjährung abgefaßt ist. Oder: Ein Gutsbesitzer hat seine Lokomobile nachts ohne Laterne auf einem privaten Feldweg stehenlassen. Der mit 5 Mark bestrafte Gutsbesitzer hat Revision eingelegt: Der Weg sei kein öffentlicher gewesen, außerdem sei die Lokomobile kein Kraftfahrzeug. Das Kammergericht berät sehr lange, um die Revision zu verwerfen. Der Weg sei zwar privat, aber er sei öffentlich, wobei es nicht darauf ankomme, ob er rechtlich öffentlich sei. Er sei tatsächlich öffentlich. Die Lokomobile sei ein Kraftfahrzeug, das gleichwohl in gewisser Beziehung von den für Automobile geltenden Vorschriften ausgenommen sei. Dann aber gälten die Bestimmungen für alle – anderen Fahrzeuge, und auch diese dürfe man des Nachts nicht ohne Laterne stehenlassen. –

Dann aber dringt in die juridische Kammermusik ein grellerer Ton.

Der Rechtsuchende ist persönlich erschienen. Ein älterer Tapezierermeister aus der Potsdamer Straße, dicht neben dem Sportpalast. Er hat dort einen Kellerladen inne, zu dem der Weg durch ein Vorgärtchen führt. In diesem Gärtchen hatte der Meister seit zehn Jahren einige seiner Waren, Möbel, Sofas usw., zur Schau gestellt. Er hatte auch eine »Fahne« aus Segeltuch herausgesteckt, auf der er sich zur Anfertigung von Markisen empfiehlt. Zehn Jahre hatte er so sein Handwerk betrieben, ohne daß die Polizei einen Anstoß daran nahm. Dann aber war plötzlich ein neuer Leutnant im Revier erschienen. Und der kannte die Paragraphen, wenn auch nicht das menschliche Herz. Also erwirkte er einen Strafbefehl, der indessen von dem angerufenen Amtsrichter nur teilweise bestätigt wurde. So, was die Hissung der Fahne betraf, die irgendwelchen polizeilichen Vorschriften widersprach. Drei Mark Geldstrafe. Wegen der Ausstellung von

Möbeln im Vorgärtchen sprach der Richter den Meister aber frei, weil die Vorschriften über Ausstellung von Waren nur diejenigen Vorgärten betreffen, die einen eigenen gepflegten gärtnerischen Schmuck aufweisen. Der in Frage kommende Vorgarten enthalte aber weder Baum noch Strauch, noch Blume, sondern lediglich Kies und etwas kümmerliches Gras.

Gegen dieses Urteil hatten beide Teile Revision eingelegt: gegen die Verurteilung der Tapezierermeister, gegen den Freispruch der Generalstaatsanwalt.

Mit bewegenden Worten erzählte der Tapezierermeister, daß er seit zehn Jahren unter den Augen der Polizei in dieser Weise seine Waren feilgeboten habe. Heutzutage müsse man den Leuten doch was zeigen. Die Kellerfenster, in denen er außerdem etwas Waren ausstellte, seien zu klein und – durch den Vorgarten von der Straße getrennt – zu weit entfernt, um auf das Publikum zu wirken.

Der Staatsanwalt setzte auseinander, daß der Amtsrichter die polizeilichen Vorschriften falsch interpretiert habe. Es handle sich nicht nur darum, ob der Vorgarten ein Stück Gartenkultur darstelle, sondern ob der Gartenrand oder das Haus die Baufluchtlinie darstelle, über die hinaus nur mit besonderer polizeilicher Genehmigung Waren ausgestellt werden dürften. Dann redete er noch einiges über die Frage, ob der Tapezierer wissentlich oder fahrlässig gehandelt habe.

Als der Gerichtshof zur Beratung geht, überreicht der Tapezierer noch ein Schriftstück und sagt: »Übrigens, die Entscheidung interessiert mich nicht mehr. Das Verbot der Ausstellung meiner Waren hat mein Geschäft so ruiniert, daß ich exmittiert worden bin.«

Der alte Mann kann die Tränen nicht mehr zurückhalten. »Verzeihung, ich bin nervenkrank.«

Der Senat erscheint wieder. Der Vorsitzende, ein gütiger, älterer Herr, bittet den Staatsanwalt, die Revision zurückzuziehen – die Revision des Meisters ist wegen eines formellen Fehlers ohnehin nicht aufgenommen.

Der junge Staatsanwalt bedauert, er kann das nicht ohne Genehmigung seiner vorgesetzten Behörde.

Und der Senat verkündet: Die Sache wird an das Amtsgericht zurückverwiesen. Die Frage, ob es sich um einen Vorgarten im Sinne des allgemeinen Sprachgebrauchs handele oder um einen Vorgarten im bautechnischen Sinne, könne nur dadurch entschieden werden, daß man prüft, ob dieser Vorgarten von vornherein im Bauplane vorgesehen war oder nicht. Erst auf Grund dieser Feststellung müsse geprüft werden, ob der Angeschuldigte sich gegen die Polizeiverordnung vergangen habe ...

Der alte Mann wankt hinaus.

Sein Kellergeschäft ist nicht weit vom Kammergericht entfernt. In diesem Teil der Potsdamer Straße gibt es wenig Vorgärten. Die danebenliegende Mauer des Sportpalastes springt um einige Meter über das Vorgärtchen hinaus. In dem Garten etwas struppiges Gras. Zwei Schwertlilien haben mit ihren scharfen Blättern den Kiesboden durchschnitten, ohne daran zu denken, daß sie dem Vorgarten hierdurch den Charakter eines Stückchens kultivierter Erde verleihen – also dem Tapezierermeister ernste Ungelegenheiten bereiten können.

Aber der läßt Lilien Lilien sein. Er ist ja exmittiert und muß in wenigen Tagen seinen Keller verlassen, in dem er seit zehn Jahren als braver Steuerzahler sich gemüht.

Ein Polizeileutnant ging vorüber, ein Richter entschied, ein Generalstaatsanwalt legte Revision ein, ein Kammergerichtssenat dachte nach, eine Familie geht zugrunde.

Ein junger Rechtsanwalt, als Untermieter Inhaber von drei Zimmern und Nutzungsberechtigter der Küche wie der übrigen Bequemlichkeiten, erhält nach dem Tode der Zimmerwirtin vom Wohnungsamt die Berechtigung, in seiner Behausung zu verbleiben. Für den Rest der Wohnung einen Mieter zu finden ist zunächst schwer, da niemand die Unbequemlichkeit einer gemeinsamen Bequemlichkeit auf sich nehmen will. Endlich erscheint doch ein Mann, der in seiner Wohnungsnot gezwungen ist, sich mit den gegebenen Verhältnissen abzufinden. Er erklärt schriftlich seine Zustimmung zu dem Mitbenutzungsrecht des Rechtsanwalts, bekommt die Wohnung zugewiesen, zieht ein.

Kaum ist er drin, so errichtet er im Korridor eine Zwischenwand – und macht damit allen Hoffnungen des Rechtsanwalts auf Teilnahme an der allgemeinen Bequemlichkeit ein Ende. Der Jüngling ist übel dran. Zwar wohnt auf einem nahen Platze in einem Häuschen eine gute Frau, die noch keinen Hilfesuchenden abgewiesen hat. Auch hat der junge Anwalt Verwandte und Freunde, die er gelegentlich besuchen kann. Aber er wäre kein Anwalt, wenn er sich das primitivste aller Menschenrechte auf die Dauer rauben ließe. Also er klagt.

Im Amtsgericht sitzt als Richter ein Jurist – natürlich, und kein Arzt, der vielleicht für das Recht des Menschen auf Stoffwechsel einiges Verständnis hätte. Der Richter also sagt: Dem jungen Mann kann keineswegs geholfen werden. Er war zwar Mieter seiner früheren Wirtin; die ist aber tot, der Vertrag erloschen, ein neuer ist nicht zustande gekommen, also besteht für die Mitbenutzung keinerlei rechtliche Unterlage.

Richtig: Ein neuer Vertrag ist bisher nicht zustande gekommen. Der Anwalt versucht, das Versäumte nachzuholen. Es gibt ja Zwangsmietverträge, und das Wohnungsamt, das ein menschliches Rühren fühlt – vielleicht weil ihm so was schon mal passiert ist –, ersucht das Mieteinigungsamt, zwischen den Parteien einen Zwangsmietvertrag zustande zu bringen. Glücklicherweise sitzt im Mieteinigungsamt auch ein Jurist, der sofort feststellt, daß Zwangsmietverträge nach § 4 des Gesetzes nur für die Mieter durchgeführt werden können, die vom Wohnungsamt »eingewiesen« worden sind. Der Anwalt ist aber nie »eingewiesen« worden, er hat bloß eine Berechtigung gehabt, seine Wohnung zu behalten, infolgedessen unterbleibt die Ausstellung eines Zwangsmietvertrages. Hiergegen erhebt der Anwalt Beschwerde beim Oberpräsidium, das sich auch für ihn bemüht – aber gegen das Gesetz bleibt das Oberpräsidium machtlos. Das Polizeipräsidium – auch noch angerufen – erklärt, es sei für die Sache nicht zuständig.

Inzwischen legt der Anwalt gegen das Urteil des Amtsgerichts beim Landgericht Berufung ein. Eines juristisch fein geschliffenen Urteils konnte er sicher sein – und siehe da: Das Landgericht, als höchste Instanz, lehnt seine Klage ab. Allerdings – sagt es in seinem Urteil – habe der beklagte neue Mieter sich in einem Schreiben an den Magistrat mit der Mitbenutzung einverstanden erklärt; aber diese Erklärung verschaffe dem Kläger keine zivilrechtlichen Ansprüche, sondern habe nur eine öffentlich-rechtliche Bedeutung. Die öffentlich-rechtliche Sachlage befugt das Wohnungsamt dazu, unter Anrufung des Mieteinigungsamtes, den Konflikt durch Abschluß eines Zwangsmietvertrages zu schlichten. Solange aber die vertragliche Grundlage nicht geschaffen sei, könne das ordentliche Gericht einen zivilrechtlichen Anspruch des Klägers nicht anerkennen.

Das Mieteinigungsamt aber verharrt auf dem Standpunkt, daß es nach dem Gesetz nicht befugt sei, einen Zwangsmietvertrag für einen »Nichteingewiesenen« abzuschließen.

Bis zu diesem Zeitpunkt hatte der Konflikt schon zwei Jahre gedauert, merkwürdigerweise, ohne daß das Ableben des Patienten zu beklagen gewesen wäre. Er hatte sogar noch die Kraft, zu bemerken, daß weder das ordentliche Gericht noch die Verwaltungsbehörde (vertreten durch Oberpräsidium, Polizeipräsidium, Wohnungsamt, Mieteinigungsamt) sich für kompetent erklärt hätten, die für ihn inzwischen einigermaßen dringend gewordene Frage zu lösen, und er entschloß sich, den letzten möglichen Schritt zu gehen, den preußischen Kompetenzgerichtshof anzurufen.

Der Kompetenzgerichtshof ist schon nach Zusammensetzung das vornehmste der preußischen Gerichte. Vier Kammergerichts- und vier Oberverwaltungsgerichtsräte mit einem Staatssekretär an der Spitze tagen an der langen Tafel eines schönen, etwas altmodisch eingerichteten Saales im Justizministerium. Die Herren tragen keine Robe, aber der schwarze Anzug genügt, um der Sitzung ein feierliches Gepräge zu geben.

Aber auch der Kompetenzgerichtshof war nicht in der Lage,

dem Anwalt zu seinem Recht zu verhelfen. Auf die materielle Kehrseite der Angelegenheit ging er nicht ein, sondern beschränkte hierauf die Lösung der Frage, ob der Fall eines negativen Kompetenzkonfliktes gegeben sei. Und er stellte fest, daß ein solcher Konflikt nicht vorliege. Er hätte vorgelegen, wenn beispielsweise das Landgericht sich für unzuständig erklärt haben würde. Dieses aber habe es keineswegs getan, sondern in seinem Urteil für Recht erkannt, daß dem Anwalt für seine Klage der zivilrechtliche Anspruch fehle. Das Landgericht habe also in voller Würdigung seiner eigenen Zuständigkeit eine nicht genügend fundierte Klage zurückgewiesen. Ein negativer Kompetenzkonflikt liege also nicht vor – der Anspruch des Anwalts auf Zuweisung einer zuständigen, seine Angelegenheit schlichtenden Instanz sei also zurückzuweisen.

Der junge Anwalt nahm diese Entscheidung des hohen Gerichts mit so viel Anstand entgegen, als ihm nach Lage des Falles noch gegeben war. Er ließ sich die Gelegenheit nicht entgehen, die Bequemlichkeit der preußischen Justiz zu bewundern.

VI
Kampf gegen die Eidesseuche

Den Kampf gegen die Eidesseuche hat Sling mit besonderer Überzeugungskraft, Vehemenz und mit großem Erfolg geführt. Eine Lawine von Meineidsverfahren begann über die deutschen Gerichte zu rollen, nachdem das alte wirkliche Schwurgericht, bei dem die Geschworenen allein über die Schuldfrage berieten, im Jahre 1924 durch das neue Schwurgericht ersetzt worden war, in dem drei Richter mit sechs Geschworenen gemeinsam über Schuld und Strafmaß beraten. Nach den ersten Jahren dieser neuen Ordnung unter Justizminister Emminger wies ich im ›Montag-Morgen‹ nach, daß die Verurteilungen wegen Meineids sich gegenüber 1923 im Jahre 1924 mehr als verdoppelt und im Jahre 1925 mehr als verdreifacht hatten. Ganze Schwurgerichtsperioden waren jetzt mit Meineidsprozessen angefüllt, während vorher die 12 Geschworenen einfach nicht »mitgemacht« und daher vielen Anklageerhebungen vorgebeugt hatten.

Der tiefere Grund für die Eidesseuche waren die vom psychologischen Standpunkt geradezu vorsintflutlichen Bestimmungen der damaligen Straf- und Zivilprozeß-Ordnungen. So wurden die Zeugen zu Slings Zeiten normalerweise vor ihrer Vernehmung vereidigt. Auf seinen Kampf ist es zurückzuführen, daß die Zeugen heute erst nach ihrer Vernehmung zu vereidigen sind (§ 59 StPO). Auf Slings Initiative geht auch die jetzt geltende Bestimmung zurück, daß das Gericht von einer Vereidigung absehen kann, wenn es einer Aussage keine wesentliche Bedeutung beimißt und auch unter Eid keine wesentliche Aussage erwartet (§ 61 StPO). Eine Folge des von Sling entfachten Sturmes gegen die Eidesseuche war es auch, daß wegen Übertretungen und in Privatklageverfahren, also in den unzähligen und unsinnigen Beleidigungsprozessen wegen Klatsch und Tratsch, die Zeugen nur noch in außergewöhnlichen Fällen vereidigt werden (§ 62 StPO).

So wurde die epidemische Eidesseuche allmählich eingedämmt, wenn sie auch an einzelnen Gerichtsorten noch immer nicht völlig verschwunden ist. Der Anreiz für Querulanten, »gute Freunde, getreue Nachbarn und dergleichen«, ihnen unliebsame Personen durch Meineidsanzeigen bei der Staatsanwaltschaft zu denunzieren, hat sich durch folgendes vermindert: Die Mindeststrafe für Meineid betrug in den Zeiten von Sling ein Jahr Zuchthaus. Erst durch seine Kampagne haben die Gesetzgeber im jetzigen § 154 StGB mildernde Umstände und eine Mindeststrafe von 6 Monaten Gefängnis vorgesehen. Auch andere neue Vorschriften des Strafgesetzbuches, wie z. B. über falsche Aussagen, beweisen besseres Erkennen der Psychologie der Aussage, als es vor 40 Jahren bestand. Wie fürchterlich die Eidesseuche damals gewütet hat, zeigt das folgende Kapitel, das auch heute jedem Staatsanwalt zu denken geben sollte, bevor er eine Anklage wegen Eidesverletzung erhebt.

Wenn spätere Geschlechter sich darüber unterhalten, auf welchen Gebieten das so rühmliche zwanzigste Jahrhundert zurückgeblieben gewesen sei, so wird man vielleicht an erster Stelle *das* Kapitel der Rechtspflege erwähnen, das mit dem »Unfug des Schwörens« gekennzeichnet ist. Dabei wird man vielleicht weniger im verurteilenden Sinne der unzähligen Menschen gedenken, die unter dem Zwange der Gesetzgebung, aus der Pein einer Situation heraus dazu getrieben werden, unter ihrem Eide Falsches anzugeben. Aber man wird mit Kopfschütteln auf die Staatsanwaltschaften zurückblicken, die dem Geist und dem Buchstaben des Gesetzes zu folgen glaubten, wenn sie den widerwärtigsten Familienschmutz aufwühlten, nur um zu beweisen, daß hier ein Schimpfwort gefallen oder nicht gefallen sei, daß zwischen diesem Manne und jener Frau diese oder jene Beziehungen geschwebt haben oder nicht. Man wird sich an den Kopf fassen und sich fragen, welche Justiz- und welche Finanzminister es geduldet haben, daß der ganze Apparat des Schwurgerichts mit Richtern, Geschworenen, Staatsanwälten, Verteidigern, Zeugen, Gerichtsdienern dafür aufgewendet wurde, um die Verhältnisse der Familie E. klarzustellen! Dies in einer Zeit, die wir als die Zeit der Not bezeichnen, dies an dem Tage und in der Stunde, an dem das Zeppelin-Luftschiff siegreich den Ozean überquert hat. Man wird dann vielleicht fragen, ob sich denn keine Stimme gegen diesen unrühmlichen Unfug erhoben habe – und man wird die eine verschollene Stimme eines bescheidenen Gerichtsberichterstatters nicht mehr hören.

Die Familie E. ist keine besonders feine Familie – was sie eigentlich für sich hätte behalten können. Nach dieser Schwurgerichtsverhandlung indessen weiß man mit den Verhältnissen der Familie E. auf das genaueste Bescheid.

Der Vater ist ein sanfter Gelegenheitsarbeiter, der manchmal am Lehrter Bahnhof Äpfelkörbe trägt, die Mutter ist eine 55jährige hysterische Frau. Dann sind noch drei Töchter da, von denen die älteste mit einem verheirateten Schokoladenmaschinenwerkmeister seit langen Jahren ein Verhältnis hat, während die zweite, Wally, sich jetzt gegen den Willen der Mutter verheiratet hat und ein Kind unterm Herzen trägt.

Drei Jahre lang duldete die Mutter das Verhältnis ihrer Ältesten mit dem Schokoladenmaschinenwerkmeister, bis dann eines Tages plötzlich ein anonymer Schmähbrief eintraf, der die Mutter sehr erregte, so daß sie zu ihrem Verhältnis-Schwiegersohn sagte: »Die Leute reden schon darüber –.« Sie machte dann den Versuch, ihm ins Gesicht zu springen und ihn zu kratzen, wie sie es gewöhnlich mit ihrem Ehemann tat. Der Werkmeister packte aber die Frau bei den Händen, im Handgemenge fiel sie auf das nebenstehende Bett. Der Ehemann saß während dieser Szene gemütsruhig in der Küche, aß und spülte dann die Teller ab. Dann ging er auf die Hilfeschreie der Frau doch in die Stube, sagte dem Werkmeister: »Es ist genug« – worauf dieser die Frau losließ. Nun wies die Mutter dem Verhältnis-Schwiegersohn wie der Tochter die Tür. Der Werkmeister hatte in aller Ruhe von den einzelnen Familienmitgliedern Abschied genommen und ging dann mit seiner Geliebten die Treppe hinunter. Da rief ihm die Mutter dreimal ein sehr häßliches Schimpfwort nach. Am nächsten Tage ging der Vater der Familie mit dem Verhältnis-Schwiegersohn und der Tochter nach Erkner angeln. Bei dieser Gelegenheit erzählte der Schwiegersohn, daß die Wut der Mutter wohl daher stamme, daß diese ihm einmal Avancen gemacht habe, worauf er jedoch nicht eingegangen sei. Der Vater sagte hierauf: »Ich kenne meine Frau.«

Aus diesem Sachverhalt waren zwei Prozesse entstanden, einer, in dem der Werkmeister einige zurückgelassene Sachen verlangte, und ein Beleidigungsprozeß des Werkmeisters gegen die Mutter wegen der nachgerufenen Schimpfworte. In diesem Prozeß erhob die Mutter Widerklage, in der sie behauptete, der Werkmeister habe auf die Verlesung des anonymen Briefes geantwortet: »Sie und die Leute, die darüber reden ...« – folgt das Zitat aus dem Götz. Dieses wurde von der Tochter Wally eidlich bestätigt.

Es kam zwar schließlich zu einem Vergleich. Aber in der Folge bezichtigten sich die meisten der handelnden Personen gegenseitig des Meineides, zwei Verfahren wurden niedergeschlagen, das dritte blieb hängen, und so saß heute die Tochter Wally wegen Meineides, die Mutter wegen Verleitung zum Meineid vor dem Schwurgericht, das nun in mehr als sechsstündiger Sitzung darüber zu befinden hatte, ob der Werkmeister Götz zitiert hatte oder nicht. Man nahm sich weiter kein Blatt vor den Mund, und in ungezählten Malen flog das Götzsche Zitat durch den ehrwürdigen Raum des alten, großen Schwurgerichtssaals. Die Tochter war geständig und gab zu ihrer Entschuldigung an, daß die Mutter sie zu dem Meineid gezwungen habe. Die Mutter habe sie wie die anderen erwachsenen Töchter ständig beschimpft und mit einem Werkzeug mißhandelt. Aus Angst vor Strafe habe sie den Meineid geleistet. Die Mutter blieb bei der Behauptung, daß der Götz zitiert worden sei.

Der Staatsanwalt bedauerte selbst, daß er gegen die angeklagte Tochter nichts anderes als Zuchthaus beantragen könne, obgleich sie für ihre Mutter gehandelt habe. Aber sie sei nach dem Protokoll ausdrücklich darauf aufmerksam gemacht worden, daß sie das Recht habe, ihre Aussage zu verweigern, und sie habe ausgesagt. Er beantragte 1 Jahr 6 Monate Zuchthaus gegen die Tochter und 1 Jahr Zuchthaus gegen die Mutter mit den üblichen Nebenstrafen. Er verwies aber für die Tochter ausdrücklich auf den Weg der Gnade.

Das Gericht nahm bei der angeklagten Tochter den Paragraphen 157, 2 des Strafgesetzbuches als zu Recht bestehend an und beschritt damit dankenswerterweise selbst den Weg der Gnade. Dieser sieht mildernde Umstände vor, wenn die Aussage zugunsten einer Person erfolgt wäre, bezüglich der eine Zeugin die Aussage verweigern darf – aber nur, wenn sie auf das Recht der Zeugnisverweigerung nicht ausdrücklich aufmerksam gemacht worden ist. Zwar ist dies in diesem Falle geschehen, aber das Gericht nahm an, daß der Angeklagten im Augenblick des Eides das erforderliche Rechtsbewußtsein gefehlt habe. Das gestattete dem Gericht, die Tochter zu sechs Monaten Gefängnis zu verurteilen und ihr Bewährungsfrist in Aussicht zu stellen. Die Mutter wurde der Verleitung zum Meineid als überführt erachtet und zu 1½ Jahren Zuchthaus verurteilt; ihre sofortige Verhaftung wurde angeordnet.

Wie man so schwört

Die wachsbleiche kleine Näherin mit einem Kneifer auf der formlos unromantischen Nase steht wegen Vernichtung der Personalurkunden des Friseurs Krause vor dem Richter. Zur Sicherheit hat sie sich einen Verteidiger mitgebracht.

»Warum haben Sie die Urkunden vernichtet?«

»Ich habe sie ja gar nicht vernichtet –«

»Aber es wird eine Frau Kempe erscheinen und beschwören, daß sie dabei war, als Sie die Urkunden verbrannten –«

Der Verteidiger schaltet sich ein:»Die Urkunden können ja nicht verbrannt sein – ich habe sie doch hier in der Hand –«

»Sie haben sie?«

Und das Fräulein erzählt die trübselige Geschichte ihrer armen Liebe. Sie und der Friseur hatten ihre Habseligkeiten vereinigt und waren zusammengezogen. Nach Monaten kam der Krach, Krause zog aus, fand aber beim Abschied seine Papiere nicht. Auch das Fräulein wußte nicht, wo die Urkunden geblieben waren. Da zeigte der Friseur sie an; dann durchsuchte sie nochmals alles, fand die Papiere und brachte sie an Gerichtsstelle.

»Warum haben Sie ihm die Papiere vorenthalten?«

»Das habe ich gar nicht getan. Was sollte ich denn damit: das Scheidungsurteil seiner Ehe, eine Karte vom Wohnungsamt, zwei Geburtsurkunden – was sollte ich denn damit? Die Papiere waren verkramt – er hätte sie ja selbst suchen können.«

»Schön«, sagt der Richter, »nun die Zeugen.«

Und es kommt Krause, der Friseur, nicht ahnend, daß seine Papiere auf dem Richtertisch liegen.

»Sie hatten ein Verhältnis mit der Angeklagten?«

»Ja, leider, es war das schrecklichste Jahr meines Lebens.«

»Dann trennten Sie sich, und Sie vermißten Ihre Papiere?«

»Nein, die habe ich schon vorher vermißt. Ich wohnte früher bei Frau Kempe, und das Fräulein ist erst auch zu Frau Kempe gezogen. Dann mieteten wir eine gemeinsame Wohnung. Kaum waren wir drin, vermißte ich die Papiere. Ich hatte mir gleich gedacht, daß die Angeklagte sie weggebracht hat, denn es ist die furchtbarste Person, die ich in meinem Leben kennengelernt habe. Später hat mir Frau Kempe erzählt, daß sie mit eigenen Augen gesehen hat, wie die Angeklagte die Papiere noch in der Kempeschen Wohnung verbrannt hat.«

»Mit eigenen Augen?«

»Mit eigenen Augen.«

Der Anwalt deckt seine Mappe auf.

»Sind das Ihre Papiere?«

Der Friseur traut seinen Augen nicht. »Ja, das sind sie.«

»Setzen Sie sich.«

Nun wird Frau Kempe gerufen, eine ältliche, hagere Frau mit einem wippenden Straußenfederhut, kleinen, harten, grauen Augen, einer alles durchbohrenden Spitznase. Sie wird besonders zur Wahrheit gemahnt, sie leistet den Eid mit Inbrunst.

»Herr Krause hat bei Ihnen gewohnt?«

»Nein, er hatte nur seine Sachen bei mir untergestellt –«

»Nehmen Sie sich in acht, Frau Kempe. Herr Krause hat eben beschworen, daß er bei Ihnen gewohnt hat.«

»Na ja – ein bißchen hat er auch bei mir gewohnt –«

»Was wissen Sie von den Papieren Krauses?«

»Also, das Fräulein ist eines Tages mit einer Menge von Papieren in die Küche gekommen und hat sie verbrannt.«

»Was waren das für Papiere?«

»Das Scheidungsurteil, eine Karte vom Wohnungsamt, Geburtsurkunden –«

»Und Sie haben gesehen, wie sie diese Papiere verbrannt hat?«

»Ja – mit meinen eigenen Augen –«

Der Richter mit erhobener Stimme: »Machen Sie sich nicht unglücklich, die Papiere liegen hier auf dem Tisch: das Scheidungsurteil, die Karte, die Geburtsurkunden ...«

Frau Kempe hat gerade noch Zeit, zu sagen: »Dann muß sie sie rasch beiseite getan haben –«

»Setzen Sie sich«, donnert der Richter.

Die Angeklagte ist in einer Minute freigesprochen, Herr Krause zieht mit seinen Papieren nach Hause. Frau Kempe stolziert hinterdrein.

So wird geschworen.

Judith

Im Kriminalgericht wurde gestern die Frage behandelt, ob Judith mit dem grünen Heinrich intime Beziehungen unterhalten hat oder nicht.

Sozusagen. Das blutrauschende Urerlebnis zwischen dem herangewachsenen Knaben und der reifen Frau ist überall dasselbe. Ein Dichter hat es in den höchsten Adel erhoben, in der berlinischen Atmosphäre erscheint es um mehrere Grade weniger nobel – bloß deshalb, weil die vierzigjährige Berliner Judith eine verheiratete Frau ist und weil der damalige Schüler Walter sich heute wegen Meineides verantworten muß. Hat er unter dem Eide wahr oder unwahr gesprochen, als er im Ehescheidungsprozeß seine nahen Beziehungen zu Frau Judith ableugnete?

Der grüne Walter ist heute neunzehn Jahre alt, kein sympathischer, aber ein frischer und hübscher Bursche mit einem koketten Schnurrbärtchen. Die berlinische Judith war sicher nie eine Schönheit, ein Schimmer von Zärtlichkeit ist auch heute nicht verblaßt. Das Entschuldigende und Belastende: Ihr Ehemann ist ein Krüppel.

Was war zwischen den beiden? Müssen wir es wirklich untersuchen? Das Gericht muß es tun, denn die Staatsanwaltschaft will es so. Wurde doch erst vor kurzem von richterlicher Seite erwähnt, daß diese Meineidsprozesse jetzt dank der Zuverlässigkeit der Emmingerschen großen Schöffengerichte von der Staatsanwaltschaft als »weniger hoffnungslos« angesehen werden.

Uns gewöhnlichen Sterblichen sei es gestattet, den Blick abzuwenden. Was hier im kleinbürgerlichen Milieu vor sich gegangen ist, trägt allzu viele Schlacken der Dummheit und des niederen Trieblebens. Aber auch der Chor der Zeugen, die sich scheelsüchtig moralisierend zum Richtertisch drängen, ist unerquicklich. Das Schlimmste: Die Frau als Zeugin verneint ebenfalls die Beziehungen und ist zunächst bereit, ihre Aussagen zu beschwören. Wird ihr der Eid abgenommen werden – wird es ein Meineid sein? Am Ende weigerte sie sich, den Eid zu leisten, und zog eine sofort verhängte Geldstrafe von 300 Mark dem Meineid vor.

Und dennoch muß gesagt werden: Ein letzter Rest von Judithschönheit blieb unverkennbar. Es ist das Sonderbare und restlich Hübsche, daß die Zeugen eigentlich nicht viel mehr aussagen, als daß Judith mit dem grünen Walter oft und immer wieder Arm in

Arm spazierengegangen sei. Daß sie die aus mütterlichen Empfindungen der kinderlosen Frau zu dem mutterlosen Knaben entstandenen Beziehungen vor der Nachbarschaft in keiner Weise verhehlte, daß Judith selbst einer damaligen Freundin sagte, sie habe – da sie sich in Abwesenheit ihres Mannes ängstigte – den Jungen in ihrer Wohnung nächtigen lassen. Hätte sie es gesagt, wenn wirklich schon etwas bestand? Oder waren sie sich vielleicht beide damals noch nicht der Gefahr bewußt?

Das Gericht mag sein Urteil sprechen. Der Zuhörer geht – er will sich seinen Grünen Heinrich nicht verderben lassen.

Der Meineidmaler und sein Zeuge

Er heißt Lachs. Warum er vor Jahr und Tag wegen Meineides zu dreizehn Monaten Zuchthaus verurteilt worden ist, ging aus der Verhandlung nicht hervor. Jetzt soll er sich wegen einer falschen eidesstattlichen Versicherung verteidigen.

Er nennt sich Maler, aber es ist nicht so recht zu erkennen, ob er Lein- oder Hauswände mit Farbe versieht. Ein energischer Kopf, scharf gezeichnet, schmallippiger Mund, festes Kinn, wuchernde Haare. Der Typ des intellektuellen Halbgebildeten. Er stützt sich auf den Krückstock – im Kriege wurde sein Rückgrat verletzt.

Er besaß irgendwo eine Vier-Zimmer-Wohnung, die er verlassen mußte, um seine Zuchthausstrafe abzusitzen. Da er die Wohnung nicht verlieren wollte, vermietete er sie an eine Frau, die im Begriff war zu heiraten. Nur ein Zimmer ließ er sich reservieren. Um aber mit dem Wohnungsamt keine Schwierigkeiten zu bekommen, schloß er keinen Mietvertrag, sondern engagierte die Frau als Pflegerin. Das Wohnungsamt, das die Wohnung bereits beschlagnahmen wollte, billigte den Zuzug der »Pflegerin«, und so war alles gut, bis Lachs aus dem Zuchthaus zurückkam.

Nun wollte er seine Wohnung wieder für sich haben, und er kündigte seiner Mieterin. Die Frau wollte nicht ziehen, es kam zum Prozeß, und Lachs operierte mit einer eidesstattlichen Versicherung. In dieser befanden sich zwei unwahre Behauptungen. Erstens gab er an, die Zwischenzeit in einem Lazarett verbracht zu haben. Vor Gericht verteidigte er sich damit, daß er die längste Zeit im Lazarett gewesen sei, allerdings in dem eines Zuchthauses. Zweitens begründete er seine Klage damit, daß die Frau tatsächlich seine Pflegerin und nicht seine Mieterin gewesen sei. Obgleich die Frau ja in Wirklichkeit die Wohnung nur unter dem Titel einer Pflegerin erhalten hatte, erstattete sie Anzeige gegen den Angeklagten, der nun zu neun Monaten Gefängnis verurteilt wurde.

In diesem Prozeß trat ein Zeuge auf, dessen Erscheinung mich bewegte. Es war der Mann, der die Vermietung der Wohnung vermittelt hatte. Ich habe über ihn im Verlaufe der Jahre mehrfach geschrieben. Es ist vielleicht der häufigste Stammgast von Moabit. Ein noch junger Mensch, dessen bleiches, durchgearbeitetes Gesicht fast schön zu nennen ist. In Moabit erschien er in den verschiedensten Rollen. Oft als Angeklagter, öfter als Zeuge, dann aber auch als Parteienvertreter. Das Recht hat es ihm angetan. Er hat zwar nie Jura studiert, aber er hat sich mancherlei angeeignet, und vor allem, er besaß eine außerordentliche Beredsamkeit. Ob er für sich oder für andere plädierte, die Worte strömten aus seinem Munde, mühelos und doch nicht ungewählt. Vor allem aber verstand er sich in allen seinen Rollen auf das Verdrehen von Tatumständen. Das Schlüpfen durch die Maschen des Gesetzes war seine Lieblingsbeschäftigung. Mit Leidenschaft begab er sich in die Gefährnisse des Rechts, immer in der Hoffnung, sich mit spielerischer Gewandtheit wieder herauszufinden. Seine Begabung wurde auch von den Juristen immer wieder anerkannt, und er mochte manchem als ein unglücklicher, aber begabter Halbbruder erscheinen, den die Jurisprudenz in verbotener Liebe mit dem Verbrechen selbst gezeugt hatte. Und in all diesen Kämpfen war immer von den Juristen zu ihm und von ihm zu den Juristen eine ferne, lächelnde Zärtlichkeit.

Auffallend an seiner Erscheinung waren immer die außerordentlich starken Brillengläser. Er trägt sie nicht mehr, er trägt nur noch das gelbe Abzeichen der Blinden an dem linken Arm.

Als Zeuge weiß er sich des Falles noch ziemlich genau zu entsinnen. Er gibt lächelnd zu, selbst die kleine Mogelei mit dem Wohnungsamt inszeniert zu haben. Er könnte mehr über den Fall sagen, wenn er in seine Akten Einsicht nehmen könnte. Er sagt selbst: »Es ist eine große Unordnung bei mir zu Hause. Es sind die vielen Akten da, ich kann sie nicht mehr ordnen, ich kann nichts mehr finden.«

Ganz fließend macht er seine Aussagen nicht mehr. Die Krankheit, die ihm das Augenlicht nahm, ist im Begriff, seine einst so behende Zunge zu lähmen. Am Ende steht er hilflos lächelnd mitten im Saal. Eine mitleidige Hand faßt ihn und führt ihn hinaus. Er beugt den Oberkörper in sonderbar geschwungener Rückenlinie weit nach hinten. Armes Zerrbild eines sterbenden Paragraphen.

Noch einen halben Tag saßen die Mutter (von Greco) und die Tochter (von Renoir) auf der Anklagebank. Dann hielt der Staatsanwalt ein sehr kurzes Plädoyer auf Freispruch, worauf den Angeklagten wirklich nichts anderes übrigblieb, als in die Tränen einer völlig unerwarteten Freude auszubrechen. Es folgte der Verteidiger, und dieser sprach so lange, daß man für seine Klienten ernstlich zu fürchten begann und diese selbst ihrem Glücke nicht mehr recht trauten. Der Gerichtshof hielt die goldene Mitte, ließ durch den Vorsitzenden verkünden, was alles *gegen* die Angeklagten gesprochen hätte und daß auch an der Wahrheit der Zeugenaussagen nicht zu zweifeln sei ..., daß man sich aber dennoch zum Freispruch entschlossen habe –, worauf die hübsche junge Frau der abgehärmten Mutter mit einem jubelnden »Och!« um den Hals fiel, wie man es sonst nur hört, wenn jemand in der Tombola einen Haupttreffer gemacht hat.

Soll man an dem Glück Kritik üben? Man kann nicht so ganz umhin. Die Staatsanwaltschaft war auf dem richtigen Wege, als sie ursprünglich die Erhebung der Anklage ablehnte, und sie war auf dem falschen, als sie auf die Beschwerde des jungen Ehemanns hin später die Anklage erhob. Auch das Gericht hätte noch den guten Weg gehen können, indem es der Anklage den Eröffnungsbeschluß weigerte. Denn es handelt sich wirklich um Lappalien, die der zürnende und krankhaft nervöse Gatte aufgetischt hatte, um erstens Frau und Schwiegermutter ins Zuchthaus zu bringen und zweitens den Sieg im Ehescheidungsprozeß zu erfechten. Ganz mit Recht hob der Vorsitzende hervor, daß es sich ja darum handle, ob eine beschworene Aussage im großen und ganzen und nicht in jedem einzelnen Wort wahr sei –, daß schließlich zwischen einer mündlichen Aussage und deren schriftlichem Niederschlag sich immer Fehler schöben. Macht also das Urteil gut, was die vorhergehenden Beschlüsse der Staatsanwaltschaft und des Gerichts schlecht gemacht hatten, so bleibt zu bemerken, daß die Angeklagten trotzdem sehr viel Glück gehabt haben.

Vielleicht verdanken sie es der Tatsache, daß der immer noch wutschnaubende junge Ehemann vor Gericht keinen sympathischen Eindruck gemacht hat. Freilich bleiben die Mittel, die der Verteidiger anwandte, um das Bild des Zeugen schwarz in schwarz zu malen, höchst bedenklich. Es geht über das erlaubte Maß hinaus, einem Manne, der vier Jahre seine Pflicht im Kriege getan hat, vorzuwerfen, er sei kein Deutscher, weil er in – Gnesen geboren sei. Wenn man von der angeklagten jungen Frau annimmt, sie habe in ihrer Nervosität und unter Nachwirkung einer schweren Krankheit nicht so genau gewußt, was sie unterschrieb – so kann man dem Manne, der unter den Folgen einer schweren Verschüttung noch heute leidet, auch zugute halten, daß er von diesen beiden Frauen nicht nur aufs äußerste erregt worden ist, man hat weidlich versucht ihn zu schädigen, und wenn er in seinen Strafanzeigen den Mangel jeglicher Galanterie erwies, so muß man anerkennen, daß die Frauen es ihm schwer gemacht haben, galant zu sein.

Um dieser Privatangelegenheit willen saß die Hälfte eines nördlichen Vororts von Berlin auf der Zeugenbank – die andere Hälfte im Zuschauerraum. Es wird abzuwarten sein, ob dieser Prozeß abschreckend oder aufmunternd auf die eidesfähigen Bewohner dieses Vororts wirken wird. Man erhofft die abschreckende Wirkung; denn nicht jeder hat, wie die junge hübsche Frau, soviel Pech in der ersten Liebe und soviel Glück in der Justiz.

Das Doppelkinn der Frau T.

Seit drei Tagen verhandelt man in Moabit gegen den Arzt Dr. Kolb und die angeblich von ihm zum Meineid verleitete Frau Gerloff.

Es ist ein rasender Prozeß. Gelegentlich, wenn eine Spannung sich in lautem Lachen löst, mahnt der Vorsitzende zur Ruhe, mit dem gebräuchlichen Hinweis, das Gericht sei kein Theater.

Nein, das Gericht nicht. Aber dieser Prozeß ist ein hinrasender Filmstreifen. Der Vorsitzende, Landgerichtsdirektor Dransfeld, mit der größten Aufmerksamkeit bemüht, der Prozeßordnung in jedem Augenblick Genüge zu tun und auch der Verteidigung alle Freiheiten zu gewähren, kennt die Akten wörtlich auswendig und ist zugleich ein vorwärtsdrängendes Temperament. Technische Pausen gibt es nicht. Die Prozeßführung ist so geregelt, daß die Zeugen ohne eine Sekunde Zeitverlust einander ablösen. Die Zeugen werden gefressen. Ihre Einvernahme ist von virtuoser Konzentriertheit – man sieht die Zeugen, hört sie für Minuten sprechen – dann rast das Filmband weiter.

Trübe Menschlichkeiten werden aufgerollt, abgerollt. Ist es ein Meineidsprozeß oder eine Wohnungsschieberei? Ist es ein Ehescheidungsprozeß oder gar deren drei? Handelt es sich noch um das operierte Doppelkinn der Frau T. – oder um die Art, wie der angeklagte Arzt seiner Patientin zur Sicherstellung seiner Forderung den Pelzkragen von der Schulter riß? Hat die Angeklagte es gesehen? Hat sie ein Verhältnis mit dem Arzt gehabt? Davon ist nun eigentlich wenig mehr die Rede. Aber immerhin: Hat die Zeugin Sch. (jetzt mit dem einstigen Ehemann der Angeklagten verheiratet) vom Bürgersteig der Augsburger Straße gesehen, daß die beiden Angeklagten abends in den Parterreräumen der Arztwohnung Zärtlichkeiten tauschten? Warum machte sie so eifrige Beobachtungen? *Konnte* sie es überhaupt sehen? (Ein Lokaltermin soll in letzter Stunde darüber Gewißheit geben.)

Hat die frühere Wirtschafterin des Arztes (jetzt auf Grund seiner Anzeige wegen Diebstahls in Strafhaft) Intimitäten gesehen? Drang genug Licht vom Korridor ins Schlafzimmer, um das zu beobachten? Wo war die Korridorbeleuchtung angebracht, war das Licht überhaupt angeknipst? War überhaupt eine Frau in dem Schlafzimmer, und wenn, war es die Angeklagte? Oder macht die Frau Z. ihre Angabe aus Gehässigkeit? Ist sie glaubwürdig, hat sie nicht auch anderwärts gestohlen? War sie nicht Morphinistin?

Man macht die größten Anstrengungen, um die Glaubwürdigkeit einer Belastungszeugin festzustellen. Mehrere Zeugen werden darüber vernommen, ob dieses Mädchen sich in einer Sommernacht 1923 auf dem Balkon einer Wohnung in spärlicher Toilette gezeigt habe. (»Sie war sehr bedürftig angezogen –«, sagt die Zeugin.)

Zwei Krankenschwestern sprechen sich darüber aus, daß der Angeklagte, ohne zu ihnen Beziehungen zu unterhalten, sie gelegentlich spaßhaft geduzt hat. Und ein halbes Dutzend Zeugen schwirren an, um zu bekunden, ob die (inzwischen geschiedene, jetzt die Nichtigkeit der Ehe anstrebende) Ehegattin des Angeklagten eine hysterische Frau war oder nicht – in welchem Geisteszustand sie darauf verfiel, Ärzte zu holen, um den – wie sie glaubte – ausgebrochenen Wahnsinn ihres Gatten festzustellen.

Und dann – als eigentlich letzte Zeugin des Prozesses, nach dreitägigem, qualvollen Harren – die Ehefrau selbst. Mit ihren 48 Jahren von noch unzerstörter, fast rührender Anmut. Und diese angeblich so hysterische Frau macht ihre Angaben mit einer Ruhe und Sicherheit, die sie auch im Maschinengewehrfeuer der Verteidiger nicht verliert. Was diese zarte und nobel erscheinende Frau je zu dem Angeklagten geführt hat, weiß man nicht. Über ihn vor dem Urteil kein Wort. Aber die Tatsache, daß diese Ehe möglich war, läßt auf eines schließen: Die Instinkte dieser Frau sind nicht sicher, oder sie ist anders, als sie scheint, oder die Ehe und die Erlebnisse dieser Ehe haben ein Zerstörungswerk angerichtet, das äußerlich nicht sichtbar wird. Kein Zweifel, daß für diese Frau die Auseinandersetzung mit diesem Ehemann (der heute, vor Gericht, »Sie« zu ihr sagt) Lebensinhalt geworden ist. Peinlicher, schmerzvoller, nicht auszuschöpfender Lebensinhalt.

Die beiden Angeklagten sind ruhig. Die blonde, schlanke Frau, auch merkwürdig jugendlich noch in der Erscheinung, zeigt oft ein verwundertes Lächeln. Der Arzt, ein farbloser älterer Herr mit klugen, braunen Augen, zeigt wenig Erregung. Nur als sein Verteidiger ihn auf seinen Geisteszustand untersucht haben will, wehrt er sich energisch, fast wütend. Das Gericht lehnt denn auch den Beweisantrag ab. Nur zum Schluß werden an den Arzt Dr. von Hirsch-Gereuth, der den Angeklagten behandelt hat, einige Fragen gestellt.

»Haben Sie bemerkt«, fragt einer der Verteidiger, »daß der Angeklagte im Zustand der Erregung zuweilen Worte gebraucht, die er nicht voll verantworten kann?«

»Das habe ich bei allen Menschen bemerkt«, antwortete der Arzt, »soweit sie nicht Philosophen sind.«

Die er kennt, sagt er du

Die Schwurgerichte haben sich in diesen Tagen fast ausschließlich mit Meineidsangelegenheiten zu beschäftigen. Vor den drei Schwurgerichten, die gestern saßen: vier Meineidsfälle. Staatsanwälte, die man fragt, sagen gern, daß sie 90 Prozent aller Meineidsanzeigen in den Papierkorb werfen. Staatsanwälte, die man nicht fragt, verschweigen, daß das Emmingersche Schwurgericht einen viel größeren Erfolg in Meineidssachen garantiert, als es das alte tat, das sich gern verleiten ließ, von der Anklage des Meineides freizusprechen.

Als ich den einen der Schwurgerichtssäle betrat, wurde die eine Angeklagte gerade freigesprochen, weil ihr nicht nachgewiesen werden konnte, daß sie gewisse Schimpfereien auf der Treppe gehört habe. Der Staatsanwalt hatte acht Monate Gefängnis beantragt. Auf der Zeugenbank saßen zwanzig Personen. Die Angeklagte brach, als sie das Wort »freigesprochen« hörte, in Tränen aus.

Zweiter Fall: ein sehr rundliches, sehr sauberes Fräulein von dreißig Jahren nimmt auf der Anklagebank Platz. Sie versieht im Hause des fünfundfünfzigjährigen Herrn Hansen die Stelle des Portiers. Herr Hansen, mit seinen Mietern und anderen Leuten vielfach in Prozesse verwickelt, verlor – so oder so – seine eigene Wohnung. Seine Frau zog zu ihrer Mutter nach auswärts, er selbst als Chambregarnist zu seinem Portierfräulein.

In einem seiner Prozesse sollte das Portierfräulein als Zeugin vernommen werden, die Gegenpartei bezweifelte aber ihre Glaubwürdigkeit, da sie mit Herrn Hansen wie Mann und Frau lebe. Sie wurde dennoch vereidigt und gab an, daß sie zu Herrn Hansen in keinen verbotenen Beziehungen stehe, sich auch nicht mit ihm duze. Allerdings habe Herr Hansen die Angewohnheit, zu ihr du zu sagen.

Man bezichtigte sie des Meineides, nun sitzt sie da auf der Anklagebank, gutmütig lächelnd.

»Haben Sie sich mit dem Angeklagten geduzt?«

»Nein, nie.«

»Haben Sie mit ihm Beziehungen unterhalten?«

Sie lacht. »Aber nein –«

»Hat er sie geküßt?«

»Nein –«

»Aber er hat zu Ihnen du gesagt?«

»Ja. Das war so eine Angewohnheit. Er hat zu allen Leuten du gesagt.«

»Auch zu fremden?«

»Nein, zu fremden nicht. Aber die er kennt, sagt er du.«

Herr Hansen, ein kleiner, magerer, schon etwas müffliger Mann, als Zeuge.

»Haben Sie ein Verhältnis mit der Angeklagten?«

»Wenn das die Zeugen behaupten, ist es kein Gedankengang.«

»Aber es wird doch gesagt. Haben Sie sich geküßt?«

»Herr Präsident, erstens ist sie mir zu dick, zweitens in meinem Alter ...«

»Aber Sie haben sie geduzt, wie kamen Sie dazu?«

»Sie kam vom Lande, manchmal stellte sie sich so dumm an wie ein Kind, da gewöhnte ich es mir an.«

»Und hat sie Sie auch geduzt?«

»Nie, Herr Präsident. Sie hat mit mir immer in der dritten Person gesprochen, ich hätte mir das auch nie von ihr gefallen lassen.«

Die erste Zeugin: »Wenn Fremde dabei waren, hat sie nimmer du gesagt, aber wenn sie allein waren –«

»Woher wissen Sie denn, was sie gesagt hat, wenn sie allein waren?«

»Ich war mal im Keller, die auch und haben mich nicht gesehen. Da sagte sie ›komm mal her‹ und ›sieh mal her‹ – da hat sie ihn also geduzt.«

»Ein anderes Gespräch wissen Sie nicht?«

»Nein.«

»Können Sie sich nicht verhört haben?«

»Nein – ausgeschlossen, wir haben doch aufgepaßt, wegen dem Eid.«

Eine zweite Zeugin hat gehört, wie sie zu ihm sagte: »Komm zum Essen.«

Durch einen Zufall stellte sich während der Vernehmung heraus, daß die von den Zeugen bekundeten Gespräche nach dem 16. Januar erlauscht waren – also nach dem Termin, in dem die Angeklagte geschworen hat.

Der Staatsanwalt: »Ich hatte gedacht, daß die von den Zeugen bekundeten Fälle vor dem 16. Januar beobachtet worden seien. Da dies nicht der Fall ist, beantrage ich Freisprechung.«

In diesem Falle bricht die bis dahin so ruhige Angeklagte schon beim Plädoyer des Staatsanwalts in heftiges Weinen aus. Der Verteidiger schließt sich an. Das Gericht spricht frei.

Dem Beobachter bleibt nichts anderes übrig, als sich den Tränen der Angeklagten von Herzen anzuschließen. Freigesprochen werden mag ganz schön sein. Wer aber macht die Ängste eines Menschen gut, der monatelang mit dem Bewußtsein einer solchen Anklage herumgeht?

Die Denunzianten solcher Fälle wissen nicht immer, was sie tun, handeln wenigstens aus irgendeiner, wenn auch böswilligen Leidenschaft heraus.

Aber ein Staatsanwalt, der Anklage erhebt, eine Kammer, die Eröffnung beschließt – die Herren wissen doch die Lebensgefährlichkeit solcher Verfahren. Und in diesem Falle war auch vor dem Untersuchungsrichter nicht etwa mehr bekundet worden als: »Sieh mal her« und »Komm zum Essen«.

Und um in den Grenzen des Erlaubten zu bleiben, faßt man sich an den eigenen Kopf und fragt: »Wie kann man?« (Wobei ich zur Sicherheit bemerken will, daß ich mit dieser Frage weder den Staatsanwalt noch sonst wen geduzt habe.)

Adele berichtigt ihre Biographie

Darf man täglich über Meineide berichten? Man soll es! Nicht wegen des rührsam zu beschreibenden Menschenherzens, in das man den bekannten tiefen Blick tut, sondern weil man dahin trachten muß, einem Unwesen ein Ende zu bereiten, das uns Menschen alle der größten Gefahr aussetzt. Und was Adele heute litt – können wir alle morgen leiden.

Wer ist Adele? Noch heute ein frisches, starkes Mädchen, wiewohl der blaue Fleck unter dem grauen, schönen Auge nicht das einzige Zeichen dafür ist, daß ihr das Leben übel mitgespielt. Heute ist sie Fahrstuhlführerin in einem großen Geschäftspalast, zu Hause hat sie ihr Kind und außerdem – im Laufe der Jahre mehrfach wechselnd – einen Liebsten.

Darunter war einer namens Müller. Der heiratete 1919, ließ sich 1926 wieder scheiden und gab selbst zu, mehrfach Ehebruch begangen zu haben.

Wie ein Herr Landgerichtsrat vom Zivilgericht als Zeuge aussagt, begnügt man sich nun in der Grunerstraße keineswegs mit dem Geständnis des Ehebrechers. Das Gericht will auch, daß der Ehebruch wirklich begangen sei – also aus dem Munde der Ehebrecherin die Bestätigung hören, wobei diese – wenn sie klug ist – ihre Aussage verweigert. Das befriedigt die Justiz vollkommen.

Also wurde Adele im März 1926 als Zeugin berufen, um auszusagen, wann sie mit dem Ehemann Müller gegangen sei. Adele wußte in ihrer Biographie nicht mehr genau Bescheid – zu ihrem Unglück traf sie auf dem Korridor des Gerichts die scheidungslustige Ehefrau Müller, und die sagte ihr, es sei 1918 gewesen. Dann ging sie zum Richter und machte auf diesen einen »so ausgezeichneten Eindruck«, daß er ihr gleich den Eid abnahm.

Müller, ebenfalls geladen, kam zu spät. Als er hörte »1918«, sagte er, das sei unmöglich, da sei er ja noch gar nicht verheiratet gewesen. Es müsse 1920 gewesen sein. Worauf der Richter Adele wieder hereinrief und sie zu dem Geständnis veranlaßte, es könne auch 1920 gewesen sein. Da ließ der Richter sie einen zweiten Eid leisten und nahm sie wegen Meineides gleich in Haft, aus der sie allerdings nach einigen Tagen wieder entlassen wurde.

Vor den Geschworenen beteuert Adele ihre Unschuld. Sie sucht (auch durch Herbeischaffung ihrer späteren Liebhaber) nachzuweisen, daß es nicht 1918 und nicht 1920 – sondern 1919 gewesen sei, als Müller bestimmt noch nicht verheiratet gewesen sei. Während Müller das Datum 1919 zwar nicht ganz sicher bestreitet, wohl aber behauptet, daß er 1920, als er mit Adele eigentlich nicht mehr »ging«, noch einige Male bei ihr gewesen sei, woran sich Adele durchaus nicht mehr erinnert.

Das der Tatbestand. Aber – selbst wenn Adele einen Meineid geleistet haben sollte, was hätte sie davon gehabt? Nichts. Sie leugnete ja nicht den Verkehr, nur das Datum. Und der einzige Vorteil, der sich ihr bot, war ein winziger, moralischer. Der Richter als Zeuge bekundet: Als er die Frage, warum sie nicht gleich die Wahrheit gesagt, stellte, habe sie ihm gestanden: »Ich geniere mich.«

Ach, und wie wenig ahnen wir von Adelens Scham! Daß sie Freunde, viele Freunde hatte, mochte sie nie verhehlen. Aber nun kam sie aus dem Kreise ihrer Männer (wenig zarter Burschen) zu dem Richter, dem feinen, korrekten Herrn, der sicher so eigene Anschauungen hatte. Sollte sie dem einfach zugeben, daß sie mit einem verheirateten Manne verkehrt – nachdem sie längst ein neues Verhältnis begonnen? Sie hätte ja die Aussage verweigern können – aber wäre das nicht auf dasselbe herausgekommen? Also log sie – vielleicht – schlimmstenfalls.

Das Schwurgericht tat das schönste: Es sprach Adele frei. Hatte auch der Staatsanwalt die strafmildernden Umstände anerkannt, so meinte das Gericht, die Geschichte sei nicht genügend aufgeklärt, um eine Verurteilung zu begründen; denn das Zeugnis des in mancher Beziehung wenig anheimelnden Herrn Müller sei mit großer Vorsicht aufzunehmen. In Adelens Biographie wird zwar nie Ordnung kommen, aber sie ist freigesprochen. Ehre und Dank dem Gericht! Adele versuchte heulend vor Rührung, die Hand des Präsidenten Marschner zu erhaschen.

Aber – was geschieht, um das Unwesen auszurotten, das mit Eid und Meineid getrieben wird?

Hat der Herr Landgerichtsrat den Fall wirklich so streng nehmen müssen, um Adele sofort zu verhaften? Hatte er nicht die Möglichkeit, das Geständnis Adeles – wenige Minuten nach dem Eide erstattet – einfach als Widerruf des ersten Eides zu Protokoll zu nehmen, was ihr Straffreiheit zugesichert hätte? Die von ihm beabsichtigte Gegenüberstellung Adeles mit Müller war nur durch das Zuspätkommen Müllers vereitelt worden. Wäre Müller rechtzeitig dagewesen, so hätten sich die Widersprüche zweifellos leicht geklärt. Machten die paar Minuten Zeitverschiebung eine vielleicht fahrlässige Aussage gleich zum wissentlichen Meineid? Was empörte ihn? Daß Adele zuerst einen »so ausgezeichneten« Eindruck gemacht hatte oder daß sich die arme Frauenseele »genierte«?

Und wenn eine Anzeige dieser Art an die Staatsanwaltschaft gemacht wird – »geniert« sich die Staatsanwaltschaft nicht, ihr Folge zu leisten? Begreift man denn nicht, daß der Eid durch nichts so kompromittiert wird als durch solche Läpperprozesse?

In einem anderen Fall hat eine arme vergeßliche Frau ihren Eid nach gründlicher Feststellung eines minuziösen Sachverhalts um 2 Uhr widerrufen – zu spät, da ihre Gegnerin bereits um 11 Uhr bei der Polizei Anzeige erstattet hat. So beschwor es die Gegnerin, und die Angeklagte mußte (wenn auch milde) bestraft werden. Nun aber eruierte sie, daß die Anzeige tatsächlich auch erst gegen zwei gemacht wurde. Wird das Gericht bei Wiederaufnahme des Falls feststellen, wer bei dem Wettrennen mit einer Nasenlänge siegte? Oder wird die Angeberin nun selbst wegen Meineides verfolgt?

Vernunft wird Unsinn –

Mit dem Urteil hat die traurige Geschichte der Frau Ohlerich noch lange kein Ende erreicht. Diesmal sind zwei weitere von ihr verführte Zeuginnen zusammengebrochen. Der alte Herr Kiebach, ein sonderbarer Kauz von einem Präparator, verweigerte im letzten Augenblick vor der Vereidigung die Aussage über den strittigen Punkt, den er im letzten Prozeß beschworen hatte. Im ganzen sind jetzt noch sechs oder sieben Meineidsprozesse in dieser Angelegenheit zu erwarten. Merkwürdigerweise ist die Bearbeitung dieses ganzen Komplexes nicht in die Hände *eines* Untersuchungsrichters gelegt, sondern die Staatsanwaltschaft hat in jedem einzelnen Fall ein Ermittlungsverfahren angestrengt. Auf diese Weise wird, wenn die Staatsanwaltschaft nicht endlich ein Einsehen hat, jeder Prozeß einzeln verhandelt werden, wobei immer dieselben Meineidigen so lange als Zeugen vernommen werden, bis sie selbst als Angeklagte auf dem Sünderbänkchen Platz nehmen. Ist auch anzunehmen, daß immer mehr dieser Zeugen zusammenbrechen, so besteht doch theoretisch die Möglichkeit, daß der letzte Zeuge wegen sechs oder sieben Meineide schließlich abgeurteilt wird, die er nach und nach in immer derselben Angelegenheit geleistet hat. Und immer wieder wird man der Frau Ohlerich eine Zusatzstrafe geben, bis man vielleicht die Höchstgrenze erreicht. Welch ein unsinniges – aber auch welch ein kostspieliges – Verfahren! Und welcher Aufwand von Zeit! Abertausende verschlingt ein Prozeß, dessen materielle Grundlage drei Einrichtungsgegenstände im Werte von 45 Mark sind.

Bei alledem bleibt die Entwicklung des Charakters der Frau Ohlerich im dunkeln. Sie von einem Psychiater untersuchen zu lassen, liegt offenbar kein Anlaß vor. Sie erscheint ja auch geistig vollkommen frisch, und alles gute Zureden fruchtet bei ihr nichts. Sie bleibt beim Leugnen und ist so recht die ganz verstockte Sünderin, die sich mit seltener Kaltblütigkeit über die Gesetze hinwegsetzt und die ohne eine Spur von Mitgefühl ihre Mitschuldigen mit sich in die Tiefe zieht. Und dennoch war diese Ohlerich – wenn man ihren nicht widerlegten Äußerungen glauben darf – einst ein nützliches Mitglied der Gesellschaft. Sie war jahrelang Kassiererin in sehr großen und geachteten Firmen und hat sich jedenfalls in diesen Vertrauensstellungen nichts zuschulden kommen lassen. Der Rutsch in die Tiefe begann erst mit einer Heirat, die unglücklich ausging. Die Sucht – aber auch die Notwendigkeit –, ihr kleines Kapital möglichst nutzbringend anzulegen, machte sie in einem Alter, in dem sie selbst auf eine Stellung nicht mehr reflektieren konnte, zur Wucherin.

Den Menschen, die sie verführt hat, wendet sich aber mit Recht das volle Mitleid zu. Es sind vermutlich sehr brave, aber auch sehr einfältige Menschen, die ihrer Überredungskunst zum Opfer fielen. Materielle Motive spielen bei den Verführten sicher keine Rolle. Diese Meineide wurden buchstäblich für eine Tasse Kaffee und Kuchen geleistet. Das Mitgefühl für die etwas »feinere Dame«, die in ihrer Ehe soviel Unglück durchgemacht hatte, genügte, um all diese Menschen zu bewegen, mit einem der schwersten Paragraphen des Strafgesetzbuches in Konflikt zu geraten.

Tiefste Schuld aber an dem traurigen Geschehen trägt eine Gesetzgebung, die sich nicht davon abbringen läßt, in dem Eid das höchste Beweismittel zu sehen. Die Folgen einer solchen Gesetzgebung erlebt man nicht nur in Moabit, sondern auch in anderen Landgerichten Deutschlands, deren Schwurgerichtstagungen mit Meineidsprozessen ausgefüllt sind.

Der Fall Eggert

Ein Mann kommt, bestohlen um ein Lebensjahr, aus dem Zuchthaus. Wenigstens theoretisch. Wenn ich recht unterrichtet bin, hat er das Zuchthaus nie gesehen. Was das Gericht schlecht machte, suchte die höhere Obrigkeit zu verbessern. Sie hielt den zu zwei Jahren Zuchthaus Verurteilten im Untersuchungsgefängnis zurück. Dann – nach einem Jahr – kam die Gnade.

Herr Eggert ziehe in Frieden dahin. Früher war es sein Wunsch, nach Südamerika zu gehen. Möge er ein neues Leben finden. Wir bleiben zurück mit der alten Justiz und wissen nicht, wohin schauen vor Verwunderung und Beschämung.

Wir haben eine Justiz, die erstens immerhin eines schlechten Gewissens fähig ist und zweitens mit sich reden läßt. Das wäre eigentlich noch nicht mal das schlimmste. Ein Gericht, verstrickt in alle möglichen Schlingen, Gesetzesparagraphen, Zeugenaussagen, kommt zu einem vielleicht falschen, jedenfalls höchst bedenklichen Urteil. Eine höhere Obrigkeit als das Gericht erfährt von dem Fall, prüft die Umstände, läßt Gnade walten – der unselig Selige stürzt in die Arme seiner Familie – Ende gut, alles gut. Es klingt so schön wie ein Märchen. Es ist aber ganz anders.

Der Angeklagte verzichtet auf die Revision, tut aber alles, um das Wiederaufnahmeverfahren durchzusetzen; er hält sich für unschuldig. Aber alle Versuche scheitern an dem Willen der Richter, die ihn verurteilt haben. Die hohe Obrigkeit betrachtet den Fall von der Ferne, lange sinnend. Der Verurteilte ist ein sozialdemokratischer Stadtrat, der Richter steht der Führung des Zentrums nahe. Man kann – auch sonst – ihm nicht dreinreden und ihn nicht absetzen. Die Obrigkeit tut zunächst das einzige, was sie tun kann. Sie läßt den Verurteilten nicht ins Zuchthaus. Und nach einigen Monaten befördert dieselbe Obrigkeit den Richter zum Landgerichtspräsidenten und schickt ihn in die Provinz. Sein Nachfolger ist ein milder Mann, er befürwortet die Gnade, nach weiteren zwei Monaten wird sie ausgesprochen.

Das ist Gnade, wie steht es mit der Gerechtigkeit? Ist der Mann schuldig oder nicht? Wenn er schuldig ist, so hat er, um sich selbst und eine unbescholtene Person nicht einer strafbaren Handlung, des Ehebruchs, zu bezichtigen, einen Meineid geschworen. Eine widerliche Schlüssellochguckerin hat beschworen, was der Angeklagte verneinte. Staatsanwalt und Richter haben nun die Wahl, wem sie glauben sollen, dem Stadtrat oder der Schlüssellochguckerin. Sie glauben dieser, obgleich nur der geringste Zweifel an ihrer Aussage genügt hätte, um ein Menschenleben vom Zuchthaus zu retten und einem lächerlichen und häßlichen Prozeß ein Ende zu bereiten.

Nein. Man verurteilt den Mann, und der Richter bleibt vor dem Urteil sitzen. Schließlich läßt man den Verurteilten frei, und es ist, als höre man die Obrigkeit lispeln: Wenn er schuldig ist, so ist er mit einem Jahr Gefängnis billig weggekommen.

Aber aus der Finsternis dröhnt die furchtbare Gegenfrage: »Und wenn er unschuldig ist?«

Meineidsverfahren als Waffe

Die Herren Beer und Roll, Häuptlinge im Kampfe gegen den Reichsbankpräsidenten Schacht, saßen gestern wieder mal auf der Anklagebank. Wegen verschiedener Zeitungsartikel hatte der Staatsanwalt Beleidigungsklage erhoben. Herr Schacht als Nebenkläger war erschienen. Im Hintergrunde saß dichtgedrängt ein stark interessiertes Publikum – offenbar lauter Sammler von rotgestempelten Tausendmarkscheinen, passionierte Sammler, die sich gelegentlich zu Temperamentsausbrüchen hinreißen ließen und dafür vom Vorsitzenden scharf vermahnt werden mußten.

Der Kampf der Reichsbankgläubiger gegen den Präsidenten Schacht ist sozusagen nicht sehr fein. Die Gläubiger durchstöbern das Privatleben des Präsidenten. Ihr Trumpf aber war eine Meineidsanzeige. Schacht soll in einem Prozeß über die Zahl der verausgabten rotgestempelten Tausendmarkscheine unwahre Angaben gemacht haben. Es genierte die Herren Angeber nicht, daß Herr Schacht in der fraglichen Verhandlung erklärt hatte, er sei zu jener Zeit gar nicht Reichsbankpräsident gewesen und müsse sich daher auf den Sachbearbeiter des Ministeriums berufen, der als Zeuge auf dem Korridor bereitstand. Es genierte die Angeber weiter nicht, daß das von ihnen angezettelte Meineidsverfahren durch zwei Instanzen abgelehnt worden ist, nachdem sich herausgestellt hatte, daß Schacht – selbst wenn er sich in seinen Angaben wirklich geirrt haben sollte – immer erklärt hatte, er könne aus eigener Anschauung nichts sagen, sondern müsse sich auf die Angaben seiner Mitarbeiter verlassen.

Daß politische Gegner sich gegenseitig Vergehen oder Verbrechen andichten, ist ein uraltes Übel, das sobald nicht aus der Welt verschwinden wird. Wann aber werden wir etwas dagegen tun, daß wenigstens die Meineidsdenunziation aus dem Arsenal politischer (und anderer) Kämpfe verschwindet?

Die Denunziation wegen Meineid ist natürlich keine Erfindung der Herren Beer und Roll. Man hat diese Waffe immer wieder zur Anwendung gebracht, weil sie für den Angegriffenen die fürchterlichsten Folgen zeitigen kann. Ja, man geht unter Umständen noch einen Schritt weiter: In der wilhelminischen Epoche haben wir es erlebt, daß Philipp Eulenburg sozusagen moralisch gezwungen wurde, einen Meineid zu leisten. Auch wer damals im politischen Lager der Eulenburg-Gegner gestanden hat, wird heute zugeben, daß die angewandte Methode die schimpflichste ist, die man sich denken kann. Sie ist erwachsen auf dem Boden der ganzen Meineids-Rechtsprechung, die auch heute noch gültig ist und die uns noch andere Prozesse in Mengen beschert hat. So das Verfahren gegen den thüringischen Staatsbankpräsidenten Loeb, gegen den Oberstaatsanwalt Frieders in Weimar u. a.

Das Furchtbare ist, daß – vom Politischen abgesehen – es Fälle gibt, die das Meineidsverfahren erzwingen, wenn man etwa durch ein Wiederaufnahmeverfahren ein Recht etablieren will. So steht es etwa um einen Prozeß eines Kaufmanns in der Provinz, der durch die schimpflichen Denunziationen eines Mädchens ins Unglück gestürzt wurde. Einzelheiten entziehen sich der öffentlichen Darstellung. Der Denunzierte wurde in der ersten Instanz zu sechs Monaten Gefängnis wegen Beleidigung, in der zweiten zu neun Monaten Gefängnis wegen Sittlichkeitsverbrechens verurteilt, obwohl die Belastungszeugin zugeben mußte, in der ersten Instanz eine unwahre Angabe über ihr eigenes sexuelles Vorleben gemacht zu haben, obwohl sich herausgestellt hatte, daß dieses Mädchen den allerübelsten Ruf genoß. Das Urteil der zweiten Instanz ist rechtskräftig. Das Wiederaufnahmeverfahren wurde bisher immer abgelehnt. Jetzt wird ein Meineidsverfahren gegen das Mädchen durchgeführt werden müssen, um das Wiederaufnahmeverfahren zu erzwingen.

Und doch wird man auch für dieses halbverlorene Geschöpf noch ein Wort des Mitleids finden und die Verantwortung auf die geltenden Gesetze abwälzen müssen, die den Richter wieder und wieder zur Abnahme der unsinnigsten Eide zwingen. In zweiter Linie freilich auch auf den Richter, der den Eid – wer ihn auch schwören möge – als bedingungsloses Beweismittel anerkennt. Wie lange wird dieser Unfug noch fortgesetzt werden, der schlimmer ist als grob, durch dessen Gewährenlassen unsere höchsten Justizbehörden sich selbst eine von Tag zu Tag sich häufende Mitschuld aufladen?

Meineid für nichts und wieder nichts

> Staatsanwalt: Geisteskrank zu sein, behauptet der Angeklagte selbst nicht.

Das in Deutsch-Eylau erscheinende ›Westpreußische Tageblatt‹ berichtet über einen seltsamen Meineidsfall: Das Schwurgericht Elbing verurteilte den sozialdemokratischen Stadtverordneten, früheren Reichsbannerführer Maurer Alwin Weiland unter Berücksichtigung des Strafmilderungsparagraphen 157 wegen wissentlichen Meineides zu einem Jahr Gefängnis.

Merkwürdig ist der Fall, weil dieser Meineid – formell ist vermutlich an dem Urteil nicht das mindeste auszusetzen – tatsächlich für ein Nichts geschworen wurde, von einem Menschen, der als Gesamtpersönlichkeit trotz aller Schwächen Interesse verdient.

In einer Reichsbannersitzung hatte jemand behauptet, der Stahlhelm-Führer Calmbach habe mit gezogenem Degen an einer Trauerparade teilgenommen. Als hieran Zweifel geäußert wurden, sprang Weiland auf und behauptete, er selbst habe Calmbach bei dem Trauerzug gesehen, und zwar mit gezogenem Säbel – das könne er beschwören. Auf diese Behauptung hin machte der Vorsitzende des Reichsbanners einen Bericht an das Königsberger Reichsbanner, das wiederum für die Veröffentlichung dieser Angelegenheit im ›Königsberger Volksblatt‹ Sorge trug. Die Folge davon war eine Beleidigungsklage des Herrn Calmbach gegen den Redakteur des ›Volksblattes‹. Weiland wurde in der Verhandlung als Zeuge gehört, erklärte aber nunmehr, von der ganzen Angelegenheit nichts zu wissen – er habe Calmbach bei anderen, aber nicht bei dieser Gelegenheit mit gezogenem Degen gesehen, und im übrigen habe er von diesem Fall erst durch die Veröffentlichung des ›Volksblattes‹ etwas erfahren. Hierauf wurde zwischen Calmbach und dem ›Volksblatt‹ ein Vergleich geschlossen, und damit hätte nach menschlichem Ermessen die Angelegenheit erledigt sein können, wenn nicht der Staatsanwalt noch eine Unstimmigkeit entdeckt hätte, die unbedingt in Ordnung gebracht werden mußte. Als Weiland vor Gericht gestand, er habe von dem Vorfall nichts gesehen, hat er unbedingt der Wahrheit die Ehre gegeben. Wenn er aber behauptete, er habe erst durch die Veröffentlichung des ›Volksblatts‹ von der ganzen Geschichte erfahren, so mußte das gelogen sein, denn drei andere Mitglieder des Reichsbannervorstandes beschworen, daß erst auf die Mitteilung Weilands hin die ganze Veröffentlichung des Falles angeregt worden sei. Also mußte Weiland einen Meineid geleistet haben. Es gibt natürlich ein sehr plausibles Motiv für diesen Meineid. Weiland hätte nämlich das Recht gehabt, seine Aussage zu verweigern, weil er sich durch die erste Behauptung, er habe Calmbach mit dem Degen gesehen, selbst der Beleidigung schuldig gemacht hätte. Das wollte er nicht zugeben – fiel nun aber erst recht in die Netze des Staatsanwalts.

Solche Verwicklungen, die aus der politischen Zerrissenheit unserer Tage resultieren, können in jeder Partei vorkommen. Das Merkwürdige ist das Charakterbild, das nicht nur die Freunde, nein, auch die politischen Gegner, Calmbach selbst, von Weiland entwerfen: ein Arbeiter, der durch die Revolution in die Höhe geworfen wurde, Mitglied des Arbeiter- und Soldatenrats, dann sozialdemokratischer Parteisekretär, schließlich Stadtverordneter und Reichsbannerführer. Der Bürgermeister stellt ihm ein glänzendes Zeugnis aus. In allen ehrenamtlichen Stellungen habe sich der Angeklagte als ein sachlicher und schätzenswerter Mitarbeiter von großer Intelligenz erwiesen, und er habe wertvolle Arbeit für Kommune und Kreis geleistet. Calmbach, mit dem er sich oft politisch gezankt hatte, sagt, daß er diese politischen Zusammenstöße niemals tragisch genommen habe, daß Weiland mit ihm in allen Kommissionen usw. stets tüchtig gearbeitet habe. Andererseits steht fest, daß Weiland ein politischer Hitzkopf ist, daß er bei den vielen Sitzungen, die er im öffentlichen Interesse mitgemacht hat, immer sehr viel Bier getrunken hat und daß er überhaupt zuweilen nicht recht unterscheiden konnte, was er nun selbst gesehen hatte oder was ihm hinterbracht worden war, so daß er bei einem früheren Beleidigungsprozeß von dem Richter mit den Worten entlassen wurde: »Plappern Sie nicht immer alles nach, was Ihnen andere vorplappern.« Im übrigen war Weiland nichts als ein bescheidener Maurer, der gelegentlich auch unter Arbeitslosigkeit zu leiden hatte und in diesen Zeiten ebenfalls etwas mehr trank, als er vertragen konnte. Auch im Termin suchte Weiland die Sache so darzustellen, als sei er bei der fraglichen Sitzung, in der er seine Zeugenschaft angeboten hatte, etwas bezecht gewesen. Tatsächlich sei ihm die ganze Angelegenheit erst durch die Veröffentlichung im ›Königsberger Volksblatt‹ zur wirklichen Kenntnis gekommen.

Der Staatsanwalt konnte nur feststellen, daß die Aussage Weilands eine falsche war. Geisteskrank zu sein, behauptet der Angeklagte selbst nicht, und von einer Trunkenheit im Augenblick der Eidesleistung könne nicht die Rede sein. Der Meineid sei deshalb wissentlich geleistet worden. Über Trunkenheit während der Reichsbannersitzung sagte der Staatsanwalt, daß die Zeugen von einer solchen Berauschtheit nichts bemerkt hätten. Die Verurteilung des Angeklagten erfolgte also durchaus gesetzmäßig, nach allen Regeln der Kunst. Die Frage ist nur, mußte wegen einer solchen Lappalie, die im übrigen ja durch den Vergleich ihre Erledigung gefunden hatte, wirklich noch Anklage wegen Meineides erhoben werden? Es ist ja durchaus nicht so, daß nun alle Staatsanwälte in jedem Fall, wo Zeugen sich in Widersprüche verwickeln oder ihnen kleine Wahrheitswidrigkeiten nachgewiesen werden, sofort die Meineidsmaschine in Bewegung setzen. Im allgemeinen dürften sich die Staatsanwälte hierbei wohl auch von allgemein menschlichen Erwägungen leiten lassen. Sie werden zugreifen, wenn ein Mensch aus Gewinnsucht oder Gehässigkeit meineidig geworden ist, wenn das Charakterbild die Züge eines Schädlings der menschlichen Gesellschaft aufweist. Ein solches Charakterbild aber bietet Weiland durchaus nicht. Er hat in der Hauptsache der Wahrheit die Ehre gegeben, nur in einer Nebensache den Rückzug etwas zu weit getrieben. Er ist ein nützliches Mitglied der menschlichen Gesellschaft, freilich ein Mensch von nicht sehr starkem Charakter und von nicht immer sicherer Selbstbeherrschung.

Bei solchen Menschen pflegt es in erster Linie die Staatsanwaltschaft selbst zu sein, die ein Auge zudrückt. Sollte in diesem Falle das Auge nicht zugegangen sein, weil es sich um einen Sozialdemokraten und Reichsbannermann handelte? Der Senatspräsident a. D. Baumbach hat sich vor kurzem über die politischen Gnadeninstanzen beschwert. Solche Beschwerden haben erst Sinn, wenn feststeht, daß die übrigen Organe der Justiz politisch ohne Harm sind.

Freispruch des Angeklagten – Verurteilung des Staatsanwalts

Der Privatdetektiv Leyk hatte in einem Totschlagprozeß gegen Frau Ellen Holtz eine für die Angeklagte günstige Aussage gemacht; daraufhin wurde Frau Holtz freigesprochen. Später bezweifelte man die Richtigkeit der Leykschen Aussage. Auf Antrag des Staatsanwaltschaftsrates Jacoby I erließ das Amtsgericht gegen Leyk einen Strafbefehl über einen Monat Gefängnis wegen fahrlässigen Falscheides. Hiergegen erhob Rechtsanwalt Pindar Einspruch, und es kam zur Verhandlung vor dem Schwurgericht. Wäre der Strafbefehl rechtskräftig geworden, so hätte eine Wiederaufnahme des Totschlagsprozesses zuungunsten der Frau Holtz stattfinden können.

Daß der des Meineids angeklagte Privatdetektiv Leyk freigesprochen würde, war während des größeren Teiles des Prozesses zu ahnen. Nur einmal verdüsterte sich die Stimmung im Saal, als eine junge und sympathische Zeugin die Darstellung wiedergab, die ihr Leyk gesprächsweise von der Todesnacht gegeben hatte. Nach dieser Darstellung hatte Frau Holtz auf ihren Mann aus dem Nebenzimmer durch einen Türspalt geschossen. Diese Version war vollkommen neu und machte Sensation – freilich nur für wenige Minuten; denn alsbald mußte die Zeugin zugeben, sich geirrt zu haben. Trotzdem blieb etwas hängen, und der Staatsanwalt konnte mit Aussicht auf Erfolg den Antrag stellen, das Sektionsprotokoll noch einmal von einem Gerichtsarzt prüfen zu lassen. Das Schwurgericht unter Tolks meisterlicher Führung gab nicht nur diesem Antrag statt, es ging sogar um einen Schritt weiter und ordnete nochmals einen Lokaltermin an.

Das Ergebnis dieser Bemühungen war: Die Aussagen des Angeklagten Leyk sowie der Frau Holtz werden von dem Obduktionsbefund nicht Lügen gestraft. Alle Sachverständigen erkannten an, daß sich die Bluttat so abgespielt haben könnte, wie Leyk und Frau Holtz es dargestellt hatten. Offenbar etwas schwieriger war es, Obduktionsbefund und Darstellung mit einigen Beschädigungen der Tapete in Einklang zu bringen, falls diese von

Schüssen herrühren. Daß sie aber tatsächlich auf die Schüsse zurückzuführen sind, wurde keineswegs erwiesen.

Mit dieser Feststellung der Sachverständigen war die Anklage zusammengebrochen. Staatsanwaltschaftsrat Weißenberg lieferte in seinem Plädoyer kaum das, was man ein Rückzugsgefecht nennen kann. Es gereicht ihm zur Ehre, daß er sich nicht die Mühe nahm, Prozeduren zu entschuldigen, die unentschuldbar sind. Aber er durfte mit Recht darauf hinweisen, daß der Angeklagte und Frau Holtz nicht ohne Schuld an der Wiederaufrollung des Verfahrens sind. Sie haben beide in recht törichter Weise geschwätzt und damit Zweifel wachgerufen, die begreiflicherweise von Anfang an bestanden. Frau Holtz selbst war es, die zuerst angegeben hatte, sie habe ihren Mann erschossen, als er auf einem Stuhl saß und sich den Stiefel anzog. Sie habe aber nicht gewußt, daß der Revolver geladen war, als sie abdrückte. Möglich, daß diese Aussage in einem Stadium völliger Verwirrung gemacht wurde – sie ist aber gemacht worden und gab daher von vornherein die Möglichkeit, den Fall anders zu beurteilen, als es nachher durch das Schwurgericht geschehen ist.

Insofern also sind auch die Organe der Kriminalpolizei entschuldigt, wenn sie mit dem Freispruch des Schwurgerichts sich nicht einverstanden erkärten.

Aber von einer Meinungsverschiedenheit bis zu aktiven Maßnahmen, wie sie hier geübt wurden, ist ein weiter Weg, und es muß energisch gefordert werden, daß dieser Weg sowohl von den Aufsichtsorganen der Polizei wie von denen der Justiz gründlichst erhellt wird. Die Öffentlichkeit kann sich nicht mit der Tatsache beruhigen, daß der Antrag auf Freisprechung, den Staatsanwaltschaftsrat Weißenberg gestellt hat, eine Verurteilung des Staatsanwaltschaftsrats Jacoby I einschließt. Und wenn man das dienstliche Verhalten Jacobys scharf kritisieren muß, so können die beiden Kriminalkommissare so wenig von Vorwürfen verschont bleiben wie der Amtsgerichtsrat, der den famosen Strafbefehl ausgefertigt und unterschrieben hat.

Man hat mir einen Einblick in die Motive des Richters gewährt, und ich zögere nicht, zuzugeben, daß diese Motive seinem Herzen Ehre machen. Als er den Antrag des Herrn Jacoby auf Erlaß des Strafbefehls las, war er in der Tat stutzig geworden. Auch er hatte Bedenken, ein Vergehen wie fahrlässigen Falscheid durch einen einfachen Strafbefehl zu erledigen. Aber er sagte sich, es könne sich doch nur um ein ganz geringfügiges Abweichen von der Wahrheit handeln, wenn die Staatsanwaltschaft selbst sich mit dem Strafbefehl begnügte und gar die Bewährungsfrist beantragte. Dieser Richter wollte nicht päpstlicher sein als der Papst und entschloß sich am Ende zugunsten des Angeklagten, den Strafbefehl auszufertigen.

Nun aber hat ein anderer Staatsanwalt gegen denselben Angeklagten Freisprechung beantragt, und nicht nur dieser Richter, sondern alle seine Amtsgenossen sehen, was daraus werden kann, wenn man vom Wege abweicht, indem man einer anderen Behörde allzusehr vertraut.

Ich habe bereits an dieser Stelle das Zustandekommen des Protokolls gekennzeichnet. Staatsanwalt Weißenberg hat in seinem Plädoyer die vier Punkte aufs Korn genommen, deretwegen Leyk in Anklagezustand gesetzt worden ist, und er hat Punkt für Punkt die Haltlosigkeit der Vorwürfe festgestellt. Er hat freilich nicht angedeutet, wie schwierig es ist, den Ermittlern dieser vier Punkte wenigstens in einem Falle den guten Glauben zuzubilligen.

Der Fall Leyk-Holtz ist – wenn auch in sehr bescheidenem Ausmaße – ein Gegenstück zum Fall Schröder-Haas. Gewiß, politische Motive haben hier nicht mitgespielt, aber auch hier erlebten wir es, daß Richter, Staatsanwalt, Kriminalkommissare ungewohnte, ja verurteilenswerte Wege gingen, weil sie recht behalten wollten. Mögen die Herren endlich begreifen, daß es sich bei der Justiz nicht darum handelt, daß einer recht behält, sondern daß Recht geschieht. Es hat sicher weder im ersten noch im zweiten Schwurgericht einen gelehrten oder einen Laienrichter gegeben, der für Frau Holtz viel Sympathie aufbrachte.

Aber noch handelt es sich darum, einem Angeklagten seine Schuld nachzuweisen. Gelingt das nicht, so ist er freizusprechen.

Der Meineid des Tages

Die Schwurgerichte sind an der Arbeit – fast kein Tag vergeht, ohne daß über einen Meineid verhandelt wird. Der Unfug des Schwörens wird von Tag zu Tag sichtbarer, es dämmert in den Gerichten selbst.

In der Darlegung des Falles will ich nicht weniger diskret sein, als der Vorsitzende, der Staatsanwalt und der Verteidiger es waren. Darum beschränke ich mich auf die wesentlichsten Feststellungen:

Auf der Anklagebank eine Frau von 28 Jahren, ein dunkles, sehr ausdrucksvolles Gesicht, ein merkwürdig innerlich ausgewogener Mensch voller Ruhe, Sicherheit und Stärke des Gefühls. Äußerlich ist man fast geneigt, an eine junge Asta Nielsen zu denken. Diese Frau war irgendwo in einer schlesischen Kleinstadt Kellnerin. Der Gastwirt, der nur alkoholfreie Getränke ausschenken durfte, bekam wegen Übertretung ein Verfahren an den Hals, in dem die Kellnerin (zunächst zweimal uneidlich vernommen) wahrheitsgemäß aussagte, daß Alkohol verabfolgt worden sei.

Die Kellnerin heiratete dann einen sehr ordentlichen jungen Menschen in Berlin, und alles wäre gut gewesen, wenn jenem schlesischen Amtsgericht, wo das Verfahren gegen den Wirt schwebte, nicht der Eid der Kellnerin gefehlt hätte. Das Amtsgericht mußte ihren Eid haben, und so wurde die junge Frau vor das Neuköllner Amtsgericht berufen, um hier vor dem ersuchten Richter den Eid abzulegen. Sie erschien. Sie hätte sehr wahrscheinlich genau dasselbe gesagt wie vorher im Ermittlungsverfahren. Aber zu der Eidesablegung war auch der beklagte Gastwirt aus Schlesien erschienen – und dessen Erscheinen genügte, um diese so ruhige und kluge Frau aus dem Gleichgewicht zu bringen. Über das, was bei der Gelegenheit zwischen den beiden gesprochen worden ist, herrscht vielleicht nicht vollkommene Klarheit. Aber eines ist sicher: Die junge Frau hatte subjektiv triftigste Gründe, ihren ehemaligen Brotgeber sehr zu fürchten, und diese subjektive Berechtigung wurde sogar gestern von dem Schwurgericht in der Form anerkannt, daß es eigentlich auf die ganze Beweisaufnahme verzichtete. Man konnte das tun, weil ja die Angeklagte vollkommen geständig war, an jenem Termin unter dem Einfluß des anwesenden Wirtes wahrheitswidrig geschworen zu haben, es sei kein Alkohol ausgeschenkt worden.

Der Staatsanwalt selbst sah die Möglichkeit der Strafmilderung in dem Gegebensein des § 157. Die Angeklagte hätte sich, wäre sie bei der Wahrheit geblieben, ja selbst der Beihilfe zu dem Delikt bezichtigen müssen, dessen man den Wirt angeklagt hatte. Denn wenn jemand den Alkohol ausgetragen hatte, so war sie es ja gewesen. Aber der Staatsanwalt hielt es doch für seine Pflicht, die Fahne des Eides emporzuhalten – des Eides, von dem er behauptete, er sei das einzige Mittel, die Wahrheit zu ermitteln!! Wer einen falschen Eid leiste, der begehe ein schweres Verbrechen gegen den Staat!

Der Verteidiger war in der glücklichen Lage, festzustellen, daß nicht die Angeklagte ein Verbrechen gegen den Staat, sondern daß der Staat ein Verbrechen an der Angeklagten begangen hat. Der Eid hätte dieser der Beihilfe verdächtigen Zeugin nach den gesetzlichen Bestimmungen gar nicht abgenommen werden dürfen! Er wurde ihr aber abgenommen – weil der abnehmende Richter ein blutjunger Referendar war! Der Vorsitzende führte später in seinem Urteil aus, daß die Frage der Abnahme des Eides gewiß Sache des richterlichen Ermessens sei, daß man also dem Richter, der einen solchen Eid abgenommen habe, keinen Vorwurf machen dürfe. Er fügte aber hinzu, daß ein erfahrener Richter sicher von der Eidesabnahme Abstand genommen hätte.

Das Gericht ging denn auch auf das mögliche Strafminimum zurück und verurteilte die Angeklagte zu vier Monaten und 15 Tagen Gefängnis. Die Frage der Bewährungsfrist wurde nicht sofort in günstigem Sinne beantwortet, aber das Gericht ließ durchblicken, daß es auch diese Frage in wohlwollendem Sinne prüfen werde.

Krause und die Juristen

Krause, der einundzwanzigjährige Friseurgehilfe aus Mittenwalde, stand zum dritten Male vor den Geschworenen – nicht ohne zwischendurch das Reichsgericht in Bewegung gesetzt zu haben.

Krause war in eine sehr unerhebliche, aber sehr verhängnisvolle Angelegenheit seines damaligen Lehrherrn, des Barbiers Winzer, und seiner Frau verwickelt. Winzers hatten einige Möbelstücke, die ihnen nicht gehörten, verkauft oder beiseite geschafft – jedenfalls das Nichtwissen über den Verbleib der Sachen beschworen.

Eines Tages, als Krause sich gerade über seinen Meister Winzer ärgerte, erzählte er seinem Freunde Rust: Wenn er wollte, könne er Winzers ins Zuchthaus bringen. Denn die vermißten Sachen hätten Winzers an eine Frau Wilde und an seinen Vater verkauft – oder bei ihnen untergestellt.

Freund Rust machte nun von diesem Gespräch dem Besitzer der Möbel Mitteilung, der hierdurch zwar zu seinen Sachen wieder kam. Andererseits führte die Geschichte zu folgenden Verurteilungen: Frau Winzer wegen Unterschlagung und Frau Wilde wegen Beihilfe dazu zu Geldstrafen, Frau Winzer und Frau Wilde wegen Meineides zu je einem Jahr Zuchthaus, Herr Winzer wegen fahrlässigen Falscheides zu sechs Monaten Gefängnis, von denen er später nach erfolgreich durchgeführter Reichsgerichtsrevision freigesprochen wurde. Da bei dem Vater Krauses keine der fraglichen Möbel gefunden wurden, ist ein Verfahren gegen ihn nicht angestrengt worden – doch wurde Krause selbst wegen Meineides zu einem Jahr Zuchthaus verurteilt.

Als nämlich die Eheleute Winzer unter der Anklage des Meineides standen, wurde auch Krause als Zeuge vernommen und sollte unter seinem Eide die seinem Freunde Rust gegenüber gemachte Äußerung wiederholen – in der er sowohl Winzers wie seinen Vater belastete. Nun bestritt Krause, überhaupt diese Äußerung gemacht zu haben. Er blieb dabei, trotz aller Vorhaltungen des Vorsitzenden, der schließlich sagte, Krause brauche diese Aussage nicht zu beschwören, wenn sie nicht wahr wäre. Krause sagte, dann wolle er nicht schwören. Darauf meinte der Vorsitzende, Krause habe also geschwindelt, was dieser verneinte, um daraufhin den Eid abzulegen.

(Der Wortlaut dieser Auseinandersetzung wäre – wenn man

sich dafür ernsthaft interessierte – nicht ganz unbestritten. Ich benutze vorsichtshalber die in dem Urteil selbst niedergelegte Fassung.)

Gegen das Urteil, das Krause wegen dieses Meineides zu einem Jahr Zuchthaus, drei Jahren Ehrverlust und dauernder Eidesunfähigkeit verdammte, wurde Revision beim Reichsgericht eingelegt. Unter den Gründen, die der Verteidiger bei seiner Anfechtung anführte, war auch dieser: Krause habe schon in der Voruntersuchung, um seinen Lehrmeister Winzer zu schützen, die Äußerung gegenüber Rust abgeleugnet. Hätte er nun unter dem Eid die Wahrheit gesagt, so würde er sich selbst der Begünstigung bezichtigt haben. »Da das Schwurgericht diese Frage nicht erörtert hat, besteht der Verdacht, daß es sie übersehen oder aus Rechtsirrtum für unerheblich gehalten hat.« Mit diesen Worten gab das Reichsgericht der Revision statt, worauf die Sache abermals vor dem Schwurgericht des Landgerichts II – glücklicherweise unter einem anderen Vorsitzenden – zur Verhandlung kam. Der Staatsanwalt und auch das Gericht folgten dem Hinweis des Reichsgerichts. Die Strafe wurde auf neun Monate Gefängnis und Bewährungsfrist nach Verbüßung von vier Monaten ermäßigt – wobei das Gericht freilich nicht ganz die Ausführungen des Verteidigers berücksichtigte, der eine volle Bewährungsfrist verlangt hatte. Für das Gericht war hierbei maßgebend, daß der Angeklagte eigentlich niemals seinen Meineid vollkommen zugegeben, sondern immer starr an seinem Leugnen festgehalten hat.

Hätte der jenen falschen Eid abnehmende Vorsitzende im Sinne des Reichsgerichts seine Pflicht getan, so würde er Krause gesagt haben: »Sie brauchen nicht auszusagen, wenn Sie sich dadurch selbst belasten.« Die Aussage und der Meineid wären vielleicht unterblieben – und nur in diesem Sinne kann ja die anfängliche Äußerung des Vorsitzenden: »Sie brauchen nicht zu schwören –« vernunftgemäß verstanden werden. Kann man sich nun auch freuen, daß der junge Mann durch die etwas verzwickte juristische Konstruktion wenigstens vor dem Zuchthaus gerettet worden ist, so läßt auch das Reichsgericht wie das heutige Urteil die menschlichste Erwägung vollkommen außer acht.

Der Junge hatte seinem Freund Rust gegenüber nicht nur Winzers und Frau Wilde, sondern auch seinen eigenen Vater belastet, und zwar entweder mit Recht oder mit Unrecht. War der Vater an der Möbelschiebung beteiligt, so drohte ihm möglicherweise dieselbe Bestrafung wie der Frau Wilde: wegen Beihilfe zur Unterschlagung. Nun sagt das Zuchthausurteil des Schwurgerichts zwar, daß sich für die Schuld des Vaters kein Anhalt gefunden hätte – denn es sei nicht erwiesen, daß Vater Krause, wenn er die Möbel an sich genommen hätte, die Herkunft der Sachen gekannt hätte. Aber dieser Passus ist eine ganz unglaubhafte Frisur, denn wenn der Vater die Sachen gehabt hätte, mußte er mindestens durch seinen Sohn wissen, von wo sie stammen; vermutlich war dann sogar der Sohn an der Fortschaffung beteiligt (was auch ein Grund gewesen wäre, die Aussage abzulehnen).

Oder aber der Sohn hätte mit Unrecht den Vater belastet: dann drohte ihm von seiten des Vaters eine (berechtigte) Tracht Prügel, die sich gewaschen hätte.

Aber gerade wenn man die Äußerung Krauses gegenüber Rust als getan und inhaltlich in der Hauptsache wahr ansieht – und das tun doch die Gerichte, indem alle weiteren prozessualen Folgen darauf beruhen, daß die Äußerung sich als inhaltlich wahr herausstellte –, dann belastet sie doch den Vater außerordentlich schwer. Ist auch bei diesem nachher nichts gefunden worden – es ist doch vollkommen unglaubhaft, daß Krause die ihm doch immerhin ferner stehenden Winzers und Frau Wilde mit Berechtigung, den eigenen Vater aber völlig grundlos in die Geschichte hineinzieht!

So oder so – es sei gar kein Zweifel, daß die Geschichte mit dem Vater den Sohn zu einer falschen Aussage bewegte. In dem Zuchthausurteil steht zwar: »Der Gedanke, daß ... sein Vater belastet werden könnte, ist dem Angeklagten gar nicht gekommen, ein Zeichen, daß solche Belastung nicht in Frage kam.«

Allerdings ein Schluß von höchst geringer Weisheit: Sollte selbst der Angeklagte gesagt haben, ihm sei dieser »Gedanke« nicht gekommen – hätte er nicht durch die Bekundung dieses »Gedankens« immer wieder und von neuem den Vater belastet – um dessen Nichtbelastung er einen Meineid geschworen? Da das Reichsgericht auf diesen Gedanken nicht einging, konnte es das Schwurgericht formell auch heute nicht. Wohl aber hätte es endlich erkennen können, warum der Angeklagte seinen Meineid nie unumwunden zugeben durfte – wenn er nicht seinen Vater belasten wollte.

Der Fall dieses Sohnes, der der Unachtsamkeit eines Schwurgerichtspräsidenten in erster Linie seinen Meineid verdankt, ist zum mindesten wert eines Gnadenaktes.

In meinem Kampf gegen die Meineidsseuche fehlte mir der Fall, in dem die Abnahme des Eides nicht dem freien Ermessen des Richters anheimgestellt, sondern nach den gesetzlichen Vorschriften schlechtweg unzulässig war, er also nicht hätte abgenommen werden dürfen! – und in dem dennoch später Strafverfolgung wegen Meineides und Verurteilung erfolgte. Nun hat sich auch dieser Fall ereignet. Geschehen war folgendes:

In einer Automobilsteuerstrafsache gegen einen Gutsbesitzer v. S. hatte das Finanzamt Züllichau den früheren Chauffeur des Gutsbesitzers um eine Auskunft ersucht. Der Chauffeur sollte nämlich schon 14 Tage, bevor die falsche Versteuerung des Wagens amtlich festgestellt worden war, gewußt haben, daß die Steuerkarte nicht den Kräfteverhältnissen des Wagens entsprach. Hieraus schloß das Finanzamt, daß auch der Besitzer selbst um die falsche Versteuerung des Wagens gewußt haben müßte; um sicherzugehen, verlangte es, daß der Chauffeur seine Aussage durch Eid (vor dem Amtsgericht) bekräftigte.

Dieses Verlangen stützt sich auf § 406 Abs. 4 in Verbindung mit § 184 RAO, der aber ausdrücklich voraussetzt, daß für die Eidesablegung in jedem einzelnen Fall die Genehmigung des Landesfinanzamts einzuholen und zu erteilen sei. (Offenbar will diese Gesetzesbestimmung die Eidesablegung auf irgendeine Lappalie vermeiden!) Diese Bestimmung aber hat das Finanzamt Züllichau übersehen; es ersuchte das Amtsgericht Frankfurt a.d.O., dem Chauffeur den Eid über die von ihm gemachte Auskunft abzunehmen.

Vor dem Amtsgericht erklärte der Zeuge (es war inzwischen mehr als ein Jahr vergangen!), er könne sich nicht mehr erinnern, daß er schon 14 Tage vor dem Einschreiten der Behörde von der falschen Versteuerung etwas gewußt habe. Und diese Abänderung seiner ursprünglichen Auskunft beschwor er.

Der den Eid abnehmende Richter war ein – Referendar. Er prüfte weder die Frage, ob das Landesfinanzamt die Genehmigung zur Vereidigung gegeben habe – noch einen anderen, kaum weniger wichtigen Umstand: Der Richter hatte den Eid über die früher erteilte Auskunft dem Chauffeur abzunehmen. Hier aber erklärte der Zeuge, er könne diese früher gegebene Auskunft nicht mehr mit dem Eide bekräftigen. Wie kam der Referendar dazu, nunmehr den Eid über eine Erklärung abzunehmen, die vom Finanzamt gar nicht verlangt war? Er hätte zweifellos lediglich die Erklärung zu Protokoll nehmen dürfen und es dann dem Finanzamt überlassen müssen, ob es auch hierfür einen Eid verlangen würde – der abermals vom Landesfinanzamt hätte genehmigt werden müssen!

Von der Wichtigkeit der Sache macht man sich einen Begriff, wenn man hört, daß das Steuerstrafverfahren gegen den Gutsbesitzer eingestellt wurde – nicht er, sondern die Autofabrik trug an dem Versehen Schuld!

Aber der Chauffeur wurde wegen Meineides angeklagt!

Das Schwurgericht Frankfurt a. d. O. sprach vernünftigerweise frei. Es folgte der Beweisführung des Verteidigers:

In § 184 Abs. 3 der RAO heißt es:

Die Auskunftsperson gilt als Zeuge im Sinne des Strafgesetzbuches.

Sie ist also kein Zeuge, sie gilt als solcher, wird als solcher fingiert. Diese Fiktion tritt aber erst ein, wenn die besonderen Voraussetzungen erfüllt sind, d. h. in diesem Falle, die Genehmigung zur Vereidigung vom Landesfinanzamt erwirkt ist, die ja die Auskunftsperson erst zum Zeugen macht. Da aber die Genehmigung nicht erwirkt war, sei – so sagt das Schwurgericht – der Angeklagte nicht nach § 154 straffällig, und deshalb erübrige sich die Frage, ob die eidliche Aussage des Angeklagten objektiv falsch oder richtig war.

Die Sache war zu wichtig, als daß sich der Staatsanwalt das Vergnügen hätte entgehen lassen, beim Reichsgericht Revision einzulegen. Und das Reichsgericht gab der Revision statt, hob das Urteil auf. Es sagt: Jede vor einem zuständigen Gericht unter Eid abgegebene wissentlich falsche Aussage sei als Meineid zu bestrafen. Allerdings sei zuzugeben, daß das Amtsgericht den Eid gar nicht hätte abnehmen dürfen und daß der Angeklagte selbst sowohl die Beeidigung wie die Aussage hätte ablehnen können. Das schließe aber die Strafbarkeit nicht aus.

Rechtsanwalt Dr. Gebhardt bemerkt dazu: »Wenn man nicht wüßte, wie ernst gemeint diese Ausführungen sind, so wäre man versucht, sie Hohn zu nennen. Der Angeklagte, ein Chauffeur, hätte wissen sollen, was weder Finanzamt noch Amtsgericht, noch Staatsanwaltschaft, noch Eröffnungskammer gewußt haben, daß nämlich der Eid gar nicht abgenommen werden durfte?«

Dem neu erkennenden Schwurgericht aber blieb nichts übrig,

als dem Reichsgericht zu folgen. Es verurteilte den Angeklagten wegen fahrlässigen Falscheides zu 6 Monaten Gefängnis. Die Strafe wurde dann gegen eine Geldbuße ausgesetzt.

An diese Angelegenheit möchte man am liebsten nur die eine Frage knüpfen: Sind eigentlich unsere Gerichte und Gesetze dazu da, um aus anständigen Leuten Verbrecher zu machen?

Wenn aber gewisse Umstände, Bestimmungen, Persönlichkeiten, Versehen, menschliche – sehr menschliche Irrungen das bewirken können, so müssen wir uns mit einem Schutz gegen Gericht und Gesetz versehen.

Mit dem Reichsgericht ist nicht zu reden, nur noch mit der Gesetzgebung. Und der ist zu sagen:

Erstens: Niemals würde ein Staatsanwalt gewagt haben, solche Lappalie vor das alte Schwurgericht zu bringen, das sich von keinem Reichsgericht hätte überzeugen lassen, daß ein solcher Meineid bestraft werden müsse. Nur das Emmingersche Schwurgericht zwingt den teilnehmenden Schöffen solche Urteile ab. Nur bei dem Emmingerschen Schwurgericht haben die Staatsanwaltschaften Erfolg mit ihren schikanösen Meineidsanklagen.

Zweitens: Der § 157 ist dahin zu erweitern, daß ein unter falschen Voraussetzungen unzulässig abgenommener Eid nicht Gegenstand einer Strafverfolgung sein könne.

Drittens: Grobe Fahrlässigkeit bei der Abnahme von Eiden ist unter Strafe zu stellen.

Die spacke Waschwanne
Ein Beitrag zur Meineidsstatistik

Als vor einigen Tagen Mitglieder der Presse vom preußischen Justizminister Dr. Schmidt empfangen wurden, stellte ich die Frage, ob es richtig sei, daß nach Einrichtung des Emmingerschen Schwurgerichts die Zahl der Meineidsprozesse gewaltig gestiegen sei. Ich zitierte bei dieser Gelegenheit die von staatsanwaltlicher Seite öfters produzierte Bemerkung: Das alte Schwurgericht habe in den meisten Meineidsfällen auf Freisprechung erkannt; erst seit Emminger könne man hoffen, Meineidsprozesse mit Hoffnung auf Verurteilung durchzuführen. Die Allgemeingültigkeit dieser staatsanwaltlichen Sentenz wurde von den Herren des Justizministeriums bestritten. Man nannte auch einige in der Eile zusammengeraffte statistische Zahlen, die in der Tat ein Anwachsen der Meineidsprozesse kaum erkennen ließen. Der ›Montag-Morgen‹ hat jetzt an Hand der Reichskriminal-Statistik neue Ziffern zusammengestellt. Danach ergeben sich im Reich folgende Zahlen:

	Freisprüche:	Verurteilungen:
1923:	322	407
1924:	376	925
1925:	781	1445

Das Jahr 1924 war das erste der Emmingerschen Schwurgerichte. Die Zahl der Meineidsprozesse hatte sich also von 729 auf 1301 – im Jahre 1925 auf 2226, also fast auf das Dreifache des letzten Schwurgerichtsjahres gesteigert. Berücksichtigt man aber, daß seit 1923 die allgemeine Kriminalität zurückgegangen ist, so erscheint die Zunahme der Meineidsprozesse besonders gravierend!

Im übrigen – was besagt die graueste Statistik gegenüber der ewig-grünen Wirklichkeit. Der Meineidsprozeß, der sich gestern vor dem Schwurgericht des Landgerichts I abrollte, wäre wert gewesen, das gesamte Justizministerium, Reichstag und Landtag als Zuhörer zu haben.

Milieu: eine Herberge, will vielleicht auch sagen: ein Absteigequartier im Osten der Stadt. Angeklagter: der einstige Nachtportier dieses Hotels. Zeugen: die früheren und heutigen Besitzer und Pächter des Unternehmens. Eigentlicher Gegenstand des angeblichen Meineides: eine Waschwanne.

Kernfrage: Der Besitzer einer Waschanstalt hatte sich an dem Pachtbetrieb des Hotels beteiligt. Schon lange besorgte er die Wäsche für das Hotel, die gewöhnlich naß geliefert wurde, um im Hof des Hotels zum Trocknen aufgehängt zu werden. Einmal wurde diese nasse Wäsche in einer dem Waschanstaltsbesitzer gehörigen hölzernen Waschwanne geliefert. Um diese Zeit ging aber der Besitz des Hauses in andere Hände über, und der ausziehende Besitzer soll die Holzteile der »spacken« Wanne auf seinen Möbelwagen gepackt haben. Hieraus ergaben sich Prozesse und Anzeigen aller Art. Es bildeten sich zwei Parteien, die sich gegenseitig in Zivilprozessen, in Beleidigungsklagen, in Meineidsanzeigen befehdeten. Heute handelt es sich darum, zu wissen: Hat der ehemalige Besitzer die Wanne mitgenommen, war sie »spack« oder war sie das Gegenteil von »spack«? Hat er sie heimlich mitgenommen, ist er überhaupt heimlich ausgezogen, hat der Waschanstaltsbesitzer die Wanne selbst ins Haus gebracht, oder hat sie der Nachtportier abgeholt? Hat der Waschanstaltsbesitzer überhaupt jemals Wäsche in das Hotel gebracht – oder vielleicht doch einige Male? Hat der Waschanstaltsbesitzer jemals gesagt: Mir kann nichts geschehen, ich habe den Paragraphen 51?

Der Waschanstaltsbesitzer sagt: »Ich brauche keinen Paragraphen 51, ich habe niemals den Paragraphen 51 nötig gehabt, und ich habe ihn nie beansprucht.«

Die Feststellung all dieser Gespräche, Handlungen oder Unterlassungen ist um so unmöglicher, als die ganze Geschichte volle fünf Jahre zurückliegt. Der Vorsitzende, Landgerichtsdirektor Schulze, bemüht sich mit bewundernswerter Geduld um die Feststellung der Wahrheit; aber mindestens ebenso wie um die Wahrheit ist er besorgt, einen neuen Meineid zu verhüten. Denn was die hier auftretenden Zeugen selbst erlebt hatten, was sie vom Hörensagen wissen, das ist kaum noch auseinanderzuhalten. Sie sind ganz parteiisch eingestellt, und oft sieht man, wie im Laufe der Vernehmung selbst die Aussage des Zeugen sich ganz allmählich ändert. So sagt z.B. ein Zeuge aus, daß der Umzug des früheren Hausbesitzers am hellichten Tage vor sich gegangen ist, daß er selbst die Möbelwagen vor der Tür habe stehen sehen, daß er sich aber nicht um den Umzug gekümmert habe. Im Laufe der weiteren Vernehmung merkt er, oder es fällt ihm ein, daß es in seinem eigenen Interesse gewesen wäre, wenn festgestellt würde, daß der Umzug doch irgendwie heimlich vonstatten gegangen sei. Und er sagt nun: Die Sachen wurden schleunigst auf den Wagen geworfen.

Das Ergebnis dieses Meineidsprozesses ist vollkommen gleichgültig. Nicht gleichgültig ist die Tatsache, daß solche Lappalien, die immer wieder neue Meineide gebären, überhaupt verhandelt werden müssen. Und wenn das Justizministerium sagt, daß in Preußen von 25619 Fällen nur 1766 zum Prozeß gediehen sind, wie unmöglich muß das Material sein, wenn die vor das Gericht kommenden Fälle so aussehen wie dieser.

Liebe im Ausschuß

Von den Leidenschaften, die im Reichstagsausschuß für die Strafrechtsreform toben, kann man sich einen schlechten Begriff machen. Der Ausschuß hat es vorsichtigerweise abgelehnt, in schöner Öffentlichkeit zu tagen, und so sind wir auf die mageren Berichte angewiesen, die uns offiziös zugeteilt werden.

Auf diese Weise haben wir erfahren, daß der Ausschuß sich auch mit der Liebe beschäftigt. Genauer gesagt, mit der eheähnlichen Beziehung von Menschen, die eben nicht miteinander verheiratet sind. Die Sozialisten hatten beantragt, solche eheähnlichen Beziehungen endlich gesetzlich anzuerkennen. Von der Diskussion sind mir nur zwei Äußerungen bekanntgeworden. Der Sprecher der Deutschen Volkspartei gab zu, daß solche Lebensgemeinschaften oft sittlich durchaus anerkennenswerte seien, aber es wäre sehr schwer, eine juristische Definition für das zu treffen, was man treffen wolle – und der demokratische Sprecher hatte ebenfalls Bedenken juristischer Art. Worauf dann der sozialdemokratische Antrag abgelehnt wurde und die Liebe sozusagen in der Versenkung unterging.

Die Äußerung des Zentrum-Sprechers, der sicher auch was gesagt hat, ist mir nicht bekanntgeworden. Aber erstens kann man sie sich denken, zweitens hat er sicher recht von seinem Standpunkt aus, wenn er, der die eine Sorte von Ehe für heilig hält, von der anderen nichts wissen will. Und die höchst modernen Sozialdemokraten verdienen es, daß man ihren Antrag ablehnt, der für das Zivilrecht tatsächlich eine große Bedeutung hätte, der aber im Strafrecht durchaus nicht das erfaßt, was erfaßt werden müßte und was am Ende erfaßt werden kann, ohne die Bedenken des Zentrums dauernd zu erregen.

Die verwandtschaftlichen Verhältnisse zweier Menschen spielen im Strafrecht keine übergeordnete Rolle, aber es vergeht natürlich kein Tag, ohne daß in der Rechtsprechung oder im Prozeßverfahren diese verwandtschaftlichen Verhältnisse irgendwo zum Ausdruck kommen. Dabei ist es verhältnismäßig selten, daß an den Paragraphen 52 des jetzigen Strafgesetzbuches erinnert wird. Dieser Paragraph besagt, daß eine strafbare Handlung nicht vorhanden ist, wenn der Täter diese Handlung zum Schutze von Leib und Leben seiner selbst oder eines Angehörigen unternommen hat. Hätte er dieselbe Handlung zum Schutze seiner ehelich nicht mit ihm verbundenen Lebensgefährtin begangen, so wäre er theoretisch strafbar. Aber derartige Handlungen sind so selten, und wenn sie mal zur Beurteilung stehen, gibt es soviel andere Milderungsgründe, daß man auch für den besonderen Fall keine besondere Formulierung praktisch braucht.

Dringend aber benötigen wir die Erweiterung der Begriffe des Angehörigen in all den Punkten, die Eid und Meineid betreffen. Und hier tun sich Probleme auf, denen gegenüber der Begriff der Eheähnlichkeit nur eine Beschränkung, und zwar eine recht spießige, mehr ist.

Bei der Eidesleistung hat man bisher einem bestimmten Kreise von Angehörigen das Recht eingeräumt, eine Aussage verweigern zu dürfen, und man hat andererseits eine Verminderung der Strafe demjenigen gegenüber in Aussicht gestellt, der eine falsche Aussage erstattet hat, ohne über sein Recht, die Aussage ablehnen zu dürfen, belehrt worden zu sein. Diese letztere Bestimmung fällt im neuen Entwurf weg, weil ja die Zubilligung mildernder Umstände ganz allgemein bestehen soll. Aber die Frage, wer eine Aussage ablehnen darf, die wird in der Strafprozeßordnung geregelt – und diese Regelung bleibt vorläufig bestehen.

Und hier setzt die Rechtsnot ein, von der der Gesetzgeber nichts wissen will und von der wir alle wissen, die im täglichen Leben mit den Strafgerichten zu tun haben. Die Ehefrau darf von ihrem Recht der Zeugnisverweigerung Gebrauch machen, und sogar die Verlobte darf es tun. Wenn nun die Sozialdemokratie dieses Recht auch für die in freier Ehe lebende Frau erkämpfen will, so steckt sie ihr Ziel viel zu niedrig. Es kann sich doch bei der Frage nur darum handeln, daß jemand vor einem Gewissenskonflikt geschützt werden muß, der entstehen muß, wenn ein Mensch über einen andern geliebten Menschen die ungeschminkte – also hier als gefährlich angenommene – Wahrheit sagen soll. Dieser Gewissenskonflikt besteht eben nicht nur für Ehegatten, und auch die Erweiterung auf die eheähnlichen Beziehungen würde hier nichts Entscheidendes besagen. Was erwirkt werden muß, ist die Erweiterung auf alle diejenigen menschlichen Beziehungen, die im besonderen Maße gefühlsbetont sind. Mag der Richter frei ermessen, ob er die Gefühlsbetonung einer zehnjährigen Freundschaft anerkennen will oder ob er eine Bierkameradschaft von acht Tagen oder eine Stammtischgemeinschaft von zwanzig Jahren ablehnt. Eines aber ist klar, daß die Lebensgemeinschaften nicht alle sexuell sein müssen, daß oft die rein freundschaftlichen Beziehungen innerlich viel mehr verpflichten als irgendeine längst gelockerte Ehe. Und schließlich ist doch auch zwischen Mann und Frau eine Gemeinschaft denkbar, die nicht sexuell bestätigt ist und die wiederum oft viel wichtiger ist als die formelle Zusammengehörigkeit zweier Gatten, die sich auseinandergelebt haben. Und es ist abermals zu bedenken, daß ein Mann eine sehr verfeinerte Beziehung zu einer Frau haben kann – ohne aus Rücksicht oder Dankbarkeit an einer eheähnlichen Beziehung etwas zu ändern, die er seit Jahren unterhält.

Die Erweiterung des Kreises der Angehörigen ist sinnlos und eine überflüssige juristische Anstrengung, wenn man nicht zugleich danach trachtet, andere hochwertige menschliche Verhältnisse mit zu treffen. Je allgemeiner ein solches Verhältnis charakterisiert werden kann, desto geringeren Widerstand dürfte es bei denen finden, die sich aus weltanschaulichen Gründen der allzu eng begrenzten Neuerung widersetzen.

Länder ohne Meineidsverfahren
Italien, Frankreich, Belgien

In den Blättern der ›Vossischen Zeitung‹ habe ich wieder und immer wieder gegen die bei uns herrschende Eides- und Meineidsmanie gekämpft. Ich hatte für diesen Kampf keine andere Waffe als die aus dem Laieninstinkt geborene Überzeugung, daß die Meineidsplage auf irgendeinem katastrophalen Unsinn beruhen müsse. Allen Fortschritten auf anderen Gebieten gegenüber hatte sich hier ein mittelalterliches Überbleibsel erhalten, das aus den Gehirnen offenbar nicht mehr entfernt werden konnte. Sprach ich mit Juristen, so beklagten sie mit mir die oft so schrecklichen Folgen der Schwörerei, erkannten einzelne Mängel an. Aber in der Hauptfrage blieben sie starr auf dem ererbten Standpunkt: »Der Eid ist das Fundament der Justiz – wie wollen Sie daran etwas ändern?«

Daß es einige Länder gibt, in denen wenigstens nicht jede Kleinigkeit beschworen wird, ist in deutschen Juristenkreisen nicht unbekannt. Aber daß den Juristen, die ich sprach, diese Frage als etwas Brennendes auf der Seele lag, habe ich nur selten bemerkt. Der Entwurf zum neuen Strafgesetzbuch erkennt allerdings die Mißstände der Massenschwörerei an – indem er Strafen bis zu drei Jahren für falsche uneidliche Aussagen vorsieht; er tut dies in der Erwartung, daß eine Strafprozeßordnungsnovelle den Eid nur in wirklich wichtigen Dingen unter eng begrenzten Voraussetzungen zulassen wird. In Kleinigkeiten aber soll an Stelle des Eides die uneidliche Aussage treten, für die, falls sie falsch ist, natürlich die Strafe parat gehalten werden muß. Wenn auch nicht ausschließlich der Eid, so bleibt die Aussage das Fundament der Justiz! An diesem Grundsatz hält man fest.

Aber trotz dieser (und anderer) Milderungen, die uns eine nicht zu ferne Zukunft bringen soll, lag mir die Sache brennend auf der Seele, und als ich nach Frankreich und Italien ging, war überall meine erste Frage: Wann kann ich einen Meineidsprozeß sehen?

Ich war nicht darauf gefaßt, daß man mich mit aller Freundlichkeit an- und auslachen würde: »Wenn Sie einen Meineidsprozeß bei uns sehen wollen, werden Sie sehr lange – vielleicht Ihr ganzes Leben hierbleiben müssen, und dann können wir Ihnen nicht garantieren, daß Sie vor Ihrem Tode einen zu Gesicht bekommen. So was kommt bei uns nicht vor –«

Ein erfahrener Strafanwalt der altehrwürdigen Juristenstadt Bologna sagte mir: »Meineide? Werden gar nicht geschworen. Wenn mal wirklich ein Zeuge lügt, nimmt ihn der Vorsitzende gründlich ins Gebet und sagt: ›Wenn Sie nicht sofort die Wahrheit sagen, lasse ich Sie einsperren‹ – und dann sagt der Zeuge die Wahrheit.«

Glückliches Land – dachte ich –, in dem Vorsitzende sofort merken, wenn Zeugen lügen; wo ein Anschnauzer genügt, um die volle Wahrheit ans Licht zu bringen.

Ich setzte meine Hoffnung auf Frankreich, aber vergebens. Ich fand einen alten Anwalt, der sich erinnerte, in seiner Jugend mal einen Meineidsfall erlebt zu haben. Er behauptete zwar wenigstens nicht, daß es keine Meineide gäbe, aber verfolgt werden sie nicht!

Sind wir Deutschen nun wirklich ein so meineidiges Volk, daß man bei uns drei Viertel aller Schwurgerichtssessionen mit Meineidsprozessen füllt, während man in romanischen Ländern so ganz ohne sie auskommt? Man kann – namentlich als Deutscher nach einem furchtbaren Kriege – dagegen gefeit sein, Frankreich kritiklos zu bewundern, aber man wird zugeben müssen, daß Frankreich ein zivilisiertes Land mit einer geordneten Rechtspflege ist – und ein solches Land kann ohne Meineidsparagraphen existieren?

Nein. Die Paragraphen hat es; und wenn unsere Strafrechtsreform durchgeführt sein wird, werden unsere Strafen vielleicht sogar die milderen sein. Aber die Paragraphen werden in Frankreich kaum oder höchst selten zur Anwendung gebracht – und Frankreich steht dennoch auf der Landkarte.

Wenn ich versuche, hier die Gründe für die Nichtanwendung zu skizzieren, muß ich von vornherein für etwaige Irrtümer die Entschuldigung und zugleich die Belehrung kenntnisreicherer Leser erbitten. Ich kann als Laie nur die Erscheinungen nachzeichnen, berichten, was man mir gesagt hat, und den französischen Code pénal so zitieren – wie ich ihn verstehe.

Der Code pénal unterscheidet zunächst, ob der Fall, in dem ein falsches Zeugnis abgelegt wurde, ein Verbrechen, ein Vergehen oder eine Übertretung betrifft – oder ob der Meineid in einer Zivilsache geleistet wurde. Die Strafen lauten nur im Verbrechensfalle auf Zuchthaus. Aber das Wichtigste ist in der maßgebenden Judikatur niedergelegt:

»Das Delikt des Falscheides besteht nur, wenn die von dem Zeugen beschworene und von den Richtern als falsch erkannte Tatsache geeignet ist, deren Entscheidung für oder gegen den Angeklagten innerhalb der Hauptverhandlung zu beeinflussen.

Infolgedessen stellt das falsche Zeugnis nicht einen Meineid, sondern eine reine und einfache Lüge dar, gegen die das Strafgesetz keine Verfolgung ausspricht, wenn die beschworene falsche Tatsache in keiner direkten Beziehung zur Hauptverhandlung steht.«

Der Gegensatz zu unserer Auffassung wird klar, wenn man bedenkt, daß bei uns auch die wahrheitsgemäße Angabe der Personalien des Zeugen unter Eid steht. Aber es gibt ja noch eine ganze Reihe anderer nebensächlicher Punkte, die bei uns ein Meineidverfahren zur Folge haben können. Also: Ein Mordfall wird verhandelt; ein Zeuge verneint (fälschlich) die Frage, ob er zu der Frau des Ermordeten intime Beziehungen gehabt habe. Diese Frage ist illustrativ ganz interessant, aber sie steht in keinem direkten Zusammenhang zu dem Verbrechen, dessen Urheber geständig ist. Bei uns gibt es immer Leute, die sich ein Vergnügen daraus machen, ein Meineidsverfahren zu konstruieren. In Frankreich würde man das als eine nicht zu bestrafende Lüge ansehen. Oder: Ein Zeuge, der über eine im Jahre 1926 begangene Straftat aussagen soll, wird von einem Verteidiger gefragt, ob er nicht selbst im Jahre 1913 wegen Unregelmäßigkeiten von seinem damaligen Chef entlassen worden sei. Er verneint das fälschlich – in Frankreich eine Lüge.

Oder: Ein wegen Notzucht Angeklagter ist auch einer Unterschlagung verdächtig; man hat aber in diesem Punkte keine Anklage erhoben. Trotzdem wird die Frage in der Hauptverhandlung gestreift. Ein Zeuge spricht sich (fälschlich) mit Bezug auf die Unterschlagung für den Angeklagten aus. Eine einfache Lüge.

An sich sind die Ausführungsbestimmungen sehr dehnbar. Wenn man will, ist Zeugnis immer »geeignet ... die Entscheidung für oder gegen den Angeklagten zu beeinflussen«. Aber man will offenbar nicht.

Die Gründe für dieses Nichtwollen sind in ganz bestimmten, seit Jahrhunderten sich entwickelnden Anschauungen der Franzosen verwurzelt. Man lese das ausgezeichnete Buch über den Rechtsgang in Belgien von Dr. Fritz Norden, der bis zum Kriege als einziger deutscher Rechtsanwalt in Belgien tätig war, und man wird finden, daß die französische Justiz dem Zeugen und seinem Eide das denkbar größte Mißtrauen entgegenbringt. Es ist das Mißtrauen gegen das schlechte Gedächtnis der Menschen – und gegen den schlechten Charakter.

Das Mißtrauen haben wir auch, aber die Franzosen haben die Konsequenz gezogen, und sie sind mit der Zeit dazu gekommen, den Zeugen und seinen Eid nach Möglichkeit auszuschalten. Weder in Frankreich noch in Belgien gibt es überhaupt einen Offenbarungseid!! (Und man kann dort auch ohne dieses Folterinstrument seine Pleite erleben.)

Im Strafprozeß aber ging man so vor, daß man das Schwergewicht des Verfahrens auf die Schultern des Untersuchungsrichters legte, der bereits sämtliche in Betracht kommenden Zeugen eidlich vernimmt. Der Untersuchungsrichter bereitet die Sache bis zu einem Grade vor, der einer fast völligen Klärung gleichkommt. Die Zeugenaussagen werden protokolliert, so daß sowohl die Eröffnungskammer wie der Vorsitzende der Strafkammer einen sehr guten Überblick gewinnen.

Vor der Strafkammer werden aber nur ganz wenige Zeugen vernommen, offenbar nur diejenigen, auf deren Aussage der entscheidende Wert gelegt wird, wenn an dem Tatbestand noch irgendwie gezweifelt wird.

Man wird, wenn man von unserem deutschen Standpunkt urteilt, gegen dieses Verfahren große Bedenken haben, liegt doch bei uns das Schwergewicht auf der Hauptverhandlung. Aber wichtiger als das, was wir dazu sagen, ist die Meinung des französischen Angeklagten und seines Verteidigers. Und bei beiden gewinnt man den Eindruck, daß sie mit dem Verfahren im Prinzip durchaus zufrieden sind. Vom Angeklagten könnte man immerhin noch annehmen, er schweige aus Bedrückung und Ergebenheit in sein Schicksal. Aber vom französischen Verteidiger kann man wirklich nicht behaupten, er sei maulfaul. Und doch erinnere ich mich kaum, in den drei Wochen französischer Gerichtsbarkeit, die ich erlebte, einen Verteidiger gehört zu haben, der sich beschwerte, man habe zu wenig Zeugen vernommen – der die Ladung weiterer Zeugen beantragte. Ein einziger Anwalt klagte gesprächsweise darüber, daß heutzutage in Frankreich die Voruntersuchung lange nicht mehr so gründlich vorgenommen werde wie ehedem, und er erwies es an einem sehr drastischen Beispiel – was wiederum dartat, daß alle Welt die eigentliche Beweisaufnahme vom Untersuchungsrichter erwartet.

Aber so kritisch unsere Juristen das französische Gerichtsverfahren beurteilen mögen, das eine Resultat bleibt von größter Wichtigkeit. Es gibt keine Meineidsprozesse. Der vor dem Untersuchungsrichter (er gehört zur Polizei) geleistete Meineid bleibt straflos. Ist hier falsch geschworen, so bleibt dem Angeklagten unbenommen, in der Hauptverhandlung sein Recht zu suchen. Die wenigen Zeugen aber, die in der Hauptverhandlung vernommen werden, scheinen bereits auf ihre Zuverlässigkeit hin ausgesucht – denn ganz selten erhebt ein Angeklagter gegen eine Zeugenaussage erheblich Widerspruch. Die Strafkammer arbeitet viel weniger kriminalistisch als juristisch, und es ist weniger der Tatbestand als die juristische Sachlage, die den Gegenstand der Verhandlung zwischen Richter, Staatsanwalt und Verteidiger bildet.

Und dazu kommt noch etwas: Da die Voruntersuchung so gründlich arbeitet, kann das Gerichtsverfahren außerordentlich rasch vonstatten gehen. Da aber diese Schnelligkeit die Erledigung von Dutzenden von Fällen innerhalb weniger Stunden ermöglicht, braucht man wenige Kammern und wenige Richter – und man kann unter den Richtern eine ganz andere Auswahl treffen, als es bei uns geschieht.

Ich habe nicht den mindesten Anlaß, den französischen Richter über den deutschen zu stellen. Ich glaube sogar, daß die Aufgabe des deutschen Richters die schwierigere ist, weil er eben jedenfalls viel mehr nach der kriminalistischen als nach der juristischen Seite prüfen muß. Aber gerade dieser schweren Aufgabe können nicht alle Kräfte in gleichem Maße gewachsen sein, während es auch bei uns nicht schwer sein würde, acht oder zehn Richter von besonderem Format ausfindig zu machen.

Jedenfalls – diese französischen Richter, die ich amtieren sah, machten einen ausgezeichneten Eindruck. Ältere Herren von großer Praxis, von scharfem Blick, von raschester Entschlußkraft. Es erhöht ihre Autorität, daß sie selten dazu kommen, mit den Angeklagten um Nuancen zu feilschen. Bei uns ist es vielmehr ein Kampf von Mann gegen Mann. In Frankreich kämpft der Angeklagte selten noch – meistens wirklich nur vor dem Schwurgericht, wo er ja die Hoffnung hat, daß außerjuristische Maßstäbe Anwendung finden.

Ein Beweis dafür, daß die Angeklagten sich im allgemeinen mit dem Urteil abfinden, bildet die Tatsache, daß es für den gewaltigen Komplex Paris nur eine einzige Berufungsstrafkammer gibt.

Und noch etwas kommt dazu. In diesem Palais de Justice wird

seit tausend Jahren Recht gesprochen, und es ist auch in Äußerlichkeiten nicht so verelendet wie unser armseliges Moabit.

Paris ist wahrlich keine Stadt der Uniformen. Ein paar Jahre nach einem siegreichen Kriege sieht man kaum noch einen Offizier oder Soldaten auf der Straße. Um so bezeichnender, mit welcher Sorgfalt alle Gerichtspersonen angezogen sind. Die Greffiers (Protokollführer) im selben Talar wie die Richter, denen sie ja auch an juristischer Bildung kaum nachstehen, die Huissiers (Gerichtsdiener) in tadellosem Amtsdienerfrack mit weißer Wäsche und goldenen Knöpfen, die Justizpolizisten, die die Ordnung im Saale aufrechterhalten, in ihrer ausgezeichneten dunklen und sauber gehaltenen Uniform. Und gegenüber diesem Aufgebot bei uns: der eine Gerichtsdiener, der eigentlich die Funktionen der drei französischen Helfer in sich vereinigt – mit dem Protokollführer in Frankreich hat er wenigstens das Amt des Zeugenaufrufs und der Ausstellung von Bescheinigungen gemeinsam –, bei uns ein schlecht bezahlter kleiner Beamter, in einer sehr verwahrlosten Uniform, die aus irgendeinem Heeresrestbestand zu ihm gekommen sein mag, die ihm nicht paßt und auf Grund deren er sich gewiß keinen Respekt bei Publikum und Gefangenen verschafft hat. Wenn Deutschland vom französischen Gerichtswesen etwas lernen könnte, so sicher das bißchen Aufmachung, das dazu gehört, eine Sitzung würdig zu gestalten.

VII
Richter und Recht

Wer wagt es heute, Persönlichkeiten von Richtern und Staatsanwälten in der Presse, im Rundfunk oder im Fernsehen zu porträtieren? Nur selten finden wir in den überregionalen Zeitungen der Bundesrepublik anläßlich von großen Prozessen oder Skandalen auch Kommentare über Richterpersönlichkeiten. Die Charakterisierungen von Gerhard Mauz in ›Der Spiegel‹ oder von Rechtsanwalt Hans Schueler in ›Die Welt‹ sind erfreuliche Ausnahmen. Wir vermissen aber in hohem Maße die Vorstellung von Trägern der Dritten Gewalt im Staat. Nur wenige, wie einzelne Bundesrichter, der verstorbene hessische Generalstaatsanwalt Fritz Bauer oder der Frankfurter Landgerichtspräsident Wassermann, sind über ihre Gerichtsbezirke hinaus Begriffe für die Öffentlichkeit. Die großen Männer der Justiz sollten aber häufiger als Menschen und Juristen gezeichnet werden, so daß der Bürger ein wirkliches Bild über ihre Tätigkeit gewinnt. Der Generalbundesanwalt Martin, verantwortlich für Hoch- und Landesverratssachen in Karlsruhe, die Generalstaatsanwälte Günther in Berlin und Henn aus Stuttgart; die bayerischen Ankläger B. Bader, K. Weiss und B. Huber, die in historisch und politisch wichtigen Fällen das Bild der bayerischen Justiz mitbestimmen.

Wer erfährt Kennzeichnendes über so wichtige Träger der Dritten Gewalt wie den Oberlandesgerichtspräsidenten Professor Curt Staff aus Frankfurt oder die Senatspräsidenten und Professoren Werner Sarstedt oder Helmut Külz in Berlin? Man liest von den großen Schwurgerichtsprozessen und den Angeklagten. Aber man erfährt wenig, wie sie von solchen königlichen Richtern durchgeführt werden, wie H. Hofmeyer vom Auschwitz-Prozeß, Hummerich vom historischen Prozeß über die Vernichtung von 400000 ungarischen Juden oder K. Göppner vom Prozeß um die Ermordung der Juden in Holland, zu denen Anne Frank und die Karmelitin Edith Stein gehörten. Einen Versuch, die dramatis personae eines solchen Prozesses zu schildern, habe ich in meinem Buch ›Edith Stein und Anne Frank – Zwei von Hunderttausend‹ unternommen. – Wir wünschten uns auch Porträts unserer Richterinnen in Karlsruhe, Hamburg, Düsseldorf und Berlin, die Richterinnen von York, May, Stenzel, um nur einige zu nennen, die eine neue Justiz-Ära zeigen.

Um wieviel wichtiger sind »Köpfe« dieser Richter und Ankläger für das Image der Bundesrepublik als die vielen Bilder von Angehörigen der Exekutive und von Cocktailschlürfern, die uns zum Überdruß serviert werden. Fernsehen und Rundfunk haben hier wichtige Pflichten im Interesse des Rechts nachzuholen und, wo notwendig, auch offene Kritik zu üben. Das Tabu, über Verteidiger und Taktik nicht zu berichten, wird allzu langsam gebrochen.

Sling hat bereits vor vierzig Jahren mit Einfühlungsvermögen, Humor und Eleganz Richter porträtiert, in diesem und schon in früheren Kapiteln. Das war ein wichtiger Beitrag für die Rechtspflege. Einige schrien damals, eine solche Porträtierung und Richterkritik sei ein Eingriff in ein schwebendes Verfahren. Dieser Schrei ertönt gewöhnlich dann, wenn die Kritik an einer Prozeßführung oder an einem Urteil besonders berechtigt ist. Schon damals hatte Sling in Besprechungen in den Justizministerien und mit Richtern klargemacht, daß allein die Exekutive davon Abstand nehmen müsse, Urteilsschelte zu üben, weil dies als Eingriff zur Herbeiführung einer ihr genehmen Gerichtsentscheidung gedeutet werden könne.

Was hätte Sling über den Freispruch des Freislerschen Beisitzers, des Kammergerichtsrats a.D. Hans Joachim Rehse, durch ein Berliner Schwurgericht im Dezember 1968 geschrieben, der wegen Mitwirkung an unmenschlichen Todesurteilen auf der Anklagebank saß? Wir haben viele gute Berichte über den Prozeß gelesen, aber ein Sling-Porträt über den Schwurgerichtsvorsitzenden Dr. Oske hätte den bisher unerklärlichen psychologischen Hintergrund dieses Urteils für viele erhellen können.

Vielleicht werden die Richterporträts von Sling durch eine neue Generation von Gerichtskritikern und begabten Berichterstattern endlich eine Fortsetzung finden. Die Träger der Dritten Gewalt sollten in Deutschland nicht weniger von der Öffentlichkeit gewürdigt werden als in den angelsächsischen Ländern: Man denke z.B. an solche auch in Deutschland bekannten Richterpersönlichkeiten aus den USA wie Earl Warren, Robert H. Jackson, Felix Frankfurter oder an die königlichen Richter in England. Wir wissen über ausländische Richter mehr als über viele Träger der Dritten Gewalt in Deutschland. Vielleicht regt diese Neuausgabe des Sling-Buches dazu an, daß sich der Präsident des Deutschen Richterbundes, Drees, mit seinen Kollegen und Kritikern wie Müller-Meiningen jr., Hans Schueler, Gerhard Mauz und von der jüngsten Generation Christian Habbe und Sternsdorff einmal zusammensetzt, um den Menschen der Bundesrepublik die Dritte Gewalt und ihre Bedeutung näherzubringen.

Die Anwälte und großen Politiker Adolf Arndt und Josef Neuburger sollten bei einer solchen Diskussion nicht fehlen, weil sie weitreichende Erfahrungen in Praxis und Justizverwaltung haben. Dies würde auch für die Klärung des Problems der ›Hysterisierung der Justiz‹ (Strafrichter Jan-Wolfgang Berlit, ›Frankfurter Allgemeine Zeitung‹, 21. Mai 1969) wichtig sein.

Der Jurist

Er ist der Mann des Rechts, ganz aus dem Herzen, und aus einem leidenschaftlichen dazu. Die Jurisprudenz ist seine Geliebte bis zu dem Grade, daß die übrige Welt für ihn versinkt, wenn er sein Urteil spricht. Dann ist er allein mit ihr, dann strömen feurige und große Worte von seinen Lippen, die Stimme senkt sich in den Einschachtelungen zu bedeutungsvollem Flüstern, oder sie donnert in den Hauptsätzen dahin in machtvoller Ausstrahlung. Geschmeidig umspielt sie Kniffichkeiten – dann ist es, als ob die zärtlichste Delikatesse über seine Lippen gleite. Kein Wort aber – schon bei der Vernehmung des Angeklagten – kommt von ihm, das nicht von dem Rechtsempfinden heraus gestaltet wäre. Das hat manchmal seinen spielerischen Beiklang und kommt doch aus der vornehmsten Gesinnung. Vor ihm kann ein Strolch stehen, und er sagt immer: »der Herr Angeklagte«. Persönliches Interesse für den Herrn Angeklagten, psychologisches Spürtalent ist vielleicht gar nicht seine stärkste Seite, er wird darin von manchem seiner Kollegen übertroffen. Niemand aber erwägt gewissenhafter als er, ob ein Angeklagter durch die Maschen des Gesetzes schlüpfen darf oder ob er im Netz hängenzubleiben hat. Da steht einer mit braunem Wollschal um den Hals. Er soll einen erpresserischen Brief an einen Handelsmann geschrieben haben, der an einem Postraub beteiligt war. Gegen den Handelsmann ist inzwischen tatsächlich wegen des Raubes Untersuchung eingeleitet worden. Der Angeklagte aber erklärt, er habe sich die ausgesetzte Belohnung verdienen und den Raub aufdekken wollen. Nun habe er den Verdächtigen durch den Brief in eine Gastwirtschaft bestellt, um zu sehen, wie er sich verhalte.

Der Richter spricht: »Man muß sich in den Gedankengang des Herrn Angeklagten versetzen, und nur auf dessen subjektive Einstellung kommt es an. Gewiß hat der Herr Angeklagte aus egoistischem und materiellem Interesse gehandelt, er wollte Geld verdienen. Aber nicht das Geld des Mannes, an den er den Brief schrieb, sondern die von der Post ausgesetzte Belohnung. Der Angeklagte, der von einer früheren Beschäftigung bei der Polizei gewisse Kenntnisse hatte, dem der Adressat verdächtig war, wollte sehen, wie sich der Adressat auf den Brief verhielt. Er wollte ergründen, welchen psychischen Eindruck der Brief machte, und er wollte aus dem Verhalten dann diejenigen psychologischen Schlüsse ziehen, die zur Aufhellung des Postraubes nötig waren. Der Adressat hat der Aufforderung Folge geleistet, er ist in der Gastwirtschaft erschienen, aber zu einer Zeit, von der er wußte, daß der Herr Angeklagte nicht anwesend war – nur um sich nach der Person des Herrn Angeklagten zu erkundigen. Aus diesem Verhalten schloß der Herr Angeklagte auf eine Schuld des Herrn Briefempfängers, und er machte seine Anzeige, die nun zur Erhebung der Anklage gegen den Herrn Briefempfänger führte. Man kann also nicht sagen, daß der Herr Angeklagte aus erpresserischen Motiven den Brief geschrieben hat, und es ergeht deshalb ein freisprechendes Urteil.«

Aber es kommt auch der Augenblick, wo der gütige Mann zum zornigen Rächer wird. Eine Frau steht vor ihm, die ihr eigenes Kind mißhandelt hat. Auch hier beginnt er ruhig mit einer Verlesung der Gesetzesparagraphen, die für die Tat in Betracht kommen. Dann beginnt er leise mit einer Zusammenfassung der von den Zeugen beschworenen Tatsachen. Und nun erhebt er seine Stimme:

»Es ist also erwiesen, daß diese Mutter ihr Kind zu wiederholten Malen auf das bestialischste mißhandelt hat, so daß die Nachbarschaft daran den lebhaftesten Anstoß nahm. Sie hat das Kind aus dem Schlaf gerissen, um es mit wahren Marterinstrumenten zu mißhandeln. Einer solchen Frau gegenüber ist keine Milde am Platze. Sie mußte die ganze Schwere des Gesetzes treffen. Gott schütze unsere deutschen Kinder vor solchen Müttern. Die Frau ist sofort in Haft zu nehmen und abzuführen.«

Es ist eine kleine Schaumperle auf seinen Lippen, er hält erschöpft inne. Ein Wehgeschrei durchhallt die enge Gerichtsstube. Die heulende Frau wird abgeführt, der Ehemann will sich auf die Hauptbelastungszeugin stürzen, die Kinder heulen durcheinander.

Der Richter bleibt stumm. Er hält das Haupt tief gebeugt über seinen Richtertisch. Sein eigenes Herz ist in Mitleidenschaft gezogen, er braucht Minuten der Ruhe, um sich für den nächsten Fall zu sammeln, und so wartet er geduldig, bis die Wachtmeister allen Lärm verscheucht haben. Dann noch ein tiefer Atemzug, und er ist bereit zu neuen Dingen, zu feinster geistiger Arbeit, zu genauester Abwägung, zu ritterlichem Geplänkel wie zu tiefstem Ernst und edelster Menschlichkeit.

Der Beamte

Er ist mit jungen Jahren Landgerichtsdirektor geworden, und nun sitzt er rosig, korrekt und dekorativ mit einer silbernen Tresse am samtenen Barett zwischen den Schöffen und verwaltet sein Amt. Seine friedlichen, großen, aber unbewahrten, grauen Augen drücken nicht gerade etwas Bestimmtes aus. Es sind nicht die feurigen Flammenaugen eines Rechtssuchers großen Stils und auch nicht die spitzen und scharfen des leidenschaftlichen Kriminalisten. Sie sind ganz gutmütig, etwas skeptisch, ganz leise spöttisch – vor allem aber korrekt wie der hohe Stehkragen und die mit mathematischer Sicherheit geknüpfte weiße Krawatte. Seine Stimme klingt mit einer gemessenen Tonstärke durch den Saal. Er hat es fast nie nötig, sie zu schneidender Schärfe zu steigern – wiewohl er dessen fähig wäre. Seine kühle, gerade Haltung macht alle Exzesse vor seinem Stuhl unmöglich. Den Anwälten gegenüber sehr freundlich, den Angeklagten ohne Vertraulichkeit, ohne fühlbares Mitleid, aber auch ohne Abscheu und ohne Härte. Sein Wesen zeigt durchaus nicht abgezirkelte Selbstdressur – er gibt sich ganz natürlich, wie er ist –, Sprößling einer alten Beamtenkultur, die gewohnt ist, mit Gleichmut, etwas Liebenswürdigkeit und etwas Würde ihre Pflicht zu tun. Geistiges Kämpfertum, leidenschaftliches Mitfühlen liegen fern von seinem Wege, aber auch die juristische Finesse ist ihm kein Selbstzweck. Alles kommt darauf an, den Fall richtig in seine Kategorie einzureihen. Niemals wird er aus irgendeiner Verstimmung heraus einem Angeklagten den Beweis seiner Unschuld einengen, immer wird er aller Formalitäten spielend Herr. So ist er weder interessant noch interessiert. Er bewahrt sich seine geistige Unabhängigkeit vom Staatsanwalt; wenn er urteilt, so sucht er hübsch den Mittelweg, und er findet ihn, ohne daß ein innerer Kampf sichtbar würde. Er hält sich an das Gesetz und läßt sich von einem eingeborenen gesunden Menschenverstand beraten.

Das Urteil fließt kühl von seinen Lippen. Man ist als Angeklagter gar nicht schlecht bei ihm aufgehoben. Aber man verläßt seinen Saal weder zerknirscht noch erhoben – innerlich unberührt –, weniger gerichtet als verwaltet.

Er gibt dem Gericht nicht nur Ernst und Würde, auch Schönheit. Der schwarze Talar, das silbergestickte Barett verstärken diesen Eindruck, der durch keinen falschen Ton gestört wird. Denn seine Würde ist ohne Pathos, sein Ebenmaß ohne Gefallsucht. Es ist, als habe die Natur ihm alles gegeben, um ein Richter zu sein. Deshalb haben ihn sein Erfolg, sein weitverbreiteter Ruf nicht eitel, selbstsüchtig, rechthaberisch oder unbelehrbar gemacht. Sein Amt bringt ihm das Elend der Herzen immer allzu nahe. Er kann kein glücklicher Mensch mehr werden; man fühlt: Sein Herz ist milde, milde geworden. Aber seine Überzeugungen sind streng. Er ist Strafrichter, und er straft die Missetat nach den Richtlinien des Gesetzes.

Dem Ebenmaß der Erscheinung entspricht der nahezu vollkommene Ausgleich von Verstand und Gefühl. Kein Richter beherrscht besser als er die Akten, keiner handhabt müheloser den technischen Apparat. Ohne Erregung und ohne Hast, aber auch ohne überflüssiges Verweilen läßt er die Verhandlung sich abwickeln. Er zeigt dem Angeklagten jene ferne Freundlichkeit, die Vertrauen erweckt, ohne der Vertraulichkeit Raum zu geben. Wenn er die Zeugen zur Wahrheit mahnt, ist das keine zum Überdruß wiederholte Formalität, weil er in jedem einzelnen Falle annimmt: Dieser Mensch steht zum ersten Male vor Gericht.

Seine Stimme ist ein klangvoller und geschmeidiger Bariton. Seine Sprache entgleist in keinen Dialekt – das beste Deutsch ist ihm für die Gerichtsstätte gerade gut genug. Aber er versteht den Sünder, der vor ihm steht. Ohne Mühe fühlt er sich in dessen Seele hinein, bald ist ihm die letzte Regung bekannt.

Er kennt nicht nur das Gesetz – er kennt auch die Strafe, er weiß um die Folgen, und er spricht aus der vollen Verantwortung seines Gewissens schuldig und frei. Er hat auch ein Lächeln, ein seltenes, das nicht recht heiter werden kann. Dieses Lächeln ist von einer sonderbaren Melancholie, öfter noch unheilbar skeptisch.

Er leitet eine Berufungskammer, und da ein Schöffengericht selten ohne jeglichen Grund verurteilt, stehen zumeist Schuldige vor ihm, die um eine mildere Strafe bitten oder die ihre Tat leugnen.

Dieses nun liebt er nicht, deshalb verwendet er oft lange Zeit und eine große Beredsamkeit darauf, den Schuldigen zum Geständnis zu bringen. Gerade in diesen Fällen läßt er sein Herz sprechen, und er sagt dem Reumütigen Milde zu.

Spricht er frei, ermäßigt er die Strafe, so ist seine Verkündung wirklich befreiend. Verurteilt er, so ist sein Urteil in Fassung und Ton Strafe an sich.

Der Leidende

Er ist ein Mensch, und er leidet unter dem Wust von Unrat, der vor seinen Stuhl geschleppt wird. Der Bezirk seines eigenen Wesens ist reinlich und vielleicht doch nicht frei von Schuld – oder Komplikation, ihm eingeboren oder von außen in sein Leben hereingetragen. Was ihn selbst persönlich bedrückt, ist nicht zu vergleichen mit dem, was die Leute vor seinen Richtertisch führt. Nein, er hat nie eine Polizeistunde übertreten, und das Eigentumsvergehen ist ihm so fremd wie lärmender Unfug, verbrecherische Gier, gemeine Ausnutzung. Und doch ist er mit Zweifeln an sich, an Gott, an der Welt belastet. Er hat nicht die robuste Selbstsicherheit des geborenen Beamten, mit dem ganz unfragwürdigen Unterscheidungsvermögen von Gut und Böse. Es wäre denkbar, daß er abends zu Hause zwischen seinen Büchern sitzt und Herz und Hirn mit Ideen grausam plagt. Vielleicht verführen ihn die Gedanken weit aus dem Bereich gesetzmäßiger Ordnung.

Steht dann der Dieb vor ihm, so erscheint ihm die Tat so erbärmlich klein und nebensächlich. Er mag fragen: »Wie erst würdest du, Dieb, sündigen, wenn du von Büchern und Ideen wüßtest! Das Netz des Gesetzes fängt nur herumschwirrendes Kleintier. Das unheilvoll Große liegt in den Wolken, in den Düften, im Licht. Eigentlich sehe ich dich gar nicht, Dieb, und ich muß dich strafen, weil ich dazu verurteilt bin, weil es mein Schicksal ist, strafen zu müssen.

Wenn der Dieb wenigstens besser würde! Aber immer dieselbe Geschichte: Bist du ein Sünder aus schlechtem Herzen heraus, so bist du ein unheilbar krankes Glied, für das die Strafe gar keine Behandlung ist. Hast du aus einmaligem Leichtsinn gehandelt, so verdienst du vielleicht wirklich Strafe. Aber die, die ich dir bieten kann, schändet dich, bringt dich in üble Gesellschaft, macht dich vielleicht wirklich schlecht!«

Und aus einer ewigen, sich niemals abstumpfenden Qual gebiert er seine Urteile. Kein Wort verrät die Unbegrenztheit seines Gefühls, die Ungebundenheit seiner Gedanken. In der Prozeßführung selbst erscheint er oft trockener, sachlicher als die meisten seiner Kollegen. Er hat die Güte im Herzen, aber nicht auf der Zunge. Zuweilen, ganz selten zwingt ihm die Komik einer Situation ein Lächeln der Lippen ab, aber sein Herz hat kein Lächeln, es ist zu beschwert.

Der Strafrichter

Er ist unabsetzbar – aber wer hält ihn?

Diese Frage, mir schon lange fühlbar, wurde durch ein Sondererlebnis brennend. Und sie gewann in mir an Bedeutung durch die Münchener Rede des Reichsgerichtspräsidenten. Er will der deutschen Justiz aus der Vertrauenskrise heraushelfen. Wer guten Willens ist, wird ihm dabei helfen müssen.

Die dauernde Beschäftigung mit der Kriminaljustiz führt zu einer sich steigernden Hochachtung vor unseren Strafrichtern. Trotz aller Unbegreiflichkeiten, die an dieser Stelle nicht aufgezählt zu werden brauchen. Wenn ich das Moabiter Feld überblicke, habe ich einige starke Individualitäten, ausgesprochene Richtertalente, vor dem Auge – Männer, die zu ihrem Berufe geboren sind und ihn mit einer besonderen Art heiliger Leidenschaftlichkeit erfüllen.

Daß solche Gestalten Ausnahmen sind, liegt in der Natur einer Sache, die eine außerordentlich große Menge einigermaßen gleichgerichteter, gleichgestimmter Persönlichkeiten erfordert.

Das Gros wird von Beamtennaturen bestritten, die das Recht mehr verwalten als es formen. Aber – Respekt vor diesen Beamten. Ihr Fleiß, ihre Gründlichkeit wetteifert mit ihrem Bestreben, sich in ihnen oft fernliegende Gedankengänge und Gefühlskomplexe einzuleben. Sie fühlen sich an das Gesetz gebundener, und wenn sie Recht sprechen, wird die Unzulänglichkeit des Gesetzes fühlbarer als etwa ein Versagen des Richters. Freilich wird der oft dazu neigen, die Verantwortung auf das scheinbar unumstößliche Gesetz zu schieben. Der mehr freischaffende Richter sieht zu, wie er das Gesetz lebendig, schmiegsam, beweglich halten kann – um aus der Anschauung der Individualität des Angeklagten und seiner Ziele zu einem für den Fall passenden Urteil zu gelangen. Der mehr verwaltende Richter wird öfter sein

Herz schweigen lassen. Sein Urteil ist mehr von der staats- oder rechtspolitischen Einsicht diktiert als von der besonderen Lage des Falles. Er selbst versucht auch weniger, einen Einfluß auf die Seele des Rechtsbrechers zu gewinnen. Er spricht die »Sühne« aus, die ein Verbrechen erfordert, er »schreckt ab« – von dem lebendigen Objekt seiner Rechtsprechung ist er durch eine ungeheure Kluft getrennt. Und doch ist auch dieser verwaltende Verhandlungsleiter selten bei einem Urteil zu betreffen, das augenscheinlich völlig fehlgeht. An seinem Ernst, an seinem guten Willen ist – ich spreche ausdrücklich in erster Linie von Berlin – nicht zu zweifeln. Eher wendet sich das Gefühl gegen gewisse Beisitzer, deren verhältnismäßig seltene Äußerungen oft einen verbitterten und zur Härte treibenden Geist verraten.

Es gibt natürlich Fälle, in denen das gute Beamtentum nicht ausreicht, namentlich nicht das, das zugleich mit der militärisch-gesellschaftlichen Bindung des Reserveoffiziertums den 9. November und seine Folgen noch nicht überwunden hat. Gewisse Fälle erfordern eine menschliche Einsicht und ein kraftvolles Herz, was eben nicht überall zu finden ist – und vor diesen Fällen erleben wir die »Versager«, die leider die Vertrauenskrise hervorgerufen haben.

Eines ist merkwürdig: daß von jenen geborenen Richtern, denen das allgemeine Vertrauen rasch und lebhaft entgegenkommt, selten einer dazu gelangt, einem Berliner Schwurgericht vorzusitzen. Haben sich auch die Verhältnisse seit einem Jahre etwas gebessert – mit Bedauern sah man einen Mann von diesem Posten scheiden, den er mit einer großen Feinfühligkeit und mildem Gerechtigkeitssinne ausfüllte, ohne der Würde je etwas zu vergeben. Warum ging gerade er? Warum hielt man ihn nicht – der so gern geblieben wäre? Aber auch in den Schöffengerichten finden dauernd Wechsel statt, die unbegreiflich erscheinen.

Vor einigen Tagen traf ich einen Richter, den ich nicht gerade häufig sehen konnte, weil er an einem der Berliner Peripheriegerichte fungiert. Man kommt ja nicht alle Tage nach Pankow, Lichterfelde, Potsdam, Spandau ... Aber je öfter ich ihn amtieren sah, um so tiefer wurde ich von der besonderen Eignung gerade dieses Mannes überzeugt. Er hat immer dem Gesetz gegeben, was er dem Gesetze schuldig war. Aber er ist ein Mann, der nie einen Augenblick vergißt, daß ein Unglücklicher vor ihm steht – auch wenn der es gar nicht weiß, wenn er in törichter Frechheit aufbegehrt. Zuweilen schien es, als leide dieser Richter mehr als der Angeklagte. Und doch war er gar nicht wehleidig. War rasch und gesund in seinen Entschlüssen. Ein guter und kraftvoller Mensch, der die Quellen seines inneren Daseins nicht nur aus Paragraphen bezieht.

Diesen Mann also traf ich und hörte mit Erstaunen aus seinem Munde, daß er im Januar wieder zur Ziviljustiz übertrete. Ich protestierte ganz spontan – er wunderte sich und fragte. Und als ich ihm nun mit Überwindung einiger Hemmungen ins Gesicht sagte, daß ich nicht der einzige sei, der seinen Fortgang für einen schweren, vielleicht unersetzlichen Verlust für die Strafjustiz halten würde – daß gerade er ein Berufener sei – daß, wenn man auch die Gleichheit aller Richter nicht verlangen oder erwarten dürfe, er so unentbehrlich sei, weil ... ich sprach nicht zu Ende, weil ich mich nicht berufen fühlte, zu loben, wo ich verehre – da sah ich den reifen Mann erröten und verlegen lächeln und hörte ihn sagen: »Das wußte ich ja alles gar nicht – das hat mir noch niemand gesagt – Sie machen mich in meinem Entschluß wanken –«

Es hat ihm niemand gesagt.

Wir aber müssen fragen: Ist niemand da, so etwas zu sagen? Wäre der Fall vereinzelt, so könnte man gern an einen Zufall glauben oder an Gründe, die sich dem außenstehenden Betrachter entziehen. Aber – wir sehen gute Männer gehen – gleichgültigere kommen. Besonders Befähigte bleiben im Avancement stekken – andere, gegen die man Bedenken äußern mußte, kommen vorwärts, aufwärts. Woran liegt es? In Parenthese: Die Presse ist kaum befugt, in diesen Fragen mit Initiative voranzugehen. Der Richter ist kein Künstler, der des lobenden Zuspruchs bedarf oder den man mit sanfter oder heftiger Kritik auf den rechten Weg weisen sollte. Gewiß wird man in diesem oder jenem Falle Einspruch erheben oder Zustimmung äußern. Aber man wird es vorziehen, wenn möglich, keine Namen zu nennen – schon um die Reinheit der Atmosphäre nicht zu trüben.

Es scheint indessen, als sei man im Justizministerium nicht hinreichend von der Wirksamkeit einzelner Persönlichkeiten unterrichtet. Sonst würde es wohl mehr darauf sehen, gerade die Richter der Strafjustiz zu erhalten, die für dieses Amt besonders geeignet sind.

Nicht Fall Marschner – Fall Schwurgericht

Gegen den Berliner Landgerichtsdirektor Marschner war in der Presse der Vorwurf erhoben worden, er habe über ein Schwurgerichtsurteil gesetzwidrig abstimmen lassen. Gegen Urheber und Verbreiter dieser Behauptung wurde Anklage wegen Beleidigung erhoben. Das unerhörte Aufsehen, das dieser Fall verursachte, hatte verschiedene Gründe: Vor allem waren erstmals aus einem Beratungszimmer die Einzelheiten einer Abstimmung in die Öffentlichkeit gedrungen. Sie zeigten einen Abgrund von Un-Justiz. Trotzdem haben sich Gesetzgebung und Richtertum bis heute nicht entschließen können, Abstimmungsergebnisse offenzulegen, wie dies bei angelsächsischen Gerichten üblich ist. Der vorhandene Justiz-Mystizismus würde durch den Fortfall des Beratungsgeheimnisses verschwinden und das Vertrauen zur Rechtsprechung gefördert. Auch die Rechtsbelehrung der Laienrichter sollte öffentlich geschehen, so daß gelegentliche lasche Fragen von Vorsitzenden an Schöffen wie »Was wollen wir denn dem Angeklagten geben?« aus unseren Beratungszimmern endgültig verschwinden würden.

Der Marschner-Prozeß, in dem der Anwalt Themal, der Redakteur Ruppel und ich selbst an der Aufklärung der Wahrheit beteiligt waren, hatte recht erfreuliche Folgen: So wurden Justizpressestellen bei den Preußischen Gerichten eingerichtet, damit die Journalisten sich nach dem Sachstand von Verfahren erkundigen konnten, ohne auf Gemunkel in Gerichtskorridoren angewiesen zu sein. Noch wichtiger war es, daß der Preußische Justizminister Schmidt zum erstenmal Merkblätter für Schöffen und Geschworene herausgab, die »Vorgänger« der heute existierenden Kurse für Laienrichter wurden. Zur Veröffentlichung einer

Laien-Fibel, die den Laienrichtern vor Einberufung zu einem Termin zugeschickt werden müßte, ist es allerdings bis zum heutigen Tage nicht gekommen.

Vor Beginn dieses Prozesses fragte mich ein hervorragender Jurist, ob ich nicht einsähe, daß auch meine (wenngleich nicht inkriminierte) Veröffentlichung des Falles Marschner ein schwerer Fehler gewesen sei.

Nach Beendigung des Prozesses muß ich sagen: Hätte der ›Montag-Morgen‹ nicht durch seine überscharfe »Aufmachung« diesen Beleidigungsprozeß herbeigeführt – ich wünschte, auch meine Fassung wäre anfechtbar gewesen, um diesen Prozeß zu ermöglichen.

Nicht etwa, daß es mein Wunsch gewesen wäre, Herrn Marschner wehe zu tun. Landgerichtsdirektor Marschner ist ein schwer kriegsverletzter Mann. Wie er, trotz empfindlicher körperlicher Behinderung, seine Pflicht tut, erheischt allgemeine Achtung, und es ist unsere Pflicht, gewisse Sonderheiten seines Temperaments, die vielleicht auf die Kriegsverletzung zurückzuführen sind, auch da zu respektieren, wo sie uns nicht gefallen. Er sagt, er sei über jedes Lob erhaben, er bevorzuge den Tadel, er wittere hinter dem Lob »Anschleimerei«. Nun, wir werden uns dadurch nicht irremachen lassen, seine Qualifikation zum Strafrichter in den Fällen anzuerkennen, in denen er menschliche Delikatesse erweist.

Aus diesem Prozeß geht seine Richterehre ungetrübt hervor. Das muß man akzentuieren, auch wenn man der Überzeugung ist, daß er in der aktenmäßigen Behandlung des Geschworeneneinspruches keine glückliche Hand hatte. Immerhin der Fall war neu. Marschner hat nicht den mindesten Versuch gemacht, die Angelegenheit zu verhehlen, sondern er hat sie mit einer Reihe von Richterkollegen sofort durchgesprochen. Zweifellos hat aber auch das Verhalten des Rechtsanwalts Themal eine die Sache fördernde Aufklärung verhindert.

Was die Vorgänge im Beratungszimmer betrifft, so kann kein Zweifel darüber sein, daß die Richter von einer durchaus einwandfreien Abstimmung subjektiv überzeugt waren. Daß aber die Abstimmung objektiv einwandfrei war, daß die Belehrung der Schöffen den Vorschriften des Gesetzes entsprach, das wurde nicht erwiesen! Freilich, in allen Einzelheiten aufgeklärt sind die Vorgänge nicht. Die Darstellungen, sogar der Richter, stimmen nicht vollkommen überein. Die Aussagen der Schöffen sind noch verwirrender. Man hatte die schönste Auslese von Beweisen für die Unzulänglichkeit von Zeugenaussagen vor Gericht.

Man muß aber weiter sagen, daß die Verwirrung angerichtet wurde durch einen Vorgang, der im Gesetz weder vorgesehen noch verboten ist, der sich als ein Hilfsmittel zur Ermittlung des Wahrspruchs zu empfehlen scheint – und der dennoch als überaus bedenklich angesehen werden muß. Das Gesetz kennt nur Abstimmungen über Schuld und Strafe. Hier aber geschah ein Mehr.

Als erwiesen darf man folgendes halten: Unmittelbar nach Eintritt in das Beratungszimmer erkundigte sich der Vorsitzende gewissermaßen gesprächsweise nach den Meinungen der Geschworenen, die in ihrer Mehrzahl sich für den Freispruch der Angeklagten aussprachen.

Darauf hielt der Berichterstatter seinen Vortrag, in dem er das Für und Wider auseinandersetzte. Hier hätte sich der Regel nach erst die Abstimmung über die Schuldfrage, dann die über die Strafhöhe anschließen müssen. (Die Wiederholung von Abstimmungen – z. B. wenn der Vorsitzende glaubt, ein Fehlurteil verhindern zu müssen, und durch abermalige Rechtsbelehrung eine Änderung des Votums anstrebt – ist nach Ansicht der Juristen durchaus zulässig.)

In diesem Fall ließ aber der Vorsitzende auf Vorschlag des Berichterstatters zwei andere Abstimmungen vorangehen – und zwar Abstimmungen über den Tatbestand. Kein Zweifel, daß der Berichterstatter hiermit die besten Absichten gehabt hat. Er wollte logisch vorgehen: War der Tatbestand, den die des Meineids Angeklagten bestritten, als wahr erwiesen, so mußten diese Angeklagten einen Meineid geleistet haben.

Diese rechnerisch so einleuchtende Methode hat nur einen sehr entscheidenden Fehler: Der Tatbestand selbst ist in den meisten Fällen ebenfalls nur durch Eide zu erweisen. Isoliert man den Tatbestand von dem Komplex des angeblich geleisteten Meineids, so hat man es mit erschworenen Geschehnissen zu tun, an deren Wirklichkeit nicht zu zweifeln ist. Hält man aber die beiden Eidgruppen gegeneinander, so wird ein anderes Bild erscheinen – es wird alles darauf ankommen, welche Personen als die glaubwürdigeren erscheinen.

In dem konkreten Fall waren die Geschworenen nach dem Gesamtergebnis der zweitägigen Verhandlung von der Schuld der Angeklagten nicht überzeugt. Darauf probierte man es mit dem rechnerisch-logischen Kunststück. Man begnügte sich aber nicht, es in der Diskussion als ein Hilfsmittel der Überredung zu verwerten, sondern man ließ die Geschworenen über den isolierten Tatbestand abstimmen – und erzeugte hierdurch eine völlige Verwirrung in den Köpfen. Die Geschworenen konnten nämlich der Logik nicht widerstehen; hatten sie den Tatbestand durch ihr Votum als bewiesen betrachtet, so mußten sie auch die Schuldfrage bejahen; sie brachten jedenfalls die zur Verurteilung erforderliche Zahl von Stimmen auf. Und verließen das Gericht – ohne von der Schuld überzeugt zu sein. Die Fehlerquelle des an ihnen erprobten Verfahrens hatten sie natürlich übersehen – sie wußten am Ende selbst kaum, wie sie gestimmt hatten. Einige glaubten, schon in der Vorabstimmung sei die Entscheidung gefällt worden!

Die Verwirrung war nachhaltend. Es sind von den Beteiligten des Marschnerprozesses viele mehr oder weniger witzige Bemerkungen über die Intelligenz dieser Geschworenen gemacht worden, und man feierte dabei – angesichts der beiden zu Gericht sitzenden Schöffen – sozusagen keine Orgien des Taktes. Man ließ es auch vom Richtertisch aus nicht an einer kräftigen Dosis Ironie fehlen, und man bekam schon hierdurch einen Begriff davon, was die gelehrten Richter von den Schöffen halten – wie sich die Unterhaltung mit ihnen gestaltet.

Ernster zu nehmen einige private Äußerungen von Juristen, die da glaubten, endlich erwiesen zu sehen, wie notwendig das Emmingersche Schwurgericht sei – wie unmöglich, in die Hände der Geschworenen allein das Wohl und Wehe von Angeklagten zu legen!

Welcher Trugschluß! Angenommen, diese sechs Geschworenen wären wirklich besonders unverständig gewesen – so bot das alte Schwurgericht mit seinen zwölf Geschworenen doch eine gewisse Garantie dafür, daß sich ein paar vernunftbegabte Wesen darunter befanden. Diese zwölf aber über einen Tatbestand abstimmen zu lassen, wäre vollkommen ungesetzlich gewesen. Wieso soll eine solche Abstimmung im neuen Schwurgericht erlaubt sein, während sie im alten unmöglich war?

Aber weiter! Will man denn wirklich behaupten, daß dieses deutsche Volk von sechzig Millionen, das sich doch immerhin irgendwie mit verständiger Arbeit durchs Leben schlägt, nicht die paar tausend gesunder Köpfe hat, die zu einem Laienrichteramt ausreichen? Sind alle Deutsche Idioten, weil man die Schöffen auf eine idiotische Manier eruiert? Die Klagen über das herrschende Auslosungssystem sind allgemein – aber ist das Schwurgericht schlecht, weil die Gedankenfaulheit der uns beherrschenden Juristen keine bessere Methode ersinnt?

Man sagt: Wir können doch nicht noch Examen für Schöffen einrichten. Aber gibt es zwischen Examen und dem Nichts vielleicht nicht doch einen gangbaren Mittelweg? Kann man die mit Glück versuchten Schöffenkurse nicht obligatorisch machen? Man legt den Geschworenen ein Stück Papier und einen Bleistift hin. Man setzt bei ihnen also die Fähigkeit zum Schreiben voraus. Ist es zu bezweifeln, daß sie lesen können? Kann man ihnen nicht noch einen – gedruckten – Zettel hinlegen, auf dem sie in wenigen markanten Sätzen über ihre Hauptpflichten und -rechte unterrichtet werden? Die Mehrzahl der Sonnabend vernommenen Geschworenen bestritt, über die Mehrheitsvorschriften belehrt zu sein. Es kann dem gewissenhaftesten Vorsitzenden passieren, daß er eine solche Belehrung vergißt. Aber solche Belehrung kann nicht vergessen werden, wenn es Vorschrift wird, sie gedruckt auszuhändigen und mündlich (von einem nicht dem Gericht angehörenden Richter!) interpretieren zu lassen.

Die Richter des Marschnerprozesses waren der Überzeugung, die gekränkte Ehre des Herrn Marschner durch besonders schwere Geldstrafen wiederherstellen zu müssen, wo sich der Staatsanwalt in seinem Antrag mit viel milderen begnügt hätte. Vielleicht sah er ein, was ein Gericht unter Herrn Amtsgerichtsrat Ahlsdorf nie einsehen wird.

Die Darstellung des ›Montag-Morgen‹ litt unter schuldhaften Übertreibungen, die bestraft werden müssen, die aber sehr verständlich sind in einer Zeit, in der man ein Unwissen mit instinktmäßiger Sicherheit fühlt, ohne es erweisen zu können. Bis dann ein solcher Prozeß doch Licht in das sorgsam gehütete Dunkel bringt. Und dieser Prozeß hat folgendes erbracht:

1. Das Geheimnis des Beratungszimmers ist gefallen.
2. Es gibt Tatbestandsabstimmungen, die im Gesetz nicht vorgesehen sind.
3. Wenn sie ungesetzlich sind, so ist erwiesen, daß die Teilnahme der gelehrten Richter an der Beratung über die Schuldfrage ungesetzliche Vorgänge nicht nur nicht ausschließt, sondern fördert. Die Verständigung zwischen gelehrten und Laienrichtern ist unmöglich. Deshalb fort mit Emminger!
4. Das Erinnerungsvermögen der gelehrten Richter ist ebenso lückenhaft wie das der Laien.

5. Deshalb muß der Kampf gegen den wegen jeden Quarks geleisteten Eid auf das energischste aufgenommen werden.
6. Das bestehende System für die Auswahl von Schöffen ist miserabel und muß geändert werden.

Deshalb gebührt den drei Angeklagten – neben der formellen Strafe, die sie treffen mußte – ein nicht geringeres Quantum des Dankes und der Anerkennung.

Das Beratungsgeheimnis bei uns – und bei andern

Das Merkblatt für die Schöffen, das wir dem preußischen Justizminister Dr. Schmidt verdanken, hat einige Wochen zu seiner Entstehung gebraucht. In dieser Zeit hätte auch der Reichsjustizminister etwas zustande bringen können – und das wäre um so notwendiger gewesen, als ja die Emmingerschen Reformen nicht nur für Preußen gelten. Von einem Wettlauf der beiden Minister hat man nichts gehört. Sollte der Reichsjustizminister auch noch eine Tat im Busen hegen, so sei ihm gesagt, daß die Marschner-Verordnung, so gut sie gemeint ist und so gute Dienste sie verrichten mag, doch nur einen halben Schritt bedeutet, der sogar – durch die besondere Betonung des Beratungsgeheimnisses – wiederum um eine Hälfte rückwärts getan wird.

Es soll an dieser Stelle gar nichts gegen das Beratungsgeheimnis an sich gesagt sein. Aber das Geheimnis bewahrt nur so lange den Charakter wirklicher Legitimität, als ihm durch ein bestimmtes Maß von Öffentlichkeit ein Ventil gegeben ist. Dieses Ventil haben unsere früheren Schwurgerichte gehabt: Damals war der Obmann gezwungen, bei der Verkündung des Verdikts das Stimmenverhältnis wenigstens anzudeuten: »mit mehr als sieben Stimmen«. Es konnte somit für den einzelnen Geschworenen wie für die Öffentlichkeit nicht der mindeste Zweifel an der formellen Richtigkeit der Abstimmung bestehen. Mit welchem inneren Recht die Emmingersche Reform auch die Gesetzesvorschrift abgeschafft hat, wird ewig unerfindlich bleiben. Wenn die neue Verfügung gestattet, über das Abstimmungsverhältnis Aufzeichnungen zu machen und diese im versiegelten Umschlag den Akten beizufügen, so ist damit sehr wenig geschehen. Die Schöffen oder Geschworenen werden sich jetzt – wo sie erneut auf das Beratungsgeheimnis hingewiesen werden – kaum noch zu einem Vorgehen wie im Marschner-Falle entschließen, und ihre Behandlung im Marschner-Prozeß selbst war wenig geeignet, den moralischen Mut der Männer aus dem Volke zu heben. Gewiß soll die Verfügung ihnen für die Beratung selbst das Verantwortungsbewußtsein stärken. Aber es wird bei der verminderten Zahl unserer Geschworenen immer auf den einzelnen Mann ankommen. Ein Blick auf das Ausland ist sehr lehrreich. Weder Italien noch Frankreich kennen Schöffengerichte, wie wir sie hatten. Es gibt Einzelrichter, Strafkammern (mit dem Recht auf

Berufung) und Schwurgerichte, etwa in der Art, wie wir sie hatten. Auch in diesen Ländern sind die Juristen mit den Geschworenen nicht immer einverstanden gewesen. Man hat Reformen eingeführt: In Italien zieht sich der Vorsitzende mit den Geschworenen ins Beratungszimmer zurück, um ihnen mit seiner Erfahrung beizustehen. Aber außer dem Vorsitzenden muß auch ein Verteidiger (auch bei mehreren Angeklagten immer nur einer) mitgehen, um die Vorgänge im Beratungszimmer zu kontrollieren.

In Frankreich gab es – wie bei uns früher – eine Rechtsbelehrung, ein »Resumé«, das die Vorsitzenden – auch wie bei uns – gern dazu benutzten, um eine im Sinne der Anklage tendenziöse Darlegung des Falles zu geben. Seit dem Jahre 1880 ist das Resumé abgeschafft. Der Vorsitzende macht nur kurze Angaben über die eventuell zu erwartenden Strafen. Er erklärt aber den Geschworenen, daß, wenn sie irgendeine Frage an ihn zu richten hätten, er auf ihren Wunsch mit dem Staatsanwalt und dem Verteidiger im Beratungszimmer erscheinen werde, um ihnen Auskunft zu erteilen. Er betont aber, daß sie ihm bei dieser Gelegenheit von einer etwa schon getroffenen Entscheidung nichts sagen dürfen, sondern ihren Spruch erst in der öffentlichen Sitzung zu verkünden haben.

Mit Urteilen, die auf diese Weise zustande kommen, wird man vielleicht auch noch nicht immer zufrieden sein. Aber das Geheimnis des Beratungszimmers wird von keiner Seite angegriffen werden, weil es nicht mehr interessiert, weil über das gesetzmäßige Zustandekommen des Urteils kein Zweifel besteht.

Da Herr Emminger so schwerwiegende Veränderungen unseres Rechtslebens auf dem Verordnungswege durchgeführt hat, wird es dem jetzigen Reichsjustizminister nicht schwerfallen, auf demselben Wege wenigstens das Abstimmungsverhältnis an den Tag zu bringen.

Der falsche Schöffe

Die Geschichte ist eigentlich nicht nur aus Berlin O. Sie ist aus Osteuropa, wo der Alkohol am melancholischsten ist. Butler, ein kleiner Molkereibesitzer, interessierte sich nicht für die Flüssigkeit, die sein lebendes Inventar von sich gab. Frau und Bruder mußten arbeiten, er ging hinüber zum Gastwirt Maschke, trank sich voll, Tag für Tag, Jahr für Jahr. Bis die Frau die Kühe verkaufte und davonlief. Bis er selbst das ganze Anwesen bei Maschke vertrunken hatte. Maschke hatte das Haus gekauft – bei Maschke wurde der Kaufschilling verjubelt. Maschke ist Anfang und Maschke ist Ende.

Der Molkereibesitzer Butler – damals noch Besitzer von Frau und Anwesen – war zum Schöffen ausgelost worden. Zuerst empfand er es als Ehre und Auszeichnung, brüstete sich in der Wirtschaft, tat sich dicke. Aber je näher der Termin rückte, um so ängstlicher wurde ihm zumute. Er fühlte sich durch den dauernden Alkoholgenuß geistig geschwächt, nicht auf der Höhe, das Schöffenamt auszuüben. Freund Maschke, der selbst schon Schöffe war, beruhigte ihn: Er brauche ja gar nicht mitzureden, er solle nur ja und amen zu allem sagen, es sei ja nicht so schwer. –

Aber dieser betrunkene Molkereibesitzer hattte eben das große Gewissen. Er verkroch sich vor Angst ins Bett. Die Frau ließ einen Arzt kommen – sie wollte ihren Mann durch ein Mittel vom Schöffendienst befreien. Der zartbesaitete Butler ließ sich nicht untersuchen. Am Ende kam man auf die Idee, sich vertreten zu lassen.

Der Vertreter war ja im Hause. Herr Mittelstedt, ein stellungsloser Kaufmann, der Butlers dauernd mit kleinen Gefälligkeiten aushalf, dafür Kost und Logis hatte.

Wer kam auf diese Idee? Mittelstedt, als Angeklagter, sagt: die Frau. Die Frau bestreitet's. Aber Mittelstedt nagelt sie fest: Habe er sich nicht anfangs gesträubt, habe sie ihn nicht himmelhoch gebeten? Habe er nicht gesagt, er habe gar kein Oberhemd? Habe sie ihm nicht Kragen und Oberhemd, 2 Mark für Rasieren und Frisieren und schließlich 4 Mark Spesen gegeben?

Im übrigen sagt Mittelstedt: Ich bin doch überhaupt nur hingegangen, um dem Gericht Unannehmlichkeiten zu ersparen, die daraus entstehen, daß kein Schöffe da ist!

O Mittelstedt, wie hast du das Schwarze unter dem Nagel auf den Kopf getroffen! Vor mir liegt die herzerschütternde Beschwerde eines Anwalts, der irgendwo drei Stunden warten mußte, weil ein Schöffe fehlte und weil der Ersatzschöffe mit der Straßenbahn herangeschafft werden mußte! Für Auto ist kein Geld da. So ist das Leben!

Überhaupt: Alle Beteiligten sind der Überzeugung, daß unser Schöffengewinnungssystem ein geradezu blödsinniges ist. Sonst hätte es ja nicht den Dauertrinker Butler ins Amt berufen, sondern den braven, vernünftigen, klugen Mittelstedt.

Und Butlers Verteidiger kompromittiert das System vollends, indem er erklärt: Butler ist entmündigt, Butler ist schon einmal von der Anklage, Kühe ohne Schein verkauft zu haben, auf Grund des § 51 freigesprochen worden.

Gegen Mittelstedt ist nichts zu sagen. Kein Zweifel, daß er das Schöffenamt auf eine normale, kluge, nüchterne Art ausgeübt hat. Und daß er sich dabei noch ein ganz klein wenig mit zwei gefälschten Quittungen um ein paar Mark bereichert hat, kann man eigentlich nicht sagen. Er hat doch seine Zeit versäumt.

Die Auswahl der Schöffen und Geschworenen führt in einzelnen Gerichtsbezirken auch heute noch zu sehr verschiedenen Ergebnissen, obwohl sie nach einheitlichen gesetzlichen Bestimmungen erfolgt. Schon zur Zeit der Weimarer Republik wurde beanstandet, daß in einzelnen Bezirken fast ausschließlich Beamte, Handwerksmeister und Hausfrauen zum Schöffendienst herangezogen wurden, jedoch nur selten Industriearbeiter oder gar Landarbeiter. Dies führte in politischen Mordprozessen gegen rechtsradikale Angeklagte zu einer milden Beurteilung, da besonders in Mecklenburg und Pommern oft ihre Gesinnungsfreunde als Geschworene amtierten. Auch heute berührt es merkwürdig, daß trotz des einheitlichen Verfahrens in manchen Gerichtsbezirken nicht nur das durchschnittliche Alter im Verhältnis zu dem der Bevölkerung recht hoch, aber der Anteil von Geschworenen aus der Arbeiterschaft gering ist. Ein Beispiel bilden die Berufe der Geschworenen in dem Berliner Schwurgerichtsverfahren gegen den ehemaligen Volksgerichtshof-Beisitzer Hans Joachim Rehse. Was würde wohl Sling über dieses Verfahren berichtet haben? Vielleicht: Wie macht man Schwurgerichtsvorsitzende? Damals fragte er: Wie macht man Schöffen?

Wie macht man Schöffen?

Wenn man mal die Siegesallee neu möbliert, sollte man sie – sie führt doch schließlich nach Moabit – mit den Standbildern der Männer bevölkern, die durch ihr Vergehen das Recht gefördert hatten und dafür bestraft worden sind. Ist man erst so weit, dann soll man auch dem falschen Schöffen Mittelstedt eine lauschige Fliederhecke einräumen.

Mit der Bestrafung Mittelstedts kann, darf seine Angelegenheit nicht erledigt sein. Sein Vergehen muß – wie so manche menschliche Verirrung – als Leuchte dienen.

Das Schöffengericht (bestehend aus zwei Berufsrichtern und zwei Schöffen) urteilte über die beiden Schöffen, die auf der Anklagebank saßen, zweifellos nach bestem Wissen. Daß der Vorsitzende mehr Sinn für den Ernst als für den Humor der Situation hatte, müßte ihm gewiß hoch angerechnet werden, wenn nicht in diesem Falle der wahre Ernst auf der Seite des Humors stände.

Es klingt ja sehr plausibel, wenn man urteilt: »Das hohe Amt der Schöffen muß gegen die Anmaßung Unbefugter geschützt werden.« Oder (ich zitiere dem Sinn nach): »Da könnten wir ja unsere Schöffen vom Korridor oder von der Straße auflesen! Indem eine bestimmte Persönlichkeit zum Schöffenamt ausgewählt wird, soll eben diese richten und keine andere.«

Aber warum verschließt sich der Vorsitzende der Erkenntnis – oder warum bekennt er sich nicht zu dem, was er viel besser weiß als wir, die wir es nur ahnen: daß das Auflesen auf der Straße ein besseres System zur Gewinnung von Schöffen ist als das, was wir haben! Die ›Vossische Zeitung‹ hat im Laufe der letzten Jahre mehrfach die lebhaftesten Beschwerden von Richtern über das geltende System veröffentlicht. Leider vergebens.

Und gerade in diesem Falle saß ja der beste Beweis für die Unmöglichkeit des Systems auf der Anklagebank: ein Mann, der sich selbst geistig für unfähig hielt, das hohe Amt auszuüben! Aber nicht nur das: ein Mann, der als Unzurechnungsfähiger unter dem Schutze des § 51 in einem anderen Verfahren freigesprochen ist!

Aber danach fragt das Gericht nicht – was sich als Schöffe an den Richtertisch setzt. Wesentlich ist nur: wer da sitzt!

Und um den Formalismus zu verherrlichen, ging das Gericht

weit über den Antrag des Staatsanwalts hinaus – vielleicht auch wieder formal gezwungen, darüber zu grübeln, in wieviel strafbare Handlungen eine einzelne strafbare Handlung zerlegt werden kann.

»Amtsanmaßung«, gut – das versteht jeder Mensch. Aber daß dieselbe Handlung auch noch Urkundenfälschung und schließlich (durch Quittieren der Gebühren) noch schwere Urkundenfälschung wurde – das kann man zum Examen lernen, aber es müßte verboten sein, im Leben davon Gebrauch zu machen. Fehlte nur noch, daß man ihn wegen Meineides – er hat als Schöffe doch geschworen! – ins Zuchthaus steckte.

Der Vorsitzende ist wie mancher seiner Kollegen eifrigst bestrebt, das geschädigte Ansehen der Justiz, das Vertrauen des Volkes zu ihr wieder aufzurichten. Daß er persönlich Respekt und Vertrauen einflößt, wird niemand in Frage stellen, der ihn – zumal als vorzüglichen Einzelrichter – amtieren sah. Aber wenn er glaubt, durch hohe Strafen der Justiz zu dienen, so irrt er sicherlich. In diesem Falle will er abschrecken, indem er die Strafe auf acht Monate Gefängnis festsetzt! Zugegeben: Es ist eine barbarische Strafe, wenn man bedenkt, daß von Eigennutz in dem Falle überhaupt nicht die Rede sein kann.

Aber – abgesehen davon, daß die härtesten Strafen erfahrungsgemäß sehr wenig abschrecken – wir Staatsbürger verlangen in erster Linie von den Herren Beamten und Richtern, daß sie die Vorkehrungen treffen, die eine Wiederholung derartiger Fälle unmöglich machen! Es ist ja wirklich ein Skandal, daß sich jeder Mensch ohne Vorzeigung seiner Legitimation an den Richtertisch setzen darf. Wer weiß, wie oft solche »Ersatzschöffen« fungieren! Bei allen möglichen Gelegenheiten müssen wir Polizeiausweis oder Paß mit gestempeltem Lichtbild vorzeigen. Warum nicht vor Gericht?

Und zweitens und hauptsächlichst: Wir verlangen von unsern Richtern, daß sie sich sehr ernstlich die Köpfe um Gewinnung eines brauchbaren Schöffenmaterials zerbrechen. Das Mindeste: Jeder ausgeloste Schöffe hat eine Intelligenzprüfung durchzumachen und außerdem von seinem Haus- oder Kassenarzt die Bescheinigung zu erbringen, daß er augenscheinlich geistig gesund sei und daß gegen seine Verwendung als Schöffe keine Bedenken bestehen.

In Fällen, die nur möglich sind, weil der Apparat der Beamten und Richter, der Vorschriften und Gesetze nicht funktioniert, sollten unsere Richter so milde wie möglich urteilen.

Die Atmosphäre von Moabit Ende der zwanziger Jahre hat mit einigen Wandlungen den Nationalsozialismus und die Nachkriegsjahre überlebt. In ihrem Kern hat sie sich kaum geändert, so wie sich die Justiz selbst auch wenig geändert hat. Der Gerichtsaufbau ist fast der gleiche geblieben. Die handelnden Personen in den Gerichtsräumen und ihre Talare beherrschen die juristischen Schaubühnen wie ehedem. Noch immer thronen Gericht und Staatsanwalt auf erhöhten Podesten, und die Verteidiger oder Nebenkläger müssen sich einige Stufen tiefer setzen. Auch die etwa dreijährige Ausbildung der Referendare ist heute nicht viel anders als zu meiner Zeit (1922). Aber sie erhalten jetzt Unterhaltsbeiträge, während wir »Moabiter Referendare« uns durch Terminwahrnehmungen bei Max Alsberg, Erich Frey, Walter Bahn oder Alfons Sack finanzierten: Höhepunkte unserer praktischen Strafrechts-Ausbildung.

Bisher hat auch kein königlicher Richter den Richter-Beamten verdrängt. Ihre überwiegende Zahl stammt wie früher aus bürgerlichen Familien, nur selten aus Arbeiterkreisen. Es fehlen jedoch die vielfach vorhanden gewesene Identität von Richter- und Reserveoffiziers-Persönlichkeiten und die starke Richter-Gruppe aus wohlhabenden, großbürgerlichen Häusern.

Auch die Verteidiger-Atmosphäre ist sich gleichgeblieben. Die Probleme des Erwerbs der Mandate, der Honorare und der Publizität sind ähnlich wie ehemals. Noch immer fehlt die in der angelsächsischen Presse selbstverständliche Erwähnung des Verteidiger- und Staatsanwalts-Namens in sämtlichen Gerichtsberichten.

Doch die Menschen haben gewechselt: Die großen Verteidiger jüdischer Herkunft wie Professor Max Alsberg, von Sling der »große Marabu« genannt, oder Dr. Dr. Erich Frey wurden von den Nationalsozialisten vertrieben. Jetzt ist die Zahl der jüdischen Strafrechtler verschwindend klein; Henry Ormond ist einer der wenigen würdigen Nachfahren.

Professor Hans Dahs ist heute eine Spitzenfigur unter den deutschen Verteidigern. In die Fußstapfen der »Moabiter« sind Anwälte aus Hessen, dem Rheinland usw. getreten, die sich vielfach in den Nürnberger Prozessen ihren Namen geschaffen haben, wie Egon Kubuschok, Erich Schmidt-Leichner, Hans La-

ternser und der Eichmann-Verteidiger Robert Servatius, deren Namen für viele andere stehen. Die Kategorie von großen Verteidigern, die gleichzeitig Parlamentarier waren, hat sich abgesehen von Ausnahmen wie Alfred Seidl in München nicht neu gebildet. An ihre Stelle sind politisch interessierte Anwälte getreten wie Paul Haag, Walter Amann oder auf anderer politischer Seite Rudolf Aschenauer.

Erst seit 1968 scheint sich mit einer neuen jungen Generation eine neue, elektrisch geladene Gerichts-Atmosphäre zu entwikkeln, und zwar durch junge Richter wie auch durch Verteidiger wie Heinrich Hannover, Horst Mahler oder Christian Raabe, deren Namen über einzelne Gerichte hinaus bekannt wurden.

Skandal.

Das Wort steht in den Zeitungen. Aber die Hallen und Wandelgänge des Justizpalastes liegen nur noch um einige Nuancen stiller und verlassener.

Lautlosigkeit ist eine der unheimlichen Komponenten der Moabiter Atmosphäre. Der prunkvolle Treppenbau mit seinem öden und ungefühlten Schmuck von sandsteinernen Allegorien ist fast immer menschenleer. Zuweilen zieht ein Trüppchen Zeugen die Stufen empor, staut sich vor einer Saaltür. Ein paar Anwälte huschen in ihren Talaren über die Korridore, oder ein Staatsanwalt wird aus seinem Amtszimmer, wohin er sich während der Beratung des Gerichts zurückgezogen hat, geholt. Mal tönt die Stimme eines Wachtmeisters, der eine Sache, einen Zeugen aufruft. Ganz selten, und um so erschreckender, der Schrei eines Nervenkranken, das anhaltende Stöhnen eines Epileptikers, der Wutausbruch eines Verurteilten, das Trompetengezänk von Parteien, die ihren Streit auch außerhalb des Gerichtssaals fortsetzen.

Sonst aber Schweigen, garantiert durch das Vorhandensein von zwei inneren Treppensystemen, deren Existenz eigentlich erst im Gerichtssaal selbst in Erscheinung tritt. Das eine System führt die Zuschauer von der Straße her, das andere die inhaftierten Angeklagten auf verschwiegenen Wegen vom Untersuchungsgefängnis direkt in den Gerichtssaal. Wird im Saal mal eine sofortige Verhaftung verfügt: Eine Tür öffnet sich, eine Gestalt ist verschluckt.

Und merkwürdig, wie wenig man in den Hallen vom Geschäftsbetrieb der Gerichte merkt. Da sind die beiden riesigen Gebäude, das alte und das neue, verbunden durch einen langen gewundenen Gang, der wiederum nur den Eingeweihten bekannt ist. Gewiß, man begegnet mal einem Wachtmeister, der Akten schleppt oder auf Karren vor sich her schiebt. Ein paar Türen weiter ist er verschwunden, hat seine Ware abgeliefert.

Der äußeren Nüchternheit, Ereignislosigkeit, der trockenen Sachlichkeit der Amtszimmer widerspricht ein inneres Leben von lebendigster Leidenschaftlichkeit. Da spricht nicht nur die Tatsache, daß das Delikt, das einen Menschen auf die Anklagebank führt, zumeist einem starken, übermäßigen Impulse entsprungen ist: Gier nach Besitz, Geltung, Wollust, Rache. Es ist noch ein anderes. Der geistigen und moralischen Unterwelt, die vor die Schranken gezerrt wird, entspricht eine Oberwelt, eine lichtere, reine, geistigere.

Menschen hüben und drüben. Der Mann im Schatten zuweilen ein Gestürzter der Oberwelt. Der Mann im Lichte zuweilen einer, der durch Arbeit und Tugend emporgekommen. Der Mann oben hilft nicht, streckt keine Hand entgegen, darf nicht. Der Mann unten kämpft, schreit wie ein Ertrinkender, beschwört seine Unschuld; man glaubt ihm nicht. Ein Stoß wirft ihn hinab. Oder man glaubt ihm – aber auch dann keine helfende Hand, nur eine Geste im Abwenden: Bring dich ins trockene.

Zwischen den beiden Welten einige Mittler: Beamte, Inspektoren, Wachtmeister, Gefängniswärter, Schreiber, Sekretäre – einige Schichten dieser gestuften Welt, dem Angeklagten oft sozial näher als dem Richter. Dann aber der berufenste Mittler: der Verteidiger. Dem Richter sozial ganz nahe, sogar identisch – aber erfüllt von den Geheimnissen des Sünders, entweder sein Vertrauter oder doch ihn durchschauend und trotzdem helfend, nachfühlend, nachdichtend seine Seele, auch wenn sie böse ist. Er beschwichtigt, er beschönigt, er holt seine Argumente aus allen Winkeln der Rechtswissenschaft und ihrer Hilfswissenschaften: Psychologie, Soziologie, Graphologie. Und was da noch ist ...

Aber mit den paar Worten ist die Gefahrenstellung nicht umschrieben, in der sich der Verteidiger befindet. Zweifellos gibt es unter den Anwälten eine ganze Reihe von Persönlichkeiten, die das Recht haben, das Wort Gefahrenstellung für die Art und Weise, wie sie ihren Beruf auffassen und wie sie ihn ausüben, abzulehnen. Aber es gibt viele andere, die bei aller Makellosigkeit ihrer Intentionen, bei ausgeprägtem Standesbewußtsein und peinlichster Korrektheit doch sehr genau wissen, wie nahe sie der Gefahr dauernd sind.

Denn der Anwalt spricht nicht nur für den Sünder, er spricht auch für sich, er wirbt für sich. Er übt freien Beruf, er ist kein festbezahlter Beamter, hat als Freiwerbender die Pflicht, als Familienvater und als Staatsbürger für die Mehrung seines Einkommens zu sorgen. Und er, der berufen ist, der Wahrheit zu dienen wie Staatsanwalt und Richter – er bezieht seine Einnahmen aus der Hand des Angeklagten, der eben doch in den meisten Fällen ein Rechtsbrecher ist. Der Rechtsbrecher, sozial, geistig, moralisch oft tief unter ihm, ist sein Arbeitgeber. Ein solcher Arbeitgeber kann unendlich arm sein, er kann den Anwalt mit den Früchten seiner Verbrechen bezahlen, er kann hochgestellt und reich sein – und ist er das wirklich, so ist er der große Kunde, nach dem sich der Anwalt sehnt. Gewiß stellt so ein Kunde den Anwalt oft auch vor die Aufgaben, die ihn rein beruflich, geistig am meisten interessieren. Zu beweisen, daß ein Großkaufmann, durch das Heer von Paragraphen der Nachkriegszeit zu Fall gebracht, dennoch ein anständiger Mensch ist, daß er schon aus rein juristischen Gründen freizusprechen ist – das lohnt sich. Und es ist gewiß herrlich, mit Witz und Gefühl dafür einzutreten, daß eine Tat der Leidenschaft oder der Verzweiflung ihre tiefsten Ursachen in einer Veranlagung des Täters hatte, die den Rechtsbruch mit zwingender Notwendigkeit zur Folge hat. – Aber so einfach liegen die Dinge in den seltensten Fällen, namentlich dann nicht, wenn der Angeklagte wirklich ein reicher Mann ist. Das Geld in seiner Tasche übt Verführung nach allen Seiten. Gewiß nicht nach der Seite des Richters – zuweilen ist es die soziale Stellung eines Angeklagten, die am Richtertisch Milde und Verständnis wachruft. Das Geld aber wirkt in die Breite und in die Tiefe. Es kann nicht anders, es muß versuchen, Vergünstigungen, Linderungen, Annehmlichkeiten zu verschaffen. Am Urteil kann es nichts ändern, also übt es seine Verführung an den Vollstreckern des Urteils. Wieder und wieder sieht man Opfer des Geldes auf der Anklagebank: Wachtmeister, Gefängniswärter und zuweilen auch Justizsekretäre, von denen der jetzige Skandal wieder ein paar der tüchtigsten getroffen hat.

Und nun auch einen Anwalt. Ist er, den wir alle als einen bescheidenen, arbeitsamen, gutherzigen Menschen kannten, ein so sehr schuldiger Mensch? Gegen welche Paragraphen er gesündigt hat, wird das Gericht feststellen. Wir aber wissen: Er ist ein Opfer der Atmosphäre von Moabit. Er ist die lebendige Illustration zu der Frage: Wie kommt der Strafverteidiger zu seiner Praxis? Hätte so ein junger Rechtsanwalt familiäre und freundschaftliche Beziehungen zur Welt der Banken und Großindustrie gehabt, er wäre nie Strafverteidiger geworden. Und das Glück im Unglück, schwere Verbrecher im nächsten Verwandten- und Bekanntenkreise, hat er auch nur selten. Dazu treibt ihn vielleicht Neigung und spezifisches Talent zur Kriminaljustiz. Wie kommt er aber wirklich zur Kundschaft?

In glücklichen Fällen bilden sich Spezialitäten heraus, Syndikate für bestimmte Erwerbsgruppen, die beruflich den Gefahren des Strafgesetzes ausgeliefert sind. Einer erhascht die Klientel der Polizisten, der andere die der Straßenbahner, der Automobilisten. Eine geistige Kapazität schreibt über Wucherverordnungen, und ihm fällt die ganze Kundschaft der Bank- und Handelswelt zu, die unter außerordentlichen Zeitumständen in ungeahnte Situationen gekommen ist. Der versteht sich auf Steuern, jener auf Konkurse.

Schon sind die Möglichkeiten verteilt. Aber hinter den Gefängnismauern hocken genug Angeklagte. Welcher Name dringt zu ihnen? Früher war's einfacher; da nannte die Zeitung den Namen jedes Verteidigers, der irgendwo auftrat. Aber die Zeitungen sind vorsichtiger geworden, aus guten Gründen. Wie sich bemerkbar machen dem Vertreter des letzten »großen Falles«, der eben eingeliefert wurde?

Hat man nicht sowieso dies und das im Untersuchungsgefängnis zu tun? Spricht man nicht mit Wärtern und Wachtmeistern? Und war der Kerkermeister, selbst ein Mann im tiefsten Schatten, seitdem es Kerker gibt, ein Mann mit viel Durst und wenig Butter auf dem Brot? Ein Zettel wird zugesteckt. In der Schale des Angeklagten häufen sich die Visitenkarten – und es ist ein neues System entstanden, ähnlich den Treppen im Gerichtsgebäude. Heimliche Leitungen gehen hin – sie gehen auch her. Recht verschwistert sich mit dem Unrecht, verknäult sich unlösbar.

Die Wachtmeister fallen zu Dutzenden. Alle paar Wochen sieht man sie, arm und kläglich vor dem strengen Richter, der das Unkraut ausrotten will. Heimlicheres verhandelt man vor der Anwaltskammer, die spürt und tastet. Und einmal wächst das Gemurmel zum Skandal. Einen trifft's. Ist er der Schuldigste?

Andere, viele andere, verschmähten die Mittel und Mittelchen und kamen doch zum Ziel.

Andere, noch mehr andere, sind auch im Anfang bedenkliche Wege gegangen und haben heute das Glück, sich nicht mehr zu erinnern.

Den kleinen, armen Anwalt fraß es auf, das gefräßige Verbrechertum. Spielte erst mit ihm, ließ ihn alle Ängste durchkosten, bis es ihn verschluckte.

Opfer der Moabiter Atmosphäre, einer Atmosphäre unausgeglichener Widersprüche, unbeschwichtigter Leidenschaften. Menschentum, verschlossen hinter dem Harnisch der Korrektheit, versteinert wie die blöden allegorischen Gestalten im Treppenhaus – neben dem lebendigsten Strom des Leides und Mitleidens.

Ehre denen, die mit reinem Herzen und reiner Hand hier hindurchschreiten. Aber eine stets wachsende Last der Verantwortung, der Sorgen und des Mitgefühls für den, der es mit offenen Augen tut.

Zum Hochverratsprozeß gegen die Ulmer Reichswehroffiziere
Hitler als Zeuge für seine »Legalität«
von Robert M. W. Kempner

Als Beispiel für die Berichterstattung in politischen Prozessen, auf die ich bereits vorher aufmerksam gemacht habe, darf ich einen eigenen Bericht über einen der wichtigsten Prozesse der dreißiger Jahre folgen lassen. Er war gewissermaßen der Start für den Mythos von Hitlers angeblicher Legalität. Er zeigt das Versagen des 4. Strafsenats des Reichsgerichts gegen den Nationalsozialismus und den Rechtsradikalismus – eine Warnung für die heutige Rechtsprechung. Hätte der Senat damals nach rechtsstaatlichen Gesichtspunkten geurteilt, so hätte Hitler auf eine entsprechende Anklage des Oberreichsanwalts wegen Meineid und hochverräterischen Unternehmen verurteilt und anschließend aus dem Deutschen Reich ausgewiesen werden müssen. Mein damaliger Bericht ist unter dem Pseudonym »Procurator« in der kaum noch zugänglichen Zeitschrift ›Die Justiz‹, Band VI, Heft 1, 1930, erschienen. Er folgt mit wenigen Kürzungen.

Das Reichsgericht hat am 4. Oktober 1930 den Leutnant Richard Scheringer, den Leutnant Hans Ludin und den Oberleutnant a.D. Hans Friedrich Wendt durch Urteil des 4. Strafsenats wegen gemeinschaftlicher Vorbereitung eines hochverräterischen Unternehmens nach § 86 StGB je zu einer Festungsstrafe von einem Jahr und sechs Monaten kostenpflichtig verurteilt (das Urteil wurde später von mir in ›Die Justiz‹, Band VI Heft 1 veröffentlicht). Dieser *eine* Hochverratsprozeß gegen die drei nationalsozialistischen Offiziere hat mit einer *milden* Strafe geendet, ganz im Gegensatz zu den *schweren* Strafen, die in *zahlreichen* Prozessen gegen Links verhängt wurden. Die Linie der Reichsanwaltschaft in diesen politischen Prozessen muß als höchst bedenklich angesehen werden.

Zunächst berührt es peinlich. daß die Reichsanwaltschaft die drei Offiziere allein angeklagt hat – wegen Vorbereitung eines hochverräterischen Unternehmens, Erregung von Mißvergnügen, Aufforderung zur Gehorsamsverweigerung usw. Juristisch und politisch ergab sich dadurch ein vollkommen schiefes Bild. Denn ihr Tun und Treiben hatte nur einen Sinn im Zusammenhang mit der hochverräterischen Tätigkeit der Nationalsozialisten. Durch dieses Ausschnittverfahren ist es dazu gekommen, daß die Nationalsozialistenführer Hauptmann a. D. Dr. Wagner, Hauptmann a. D. von Pfeffer und Weiß nur als Zeugen vernommen wurden, obwohl in der Anklageschrift selbst immer wieder darauf hingewiesen wurde, daß die drei angeschuldigten Offiziere erst nach einem Besuch dieser Zeugen – »Herzensstärkung« nannte es der Vorsitzende, Reichsgerichtsrat Baumgarten –, erst nach einer »Fühlungnahme« mit ihnen, wie die Angeklagten in der Hauptverhandlung selbst bekundet haben, in der Reichswehr für die Nationalsozialisten tätig geworden waren. Das Unmögliche solchen Verfahrens wurde vollends klar, als die Reichsanwaltschaft auf Senatsbeschluß plötzlich den gleichen Hitler als Zeugen vor sich sah, gegen den sie ein Hochverratsverfahren eingeleitet hat, weil er durch nationalsozialistische Propaganda in der Reichswehr Hochverrat begehe. (Es kam niemals zur Anklage!)

In der zweistündigen Propagandarede, die der Senat dem Führer der Nationalsozialisten gestattet hat, war von einer Zeugenbekundung auch noch nicht während fünf Minuten etwas zu finden. Was Hitler vor Gericht aussagte, war nicht eine Bekundung über die Geschehnisse, sondern es war eine Rede über Gesinnungen, Pläne, Ziele. Er agierte als ein parteiischer »Sachverständiger«.

Die Mängel des Verfahrens wurden durch den Hinweis des Staatssekretärs im Reichsinnenministerium Zweigert klar: Der Reichsanwaltschaft, dem Reichsgericht sei das Material über die hochverräterische Tätigkeit der Nationalsozialisten aus der überreichten Denkschrift des Reichsinnenministeriums, aus einer preußischen Denkschrift, aus dem Prozeß über die Thüringer Polizeigelder bekannt. Und was es mit den Legalitätsbeteuerungen Hitlers auf sich habe, gehe zur Genüge aus folgendem hervor: Unmittelbar vor dem Münchener Putsch 1923 habe Hitler ebenfalls feierlich seine Legalität gegenüber den amtlichen bayerischen Stellen beteuert:

Hitler zum Innenminister Schweyer im November 1923: »Herr Minister, ich gebe Ihnen mein Ehrenwort, ich werde nie in meinem Leben einen Putsch machen.«

Oberst Seißer zu Hitler am 8. November 1923: »Sie haben das Versprechen, das Sie mir gegeben haben, keinen Putsch zu machen, *nicht gehalten.*« Hitler: »Ja, das habe ich getan, aber im Interesse des Vaterlandes. Verzeihen Sie mir.«

(Aus den Akten des Volksgerichts München I, Anz. Verz. XIX 421/23.) In den Annalen der republikanischen Justizgeschichte verdient auch, festgehalten zu werden:

Hitler unter Eid in Leipzig: *»Wenn unsere Bewegung siegt, dann wird ein neuer Staatsgerichtshof zusammentreten, und vor diesem soll dann das Novemberverbrechen von 1918 seine Sühne finden, dann allerdings werden auch Köpfe in den Sand rollen.«*

Der Reichsanwalt hat hierzu geschwiegen; bis heute ist er noch nicht mit den zuständigen Stellen darüber in Verbindung getreten, ob hierin nicht Vergehen gegen das Republikschutzgesetz, Vorbereitung zum Mord, Bedrohung liegen. Hinzu kommt, daß diese Äußerung Hitlers eine eidliche Bestätigung der Äußerungen ist, wie sie im Augustheft der ›Justiz‹ mitgeteilt wurden (S. 683): »Köpfe werden in diesem Kampf in den Sand rollen, entweder die unseren oder die anderen, also sorgen wir dafür, daß die anderen rollen.« Und: »Die Galgenaspiranten von morgen grüßen uns.«

Und dann weiter:

Verteidiger Hans Frank, auf den soeben vernommenen Staatssekretär Zweigert deutend: »... dann muß die Reichsanwaltschaft unseren Tatzeugen andere Tatzeugen entgegenstellen und nicht *bezahlte Vertreter eines absterbenden Systems!*«

Präsident unterbrechend: »Ich bitte, derartige schwerbeleidigende Äußerungen zu unterlassen.«

Verteidiger Frank: »Ich werde dann nicht sagen: ›absterbenden Systems‹, sondern einfach ›dieses Systems‹.«

Die Reichsanwaltschaft: schweigt (Sitzungsvertreter: Nagel und Weyersberg). – Sie hat diesen widerlich dreisten Verstoß gegen das Republikschutzgesetz, hat diese schwere Beleidigung des Staatssekretärs Zweigert auf sich beruhen lassen.

Wo blieb der in vorderster Reihe zum Schutz der Republik berufene Oberreichsanwalt Werner, der doch nach dem Vorbilde seiner Vorgänger seinen Stolz darein hätte setzen müssen, in einem derart höchstpolitischen Prozesse persönlich die Anklage zu vertreten?

Mit Bitterkeit nimmt der Beobachter auch davon Kenntnis, wie in der Republik eine Verhaftung der Hochverräter von Rechts vor sich geht, die sich noch darüber beschweren, daß der

Untersuchungsrichter sich ihnen nicht vorstellt: Die verdächtigen Offiziere waren nicht in der Kaserne, sie waren auf dem Exerzierplatz. Der Abteilungskommandeur ging zum Regimentskommandeur, Oberst Beck, und machte ihm Mitteilung von den Haftbefehlen gegen Ludin und Scheringer. Und wie reagierte Oberst Beck darauf? Hören wir ihn selbst:

»Der Untersuchungsrichter trat an mich heran. Ich fragte ihn, um was es sich handle. Er sagte, das dürfe er nicht sagen. – Was, mir als Regimentskommandeur dürfen Sie nicht sagen, weshalb Sie zwei Offiziere vor versammeltem Offizierskorps verhaften wollen? – Er sagte, es bestehe Verdunkelungsgefahr. Darin lag auch gegen mich der Vorwurf, daß ich mit verdunkle. Ich hielt dem Richter vor, welchen unheilvollen Einfluß die Verhaftung auf mein Offizierskorps machen würde. Darauf sagte mir der Untersuchungsrichter, der Haftbefehl sei ergangen auf Veranlassung des Reichswehrministers nach Vortrag beim Reichspräsidenten.«

Trotz eines »Einspruchs« von Oberst Beck wurde sodann die Verhaftung der Offiziere durch den Untersuchungsrichter Braune durchgeführt.

Tatsächlich hatte die militärische Spitze der Reichswehr das gesamte Verfahren vor dem Reichsgericht zu sabotieren versucht: Generaloberst Heye wollte einen »Strich« unter den in Wahrheit hochverräterischen Vorgang ziehen und sich mit einem Stubenarrest der Offiziere wegen dienstlicher Verstöße begnügen. Auch der Reichswehrminister hatte anheimgestellt, von einer Verhaftung möglichst Abstand zu nehmen. Erst der Reichspräsident von Hindenburg mußte bemüht werden, damit der pflichtgemäß erlassene Haftbefehl gegen hochverräterische Offiziere auch vollstreckt werden konnte.

Dabei ging es in dem Verfahren um einen organisatorischen Zusammenschluß zwischen Nationalsozialistischer Partei und nationalistisch gesinnten jungen Offizieren, um Gehorsamsverweigerung und um Erregung von Mißvergnügen gegen höchste Vorgesetzte, die bei den Angeklagten und bei der NSDAP in Verdacht standen, nicht gleich ihnen nationalsozialistisch zu denken. Das beweist dieser Prozeß, das beweisen auch die Vorgänge, die sich allabendlich im Anschluß an die letzten Herbstmanöver abgespielt haben.

Das Verfahren gegen Hitler wurde vom Oberreichsanwalt Werner, der sich später als Nationalsozialist entpuppte, 1932 eingestellt, eine Morgengabe des Papen-Kabinetts an Hitler!

Leseprobe

Erfreulicherweise entdeckte man unter den so Erschienenen zwei Juden, die in echt jüdischer Anmaßung es sogar fertiggebracht hatten, sich in die vordersten Reihen zu schlängeln. Vermutlich wollten sie sich den Schaden mal aus nächster Nähe besehen. Es waren zwei verschrumpelte Juden, analog dem Begriff »Schrumpfgermanen« hätte man sie Schrumpfjuden nennen können. Da man von ihnen sich ohnehin nichts versprach, nicht mal als Wählerstimme, stürzte man über sie her, um sie mit Elan rauszuschmeißen. Wobei die Standarte Horst Wessel sich wie immer rühmlichst hervortat. Mit Recht meinte man wohl auch dem »kleinen Doktor« solchen Anblick ersparen zu müssen. Man wußte ja, daß er so verschrumpelte Figuren nicht liebt. Er sah vor sich gern hünenhaft blonde Männlichkeit; er war eben nazistisch, nicht narzißtisch veranlagt.

Als die Beiden mit fast heiler Haut unten anlangten, sagte der eine: »Eigentlich bin ich beruhigt.« – »Wieso beruhigt, wenn man so mit Übergewalt über dich herstürzt!? Was willste damit sagen?« – »Damit will ich sagen, eine so übermächtige Bewegung, von oben bis unten bewaffnet, und hat Angst vor nebbisch zwei Juden wie du und ich! Wenn ich so in der Überzahl wär, ich hätt' bei Gott nicht Angst. Ich würd' mir gesagt haben, was können sie mir tun, die paar Juden? Leid. Deswegen mich groß aufregen und die Welt meschugge machen. Laß sie! Sollen sie sich das Gerede mitanhören, wenn's ihnen Spaß macht.«